偏关年鉴

PIANGUAN NIANJIAN

2017

偏关县县志编纂委员会 编

山西出版传媒集团
山西经济出版社

图书在版编目（CIP）数据

偏关年鉴. 2017/偏关县地方志编纂委员会编.
太原：山西经济出版社，2018. 12
ISBN 978-7-5577-0425-4
Ⅰ. ①偏… Ⅱ. ①偏… Ⅲ. ①偏关县-2017-年鉴
Ⅳ. ①Z522. 54

中国版本图书馆 CIP 数据核字（2018）第 264037 号

偏关年鉴（2017）

编　　者：偏关县地方志编纂委员会
责任编辑：熊汉宗

出 版 者：山西出版传媒集团・山西经济出版社
地　　址：山西省太原市建设南路 21 号
邮　　编：030012
电　　话：0351-4922133（发行中心）
0351-4922085（总编室）
E- mail：scb@sxjjceb. com(市场部)
zbs@sxjjceb. com(总编室)
网　　址：www. sxjjcb. com

经 销 者：山西出版传媒集团・山西经济出版社
承 印 者：山西润金容印业有限公司

开　　本：889mm×1240mm　1/16
印　　张：21. 25
字　　数：380 千字
版　　次：2018 年 12 月　第 1 版
印　　次：2018 年 12 月　第 1 次印刷
书　　号：ISBN 978-7-5577-0425-4
定　　价：288. 00 元

偏关县县志编纂委员会

主　　任　王　源　曲俊安

副 主 任　李文秀

委　　员　王文阁　李枝贵　乔建华　白建国　李贵峰

田小平　王国昌　党　勇　刘效华　任清泉

金　锐　宋　杰　郭秀红　薛平智　刘晓春

李立新　范耀武

《偏关年鉴》编辑部

主　　编　范耀武

副 主 编　陈福悦

编　　辑　关和平　王志刚　吴学敏　刘爱青

《偏关年鉴》审核单位及人员

审核单位　忻州市地方志编纂办公室

审　　核　赵力军　谢音呼　贺俊林　赵　芳　张利华

乔　乔

编纂说明

一、《偏关年鉴》是由偏关县委、县政府组织，偏关县县志办公室主持编纂出版的地方综合资料文献，是全县唯一的县级地方综合年鉴。

二、坚持以马克思列宁主义、毛泽东思想、邓小平理论、“三个代表”重要思想、科学发展观习近平新时代中国特色社会主义思想为指导，坚持辩证唯物主义和历史唯物主义的立场、观点、方法，存真求实，全面、客观、系统地记载了偏关县自然、政治、经济、文化、社会等各领域的基本情况，反映年度重要事项和发展变化，为读者认识偏关、研究偏关、建设偏关、投资偏关提供资料依据。

三、《偏关年鉴（2017）》记述时限为2016年1月1日至12月31日，个别特载内容突破下线。

四、为技术需要《偏关年鉴（2017）》涉及数据由于行业和统计口径等方面的原因，个别条目数据略有差异，凡此当以偏关县统计局发布的统计数字为准。

五、《偏关年鉴（2017）》稿件由偏关县各党、政、军机关和企事业单位供稿。统计资料为偏关县统计局提供。

《偏关年鉴（2017）》的出版，得到社会各界的大力支持，我们对关心、支持偏关事业发展的各级各部门领导和撰稿人表示衷心的感谢！

数字偏关

SHUZI PIANGUAN

综合

全县生产总值	254965万元
第一产业增加值	39367万元
第二产业增加值	84289万元
第三产业增加值	131314万元
人均地区生产总值	22056元
公共财政收入	19000万元
税收收入	12918万元
一般公共预算收入	9804万元

国内贸易

社会消费品零售总额	98582万元
城镇消费品零售总额	69983.9万元
乡村消费品零售总额	28598.1万元

固定资质投资

全社会固定资产	290458万元
第一产业	75591万元
第二产业	41678万元
第三产业	173189万元
在建固定投资项目	85个
完成投资	47478万元

人口

常住人口	115597人
男性	60006人
女性	55591人
出生人口	1396人
死亡人口	787人

能源

用电总量	1.45亿千瓦小时
第一产业用电	0.03亿千瓦小时
第二产业用电	0.99亿千瓦小时
其中工业用电	0.66亿千瓦小时
第三产业用电	0.15亿千瓦小时
城乡居民用电	0.27亿千瓦小时

农村经济

农作物播种面积	2.84亿平方米
其中粮食	2.55亿平方米
粮食产量	54132.4千克
油量产量	35993千克
蔬菜种植面积	63.7万平方米
生猪出栏数	15098头
羊饲养量	76万只
禽蛋产量	861.66千克

人民生活和社会保障

城镇居民人均可支配收入	19929元
农民人均可支配收入	6030元
最低生活保障救济人数	6794人
发放城市最低保障金	1735.24万元

住宿 餐饮和旅游

住宿、餐饮业营业额	15715.1万元
接待游客	119.7万人次
旅游总收入	13.17亿元

金融

存款余额	463946万元
贷款余额	112702万元
城乡居民存款	388363万元

交通运输 邮电通信业

公路线路里程	147千米
邮政业务总量	3864.69万元
电信业务总量	2750.3万元
宽带接入户数	10633户

文化 体育 卫生

文化馆数	1个
公共图书馆数	1个
体育场地数	8处
广播电视台	1座
有线电视用户	5616户
医疗服务机构数	273个
床位数	315张
卫生机构技术人员	438人

教育 科技

中等职业教育学校数	2所
中等职业教育在校学生数	87人
高中学校数	1所
高中在校学生数	1714人
初中学校数	6所
初中在校学生数	2022人
小学学校数	17所
小学在校学生数	4368人
幼儿园	27所
在园学生数	1763人
科技专利授权量	15件
发明专利授权量	2件

工业和建筑业

工业增加值	326002万元
主营业务收入	76667万元
建筑业实现利润	159万元
房地产开发总投资	13854万元
住宅投资	6120万元

资源 环境

全县土地总面积	16.85亿平方米
可耕地面积	4亿平方米
净耕地面积	3.73亿平方米
人均耕地面积	5166.69平方米
果园	71.60万平方米
人工草地和天然牧地	1.5亿平方米
城乡居民用地	2407.61万平方米
工矿用地	101.40万平方米
交通用地	514.07万平方米
水域	1117.74万平方米
林地面积	3.73亿平方米
一次能源生产	21.35万千克标准煤
空气质量二级天数	346天
平均日照时数	2535小时
最高气温	34.1摄氏度
最低气温	零下26.8摄氏度
全年降水总量	701.6毫米
受灾面积	1.18亿平方米
农业直接经济损失	9559.2万元
处理垃圾量	2.8万千克

安全生产

安全生产事故	10起
死亡人数	2人

目 录

特 载

大事记

2016年偏关县大事记

县情概况

境域人口

自然资源

经济社会发展

中国共产党偏关县委员会

偏关县人民政府

偏关县人民代表大会

中国人民政治协商会议偏关县委员会

民主党派和工商联

人民团体

偏关县总工会

共青团偏关县委员会

偏关县妇女联合会

军　事

中国人民解放军偏关县人民武装部

中国人民武装警察部队山西省偏关县中队

法　治

社会治安综合治理

公　安

检 察

审 判

司法行政

经济管理与监督

经济发展和改革

国有资产监督管理

市场和质量监督管理

邮政 电信

邮　政

电　信

联　通

移　动

财税 税务

财　政

国家税务

地方税务

金　融

中国人民银行偏关县支行

中国农业发展银行偏关支行

中国农业银行偏关县支行

旅 游

教科文体

社 会

乡（镇）概况

尚峪乡

楼沟乡

特　载

凝聚新合力　再创新业绩
为全面夺取小康偏关新胜利而努力奋斗

——在中共偏关县第十三次代表大会上的报告

王　源

（2016年8月22日）

各位代表、同志们：

现在，我代表中共偏关县第十二届委员会向大会做报告。

中共偏关县第十三次代表大会，是在偏关县全面开启“十三五”，以脱贫攻坚统揽经济社会发展全局，全面建成小康社会的关键时期召开的一次十分重要的会议。大会的主题是：回顾总结偏关县第十二次党代会以来的工作，研究确定今后5年全县工作的指导思想和目标任务，选举产生中共偏关县第十三届委员会、中共偏关县纪律检查委员会和出席中共忻州市委第四次代表大会代表，进一步组织和动员全县各级党组织和广大党员干部群众统一思想，认清形势，坚定信心，真抓实干，凝聚新合力、再创新业绩，为全面夺取小康偏关新胜利而努力奋斗。

一、十二次党代会以来的工作回顾

县十二次党代会以来的5年，可以说是面对偏关贫穷落后的县情，理思路、定方向；打基础、谋长远；铺摊子、定棋局；破难题、聚能量；强推进、抓全局；学讲话、转作风的5年。5年来，我们以习近平总书记系列重要讲话精神和省委“五句话”要求为指针，统筹中央“四个全面”战略布局和省委“六大发展”战略，按照市委、市政府的具体工作部署，全县上下坚持自我加压、赶超建设，整体推进经济社会“五大战略”和党的建设“五大工程”，实现“十二五”圆满收官。

5年来的工作，可概括为3大板块11个方面：

——新常态下纵观经济社会发展这5年，偏关县处于艰难的攻坚基础期和多元的能量集聚期，全县上下强势推进“五大战略”，多项工作实现历史大转折，经济指标跨越历史。“十二五”期间，新一届县委、县政府班子以及县四大班子成员和全县各级各部门立足县情、砥砺奋进，抓项目建设、抓民生投资，有效促进各项主要经济指标的大跨越，特别是财政收入和增幅方面实现历史性大转折。进入“十二五”期间，偏关的财政收入先后突破2亿元、3亿元和4亿元大关，最高时达到4.5亿元，财政增幅连续5年稳居全市前三的位置，特别是财政收入曾实现与五寨县持平、超越神池县、岢岚县、定襄县和静乐县的目标。2015

年，全年完成地区生产总值25.03亿元，比“十一五”末增长56.4%；固定资产投资完成26.4亿元，比“十一五”末增长238.5%；财政总收入完成3亿元，比“十一五”末增长25%；公共预算收入完成1.8亿元，比“十一五”末增长125%；社会消费品零售总额完成9.3亿元，比“十一五”末增长63.9%；城镇常住居民可支配收入18801

元，比“十一五”末增长79.1%；农村常住居民人均可支配收入5620元，比“十一五”末增长89.4%。其他各项约束性指标严格控制在省市下达的目标任务之内。

项目建设改写历史。面对偏关多年来缺乏项目的县情，举全县之力抓项目攻坚，布局和开工建设了一批多年想办而未办、事关偏关长远发展的重大项目。2010年以来，先后引进同煤、博泰、大唐、龙源等28家大公司进驻，改写了偏关继引黄工程进驻以来18年间再没有大集团、大企业进驻的历史。截至2016年底，落地偏关的煤炭项目达到21个，其中18个有了实质性进展。签约的风电项目和光电项目拟装机容量为45万千瓦和231万千瓦。其中，国电科环10万千瓦风电项目和上海新锋2万千瓦光电项目已取得省发改委“路条”，华能2万千瓦光电项目已建成7000千瓦并投产。华电偏关2×110万千瓦火电项目的可研报告已通过审查。从项目建设中看发展，偏关在煤炭物流产业项目发展中，正在形成洗、选、储、售一体化发展的产业体系；在电力产业项目发展中，正在形成“保障水电、扩大风电、新上光电、推进火电”的电力产业发展新格局。

产业富民突破历史。“十二五”期间，累计投资3亿多元用于富民产业。先后完成7项水利重点工程，累计完成新增耕地313.71万平方米，落实农机购置补贴资金1005万元。全县各类农作物种植面积稳定在30966.82万平方米。2011年“全国杂交谷子生产技术集成现场会”在偏关县召开；2015年偏关小米、羊肉两种农产品获得国家地理标志产品认证，这是偏关县历史上首次取得国家级认证，在扩大销售，创建品牌等方面将发挥不可估量的作用。出台了新建温室大棚每座补贴12000元，调产棚每座补贴7000元等6项设施农业扶持政策，全县1300余座日光温室大棚实现了电动卷帘机全覆盖和“无公害”蔬菜被农业部认证等5个方面的新突破。同时，创新经营模式，扩大品种引进，新增了鲜桃、葡萄、西瓜、香瓜等水果产品，每座大棚纯收入达到3万—4万元，有力促进了农业增效、农民增收。畜牧业健康发展。经多方跟踪争取，偏关县成功争取到了“一县一业”羊产业扶持政策，出台了《偏关县羊产业发展“三补一贴”实施办法》，羊饲养量由2011年的45.6万只发展到2015年的85.3万只，平均增长率13.34%。人民群众的生活水平整体有了大提升。截至2015年底，全县大型运输汽车达到463辆，小型汽车拥有4041辆，比2010年分别增长126.9%和223.8%，在农村牛耕地、驴驮田基本退出历史舞台，以人畜为主要劳动力的农业生产被农业机械替代，机械的大幅增量，是群众富裕和社会发展的一种效应体现。全民创业氛围浓厚。全县农民专业合作社累计注册登记295个，仅2015年确定省级示范社3个，市级示范社4个。5个合作社注册了商标，5个合作社申报了无公害认证，新培育创建民营淘宝网店1个。结合偏关县缺乏经济林的实际，坚持先行先试，大胆引进发展以白水大杏和仁用杏为主的经济林项目。在试验获得成功后，县委、县政府适时制订了在全县大面积推进经济林发展规划和经济林发展“48”字方针，10个乡镇5年发展经济林2666.68万余平方米。经济林已成为偏关农民增收靠杂粮、靠养羊、靠大棚、靠运输外的又一保障性工程，打破了偏关不能发展经济林、不敢发展经济林、不适合发展经济林的历史局限。

道路建设扭转历史。交通不畅、出行不便，是偏关走不出去、引不进来的制约瓶颈，也是多年困惑偏关的历史性难题。我们围绕铁路、高速路、国道、省道、县城循环路、旅游路、水路、乡村路“八路”建设，想方设法跑北京赴太原到忻州，求得上级部门对偏关的同情理解和关注支持，多给偏关列计划上项目。特别是难度最大的县城外环路，经过努力争取，列入高速路建设规划和资金投资计划，现已建成通车；209国道改线已开工建设，准朔铁路全面复工，灵河高速今年将整体贯通；从窄寨至大咀的旅游公路和护宁寺至平万线连接线已建成通车，并且被微信朋友称为最美的沿黄路；护宁寺西口水路码头已建成，全省沿黄第二个大型码头老牛湾客运码头列入省投资规划，已开工建设，即将结束对岸内蒙古有码头，偏关县没码头的尴尬历史，西口水路码头和老牛湾客运码头的建设，必将为偏关县的旅游发展增彩助力。两轮农村“五个全覆盖”和农村“五件实事”全部完成，全县乡村道路街巷硬化达到1800多千米。“八路”的整体推进建成，既填补了偏关无铁路、无高速、无县城外环路、无客运码头的历史空白，又使偏关县许多自然村通了水泥路，行政村街巷得到硬化，农村基本告别了雨天道路泥泞、晴天黄土满地和出行不便的历史。从近年来偏关县交通投资量看，超过了新中国成立以来交通投资量的总和，是历史上前所未有的，在全市也是投资量最大的县。

生态旅游创新历史。近年来，全县上下坚持“较真、较劲、不叫苦，真穷、真苦、真实干”的本色，大搞生态建设，先后完成19333.43万平方米的造林任务，全县绿化面积达到92667.13万平方米，林木绿化率达到40%，森林覆盖率由2009年的9.25%增加到现在的15.86%。2013年在偏关县成功召开全市造林绿化现场会；2014年偏关县代表山西省参加了国家林业局举办的旱区造林绿化现场会并做了典型发言；2015年全省造林绿化忻州现场会在偏关县胜利召开。在发扬“右玉精神”的伟大历史进程中，我们成功创新“偏关绿魂”。旅游事业日臻完善，东西两条旅游线路大格局正在成型。紧紧依托全国少有的长城、古堡等古军事防御体系，地道等近代地下防空作战体系，黄河、长城、黄土丘陵地貌自然风景等资源，正在整合为西线“黄河风情游”和东线“长城边塞游”两条旅游路线。围绕“两条旅游线路”，5年来重点对老牛湾—乾坤湾—黄河水利枢纽—护宁寺—红门口地下长城“五大景区”进行布局规划和建设，进一步营造旅游事业发展的新起点、新繁荣。老牛湾村有了新的历史定位。2013年，老牛湾村被财政部、文化部、住建部三部委评为山西唯一的3A级中国传统古村落。2014年，老牛湾景区被省政府批准为省级风景名胜区。老牛湾申请3A级景区评审工作正在积极推进。乾坤湾“一区八景”工程全面完工，并正式向游客开放。护宁寺“黄河风情游”景区一期工程已完工，二期工程正在规划推进。水泉红门口“地下长城”景区完成地道修复1650米，地上配套的水泉营古道、古牌楼、古戏台等建设已完成，红门口水泉营历史文化展、晋北地区民俗展和广场雕塑已全部竣工，即将向游客开放。在旅游事业发展上，经过几年的布局和建设，点线结合，生态和景观结合，同时推进，发展脉络清晰，景区不断增多，从过去印象中偏关的旅游仅有一个老牛湾，拓展为现在旅游内容丰富、景区景点面广点多富有特色的新格局，明显地增强了偏关人的自豪感，增强了邀请亲朋好友到偏关旅游的自信心。与其同时，偏关旅游的知名度在国内外逐步提升，中央电视台4套、中央电视台7套、中央电视台13套先后免费制作播放了《黄河老牛湾》《偏关人家》《远方的家》《长城内外》和乾坤湾《江山多娇》专题片；北京金尊影视文化传播中心在老牛湾和寺沟以黄河为背景拍摄了《黄河管子声》实景剧。

随着高速路的贯通，“十二五”期间，偏关的旅游实现以自驾游为主向自驾游和组团游转变，来偏关旅游人数和旅游收入同比“十一五”末分别增长18%和19.94%。

——新常态下纵观民生事业这5年，偏关县始终把关注民生、保障民生、服务民生放在首位，全面推进“实事惠民”战略，广大人民群众的“获得感”进一步提高。

社会事业更加完善。“五城同创”强势推进，先后获得省级名胜风景区、省级平安县、省级双拥模范县等荣誉称号。5年累计落实义务教育保障经费8500万元，义务教育成果得到巩固提高。全面落实“两免一补”、高中和中职困难学生助学金等政策，中职教育免学费实现全覆盖，县乡各级学校办学条件大为改善，乡镇学校教师周转房实现全覆盖。教学设施逐步完善，教学质量逐步提高，5年累计二本以上达线765人。进一步强化卫生计生工作，坚持“三个不变”原则继续完善计生职能，人均计生经费超出规定标准。累计投资2355万元对县乡村三级医疗机构进行建设完善。县人民医院住院综合楼和偏关县急救中心已投入使用，县人民医院被评为二级甲等医院。先后完成2所乡镇卫生院改扩建和21个村卫生室改造建设，建成5个乡镇卫生院周转宿舍。全力推进新型农村合作医疗工作，逐步提高人均筹资标准，全县新农合参合人数达到71572人，参合率达到99.34%。县级公立医院综合改革工作有序推进，基本药物制度全面落实，乡、村医疗机构全部实行药品零差率销售。党校培训中心投入使用，新建并启动运行政务服务中心。

社保能力逐步提升。“十二五”期间，全县城镇新增就业7770人，再就业人数达到3160人，创业培训600人，转移农村劳动力9242人，城镇登记失业率控制在4.2%以内。城乡居民基础养老金、企业退休养老金、城镇居民医保和新农合补助全部按照新标准足额兑现，参保率稳步提高。全力保障干部职工工资待遇，机关事业单位干部职工新一轮调资工作全面完成，干部职级并行、乡镇干部补贴、干部带薪休假等制度已正式实施。住房公积金县财政缴存比例大幅提高达到8%。新建保障房2048套，建筑总面积达121840平方米。不断加大社会救助力度，累计发放低保、五保、救灾等救助资金1.2亿元。

城乡建设日臻完善。乡村建设日益完善。老营镇创卫全部完成并通过国家暗访和省市验收。5年累计用于改善乡村基础设施建设资金达到4.3亿元，覆盖10个乡镇7.5万人。5年累计为农村安装卫星接收设备16605套。全县247个行政村实现路灯全覆盖，方便了广大群众夜间出行。农村基本实现“环境更靓丽、出行更方便、就近能购物、活动有场所、养老有保险、就医有保障”。城镇建设成效彰显。县委、县政府面对县城“窄小乱、脏差粗”的现实条件，从边际到中心、从地上到地下、从小巷到马路、从上水到下水、从历史遗留到修复完善、从局部到整体，坚持特色与宣传接壤，历史与现代辉映，先后完成省市县交界地标性建筑、县城东西出入口牌楼、东门街整体拓宽、文笔塔公园完善、护城楼修复、万世德广场、垃圾填埋场和垃圾中转站、污水处理厂、线网入地、5个农贸市场、公共卫生间等30多项市政建设工程，城区基础功能得到强化和保障。大抓环境保护，城区环境空气质量稳定达到国家二级标准。新建了新城和旧城2个供热站，集中供热大面积增加。同时，县城创卫全面启动，结合实际需要，组建了县市容环卫综合服务中心，配齐人员和装备，城区环境卫生大为改善。

扶贫开发成效显著。“十二五”期间，累计完成25391人的脱贫任务，完成农村劳动力就业培训2725人，完成91个贫困村25472人的建档立卡工作。落实“产业扶贫”政策，积极推进易地搬迁，全县规模最大的、配套齐全的、功能完备的聚福苑扶贫移民小区已具备入住条件，售出楼房625套。加快农村整体脱贫步伐，5年共完成48个村的整村推进任务，完成投资5972万元。对247名农村困难家庭贫困大学生、669名农村困难家庭高中生进行了资助，资助资金257.3万元。对贫困家庭累计发放扶贫贷款1.1亿元，贴息124万元。在3个乡镇10个贫困村投资3800多万元用于产业发展，1130户贫困户、3997口贫困人口受益。

——新常态下纵观基层党的建设这5年，偏关县严格落实党要管党、从严治党要求，全面推进党建“五大工程”，全县各级党组织和党员干部规矩意识和纪律意识明显增强。

5年来，我们把结对共建工程、阵地达标工程、示范带动工程、党员先锋工程、支部堡垒工程的党建“五大工程”作为县委工作的中心任务来抓，本着以上率下，严实并举，全县党建工作迈上新台阶，民主法治建设进入新阶段，精神文明建设步入新时期。

始终坚持从严治党。县委坚持把深入学习贯彻习近平总书记系列重要讲话精神作为重要的政治任务，作为推进各项工作的根本遵循。党内教育得到严肃和规范。全县各级党组织先后深入开展了“党的群众路线教育实践活动”“学习讨论落实活动”“三严三实”专题教育，进一步严肃“三会一课”、民主生活会、组织生活会等党内生活，党员干部严于剖析自己，带头查找多方面存在的不足，诚恳接受别人的批评和帮助，党内生活得到进一步严肃和深化。“两个责任”得到从严落实。县委在贯彻落实新精神、新要求的基础上，先后出台了《党风廉政建设“2133”工作机制（试行）》《关于落实党风廉政建设党委主体责任的意见（试行）》《关于落实党风廉政建设纪委（纪检组）监督责任的意见（试行）》3个指导性文件，进一步推动“主体和监督”两大责任的落实。全力支持各级纪委“三转”。配齐了10个乡镇纪委班子，确定了专职纪检干部。纪委参与的议事协调机构由原来的126个清理精简为7个，使纪委的主要精力聚焦在监督执纪主业上。5年来，全县共立案507件，处分507人。同时，紧盯“四风”隐形变异问题，加大对“八项规定”、重要时间节点、“三公经费”的监督检查力度，始终保持了正风肃纪的高压态势。党的制度建设得到深化。紧紧围绕全县改革发展大局，全面加强对改革工作的领导，以制定的《偏关县关于进一步加强党的基层组织建设的实施意见》为统领，先后制定了《县委工作制度》《县级领导党建联系点制度》《软弱涣散基层党组织整顿制度》等18项制度。基层基础建设实现整体加强。扎实推进“三级联述联评联考”，推行农村党组织“星级化管理”，在风清气正中全面完成了第十届农村“两委”换届，不断深化农村社区“领头雁”和骨干党员培训，整顿软弱涣散党组织43个，选配第一书记105人，成立社会组织党工委，培育“双强六好”非公党组织5个。专题研究党建经费保障工作，将每个乡镇每年2万元的党建经费、每个社区每年5万元的活动经费、每个村5000元的活动场所管护经费全部列入财政预算并足额拨付。民主法治得到充分发扬。县委出台了《关于深入推进法治偏关建设的实施意见》，稳步推进司法体制改革，深入开展的法律“六进”“六五普法”取得丰硕成果。坚持和完善人民代表大会制度和政治协商制度，人大代表和政协委员在深入开展调查研究的基础上，积极建言献策，撰写了大量议案和提案，为县委、县政府科学决策起到了很好的民意作用。统战、武装工作成效明显。分部门召开专门工作会议，出台相关规定，加强和改进党对统战、群团工作的领导。坚持党管武装，按时按需召开议军会议，建成高标准、功能全的武装办公大楼，5年安置符合条件的复转军人33名，偏关县连续7次被评为“全省双拥模范县”。平安偏关建设全面推进。全面完成“三级平台、四级网络”建设，先后建成公安、法院、司法、消防等多功能办公大楼，偏关县被评为“省级平安县”。严厉打击违法犯罪活动。5年来，公安机关共立刑事案件704起，破案498起；检察机关共受理批捕案件159件205人，提起公诉309件379人；审判机关共受理刑事案件158件，判处犯罪分子298人。信访维稳、安全生产工作成效显著。严格落实“五包一”稳控责任，5年累计接待受理来访群众785批次1667人次，省、市交办的信访案件全部得到依法化解。近年来，偏关县进京非访实现“零报告”。严格落实安全工作“党政同责”规定，全面推进安全生产“443”工作机制，近年来全县危险行业和领域均未发生重特大安全事故。

始终坚持从严治吏。县委把从严管理干部、监督干部、选拔干部、评价干部作为从严治吏的抓手，全面树立遵纪守法、严于律己、全面看齐的干部形象。坚持学讲话学作风。深入推进对习近平总书记系列重要讲话精神和党的十八大以来各次全会精神的理论学习。5年来，县委常委班子带头落实意识形态工作主体责任，组织各类学习达到200多次，全县科级以上干部先后完成网络学习3万多课时。全县各级党员领导干部深入学习中央领导集体、新的省委班子、新的市委班子“亲力亲为、主动作为、躬身实践”的实干作风，形成守纪律、明底线，讲规矩、知敬畏，敢担当、善作为的表率。扎实开展“三个一批”工作。制订了“1图1书6表”工作措施，采取“六查六建五评两审”的办法，先后对全县94个单位、494名县管干部进行全方位、多角度、多层次甄别。完善干部选拔任用机制。旗帜鲜明树立“德才兼备、以德为先、以廉为基”用人导向，开展了全方位民主推荐、全过程痕迹记实的干部选用实践，制定出台了由组织、纪检、审计、综治、计生等13个部门组成的干部选拔任用联席审查制度，进一步防止“带病提拔”。加强对“一把手”的监督。2015年，县纪委针对“两个责任”落实不到位等问题对部分单位“一把手”进行诫勉谈话14人，约谈1人，书面检查1人，全年共查处单位“一把手”15人，较2014年增长36.3%。强化审计监督职能，“十二五”期间，共完成各级各类审计项目377个，审计期间整改问题15个。通过对中央八项规定的坚决落实，驰而不息纠正“四风”，强化各项监督检查，进一步推动了党风民风社风的明显好转，全县上下弘扬了正气，遏制了邪气，形成了推动改革发展的强大正能量。

各位代表、同志们！5年来，我们经历了许多风风雨雨，既有收获，也有挫折；既有喜怒哀乐，也品尝了酸甜苦辣。总的看，这5年是不平凡的5年，是取得显著成效的5年，是偏关奠基础大发展的5年，是偏关发展史上的一个重要时期。5年的成绩来之不易，影响深远。这是省委、省政府和市委、市政府科学决策、倾力支持的结果，是县委、县政府创新思路、真抓实干的结果，是县四大班子领导及全县各级党组织及广大党员干部群众齐心协力、拼搏进取的结果，是各驻偏单位和企业服务偏关、给力偏关的结果。在此，我代表县委向全县各级党组织及广大党员干部群众，向关心和支持偏关发展的有关部门、驻偏单位、各界朋友表示衷心的感谢！

5年的艰辛探索，5年的创新实践，不仅为我们理清了思路、夯实了基础、破解了难题、点燃了希望、历练了干部、转变了作风，而且为我们今后发展积蓄了后劲、积累了经验、提供了启示。偏关作为欠发达县，要想适应经济发展新常态，就必须认清形势，提振信心，把经济社会“五大战略”和党的建设“五大工程”作为纲领；就必须直面矛盾，迎难而上，千方百计破解发展中遇到的困难和问题；就必须不断总结经验，强化措施，继续健全完善已经基本成型的一套行之有效地工作落实和推进机制；就必须坚持群众路线，重视基层，全力以赴保障和改善民生；就必须坚持好干部“20字”标准，进一步匡正选人导向，端正用人风气，最大限度地激发干部群众干事创业的热情和干劲；就必须从严治党，落实“两个责任”，树立“四种意识”，争做“四个自觉”，转化“三严三实”成果，转变工作作风，争做“四讲四有”党员干部。这“六个方面”的经验和启示可圈可点，弥足珍贵，必将成为我们大干“十三五”的精神支柱和动力源泉。

二、今后5年的指导思想和奋斗目标

“十三五”时期，是全面建成小康社会决胜阶段，也是偏关凝聚新合力，再创新业绩，全面建设小康新偏关的关键时期。在全面贯彻落实中央、省委和市委精神，立足偏关县情的基础上，提出偏关县“十三五”发展的指导思想是：深入贯彻党的十八大及十八届三中、四中和五中全会精神，遵循“四个全面”战略布局和“五大发展理念”，按照省委“一个指引、两个关键、两手硬”总要求，全面落实市委“1661”发展战略，按照制定的“十三五”规划纲要，以脱贫攻坚统揽全局，坚定不移推进和提升项目强财、产业富民、特色兴城、旅游活县、实事惠民“五大战略”，对标前行，苦干实干，全面推进经济社会发展各项建设；坚持严实并举抓党建，全面推进先锋作用提起来、堡垒作用强起来、风清气正浓起来、干事创业实起来、良好形象树起来“五个起来”工程，为2020年全面建成小康新偏关这一大目标提供强大动力和坚强保障。

这一指导思想，是我们对标总结“十二五”，提升完善“五大战略”，结合“十三五”目标要求确定的。包括“1个统揽”“5个战略”“5个起来”和全面建成小康社会“1个大目标”。这一指导思想符合上级要求、符合偏关实际、符合群众需求，是对经济社会发展“五大战略”和党的建设“五大工程”的继续和提升；是偏关县一张蓝图绘到底、一任接着一任干、不达目的誓不罢休的一种决心和勇气；是偏关县“十三五”全部工作的出发点和落脚点，我们简称为“1551”发展战略。

“十三五”时期经济社会发展的主要预期目标是：到“十三五”末，力争全县生产总值年均增长7%以上，固定资产投资年均增长17%左右，财政收入年均增长7%以上，公共预算收入年均增长6%以上，规模以上工业增加值年均增长7%左右，社会消费品零售总额年均增长7%以上，城镇常住居民人均可支配收入年均增长7%左右，农村常住居民人均可支配收入年均增长7%以上，城镇登记失业率控制在4.2%以内。其他各项约束性指标严格控制在省市下达的目标任务之内。

同志们，今后5年，围绕总体思路和预定目标，我们既要进一步探索、巩固、深化和提升，又要胸怀大局、把握大势、着眼大事、关注小事。今后5年，需要我们本着为偏关负责、尽职尽责、忠心报国的态度，认真抓好以下工作：

（一）要深刻认识“一个统揽”，把思想和行动统一到脱贫攻坚上来

“十三五”期间，我们要聚焦决战贫困问题，创新精准扶贫方法，要坚持以脱贫攻坚统揽全县经济、政治、文化、社会、生态文明建设以及党的建设。当前，全县有建档立卡贫困村91个，占全县行政村37%；贫困人口有25472人，占全县总人口的22.3%。按照年初确定并实施的“12895”扶贫攻坚策略，全力破解制约发展的关键性因素和突出问题，整体上要完成以下5项工作，让全县91个贫困村和25472口贫困人口早日实现“两不愁、三保障”。要“立新”。在保障农村两轮“五个全覆盖”成果的基础上，继续加大农村社会事业建设和公共基础设施建设。2016年要完成31个贫困村的整村脱贫任务。要“创业”。整合6大类90项涉农资金，全部用于脱贫攻坚，同时要创新提升杂粮种植、舍饲养殖、经济林业、设施农业、“百企千村”、旅游产业等10大产业基地。2016年，要确立并启动12个村的旅游扶贫和5个村的光伏扶贫任务。倡导民营企业开展“企帮民解困、民助企发展”活动，引导民营企业在招工、用工等方面要向贫困人员倾斜，在全县形成“民企联姻”的扶贫格局。要“迁居”。以加快易地扶贫搬迁为突破口，力争在4年的时间里完成1774人易地扶贫搬迁任务。其中2016年要完成50人以下2个贫困村的整村搬迁和500口贫困人口的易地扶贫搬迁任务。要“兜底”。大力实施金融扶贫工程，帮扶贫困户发展产业、扩大产能、创效增收，同时要进一步完善农村低保、特困户、新农合等社会保障制度。要“育智”。以提高基本素质为突破口，通过实施劳动力就业转移和雨露计划培训，分年度完成农村劳动力就业培训转移3200人。

（二）要坚持和提升“五大战略”，为全面建成小康社会创建平台、提供支撑、发挥作用、做好当前的经济工作

要把握好中央“10个更加注重”“5大政策支持”“4个关系”“4个原则”；要按照省委要求，同步抓好“构建良好政治生态”和“推动经济稳步向好”这两个关键；要按照市委三届七次全会上提出的“10个怎么看、10个怎么干”，结合“三区联动”，统筹推进全县经济社会发展各项工作。偏关县制定的“1551”发展战略与重大决策部署相辅相成，是我们今后5年抓经济社会发展工作的指南针和方向标。整体看，全省、全市乃至全县的经济运行正由高位增长向新常态下中高速发展转变，导致部分经济指标适时出现即时增速放缓趋势，但经济运行仍处于合理区间。随着社会进步，经济转型，群众需求，政策扶持，在实践推动中，我们要确定一个经过努力可以实现的目标，就是要优化提升“五大战略”，把在“五大战略”大框架下铺开的一些初具雏形的工作进一步跟进，力争在“十三五”实现效益、见到成效、发挥作用。

继续坚持“项目强财”战略，加快推进煤炭“三大运行体系”和电力“四大产业”发展。紧紧抓住准朔铁路的复工和绿色发展的政策引领两大载体，进一步激活煤炭“三大运行体系”和电力“四大产业发展”的动能优势。布局上，要以构建产业集聚区为抓手，不断提升完善煤炭物流项目“洗选、储售、运销”三位一体的发展运行模式，实现煤炭物流产业成为“十三五”期间带动就业和财政明显增收的预期目标；不断提升完善“保障水电、扩大风电、新上光电、推进火电”的电力产业格局，实现水电、风电、光电、火电“四电”并驾齐驱新局面。服务上，继续落实“助保贷”“税易贷”等有利于“双赢”的政策。同时，在全县推行“主要领导跟踪联系项目、四大班子领导包领项目、乡镇部门配合支持项目、‘三人小组’服务项目”的项目服务保障机制，创造亲商、富商、安商的发展环境。实施上，狠抓发展第一要务，我们要以全县正在发展的21个煤炭物流项目和华电偏关2×110万千瓦火电项目、4个风电项目、21个光伏发电项目等26个电力项目为支撑，逐步创新发展机制，壮大县域经济。在继续抓好已开工的龙源、黄河大峡谷生态文化旅游观光带等项目的同时，再重点谋划引进发展一批电力、新能源及煤炭物流产业项目。继续协调服务好209国道改线、准朔铁路建设、天然气入县及9个加气站建设，做好各项配合工作；加快推进同煤、博泰、国新煤台项目建设进度，争取与准朔铁路通车同步运行，投产达效；继续推进已取得太原铁路局准入许可的乾瑞德450万千克、山西晋兴600万千克两个煤台项目，力争早日落地开工；全力协调推进已取得省发改委“路条”的国电科环10万千瓦风电和北京华祥2万千瓦光电的前期工作，力争早核准，早开工；密切跟踪推进山西首乐、偏关穆勒四通2个总装机容量10万千瓦的光电项目，以及华润、上海新锋、浙江盾安3个总装机容量35万千瓦风电项目的前期工作，争取早日取得“路条”，开工建设；全力支持配合好蒙西至天津南、偏关至五寨等3个外送电通道工程。尤其要跟进华电偏关2×110万千瓦煤电项目，配合项目单位积极与国家、省、市相关部门对接，力争早日取得“路条”，尽早动工建设。同时，继续高度重视重大产业项目分类考核，统筹抓好2个5亿元以上项目、3个3亿元以上项目、4个1亿元以上项目的推进，2016年底，9个分类考核新开工产业项目均已落实，正在推进。“十三五”期间，偏关县拟投资项目有40个，总投资约400亿元。

继续坚持“产业富民”战略，加快推进农业“四大板块”结构调整和转型升级。紧扣绿色发展趋势，加快推进杂粮种植、温室大棚、舍饲养殖、经济林业“四大板块”结构调整和转型升级，发展现代农业、高效农业、品牌农业。结合偏关各乡镇实际，建立区域性农业发展新格局。注重发挥品牌效应，要利用好小米、羊肉两种农产品取得国家地理标志产品认证的优势，在继续申报品牌的基础上，更要用好现有品牌，专门进行策划推广，设定标式，利用媒体、展板、微信等平台进行大力宣传，进一步放大品牌效应和带动效应，以品牌整合资源，推动一乡一品牌、几乡一品牌规模开发格局，促进农业增效、农民增收。老营镇、南堡子乡、尚峪乡和楼沟乡，要抓住耕地广阔的优势，大力发展杂粮种植，联手打造“杂粮果蔬之乡”。多方配套农田建设、水利建设，积极探索推进以“互联网+大棚+油料+谷子+马铃薯+养羊”为主体的种植养殖销售基地建设。要善于用新品种引领新市场，大胆尝试万寿菊、藜麦、“363”葵花等优良品种的种植，坚持向产品要市场，向市场要质量，进一步打破传统的种植模式。水泉乡、万家寨镇、天峰坪镇，要抓住旅游资源和粮食销售深加工两大载体，大力发展多产模式，协作推进“农业旅游之乡”。要依托旅游景点的逐步成型，游客的逐步增多，大力发展休闲农业和乡村旅游，促进农民增收。争取建设一批休闲园区和旅游特色村，引导农户发展度假农庄、体验采摘基地、享受水上乐园等“农家乐”，在自种自养自加自销中，拉长产业链条、提高附加值。新关镇、陈家营乡、窑头乡，要发挥信息、交通、中心的区位优势，在发展服务业、劳务输出、运输业和经济林业上下功夫、做文章。随着铁路、高速路的整体建成，煤炭物流业的兴起，人流物流的放大，倡导农民大搞餐饮、旅店、快递、配件、修理等第三产业。大量输出劳动力，打造以县城为核心，在交通半小时可通达的范围内，形成一个具有明显聚集效应、具备竞争的“经济圈”。

继续坚持“特色兴城”战略，加快推进国家级卫生县城创建。“创卫”是一场人的思想观念和城市管理机制的革命，必须着眼于长远，着手于常新。近年来，尽管在县城建设上花费的精力、投入的资金不算少，县城面貌总体上有了很大变化，但大推进的步子还不是很快，“低、小、窄、挤”的现状还没有完全突破。经初步匡算，县城创卫需要资金4亿元左右，从偏关县2016年底的财力看，2016年的财政刚性支出会更大，公职人员增资，职级职务并行、乡镇机关事业人员补贴、公车改革补贴等需要保障。如果创卫这样投资很大的工程在一年内完成，会给偏关背上沉重的债务包袱，这样不仅影响偏关当前的投资，更会制约今后的发展。因此，我们不搞一哄而起，本着既保发展又创卫的思路，规划以打造古关古韵县城为中心，逐步辐射特色乡镇建设为纽带，进一步突出“古城特色创卫、山城整洁创卫、特色要素创卫、为民利民创卫”理念，瞄准创卫目标、民生需要和特色要素，分期分年度进行整治和建设，全力打造特色城镇风格。今年，要具体推进街巷道路硬化、古城大街仿古立面整治、城区河道整治、排水管网铺设和绿化、亮化等重点工程。同时，我们要排除困难，想方设法向上级交通部门争取县城南5.6千米外环路建设项目，并要尽快开工建设，彻底解决城南大车流量多，管理难的问题。整体上在“十三五”期间，我们要以“创卫”为基础，发挥特色优势、集成效应、带动城乡一体化发展，让县城净起来、绿起来、靓起来，为人民群众打造一个特色鲜明的古韵山城，为旅游事业增添更加健全的服务功能，为居民创造一个更加舒适的生活环境、为创业者创造一个更加优越的发展环境。

继续坚持“旅游活县”战略，加快推进东西“两条旅游线路”建设，并融入省市大旅游格局。市委市政府就全市的旅游运行进行了规划，要以五台山风景区为“龙头”，以长城为“龙身”，以黄河为“龙水”，推动全市旅游由资源大市向产业大市转变。在“舞龙身”“挺龙胸”和“活龙水”方面我们占比份额较大、优势较大，大有文章可做。我们必须看清发展大势，发挥优势，多做利长远的基础工作。按照偏关县制定的“十三五”期间“54212”旅游规划，本着对偏关负责、对历史负责的态度，紧紧抓住“龙身”长城、“龙胸”生态和“龙水”黄河三大载体定位全县文化旅游格局。注重“龙身”长城和“龙水”黄河的同步推进。围绕西线老牛湾至护宁寺“黄河风情游”和东线老牛湾至丫角山、老营堡“长城边塞游”两条旅游线路，依托“东西通融、扇形发展、弧度推进”的大旅游发展思路，继续抓好老牛湾、乾坤湾、万家寨水利枢纽、红门口“地下长城”、护宁寺5大景区建设；同时，要多方争取资金，谋划修复万家寨古兵寨、滑石堡、老牛湾堡，新修通往滑石堡的道路；加快推进老营至丫角山、丫角山至水泉、水泉至明灯山、关河口至火烧埝4条旅游公路建设，形成两条线路多个景区的互通互融。与其同时，还要围绕东西两条旅游线路，择址建设大美西部偏关梯田、黄土高原丘陵地貌、高山富氧区森林景观大型观景台，设立明显标志；谋划建设长城之巅、黄河之边两大野营基地，通过增加旅游内容，进一步丰富偏关县旅游元素，增进不同类型游客的兴致爱好，增加在偏游览时间。要注重“龙胸”生态的补充和建设。坚持旅游景点建到哪里，生态建设跟到哪里的战略思路，在补充完成乾坤湾、老牛湾、护宁寺沿黄旅游生态观光带建设的基础上，积极谋划申报柏杨岭、青杨岭2个国家级森林公园。适时启动运营西口水路码头和老牛湾大型客运码头，仰观晋陕峡谷风情，品位水上娱乐，冲击游客视觉感观，激发游览热情。打好打响旅游扶贫战略。利用好旅游扶贫项目，探索谋划关河口、寺沟、柏杨岭、水泉等12个乡村旅游度假区。在省级风景名胜区创建成功的基础上，创建乡村旅游示范点。要以规划带动旅游要素的科学、健康、有序发展，实现旅游产业提档升级。对已成型的景区要建立科学的管理体系，探索第三方介入的管理运行体系。整体上，在“十三五”期间，偏关的旅游要形成定位准确、整体成型、管理有序、互通互融、引领发展的旅游大格局，使偏关成为名副其实的旅游之县。

继续坚持“实事惠民”战略，加快推进小康建设步伐。进一步转变政府职能。贯彻简政放权要求，该取消的行政审批事项全部取消，并对偏关县现有的非行政许可项目进行清理。继续完善“两个清单”，不断规范“两个平台”，进一步优化政策环境、法治环境、市场环境、投资环境和服务环境。按照制定的《“十三五”审计工作规划》，推进审计监督全覆盖，充分发挥审计的监督作用和保障作用。全面推进“六权治本”，严格依照法定权限和程序履行职责。进一步深化改革。狠抓改革第一动力，改革的重点要向基层延伸，要聚焦三农突出问题和脱贫攻坚，着力在农村发展、农村集体经济“破零”上有所突破。要聚焦乡村管理问题，围绕农村基层组织建设等方面谋划和推进改革。大力推进农村土地承包经营权确权登记和启动不动产登记等改革工作。严格落实新颁布的计生条例，不断强化食品药品安全监管，全面推行“三证合一”制度。进一步完善基础设施建设。巩固义务教育均衡发展成果，全面提高全县中小学教育教学水平。深入推进县级公立医院改革工作，实现县级公立医院药品零差率销售。深化“五个全覆盖”“五件实事”成果，依托“一村一井”“一村一品”农村危房改造、保障性住房、棚户区改造等民生工程，全面推进今年实施的整村推进建设任务。进一步提升社保能力。城乡居民基础养老金、企业退休养老金、城镇居民医保和新农合补助全部按照新标准足额兑现，及时足额将国保、低保、医保、扶贫、货币化煤补、种粮补贴、农机补贴等惠农政策落到实处，保障农民权益，稳定转移性收入。进一步丰富群众文化生活。积极开展各种群众性文化活动，做好数字发射高山台站启用工作，同时要开工建设全民健身中心，达到多功能综合馆标准，为广大居民提供健身娱乐好场所。进一步强化生态文明建设。按照确立的“一整合、两转变”林业发展思路，着力发扬吃苦耐劳精神和技术精湛优势，齐心协力完成各年度既定的造林绿化任务。大力实施减排工程、净空工程、净水工程，严格控制各项指标，完善网格化环境监管体系，为偏关的环境生态建设做出应有贡献。进一步深化平安偏关建设。大力实施“六六创安”工程，严打违法犯罪，化解社会矛盾，维护社会和谐稳定，进一步提高人民群众安全感、满意度。进一步强化安全稳定。坚持“党政同责、一岗双责、失职追责”，落实好安全生产“4438”体制机制，坚定不移保障安全发展。要抓好信访重复访案件的化解，确保信访形势持续稳定好转，为全面脱贫、全面小康营造良好的社会氛围。

（三）要坚持落实从严治党要求，全面推进党的建设“五个起来”工程，为全面建成小康社会这一目标提供保障

党的建设是保证小康社会顺利推进的重要保障力量。今后5年，偏关县党建工作要以习近平总书记系列重要讲话精神为指导，全面落实从严治党要求，发挥党的领导核心作用，深入开展“两学一做”学习教育，持续深化党内教育，切实把党员干部的先锋作用在全面建成小康社会的理想信念中提起来；在脱贫攻坚中切实增强党组织的凝聚力、战斗力和向心力，让基层党组织的堡垒作用在脱贫攻坚的实践实战中强起来；严格落实从严治党“两个责任”，严肃“六大纪律”，时刻把规矩纪律挺在前面，切实让风清气正的氛围浓起来；把“三严三实”的成果贯穿于推动“1551”发展战略的全过程，贯穿于推动当前工作的全过程，切实让干事创业实起来；发扬党的优良传统，崇尚真抓实干的工作作风，在全面建成小康建设中，切实把党员干部的良好形象树起来，从而为“1551”发展战略的实现奠定基础。

要深入开展“两学一做”，争做“四讲四有”合格党员。开展“两学一做”学习教育，是面向全体党员深化党内教育的重要实践，是推动党内教育从“关键少数”向广大党员拓展、从集中性教育向经常性教育延伸的重要举措。全县457个党组织和7080名党员要深入学习贯彻习近平总书记系列重要讲话精神，扎实推进“两学一做”学习教育，以开展“四讲四有”专题交流研讨为抓手，进一步强化对各级党员干部的理想信念教育和社会主义核心价值观培养，努力做讲政治、有信念，讲规矩、有纪律，讲道德、有品行，讲奉献、有作为的合格党员。广大党员干部要始终保持心中有党、心中有民、心中有责、心中有戒，在坚定决战决胜的理想信念上发挥先锋作用，在推动“1551”发展战略上发挥先锋作用，在脱贫攻坚上发挥先锋作用。

要全面抓好脱贫攻坚，发挥战斗堡垒作用。进一步发挥各级党组织在脱贫攻坚中的战斗堡垒作用，坚持以“一带三创”为主线，县委要以精准用人服务脱贫、建强组织保障脱贫、会聚人才支撑脱贫为抓手，立足政治和全局，准确把握脱贫攻坚与党组织建设的内在联系，增强服务脱贫攻坚工作的责任感和使命感。扶贫干部、扶贫工作队、第一书记、帮扶单位及干部要以支部建设和农村工作为主体，在脱贫工作中切实做到“两包三到位”，引导帮助贫困村拿出切实可行的脱贫规划目标和工作推进举措，进一步推动基层党组织成为带领群众脱贫致富的“火车头”。要抓好农村“两委”班子建设，不断整顿软弱涣散党组织，全面实施党组织星级化管理，强化基础保障，精准服务，提高基层党组织在群众中的威信。要进一步探索更多切实有效地新政策新办法新模式，深化拓展产业扶持、技能扶持、资本扶持和不断改善贫困群众基本生产生活条件“3+1”扶贫路径，巩固发展专项扶持、行业扶持、社会扶持“三位一体”的大扶贫格局。要充分发挥党的政治优势、组织优势，充分发挥党组织在脱贫攻坚中的战斗堡垒作用。

要全面从严治党，严格落实“两个责任”。坚持全面从严治党，严格落实市委《关于落实党风廉政建设党委主体责任和纪委监督责任的实施意见》，按照“2133”党风廉政建设工作机制，进一步细化压实县委8项、主要负责人4项、班子成员4项主体责任；县乡纪委要切实加大“三转”力度，进一步强化监督责任的落实，确保从根本上履行好监督执纪8项责任，让“两个责任”制度化推动、规范化运作。同时，县人大、县政府、县政协以及县纪委、县委组织部、县委宣传部、县委政法委、县委统战部等综合工作部门要主动担当起主体责任的推动和落实。切实履行运用好监督执纪“四种形态”，建立运用好“三个清单”，落实好“两台账、两跟踪”、层层约谈等制度。要全面对接政治建设，不断完善党委（党组）中心组学习制度，准确把握意识形态工作责任制的总体要求和主体责任，牢牢掌握意识形态工作的领导权主动权，用党的十八大、十九大精神和习近平总书记系列重要讲话精神武装头脑，坚持围绕理论悟理念、围绕战略悟战法、围绕民生悟民利、围绕义务悟服务，围绕纪律悟律己。要全面对接组织建设，始终把严守党的政治纪律、政治规矩和组织纪律作为政治生活中必须遵守的行为准则，紧紧围绕政治巡视25条标准、履行主体责任、市县巡察、推动“一带三创”等课题创造性地推进全局工作。要全面对接作风建设，严格落实中央八项规定，驰而不息纠正“四风”，严肃“六大纪律”，在全县范围内着重围绕重点人、重点事，开展有针对性的问题线索排查，进一步发现问题、解决问题、整改问题，切实加大惩治腐败和不正之风的力度。在全体党员中，要认真学习贯彻《中国共产党问责条例》及实施细则，对履责不力的党员干部严格追责问责，不断营造风清气正的政治环境。

要抓好各级领导班子建设，营造干事氛围形成攻坚合力。要配优配强各级领导班子，规范党内制度和议事规则，全面总结县乡换届工作经验，发扬优势、整改不足、完善短板，加大对干部选拔任用新条例的研究探索创新，依托“三个一批”工作，用好“两全”干部选拔任用机制。要抓好人才“三支队伍”建设，形成尊重、鼓励、支持、帮助人才的社会氛围。要把谋事要实、创业要实、做人要实贯穿于全面建成小康社会的过程之中，全面树立政治意识、大局意识、核心意识、看齐意识，进一步增强各级党组织和党员干部在全面建成小康社会、全力推动“1551”发展战略和破解偏关发展难题的信心。结合“十三五”期间的工作重点和工作任务，需要我们在实施脱贫攻坚上精准发力，在聚焦项目建设拉动投资上精准发力，在做强农业农村上精准发力，在统筹城乡发展上精准发力，在推进生态旅游建设上精准发力，在保障改善民生上精准发力。要不断提高人大、政协、武装、统战、群团等服务发展的水平，形成多方参与、协调并进、相互支持、共同发展的团结奋进新格局，确保基础打得更实、底线守得更牢、新路走得更好、小康奔得更快。当前，完成2016年的工作时间紧任务重，需要全县上下全力以赴“1551”工作思路规划下的重点工作，对县委县政府下达的各项工作任务，要不讲条件，不计得失，不折不扣地完成。需要强调的是，县乡换届即将结束，一大批党员干部走上新的领导工作岗位，各级要做好新旧交接工作，把工作中形成的经验教训毫无保留地交给继任者，把完成的与未尽的工作分类逐一交接，使继任者迅速进入工作角色。各级领导干部要把心思更多地用在抓工作上，把本领用在讲实干上，以高昂的精神状态和苦干实干的作风，确保全县各项工作实现新突破、跃上新台阶。

要全面强化目标责任考核，在推进工作中树立良好形象。要充分发挥好目标责任考核办法的“指挥棒”和“风向标”作用，全面推动各项工作目标任务的落实。要细化市委、市政府下达的目标责任考核任务，以目标任务分解促落实，将重点工作、重点项目分解落实到四大班子和各乡镇各单位，形成“人人有担子、个个有责任”的推进落实机制。要以考核结果运用促落实，把考核结果同干部选拔、奖惩直接挂钩，切实解决“干与不干一个样、干好干坏一个样”的问题。要以现场观摩促落实，适时开展重点项目、重点工程现场观摩，交流经验，总结成绩，鼓励先进，鞭策后进，以强有力的攻势推动各项工作任务的有效落实，在各项目标任务圆满超额完成中树立崇尚实干的良好形象。

三、推进工作的要求和举措

以上三方面工作是我们对“一个统揽”“五大战略”“五个起来”和“一个目标”“的具体化，衔接了“十二五”和“十三五”，统筹了以脱贫攻坚统揽经济社会发展全局和党的建设，兼顾了长远目标和当前任务。在“十三五”期间，结合上级要求和全县实际，每个年度还要有具体的年度目标和工作任务，还要有新的延伸和突破。面对新形势、新任务，需要我们创新理念、勇于担当、真抓实干。

创新理念，就是要加强和改进党委对经济工作的领导，坚持按照中央“五大发展理念”、省委“一个指引、两个关键、两手硬”、市委“1661”战略统一思想、指导实践，全面推进“1551”发展战略。要坚持辩证思维，坚持法治理念，坚持群众路线，坚持问题导向，坚持改革精神，研究经济规律，研究市场规律，增强决策指导的科学性。

勇于担当，就是要在贯彻落实中央、省委、市委以及县委工作部署上善决策、敢担当、敢担责，做到认识到位、主动适应、引领有为；就是要积极应对经济下行压力，转方式、调结构、促转型、增效益，破解发展难题有思路、拿实招、担风险；就是要在其位、谋其政，遇到困难向前冲，化解矛盾不避险，解决问题先出手；就是要不达目的誓不罢休的激情干事创业，以不到长城非好汉的拼劲冲刺攻坚，奋力推进全面脱贫、全面小康。

真抓实干，就是要围绕完成“十三五”规划的预定目标真抓实干；围绕实施“1551”发展战略确定的重大项目、重大部署真抓实干；围绕完成今后各项工作任务真抓实干。真抓，就是要抓贯彻、抓落实、抓担当、抓进度、抓作风、抓责任。实干，就是要围绕思路决策干、围绕目标任务干、围绕时序进度干，要严明纪律干、转变作风干、以上率下干、争分夺秒干、实实在在干，干就要干好、干出特色、干出成效。

同志们，新的起点，新的征程；新的目标，新的跨越。形势催人奋进，发展重任在肩。全面完成“十三五”各项目标任务，我们责无旁贷、使命光荣、责任重大，让我们以更加饱满的热情、更加昂扬的斗志、更加扎实的工作，团结和带领全县广大党员和干部群众，同心同德，励精图治，锐意进取，为全面夺取小康偏关新胜利而努力奋斗！

政府工作报告

——2016 年 8 月 25 日在偏关县第十六届人民代表大会

第一次会议上

曲俊安

各位代表:

现在，我代表县人民政府向大会报告工作，请予审议，并请县政协各位委员和其他列席人员提出意见。

一、“十二五”工作回顾

“十二五”时期是偏关县发展史上极不平凡的 5 年，5 年来，面对经济总量不足、发展基础薄弱、脱贫任务艰巨的落后县情，面对艰巨繁重的改革发展稳定任务，面对复杂多变的经济环境和反腐倡廉的严峻形势，在市委、市政府和县委的坚强领导下，在县人大、县政协的监督支持下，县政府团结带领全县人民，深入学习贯彻党的十八大、十八届三中、四中、五中全会和习近平总书记系列重要讲话精神，创新苦干、砥砺奋进，主动适应经济发展新常态，全力实施“双五”发展战略，经济社会发展取得明显成效。

——过去 5 年，是偏关县经济加速发展、综合实力显著提升的 5 年

5 年来，我们坚持稳中求进工作总基调，主动适应经济发展新常态，抢抓历史机遇，加大攻坚力度，全县经济加速发展，综合实力显著提升。全县地区生产总值由“十一五”末的 16 亿元增加到 25.03 亿元，增长 56.4%，“十二五”期间年均增长 9.36%；固定资产投资由“十一五”末的 7.8 亿元增加到 26.4 亿元，增长 238.5%，“十二五”期间年均增长 27.6%；财政总收入连续跨过 2 亿元、3 亿元、4 亿元大关，一度实现财政收入与五寨持平，超越神池、岢岚、定襄和静乐的目标。在经济下行压力加大、黄万公司退税分税等多重不利因素影响下，2015 年全县财政收入仍完成 3 亿元，比“十一五”末增收 0.6 亿元，“十二五”期间年均增长 4.6%；公共预算收入 2015 年完成 1.8 亿元，比“十一五”末增收 1 亿元，增长 125%，“十二五”期间年均增长 17.6%；城镇常住居民可支配收入 2015 年完成 18801 元，比“十一五”末增长 79.1%，“十二五”期间年均增长 12.4%；农村常住居民人均可支配收入 2015 年完成 5620 元，比“十一五”末增长 89.4%，“十二五”期间年均增长 13.6%。

——过去 5 年，是偏关县产业结构调整、发展方式转变最快的 5 年

5 年来，我们积极调整产业结构，加快项目建设，发展特色农业，开发旅游资源，打造新的经济增长极，一二三产实现融合发展。实施项目强财战略，先后引进焦煤、华能、大唐、龙源等 28 家企业集团，逐步补齐了偏关项目建设的“短板”，改变了自引黄工程入驻以来偏关 20 多年再没有大项目、大企业、大公司进驻的历史。落地煤炭项目 21 个，年设计煤炭营运量达 4600 万千克以上；建成华能、大唐 2 个装机 15 万千瓦的风电项目并实现并网发电；另外与 4 家风电企业、21 家光电企业签订框架协议，4 个风电项目设计装机容量 45 万千瓦，21 个光电项目设计装机容量 233.6 万千瓦。其中，华能公司 2 万千瓦光电项目已部分建成并网发电。全县“洗、选、储、售”一体化发展的煤炭产业体系和“保障水电、

扩大风电、新上光电、推进火电”的电力产业发展新格局基本形成。实施产业富民战略，积极调整农业产业结构。在巩固传统农业，发展杂粮种植的基础上，着力打造农业特色产业。全县小杂粮种植面积发展到2.00多亿平方米，2011年“全国杂交谷子生产技术集成现场会”在偏关县召开；出台了新建温室大棚每座补贴12000元，调产棚每座补贴7000元等6项设施农业扶持政策，全县日光大棚发展到1300余座，实现了电动卷帘机全覆盖和“无公害”蔬菜被农业部认证等5个方面的新突破；在试种成功的基础上，大力发展以白水大杏和仁用杏为主的经济林。县委、县政府制订了在全县大面积推进经济林的发展规划和经济林发展“48”字方针，10个乡镇5年发展经济林2666.69余万平方米；出台了《偏关县羊产业发展“三补一贴”实施办法》，羊饲养量由2011年的45.6万只发展到2015年的85.3万只，年均增长率13.34%。2015年，偏关县小米、羊肉两个农产品取得了国家地理标志产品认证。特色产业的强势发展，打开了农业增效、农村发展、农民增收的新局面。实施旅游活县战略，不断壮大旅游产业。围绕黄河、长城、古堡、地道等特色，挖掘提升旅游文化内涵，全力打造老牛湾—乾坤湾—黄河水利枢纽—护宁寺—红门口“五大景区”。老牛湾村实现新的历史定位，2013年被财政部、文化部、建设部三部委评为山西唯一的3A级中国传统古村落。2014年，老牛湾景区被省政府批准为省级风景名胜区。2014年7月，投资5000余万元建设的乾坤湾“一区八景”工程全面完工，正式向游客开放。护宁寺景区一期工程全面完工，完成元代古寺护宁寺的恢复，建成烽火台参观点、枕河戍边雕塑，修复长城100米，修缮恢复敌台1个，寺沟西口水路码头基本完工，寺沟景区已现雏形。水泉红门口“地下长城”景区积极推进，被专家学者称为“全国最长且保存最完整”的战备地道2016年底已改造完善1650米，水泉营古道、古牌楼、古戏台修复完成，水泉营历史文化展、晋北地区民俗展和广场雕塑已全部竣工，即将向游客开放。偏关县以古军事文化旅游为精髓，以黄河风情旅游为特色，以生态休闲旅游为补充的特色旅游之路正在逐步形成。

——过去5年，是偏关县统筹城乡发展、人居环境变化最大的5年

5年来，我们坚持特色兴城战略，围绕古城特色，以县城为龙头，致力做优县城、做特城镇、做美乡村，形成县、镇、村整体推进、协调发展的良好态势。先后修编完成了县城排水防涝规划、偏关古城历史文化街区保护规划等13个建设和保护规划，恢复了西山护城楼，新建万世德广场，修缮中大街鼓楼，建成南北古牌楼，偏关“东有文笔塔、西有护城楼、中有钟鼓楼、北有五牌楼”的古城新格局初步成型。建成并启用污水处理厂、垃圾填埋场、二级汽车站、第二热源厂，拓宽东门街，改造文化广场，硬化小街小巷，亮化城区街巷，市政基础设施得到大力改善。老营镇成功创建国家级卫生镇，县城创卫也于2015年全面启动，2016年底软硬件建设各项工作正在同步积极推进。农村人居环境进一步得到改善，“十二五”期间，累计投资1776万元，解决了115个自然村、30426人、10所学校、3190名学生、984头大畜的饮水安全问题；投资5280万元，实施“一村一井”工程，打钻深井132眼；完成56个村的新农村建设任务；两轮农村“五个全覆盖”和农村“五件实事”全部完成，农村基本实现了“环境更靓丽、出行更方便、就近能购物、活动有场所、养老有保险、就医有保障”。此外，县内高速公路、

县城外环路、西北循环路建成通车，209国道“三改二”工程也于2015年开工建设，同时准朔铁路正在加紧推进，境内铁路、高速、国道、省道、县乡道四方通达的交通格局基本成型，区位优势明显改善。

——过去5年，是偏关县社会事业全面发展、人民群众生活水平显著提升的5年

5年来，我们坚持民生优先，不断完善教育、卫生、文化、社会保障、生态文明等公共服务体系，民本民生持续改善。不断加大扶贫开发工作力度，完成48个村的整村推进，对247名农村困难家庭贫困大学生、669名农村困难家庭高中生进行资助，累计发放扶贫贷款1.1亿元，贴息124万元。在3个乡镇10个贫困村投资3893.27万元用于产业发展，1130户贫困户、3997口贫困人口受益。“十二五”期间，累计完成25391人的脱贫任务。全面落实“两免一补”、高中和中职困难学生助学金等政策，实行中职教育免学费全覆盖。全县各级各类学校办学水平显著提高，5年累计二本以上达线765人。进一步强化卫生计生工作，落实计生人均经费，完善县乡村三级医疗机构。县医院住院综合楼投入使用，县人民医院被评为二级甲等医院。新建了10个乡镇综合文化站和10个乡镇综合文体活动广场，全部配备了文化活动和体育健身器材，248个行政村实现农家书屋、农村体育场所全覆盖。每年组织“送戏下乡”100场以上，“送电影下乡”近3000场。“十二五”期间累计安装“村村通”“户户通”卫星接收设备16605套，群众文化生活不断丰富。社保能力逐步提升，“十二五”期间，全县创业培训600人，转移农村劳动力9242人，城镇新增就业7770人，再就业人数达到3160人，城镇登记失业率控制在4.2%以内。城乡居民基础养老金、企业退休养老金、城镇居民医保和新农合补助全部按照新标准足额兑现，参保率稳步提高。不断加大社会救助力度，累计发放城乡低保、医疗救助、临时救助等救助资金1.2亿余元。机关事业单位干部职工新一轮调资工作全面完成，干部职级并行、乡镇干部补贴、干部带薪休假等制度全面落实。生态建设稳步推进，“十二五”期间完成新造林19333.43万平方米，通道环城绿化200多千米，新增园林村庄158个，建设城郊型森林公园2处，全县森林覆盖率达到15.86%，在发扬“右玉精神”的伟大历史进程中成功创新了“偏关绿魂”。2013年成功承办全市造林绿化现场会；2014年偏关县代表山西省参加了国家林业局举办的旱区造林绿化现场会并进行典型发言；2015年全省造林绿化忻州现场会在偏关县胜利召开。此外，全县环境质量稳步改善，县域空气质量稳定达标，化学需氧量、氨氮、二氧化硫、氮氧化物排放量逐年下降，各项约束性指标均超额完成上级下达任务。

——过去5年，是偏关县深化改革、政府自身建设明显增强的5年

5年来，我们不断加强政府自身建设，强化政府服务职能，千方百计地抓改革、稳增长，强力推进各项重点改革任务的落实。以深入开展党的群众路线教育实践活动、“学习讨论落实”活动、“三严三实”专题教育、“两学一做”学习教育为契机，加快转变政府职能，全力推进学习型、创新型、法治型、廉洁型、服务型政府建设。全面推进简政放权，积极做好省市取消、下放、调整行政审批事项的落实承接工作，共计落实和承接省市下放、取消、调整事项214项，其中：承接省市下放行政审批事项64项，下放年审年检事项2项，取消行政审批事项13项，取消年审年检4项，取消行政事业性收费项目4项，取消行政审批中介服务事项19项，工商登记前置审批改后置审批事项108项。积极推进事业单位分类改革及

政府部门权力清单和责任清单制定公布，31个部门确定了县级行政权力事项3406项、责任事项30630项。全面完成了卫生和计划生育局、市场和质量监督管理局、教育科技局等部门的机构改革。县级公立医院改革取得实质性进展，取消药品加成，实现了药品零差率销售。农村土地承包经营权确权登记颁证试点、农村集体林权制度改革工作扎实推进。启动运行政务服务中心，集中对全县52个涉及部门的行政审批事项进行清理和认定。自觉接受县人大、县政协监督，累计办结人大代表议案建议73件、政协提案147件。

此外，国防动员、人民防空、双拥工作进一步加强，妇女、儿童、老年人和残疾人权益得到更好保障，统计、审计、气象、民族宗教、外事侨务、档案史志、防震减灾等各项事业也都取得了新的成绩。“十二五”期间偏关县先后荣获“全国白内障无障碍县”“全省双拥模范县”“全省扶贫开发先进县”“全省农田水利建设红旗县”“全省畜牧兽医工作先进县”“山西省爱国卫生先进县”“全省文物工作先进县”“山西省林业‘六大’工程先进县”“省级平安县”等国家及省部级荣誉，其中“全省双拥模范县”是偏关县作为无驻军县连续第七次获得的荣誉。除此之外，经过我们积极争取，偏关县被列入全国新型农民养老保险试点县、全省城乡建设用地增减挂钩试点县、全省教师周转房试点县、全省“一村一井”工程试点县、全省农业综合开发实施县、京津风沙源治理项目县、全省20个养羊重点县和“一县一业”县。

各位代表，回首5年来的工作，发展有目共睹，成绩来之不易。这是市委、市政府正确领导的结果，是县委总揽全局、科学决策的结果，是县人大、县政协监督、支持的结果，是十二万偏关人民同心同德、奋力拼搏的结果。在此，我代表县人民政府向在各条战线和各个岗位上勤奋工作、无私奉献的广大干部群众，向给予政府工作热情支持的人大代表、政协委员和离退休老干部，向驻偏武警官兵、公安干警和各驻偏单位，向所有关心、关注、支持偏关发展的朋友们表示衷心的感谢和崇高的敬意！

成绩来之不易，使命任重道远。在肯定成绩的同时，我们也清醒地认识到，偏关县经济社会发展中还存在一些深层次的矛盾和问题，主要表现在：经济总量仍然偏小，缺乏大项目支撑。全县GDP总量不足全市的4%，人均水平低、综合实力弱的县情特征尚未根本改变；工业发展不足、结构单一，规模以上工业企业仅有6家，且电力企业一支独大，对市场和资源的依赖性较大，抵御风险的能力较弱；农业产业化水平较低，农产品市场竞争能力较弱，农民增收致富压力仍然较大；文化旅游产业尚处于起步阶段，形成县域经济新的增长点还需要付出更多、更大的努力；城乡基础设施还不完善，旧城改造、新区开发和小城镇建设的任务还很艰巨；财政收支矛盾依然突出，总量偏小，可支配财力不足，保民生、保运转、保建设的任务仍然艰巨。特别是全县尚有贫困人口2.54万人，贫困区域广，贫困程度深，攻坚难度大，成为当前和今后一个时期最艰巨的任务和最难啃的“硬骨头”，等等。对这些困难和问题，我们必须高度重视，认真研究，坚持不懈加以解决。

二、“十三五”工作建议

“十三五”时期，是偏关经济社会承前启后、实现跨越发展的关键时期，是培植后发优势、奋力后发赶超的重要加速期，是打赢脱贫攻坚战、全面建成小康社会的决战决胜期。既有严峻考验，更逢发展机遇。一方面，“十三五”时期脱贫攻坚上升为国家战略，从中央到省、市，对脱贫攻坚重视支持力度空前，政策红利叠加释放，偏关县作为国家级贫困县，必将得到更大的政策、资金支持。另一方面，随着近年来全县上下打响项目强财攻坚战，煤炭、电力等产业项目已初见成效，今后几年陆续将有大批项目投产运营，县域经济发展的支撑能力将得到明显提升。同时，境内铁路、高速、国道、省道、县乡道四方通达的交通格局基本成型，制约偏关县发展的交通瓶颈得到初步破解，发展的区位优势明显改善。第三，在这些年的实践过程中，偏关县逐步形成了一支想干事、能干事、干成事的干部队伍，积累了许多好的经验和做法，全县干部群众干事创业的士气很旺、劲头很足，这是我们把各项工作不断推向前进的宝贵财富。我们坚信，在县委的坚强领导下，只要全县广大干部群众团结一心，抢抓机遇，真抓实干，我们完全有信心、有决心、有能力把“十三五”的工作做得更好。为此，我们必须以高度的政治责任感和历史使命感，以强烈的机遇意识和忧患意识，放眼全局、统筹谋划、培植优势、奋力赶超，全面开创各项工作新局面。

偏关县“十三五”发展的指导思想是：深入贯彻党的十八大及十八届三中、四中和五中全会精神，遵循“四个全面”战略布局和“五大发展理念”，按照省委“一个指引、两个关键、两手硬”总要求，全面落实市委“1661”发展战略，按照制定的“十三五”规划纲要，以脱贫攻坚统揽全局，坚持项目强财、产业富民、特色兴城、旅游活县、实事惠民“五大战略”不动摇，对标前行，苦干实干，全面推进经济社会发展各项建设；坚持严实并举抓党建，提升完善党员素质提起来、党员作用强起来、党内生活严起来、基层组织实起来、党的旗帜飘起来“五个起来”工程，为2020年全面建成小康新偏关这一大目标提供强大动力和坚强保障。

“十三五”时期经济社会发展的主要预期目标是：到“十三五”末，力争全县生产总值年均增长7%以上，固定资产投资年均增长17%左右，财政收入年均增长7%以上，公共预算收入年均增长6%以上，规模以上工业增加值年均增长7%左右，社会消费品零售总额年均增长7%以上，城镇常住居民人均可支配收入年均增长7%左右，农村常住居民人均可支配收入年均增长7%以上，城镇登记失业率控制在4.2%以内。其他各项约束性指标严格控制在省市下达的目标任务之内。实现全县综合实力得到显著增强，经济转型升级取得重大进展，城乡区域发展实现统筹推进，人民群众生活质量得到全面提高，社会环境保持和谐稳定。

围绕上述目标，“十三五”期间要重点在以下六个方面实现新的突破：

（一）着力推进脱贫攻坚，在共享发展上实现新突破

坚持把脱贫攻坚作为“十三五”时期的头等大事和第一民生工程，统揽经济社会发展全局。以实施“12895”脱贫攻坚策略为抓手，以持续增加贫困人口收入为核心，坚持“六个精准”“五个一批”要求，全面落实党的各项扶贫政策，加大财政扶贫资金投入力度，统筹各类项目实施和资金使用，举全县之力、聚全民之智，强力推进大扶贫战略，精心实施好九项脱贫攻坚工程。对有劳动能力的支持发展特色产业和转移就业，实现8387名贫困人口脱贫致富；对生存环境恶劣、自然灾害频发、“一方水土养育不了一方人”的山庄窝铺实施扶贫搬迁，完成1774名贫困人口搬迁任务；对三北防护林区、京津风沙源治理区和其他生态脆弱区的贫困群众，实施生态补偿政策，安排有劳动能力的贫困人口就地转成护林员等生态保护人员，同时继续实施退耕还林还草政策，提高补助标准、延长补助年限，为416名贫困群众开辟新的增收脱贫途径；对建档立卡贫困家庭学生实施教育救助，实现中职、高职和大学（二本以上）教育救助全覆盖。通过阻断贫困代际传递，扶持3494名贫困人口脱贫；对因病、因灾致贫返贫的群众及时给予有效救助，对丧失劳动能力的贫困人口纳入社会保障体系，实行政策兜底脱贫。通过政策兜底，完成3840名贫困人口脱贫任务。确保到2019年，全县10个乡镇91个贫困村整体脱贫，9867户、25472名贫困人口做到“两不愁、三保障”。

（二）着力推进三产融合，在创新发展上实现新突破

千方百计做强工业支柱产业。在确保黄万公司水电、华能风电、晋电化工等骨干企业正常运行的基础上，立足资源、产业和区位优势，以煤为基多元发展，强势推进偏关县煤电循环经济产业集聚带（区）建设，加快发展已落地的21个煤炭物流项目和华电偏关2×110万千瓦火电项目，打造产业集聚优势，力争到“十三五”期末，把偏关建成晋北地区重要的煤电新基地。积极发展风电、太阳能发电等绿色能源产业，重点推进已签订框架协议，总装机278.6万千瓦的4个风电项目和21个光电项目。以云峰制砖、广盛恒涂料等企业为依托，推进对煤矸石、粉煤灰和冶金废渣的综合利用，打造一批新型建材企业，着力构建系列化、多元化的新型建材产品体系。力争到“十三五”期末，新型建材产业实现工业总产值1亿元。

千方百计发展特色高效农业。依托自然资源禀赋，围绕绿色做文章，围绕特色谋发展，巩固和增强农业基础地位。推广小杂粮种植、发展设施农业、扩大经济林面积、发展舍饲养殖、培植农业龙头企业，加速农业产业化进程。围绕做优做强“杂粮之县”品牌，扩大杂粮种植面积，优化品种，提高单产，不断提高综合生产能力，使偏关县以“一薯（马铃薯）、三麦（莜麦、荞麦、藜麦）、三米（小米、黄米、糜米）、四豆（豇豆、绿豆、豌豆、红芸豆）”为代表的耐旱抗旱型杂粮种植总面积保持在2.00亿平方米以上。同时，注重引进新品种，在试种成功的基础上积极推广油用牡丹、万寿菊、藜麦、“363”葵花等优质品种的种植。利用好小米、羊肉两种农产品取得国家地理标志产品认证的优势，放大品牌效应。围绕特色做文章，大力发展绿色农业和设施农业，加速农业产业化进程。抓好以老营为中心辐射关河沿线的日光节能温室反季节蔬菜基地建设，打造全市设施农业示范县。通过科技创新和品种改良，在窑头、陈家营、新关、天峰坪、老营等乡镇建成以反季节蔬菜、优特水果为主的万亩瓜菜水果基地和南北两山旱地日光节能温室集雨微灌生产基地。“十三五”期间，全县以温室大棚为主的设施瓜果蔬菜面积要发展到2000万平方米以上。大力推进以舍饲养殖为主的规模健康养殖业。通过基地推动，龙头带动，科技促进，推进舍饲养殖走科学化、健康化、规模化发展之路。力争“十三五”末羊发展到120万只，新建标准化养殖小区25个，规模养殖场30个，畜牧业纯收入达到3.6亿元，农民人均牧业纯收入4300元以上，使以舍饲养殖为主的生态畜牧业真正成为农民稳定脱贫的主导产业。壮大林果增收产业。建立专业化优种苗木繁育基地，推广优质高产、绿色安全的综合集成栽培技术，发展干鲜果“一村一品”专业村，相应培育“一品一社”专业合作社，提高组织化、标准化、品牌化生产经营水平。结合2666.69万平方米经济林大面积挂果的实际，加强贮藏保鲜设施建设，培育果品加工企业，建立产地批发市场，延伸产业链条，实现增值增收。

千方百计搞活文化旅游产业。坚持多元开发、点面开花的原则，全面加快旅游开发步伐，通过整合开发乡村旅游资源，发展乡村旅游，打造精品旅游线路，形成“一心两区四点五线”(即旅游集散服务中心，长城古堡、黄河风情两个特色旅游区，万家寨、老营、水泉、桦林堡四个旅游补给景点，经典观光、徒步穿越、黄河漂流、水上观光、自驾游览五条旅游线)的精品旅游格局。同时，加强文化旅游宣传，不断提升偏关旅游知名度。

(三)着力推进城乡建设，在协调发展上实现新突破

坚持“做优县城、做特城镇、做美乡村”，以县城为龙头，万家寨、天峰坪、水泉等旅游特色乡镇为支撑，新关、窑头、陈家营等集镇为纽带，老营、楼沟、南堡子、尚峪等传统农业种植片区为基础，明确城镇功能分区，优化空间布局，促进城乡融合发展，推动特色新型城镇化，全力构建县城带动、城乡互动、区域联动的发展格局。坚持突出古关古韵特色，完善功能、拉大框架、提升品位，主动融入晋西北中部城镇群。依托老城、东拓南进、北优西调，进一步打造西山、塔梁生态文化景观带，优化黄河路、护宁路、关河路、万佛路、长城路、龙华街、文笔街、古城大街八条城市发展主轴线，拓展新城区，改造旧城区，配套完善市政设施，力争打造布局合理、功能完善、景观优美的特色新城。有序推进小城镇建设，增强中心城区与小城镇的经济纽带联系，实现优势互补，共同发展。加快推进中心村建设，加强农村道路、电网、安全饮用水等基础设施建设，深入推进环境整治，全面改善农村生产生活条件，努力打造农民幸福生活美好家园，实现美好乡村建设由“以点为主”向“由点带面”战略转换。树立协调发展理念，充分发挥县城集聚效应、小城镇带动效应，有序引导人口、产业向县城和城镇集中，构建要素有序自由流动、主体功能约束有效、基本公共服务均等、资源环境可承载的协调发展新格局，到2020年全县城镇化率达到55%以上。

(四)着力推进生态建设，在绿色发展上实现新突破

实施生态立县工程，牢固树立“绿水青山就是金山银山”的理念，全面推进生态文明建设。按照生态建设产业化、产业发展生态化的思路，坚持增绿增收并重、造林造景并举、绿化美化并行，继续深入推进造林绿化工程，创建“省级造林绿化示范县”，重点实施好天然林保护、退耕还林、京津风沙源治理、三北防护林等重点林业工程，力争“十三五”末，全县新增造林面积2.00亿平方米，森林覆盖率达到22.45%。加强水资源管理和保护，实施最严格用水总量控制、用水效率控制、水功能区限制纳污“三条红线”制度，限制开采地下水。坚持保护为先，加快偏关河、县川河、杨家川河等重点流域的综合治理与生态修复，改善流域生态环境。加强水污染防治，推进工业企业污水深度处理，加快城镇生活污水处理厂扩容提质和中水回用。调整建设用地结构，推进城镇低效用地再开发和工矿废弃土地复垦，严格控制农村集体建设用地规模。积极倡导绿色生活方式、大力推动循环低碳发展，全面处理好生产、生活、生态的关系，促进生产空间集约高效、生活空间宜居适度、生态空间山清水秀。

(五)着力推进社会事业，在和谐发展上实现新突破

坚持教育优先发展，实现学前教育全面普及、义务教育优质均衡、高中教育提质升位、职业教育创新发展，形成“体系完整、布局合理、发展协调、人民满意”的教育发展新格局。以扩大社会保险覆盖面、提高保障水平为重点，完善城乡居民社会养老保险制度，到2020年，城乡基本社会保险覆盖率达100%。加快建立统筹城乡的就业服务体系，完善创新创业孵化服务体系和政策支撑体系，进一步扩大创业融资支持，推动以创业促进重点人群就业，大力推进“大众创业、万众创新”。扎实推进保障性安居工程、危房改造工程，深入开展农村人居环境综合整治。优化城乡医疗卫生资源配置，深化公立医院改革，构建广覆盖、多层次、多元化医疗卫生服务体系。深化公共文化服务体系创建，实施文化精品工程和文化惠民工程，打造偏关民间艺术瑰宝。启用数字发射高山台站，建设全民健身中心，进一步丰富群众文化生活。全面推进农村公共文化服务设施硬件达标，争取“十三五”末全县公益文化设施达标率达到100%。大力弘扬双拥工作传统，争创第八次全省双拥模范县。抓好安全生产，认真落实“4438”工作机制，狠抓安全责任和措施的落实，努力实现“八个零”的工作目标。加强社会治安综合治理，深入实施“六六创安”工程，全面深化平安偏关建设。

（六）着力推进改革创新，在开放发展上实现新突破

牢固树立开放发展理念，以开放倒逼改革，深入落实国家及省市全面深化改革各项决策部署。深入推进供给侧结构性改革，狠抓“三去一降一补”任务落实。深化生态文明体制、行政审批、商事制度、投融资体制、财政金融体制、农村土地确权等改革，使市场主体更具创造力，县域经济更具竞争力。进一步转变政府职能，持续推进简政放权、放管结合、优化服务，提高政府效能。深化商事制度改革，加快与全省投资项目在线审批监管平台的联通。全面推进司法、社会治理、教科文卫等体制改革，切实增进人民福祉。加强社会信用体系建设，规范中介组织发展，严厉打击商业欺诈和非法传销行为。深化财税体制改革，实施全面规范、公开透明的预算制度，完善政府预算体系，强化预算公开、执行、监督和管理。积极推广政府和社会资本合作(PPP)模式，鼓励和引导社会资本参与基础设施和公用事业建设运营，加快形成政府购买市政服务的运营方式。深化农村集体产权制度改革，完成土地、林权等农村资源性资产确权登记颁证工作。

各位代表，“十三五”的规划和建设关系偏关位次进退，关系偏关未来发展，关系偏关民生福祉，我们要不负重托、勇于担当、创新苦干，使“十三五”成为偏关发展史上的里程碑。

三、2016年工作安排

2016年是“十三五”规划的开局之年，是全面实施县委提出的“1551”发展战略的起步之年，也是偏关县脱贫攻坚、全面建成小康社会的首战之年。做好今年的工作意义重大，影响深远。今年政府工作的总体要求是：全面贯彻党的十八大和十八届三中、四中、五中全会、省委十届七次全会和市委三届七次全会精神以及中央、省委、市委经济工作会议精神，统筹落实中央“五位一体”总体布局和“四个全面”战略布局，按照省委“一个指引、两个关键、两手硬”的重大思路和要求，全面落实市委“1661”发展战略，全力实施偏关县“1551”发展战略，着力推动经济稳步向好。

全县经济社会发展的主要预期目标是：全县生产总值增长6.5%，固定资产投资增长17%，公共预算收入增长5.06%，规模以上工业增加值增长 3%，社会消费品零售总额增长 6%，城镇常住居民人均可支配收入增长 7%，农村常住居民人均可支配收入增长 7%以上，城镇登记失业率控制在 4.2%以下。节能减排、农村贫困人口脱贫等 14 项约束性指标确保完成省、市下达任务。

为了完成好上述目标任务，今年要重点抓好以下九方面工作：

（一）聚焦脱贫攻坚，加快全面小康进程

不断增加扶贫投入。在千方百计积极争取上级扶贫政策、扶贫项目、扶贫资金的同时，县财政要保证一定数量的财政资金投入，确保财政扶贫资金投入逐年增加，且增长比例不低于公共财政收入增长比例。同时要按照省政府办公厅《关于统筹整合使用财政资金实施精准扶贫的意见》，以全县脱贫攻坚规划为引领，以“一村一品”“一乡一业”“百企千村”整村推进等项目为平台，依法依规整合扶贫资金和各类支农资金，统筹协调、综合安排，形成扶贫攻坚的强大合力。

强力推进“五个一批”。要按照中央、省、市统一安排，打好“产业开发脱贫、易地搬迁脱贫、生态补偿脱贫、发展教育脱贫、政策兜底脱贫”五大组合拳，全年计划脱贫 5000 人。投资 850 万元，在 8 个试点村实施光伏扶贫项目，在 12 个试点村实施旅游扶贫项目。全年计划完成易地扶贫搬迁 500 人，并投入 140 万元用于易地搬迁后续产业发展。对建档立卡贫困户中接受中职中技、高等职业教育的在校学生，每生每年给予 2000 元的生活困难补助，连续补助 2 年。对农村贫困大学生给予一次性 5000 元的生活补助，做到应补尽补。实施千村万人就业培训 300 人，新型职业农民培训 500 人。开展金融扶贫，积极撬动更多信贷资金、社会资金投向扶贫事业。2016 年计划协调金融单位发放小额贷款 3000 万元，支持贫困户发展生产类项目，同时给予贴息支持。

着力构建多元扶贫格局。要凝聚攻坚合力，切实抓好对口帮扶、企业帮扶、社会帮扶等工作，实现领导干部分级包抓全覆盖，扶贫工作队驻村全覆盖，贫困村农村第一书记全覆盖，结对帮扶全覆盖。县乡两级都要成立脱贫攻坚指挥部，乡镇要成立扶贫工作站，充实加强扶贫工作人员；要广泛动员各方力量积极参与脱贫攻坚，鼓励民营企业家、高层次科技人才开展专项扶贫，招募志愿者参与扶贫服务活动；要激发内生动力，引导大家通过自力更生、艰苦奋斗，靠辛勤劳动改变贫困落后面貌，调动贫困群众脱贫攻坚的积极性，构建党委领导、政府主导、社会参与、群众主体的大扶贫格局。

（二）抓好项目建设，夯实县域经济发展基础

高端定位积极谋划。落实供给侧改革“三去一降一补”五项重点任务，下一步在谋划项目时，要准确把握投资导向和重点，坚持用战略的思维谋划定位，切实谋划一批符合国家产业政策、契合偏关县功能区定位、体现偏关自身特色的大项目、好项目，储备一批清洁能源、绿色循环农业、文化旅游产业等“补短板”的重大项目，做精、做细、做实重大项目库。

集中发力招商引资。有针对性、选择性地采取定向招商、以商招商、小分队招商等有效方式，抓好招商引资。要充分利用偏关县丰富的风电、光电资源，甄别引进一批有实力、愿推进、善经营的大型风、光电企业；充分利用偏关县地理环境和自然条件适宜小杂粮种植的优势，引进一批绿色循环农业、杂粮加工企业；充分利用偏关县丰富的旅游资源，引进一批旅游开发企业。重点落实黄河万家寨山西实业有限公司和潞安集团合作的 3333.35 万平方米油用牡丹和光伏发电一体化项目，首乐能源、穆勒四通和山西火品生物科技有限公司合作的黑枸杞与光伏发电一体化项目，以及黄河偏关段旅游综合开发项目，力争一批战略性、标志性的重大项目落地生根、开花结果。

全力以赴推进项目建设。在继续抓好已开工的恒兴、山投、龙源、黄河大峡谷生态文化旅游观光带等项目的同时，以煤电产业集聚区为载体，重点谋划发展火电、新能源及煤炭物流等重大产业项目。抓好37项省市重点工程项目，年度完成投资28亿元以上。要千方百计服务好重点工程建设，不断创优发展环境，抓好项目推进。保障服务好已开工的华能2万千瓦光电项目，确保年内并网发电；积极推进龙源5万千瓦风电项目建设，力争年内建成投产；协调服务好已拿到“路条”的北京华祥2万千瓦光伏项目、国电科环10万千瓦风电项目，力争尽快开工建设；跟踪推进前期工作进展较快的穆勒四通2万千瓦、山西首乐1.8万千瓦2个光伏扶贫项目，力争尽快落地开工，年内建成投产；加快推进有一定基础的华润10万千瓦、盾安5万千瓦两个风电项目的前期工作，力争尽快拿到“路条”，加快核准备案；继续协调服务好209国道改线、准朔铁路建设、天然气入县工程及9个加气站建设，做好各项配合工作；加快推进同煤、博泰、国新煤台项目建设进度，争取早日建成投产；尤其要抓住国家发改委出台了《关于发展煤电联营的指导意见》的特殊机遇，积极协调推进华电广宇2×110万千瓦煤电项目，配合项目单位积极与有关部门对接，全力推进各项前期工作，力争项目早日落地并开工建设。同时，要继续高度重视重大产业项目分类考核，全力抓好9个分类考核项目的筛选、确定、服务和推进工作，力求考核成绩位次前移。

（三）强化农业基础，致力发展现代农业

夯实农业发展基础。大力实施水利水保工程，计划完成实灌面积1280万平方米，完成水土流失综合治理面积2800万平方米；投资1460万元，新建陈家营、楼沟抗旱应急引调提水工程4处；投资1100万元，实施京津风沙源项目，治理小流域面积10平方千米，建设水源节水工程20处；积极推进马家山小型水库前期工作，计划解决近666.67万平方米的耕地灌溉问题；加固淤地坝5座；积极推广旱作节水技术，重点推广玉米、谷子的地膜覆盖，覆盖面积达到5333.36万平方米。加快重点乡镇农业机械化进程，机耕面积达到18666.76万平方米，机播面积达到17666.76万平方米，机收面积达到11333.39万平方米，综合机械化水平达到48%。严格落实耕地占补平衡制度，加大土地开发整理力度，严守“两条红线”，确保全县耕地面积稳定在37053.52万平方米，基本农田稳定在30386.82万平方米。

优化农业产业结构。加快农业传统产业“四大板块”结构调整力度，夯实传统农业，提升设施农业，壮大畜牧产业，发展林果经济。大力推广小杂粮种植，稳定粮食生产，确保全县粮食作物总播面积要稳定在28440.14万平方米以上，小杂粮种植面积稳定在20000.1万平方米以上，粮油产量稳定在0.5亿千克以上；改进种植品种，在去年试种获得成功的基础上积极推广藜麦、363葵花、万寿菊等农作物新品种，改变品种单一的种植结构，提高生产效益；充分利用已取得国家地理标志产品认证的偏关小米、羊肉两项认证产品，打造“田峰五谷杂粮”“恒堡余”等杂粮品牌；大力推广得到农业部认证和许可的老营“意丰”牌“无公害”蔬菜，打通销售渠道，叫响品牌知名度；借鉴推广黑豆埝日光温室的成功经验，辐射带动全县发展反季节水果，打造现代高效农业；继续实施羊产业“三补一贴”奖补政策，计划年内发展50只以上规模养羊户4500户，新建标准化规模养殖小区5个、标准化规模养殖场5个，全县羊饲养量稳定在80万只左右。健全营销体系，鼓励建立电子商务平台，以网络营销方式拓展销售市场，打造地方特色品牌。重点推进县供销社电子商务平台建设，力争尽快建成投运。积极发展农产品深加工，大力发展以农产品保鲜、精深加工等为主体的第二产业，围绕即将进入盛果期的白水大杏积极引进建设果品加工企业，延伸产业链条，实现增值增收。协调服务好山西投资集团种羊场和肉羊育肥场项目以及恒兴食品有限公司羊肉深加工项目，力争早日建成投产，通过延伸产业链，推进偏关县羊产业发展。

深化农村改革。稳步推进农村土地承包经营权确权发证工作，年内完成确权发证任务。建立健全农村集体产权流转体系，积极开展以土地承包经营权为主的产权流转改革试点工作。完善农村“三资”平台建设，促进农村集体经济健康规范运转。推进现代农业经营体制创新，构建新型农业经营体系。同时，以服务乡村金融为抓手，推动农村金融改革创新。此外，着力推进新型职业农民培训，计划完成新型职业农民培训500人。完善农产品质量安全监测中心项目的建设，年内启动使用。

（四）统筹城乡发展，加快新型城镇化进程

完善城市规划编制。牢固树立规划是第一资源的理念，加快县城规划工作进程，以城市总体规划为基础，进一步编制和完善各项专业规划和集镇规划，重点抓好城市绿化规划和水系规划，加快实施城市管网规划，着力做好县城排水专项规划编制工作，形成总规、详规及专业规划的多层次规划体系，确保今后所有城镇建设项目在规划内实施，一张蓝图绘到底。年内要完成城市排水防洪防涝规划、县城控制性详细规划以及县城总体规划部分区域的修编工作。同时，要强化城乡规划执法，严厉打击各类违法用地和违章建筑行为，规范城乡建设秩序。

推进市政基础建设。按照以人为本、优化布局、生态文明、传承文化、产城互动、科学有序的原则，着力构建以县城为中心、卫星镇为组团、中心乡镇为节点、带动美丽乡村建设的城镇化体系，走出一条符合偏关县实际的新型城镇化道路。以县城“创卫”为载体，在开通县城外环路、建成西北循环线，打通“大动脉”的基础上，进一步完善市政基础建设。今年，要具体推进街巷道路硬化、古城大街仿古立面整治、城区河道整治、排水管网铺设和绿化、亮化等重点工程。同时，要加快2015年棚户区改造项目的建设进度，确保任务按期完成。要尽快完成2016年棚户区改造任务的计划编制、申报审批和落实资金等各项工作，确保按时开工建设。此外，要全力争取209国道二期改造项目和县城南外环路项目，力争尽快开工建设，彻底解决城南大车流量多，管理难的问题，进一步优化交通环境。加强集中供热管理，发展集中供热事业。积极推进户籍制度改革，鼓励农民向城镇有序转移。要强化城市经营管理，整治县城环境卫生和公共秩序，确保创卫净化、硬化、美化、亮化、绿化 “五化”效果。

改善农村人居环境。要按照“五个坚持”原则，大力实施以农村基础设施和公共服务为重点的完善提质工程，以移民搬迁、危房改造为重点的农民安居工程，以垃圾污水处理为重点的环境整治工程，以美丽乡村建设为重点的宜居示范工程。投资369万元，实施新关、天峰坪、万家寨、陈家营、楼沟、尚峪、窑头等7个乡镇11个村的“一村一井”配套工程；投资343.5万元，完成22.9千米窄路面拓宽工程；投资3274万元，实施油坊头10千伏支线等4条线路新建改造及东尚峪低压改造工程；加快老营到柏羊岭9.25千米以工代赈道路建设工程；全力推进滟南路改造维修项目的申报审批，力争尽快开工建设。同时，继续对国道、省道、主要县道沿线、县城区及中心镇周边村庄环境进行综合整治提升，改善农村人居环境。继续实施农村饮水安全巩固提升工程、农村危房改造工程、农村乡村清洁工程，计划改造农村困难家庭危房860套。2016年申报建设万家寨镇老牛湾村省级美丽宜居示范村，天峰坪镇寺沟村市级宜居示范村。

（五）打造旅游产业，壮大文化旅游经济

完善旅游发展规划。鉴于偏关县文化旅游资源丰富，历史积淀厚重的实际，开阔视野、整合资源，聘请专业团队，对偏关县整体文化旅游产业发展进行顶层策划、高端创意，促进文化资源与现代元素的融合、拓展和提升。年内力争完成全县旅游发展总规、控规、详规以及老牛湾风景名胜区的总体规划。

开发精品旅游项目。继续抓好水泉红门口“地下长城”景区建设，完成水泉堡主街道立面整治，力争早日具备接待游客的能力；深度推进寺沟护宁寺“黄河、长城边塞风情游”景区二期工程建设，继续跟踪已上报国家文物局的老牛湾堡修缮和寺沟长城修复二期项目，让中华民族的“两大精神”得到传承；全面提升老牛湾景区品质，巩固提升省级风景名胜区，打造3A级精品旅游区。今年要加快推进已开工的老牛湾客运码头建设项目，力争明年建成并投入使用。大力推进已列入省交通厅“十三五”建设规划的黄河老牛湾至龙口航道治理项目，做好各项前期工作。要围绕老牛湾、乾坤湾、黄河水利枢纽、护宁寺、红门口“五大景区”，不断优化景区的一体化服务配套工作和景区的衔接工作，进一步提升景区的整体服务能力和影响力。启动申报柏杨岭、青杨岭2个国家级森林公园；积极争取包括老营至丫角山、丫角山至水泉、水泉至明灯山、关河口至火烧埝4条旅游公路建设项目，早日打通偏关旅游的“主动脉”，实现“五大景区”的完美互通。探索谋划关河口、寺沟、柏杨岭、水泉等12个乡村旅游度假区，创建乡村旅游示范点。同时，要加大招商引资力度，编制旅游项目招商手册，出台旅游招商优惠政策，利用整体招商、PPP经营等多种模式，有选择地引进社会资本投资景区建设或开发重点旅游村，加快全县旅游产业发展步伐。

扶持文化旅游产业。以老牛湾村为试点，逐步加快乡村旅游发展规划步伐，引导农家乐整体规划、差异打造、重组合作、集群开发，形成乡村旅游企业的集团化连锁经营模式，并逐步向其他旅游重点村推广，实现偏关县乡村旅游发展升级换代。鼓励具有地方特色的刺绣布扎、玻璃雕刻、剪纸、面塑等民间工艺品产业化生产、市场化运作，把传统文化元素和现代产业理念、当代消费时尚紧密结合，开发系列文化产品，辐射带动全县文化产品的规模化生产。

加强文化旅游宣传。利用多种媒介、多种平台、多种渠道，对偏关县的文化旅游产业进行宣传推介。积极对接中央、省、市主流媒体，策划推出偏关县文化旅游专题报道，打响“中华长城古堡第一县”“黄河风情特色县”“九边重镇第一城”“黄河入晋第一湾”等文化品牌，提升偏关旅游知名度，加快偏关县文化旅游资源向文化旅游产业的转化。

（六）保护生态环境，推进生态文明建设

加大生态建设力度。严格落实省政府林业建设“三加三不减”的工作要求，紧紧抓住吕梁山生态脆弱区林业生态建设综改标杆项目的实施机遇，实施京津风沙源治理、天保二期人工造林、巩固退耕还林干果经济林、低质低效林改造等重点项目，巩固退耕还林干果经济林1333.34万平方米，薪炭林1073.34万平方米，实施京津风沙源工程2333.35万平方米，通道绿化工程9千米，改造低质低效林533.34万平方米，实施天保二期人工造林项目200万平方米，打造生态林业精品工程，全力创建“省级造林绿化示范县”。同时，结合县城创卫，大力实施“见缝插绿”工程，充分利用城市道路、小区的可用空间，见土补绿、见缝添绿，做到庭院栽树木、道路遮绿荫、阳台种花草、墙壁挂绿藤、屋顶见绿色,不断提升县城绿化水平。

加强环境保护。切实加大生态环境综合治理力度，深化大气污染防治，抓好重点领域、重点行业、重点企业的污染源整治工作，积极推进新建镇级污水处理厂减排项目建设，全面推进现有污水处理厂配套管网建设，着力抓好污水处理厂中水回用工程。强化煤炭、电力等行业企业的深度治理设施建设，严肃查处企业违规排污和污染环境的行为。实行最严格的环境保护制度，把好项目建设中的环评审批关，对于未取得相关手续的项目，严格按照相关规定严肃处理。积极推进工业、建筑、交通、公共机构等领域节能降耗，进一步提高能源利用效率。全面加强减排工作责任，落实好减排重点项目，全面完成省、市下达的年度减排任务。

（七）保障改善民生，统筹推进社会事业

大力发展社会事业。进一步巩固义务教育均衡发展成果，做好控辍保学和教育惠民工作。继续加大教育基础建设投入，实施第二小学护坡和冲水厕所建设工程；积极申报新建实验小学教学楼项目，争取项目尽快落地。全面深化医疗体制改革，继续完善县级公立医院改革，巩固完善基本药物制度，不断提高医疗保障和服务水平。稳步提高新农合补助标准，全县新农合参合率要继续保持在95%以上。认真抓好人口计生工作，全面实行一对夫妇可生育两个孩子政策，继续实行计划生育县乡“一票否决”制度。加强文化基础设施建设，加快推动全民健身中心前期申报工作，积极争取上级投资维修改造塔梁体育场。全力实施文化惠民工程，完成60场送戏下乡任务，继续举办第五届全民健身体育比赛和“唱响偏关”舞台艺术大赛系列活动，丰富群众文化生活。此外，积极推进长城保护规划编制，积极做好丫角山长城、老营堡等长城、古堡的保护、开发和利用工作。

完善社会保障体系。稳步提高职工、居民养老保障水平，实现养老、医疗、失业、工伤、生育保险参保人数稳步增长。健全城乡最低生活保障动态管理机制，加大社会救助力度，做好医疗救助、临时救助、流浪乞讨人员救助等各项救助工作，保障和改善困难群体基本生活。启动运行马家坡社会福利服务中心。新建1个社区老年人日间照料中心，解决留守老人的生活困难。加快公租房新建和续建工作，实施棚户区改造项目，为住房困难群体提供住房保障。

加强社会综合治理。继续加强社会风险评估、矛盾纠纷源头预防、重点人员管控等工作，维护社会安全稳定。提升“省级平安县”建设，开展“六网覆盖”工程，完善立体化社会治安防控体系，依法严密防范和惩治各类违法犯罪活动，保持打黑除恶的高压态势，保障人民生命财产安全。严格落实信访条例，创新信访工作机制，充分调动社会力量参与信访工作，着力解决信访突出问题。

（八）抓好安全生产，实现社会和谐稳定

牢固树立安全发展理念。坚持人民利益至上，不断强化安全生产红线意识，按照“三个坚决防止”的要求，坚决守住安全稳定的底线。坚持“三个决不能过高估计”的基本判断，按照“三个敬畏”“三个越是”的要求，时刻绷紧安全生产这根弦，把安全生产贯穿于各项工作的全过程，以最严格的措施抓好安全生产。

严格落实安全生产责任。要强化党委政府的领导责任，按照安全生产“党政同责、一岗双责、失职追责”的工作要求，落实各级政府安全监管责任，县、乡两级每季度要召开一次安委会，分管领导每月要召开一次安全生产工作例会。要强化部门的监管责任，坚持“管行业必须管安全、管业务必须管安全、管生产经营必须管安全”和“谁主管、谁负责”“谁审批、谁负责”的原则，依法履行安全生产监管职责，做到全覆盖、全天候、立体化。要强化企业安全生产主体责任，各企业要正确处理好安全与生产、安全与效益的关系，强化安全生产法律意识，依法依规组织生产经营活动，确保安全生产责任到位、投入到位、培训到位、管理到位，应急救援到位。

切实加大追责问责力度。要按照市委、市政府《关于开展安全生产大检查督查的通知》精神，加大安全生产追责问责力度，严格执行安全生产目标责任和重大事故“一票否决制”，认真落实安全隐患挂牌督办、跟踪督办、警示通报、诫勉约谈制度，对不能全面履行监管职责，对违法生产打击不力、安全措施落实不到位、安全隐患排查治理不彻底的部门、乡镇、企业及相关责任人，严格进行责任追究。

（九）加强政府自身建设，提升政府服务能力

加强党风廉政建设。按照“两个关键、两手硬”的要求，认真履行从严治党主体责任，深入开展政府系统党风廉政建设和反腐败斗争。自觉践行“三严三实”要求，切实做到“忠诚干净担当”，扎实开展“两学一做”学习教育，严格执行中国共产党党章、廉洁自律准则和纪律处分条例，落实“三严三实”要求，深入贯彻落实“八项规定”和“约法三章”，持续狠刹“四风”，厉行勤俭节约，反对铺张浪费，严控“三公’经费，切实做到为民、务实、清廉，不断提高政府执行力、创新力、公信力。

加快政府职能转变。坚持简政放权、放管结合、优化服务，深化行政审批制度、商事制度等改革工作。简化优化公共服务流程，进一步提高公共服务质量和效率，方便基层群众办事创业。严格执行权力清单和责任清单制度，按照已经公布的两个清单行使权力、履行职责，不断推进法治政府建设。筹备建设公共资源交易平台，按照“政府主导、管办分离、集中交易、规范运行、部门监督、运行监察”的原则，整合现有分散的专业交易平台，优化公共资源配置，规范公共资源交易行为。

努力做好群众工作。深入践行群众路线，带着感情责任，把群众工作做深做细做实，解决好群众的切身利益问题，特别要关心帮扶困难群众，把党和政府的温暖送到千家万户。坚持依法行政，按照法定权限和程序行使权力，履行职责，推进依法决策、依法行政、依法办事。全面落实政务公开、政府信息公开，加快电子政务建设，增强政府工作透明度，自觉接受群众监督。

各位代表，“十三五”的宏伟蓝图已经绘就，前景无限美好，使命重任在肩。让我们在市委、市政府和县委的坚强领导下，紧紧团结和依靠全县人民，万众一心，开拓进取，全面实施“1551”发展战略，为圆满实现“十三五”良好开局，奋力谱写全县经济社会发展新篇章而努力奋斗！

偏关县人大常委会工作报告

——2016年8月25日在偏关县第十六届人民代表大会第一次会议上

李枝贵

各位代表:

我受偏关县十五届人大常委会委托，向大会报告5年来的主要工作，并对下一届常委会工作提出建议，请予审议。并请列席会议人员提出意见和建议。

过去5年工作的回顾

县十五届人大常委会任期的5年，是偏关发展史上极不平凡的5年。5年来，在中共偏关县委的正确领导和市人大常委会的指导下，在县“一府两院”的大力支持和各位代表的监督下，认真学习贯彻落实党的十八大和十八届三中、四中、五中全会以及习近平同志系列重要讲话精神，牢固树立和落实党的群众路线，主动适应经济社会新常态，毫不动摇地坚持党的领导、人民当家作主和依法治国的有机统一，紧扣县委决策部署，围绕全县“双五”发展战略，依法行使职权，积极开展工作，圆满完成了任期内的各项任务。5年来，共组织召开县人代会6次、常委会会议24次、主任会议63次，听取和审议县“一府两院”115项工作报告，审议议题78项，组织人大代表、委员开展调查和视察118次，开展执法检查35次，做出决定、决议36项，依法任免干部69人，督办代表建议意见73件，为加快促进偏关经济社会发展，顺利完成“十二五”规划目标做出了应有的贡献。

具体讲主要体现在以下“四个新”上:

一、围绕大局，突出重点，在贯彻县委意图上展示新作为

常委会始终把县委决策部署的落实作为人大工作的首要任务，围绕中心、服务大局，在加快经济社会发展中有效发挥了地方国家权力机关的职能作用。

（一）狠抓县委战略决策落实

积极配合县委、县政府实施重大战略决策，不仅参与了全县各项工作运行的领导，而且在重点工程和重大项目中，承担了部分项目建设的领导任务。先后围绕全县“双五”驱动，“六大”发展，“五城”同创目标，推进636项重点工作中涉及的热点难点问题，深入开展调查研究；听取和审议县政府关于经济运行、财政预算、农村土地流转、城乡规划建设、大气污染治理、羊产业发展等专项工作报告115个，对经济建设、社会发展等重大事项依照法定程序做出相应的决议、决定36项，增强决定重大事项的主动性，切实推动了县委决策的落实。

（二）切实维护社会稳定

先后组织县“一府两院”各有关部门召开专题汇报会65次，人大委员、代表进行面对面点评和满意度测评，提出了合理性意见和建议，有力推动了重点工作项目的提质增量，确保了经济社会发展目标任务落实。建立了常委会主任接访制度、副主任包案制度和信访督办接待制度，对群众反映强烈的问题和赴省进京上访的重点案件，实行重点督办，督促有关部门限期办理，消除社会不和谐因素。共受理群众来信来访195件(次)，接待来访人员560余人次。

（三）做好人事任免工作

坚持把党管干部的原则同依法行使任命权相结合，严格履行相关法定程序，逐步形成任前调查初审、法律知识考试、任中供职表态和颁发任命书相结合的人事任免工作机制。通过调研检查、代表建议督办、听取工作汇报、审议书面履职报告等形式加强干部任后跟踪监督，切实增强了“一府两院”工作人员的责任感、使命感和公仆意识。依法任免国家机关干部69人，体现了党的领导和人民意愿的一致性，保证了地方国家机关的正常运行。

二、创新理念，依法监督，在支持“一府两院”工作上取得新成效

常委会紧扣全县“双五”发展战略目标，依法履职，主动作为，不断创新监督方式，健全监督机制，增强监督实效，有力促进了全县“十二五”规划各项重点工作的开展。

（一）创新监督理念

坚持民主集中制原则，坚持依法办事，坚持科学决策、民主决策，坚持集体行使职权，不断完善和规范人大及其常委会的各项工作制度和工作程序，提高常委会会议审议质量和议事水平。研究出台了县人大常委会年度工作要点、《偏关县人大常委会专题询问实施办法》和《偏关县人大常委会专项工作报告满意度测评办法》等规章制度。围绕推动全县“双五”发展战略和经济工作年度目标任务，把服务转型发展、推进民生改善作为监督重点，综合运用专项审议、执法检查、点题调研、重点视察、工作评议、专题询问等手段，先后组织人大委员、代表对县城供水扩建、洗煤储售煤场建设、“一村一井”建设、“两山”造林、宏钜大磨坊建设、乡村清洁、旅游开发、紫金山造林绿化等56项重点工程项目进行视察，变事后监督为事前、事中、事后全程监督，切实增强监督工作的规范性、针对性和实效性，有力推动了各项重点任务的落实。

（二）着力关注改善民生

先后组织开展保障性住房建设、稳定扩大就业、敬老院、农村新的“五个全覆盖”、城区移民新区建设、县医院综合大楼建设、新农合运行等一系列民生工程、民生事业的调研，促使县政府及有关部门进一步把好事办好，实事办实。县人民医院住院综合楼，于去年10月份投入使用，极大地改善了患者就医条件，提高了县级医院医疗服务质量。新的“五个全覆盖”全部完成，实现了“出行畅通、活动方便、购物就近、老有所养、学有所依”的效果；高中教育教学质量明显提升；“天然气入县”“农村电网改造”“农村路灯亮化”等惠民实事的实施，影响力不断提升，得到了全县人民群众的赞誉。

（三）着力维护公平正义

对县级行政执法部门贯彻执行的《电力法》《城市规划法》《道路交通安全法》《人口与计划生育法》和《体育法》《社会治安综合治理条例》和新修订《预算法》《环保法》等26部法律法规情况进行了执法检查；专题听取和审议县法院推进审判权运行机制改革、县检察院反渎职侵权的情况报告。对涉法涉诉、群众反映强烈、带有共性问题信访案件进行了督办，用法治手段化解社会矛盾，促进社会和谐稳定。近年来，公安机关完善警务机制，织密治安防控网络，保持对各类违法犯罪的高压态势；司法局在加强基层基础建设、搞好普法宣传等方面取得新的进展。

三、搭建平台，形成合力，在发挥人大代表作用上实现新进步

常委会把发挥代表作用作为人大工作的重点，切实保障代表依法行使职权，不断改进和创新代表活动方式，丰富代表活动内容，提高代表工作实效。

（一）加强与代表的联系

不断拓宽联系代表的渠道，坚持邀请驻偏省、市代表和县、乡（镇）人大代表，列席人大常委会议，参与执法检查、视察调研、工作评议等活动，发挥好各级代表在参政议政中的作用；关心代表的工作和生活，落实代表执行职务的保障措施，为代表执行职务、履行职责创造良好条件。

（二）提高代表履职能力

不断拓展代表学习平台，加强代表的学习培训。重点学习人大制度、法律法规、建议撰写、报告审议等知识，代表整体素质得到不断提升。组织驻偏省、市代表和县、乡（镇）人大代表集中学习培训十多次；组织人大委员和代表赴浙江大学、临汾、长治、西安市、蔚县等地进行了学习考察，参观考察了长治县、古县、杨凌等市县区的现代农业、工业、城建、旅游业情况，撰写学习考察报告63篇；安排代表参加“三个年、人大有作为”主题演讲、乒乓球比赛和业务培训50多人次；累计邀请130多名代表参加执法检查和专题调研活动160余次；为代表订阅了《人民代表报》《山西人大》等刊物；通过多种形式向代表通报县人大常委会和“一府两院”的工作情况，拓宽了代表参与和知情渠道，激发了代表干事创业激情，增强了代表依法行使职权的积极性和针对性。

（三）健全议案办理机制

县十五届人大一次会议以来，代表围绕事关偏关县发展的重大事项和人民群众普遍关心的热点难点问题，积极建言献策，共提出议案、建议意见73件；对30件重点议案由县人大常委会领导联系重点督办，其余43件建议由各工作委员会实行对口督办，提高了领办规格。这些议案、建议均按要求办理完毕并答复代表，得到了代表和群众的一致认可。据统计，代表和群众对议案和建议的办理工作作风满意率、效率满意率、结果满意率均达到96%以上。

四、改进作风，提升效能，在加强常委会及机关自身建设上迈出新步伐

常委会以深化拓展党的群众路线教育实践活动成果，开展学习讨论落实活动、“三严三实”专题教育和“两学一做”学习教育为抓手，狠抓作风转变，加强队伍建设，树立了人大机关的良好形象。

（一）坚定政治方向

常委会坚持把深化学习和思想武装放在首位，进一步加强党的最新理论成果、人大制度理论和法律法规的学习研究，结合开展各项学习教育实践活动，深入学习党的十八大和十八届三中、四中、五中全会和习近平总书记系列重要讲话精神，学习党章和党的纪律规定，重点研读专题教育必读篇目，班子成员紧密联系思想实际，积极讲党课，深入开展专题研讨，筑牢思想基础和履职基础，通过理论清醒保证政治坚定和行动自觉，严守政治纪律和政治规矩，切实在思想上、政治上、行动上与党中央保持高度一致。认真组织人大干部职工系统学习宪法、法律及人大工作基本知识，切实提高机关干部的工作业务水平。充分发挥人大党组的作用，坚持重大事项党组集体研究和向县委请示汇报制度，围绕县委中心工作部署确定常委会的工作要点，做到人大工作与全县工作同步、合拍。

（二）提升工作效能

常委会认真贯彻落实中央“八项规定”，省委、市委和县委“实施意见”，特别是群众路线教育实践活动、学习讨论落实活动和“三严三实”专题教育中，县人大常委会党组坚持聚焦整治“四风”和“不严不实”问题不放手，针对问题，深入查找根源，对症下药，综合施策，狠抓整改措施落实，较好地解决了常委会党组班子及班子成员存在问题，工作作风明显改进，工作效能全面提升。常委会组成人员分工联系141名基层代表，带头开展“干部下乡包村增收”和“访民生、知民情、解民事”活动，有力地推动了所包贫困村脱贫致富和重点项目建设。围绕经济转型、生态建设、旅游产业等重大课题深入开展调查研究，累计形成调研报告110多篇，进一步夯实了人大工作的群众基础。健全完善了常委会议事规则、主任会议议事规则、常委会会议制度等工作制度，促进人大工作不断步入制度化、程序化、规范化的轨道。

（三）推进廉政建设

常委会认真履行“一岗双责”和党风廉政建设主体责任，加强人大机关党风廉政建设和反腐败宣传教育，组织机关干部认真学习《中国共产党廉洁自律准则》《中国共产党纪律处分条例》和党风廉政建设各项规定，积极推进廉政风险防控体系和领导班子、领导干部勤廉度评价体系建设，不断健全完善机关各项规章制度，狠抓干部日常管理和机关财务管理，从严控制“三公”经费，深化党务政务公开，机关党风廉政建设进一步加强。

各位代表，县人大常委会十五届一次会议以来所取得的成绩，是县委正确领导的结果，是偏关县十五届人大常委会组成人员和全体县人大代表及常委会机关工作人员辛勤工作的结果，是“一府两院”严格依法办事、自觉接受监督的结果，也是和各乡镇人大、社会各界广大群众的大力支持是分不开的。在此，我代表偏关县第十五届人大及其常委会，向所有关心、支持人大工作的各位领导、各级代表、社会各界人士表示衷心的感谢和崇高的敬意！

2011年以来，县人大常委会的工作虽然取得了明显成绩，但离党和人民的要求还有些差距，主要是：法律监督和工作监督的力度还需要进一步加大；行使重大事项决定权还存在薄弱环节；如何有效地发挥代表作用还有待于深入探索；常委会及其机关建设还需要进一步加强。对于这些问题，我们将在今后的工作中，采取切实措施，认真加以改进。

今后5年的工作建议

各位代表，今后5年，是偏关县实施“十三五”规划的重要时期，也是打赢脱贫攻坚战，全面建成小康社会的重要5年，做好人大及其常委会的工作，意义重大。县委十三届一次全会明确了今后一个时期偏关县经济发展的奋斗目标和主要任务。面对新形势、新任务，今年5年县人大常委会工作的总体要求是：全面贯彻落实党的十八大和十八届三中、四中、五中全会精神，以邓小平理论、“三个代表”重要思想、科学发展观为指导，深入贯彻习近平总书记系列重要讲话精神，坚持“四个全面”战略布局，牢固树立“五大发展理念”，按照县委十三次党代会部署，紧紧围绕全县“12991”发展战略，把握新常态、聚力新突破，大力弘扬求真务实作风，依法行使各项职权，在推动人大工作与时俱进上取得新成效，在加快依法治县进程上取得新进展，为全面建成小康社会提供法治保障。

围绕这一总体要求，今后要着重抓好“五个新”方面的工作：

一、坚持党的领导，在行使重大事项决定权上要有新进展

党的十八届四中、五中全会为新时期人大工作指明了方向，人大常委会要继续深入学习四中、五中全会和习近平总书记系列重要讲话精神，贯彻落实中发〔2015〕18号文件精神，紧密结合新形势下偏关县人大工作实际，把坚持党的领导贯穿于人大依法履职的全过程，抓住全县全面深化改革这一主题，督促和促进深化改革各项工作任务全面落实。坚持集体行使职权，把推动宪法及法律法规和县委重大决策部署的贯彻落实作为常委会工作的重中之重。强化人大常委会决定重大事项职能，紧贴国计民生、“十三五”规划实施、脱贫攻坚、重点工程项目建设，以及事关全县改革发展的重大问题，认真落实重大事项决定权，建立完善政府重大决策出台前向人大报告制度，切实保障和推动科学、民主、依法决策。坚持依法行使干部任免权，积极推行干部任前法律知识考试、供职发言和正式就职时向宪法宣誓制度，使人事任免工作更趋规范化。强化干部任后监督，扎实开展工作评议和干部述职评议，督促和支持被任命人员干事创业，自觉服务人民群众、服务经济社会发展。

二、改进监督方式，在增强监督工作实效上要有新作为

坚持程序性与实质性、日常性与临时性监督相统一，监督与跟踪问效并重的监督办法，强化监督职能，增强监督实效。加强和改进预决算审查监督，建立完善人大常委会及时掌握了解财政预算执行动态制度，加大对重点支出、重大投资项目资金、转移支付、超收收入、预算调整以及预算资金使用绩效情况等事项的监督力度，进一步规范财政经济运行。认真开展年度财政决算情况、财政预算执行及其他财政收支审计情况、半年国民经济和社会发展计划执行情况、财政预算执行情况的专题审议和罚没收入收支管理工作情况跟踪审议。要紧盯扶贫攻坚这一最大政治任务，依法加强对精准扶贫工作的监督，组织委员、代表深入基层认真开展调研视察，总结经验，发现问题，督促县人民政府和政府各部门认真落实各项扶贫措施，合力打好扶贫攻坚战，为推动偏关县精准扶贫深入开展发挥重要作用；关注民生保障，开展全县农村医疗卫生体系建设等社会事业发展情况调研和审议，加强和改进对环境保护工作的监督，落实县人民政府向人大常委会专题报告环境状况和环境保护目标完成情况制度，促进民生改善和生态文明建设。

三、发挥主导作用，在推进民主法治建设上取得新成果

全面落实依法治国基本方略，更好地发挥县人大常委会在民主法治建设中的引领规范和推动作用，带头依法行权、依法履职，及时把县委关于法治建设的决策部署转变为国家意志和全体人民的共同意愿。切实维护宪法和法律权威，保障人民群众依法有序政治参与、依法合理表达诉求、依法充分反映民生意愿，监督、支持和推动“一府两院”规范权力运行、依法解决社会矛盾，共同推动法治建设稳步前进。加强法律监督，认真开展《食品安全法》《土地管理法》《农产品质量安全法》等法律法规执法检查和《水污染防治法》《大气污染防治法》跟踪检查，督促解决执法中存在的突出问题，营造加快发展的良好法治环境。改进司法监督，定期不定期听取审议“一府两院”执法情况报告，着力促进依法行政、公正司法，维护社会公平正义。

四、强化服务保障，在改进代表工作上取得新突破

完善人大常委会组成人员和乡镇人大主席联系代表、代表联系群众制度，充分利用政府电子政务系统、网络媒体等搭建基层代表在线交流和服务平台，拓展常委会联系代表、代表联系群众的有效渠道。建立健全县乡人大代表联络机制，加强代表联络、服务和培训工作，进一步提高代表履职能力。深化拓展双联“人大代表在行动”活动，实现双联活动与精准扶贫的深度融合，推进人大代表履职活动常态化、规范化。建立人大代表向选民报告履职情况制度，接受选民监督。改进和加强代表意见建议办理工作，认真落实代表意见建议办理沟通协调、重点督办、督促检查和效果评价机制，建立重点建议领导领办督办制度，切实提高问题解决率和代表满意率。

五、落实从严要求，在加强自身建设上取得新成效

坚持不懈地抓好常委会自身建设，强化思想政治建设和理论武装，牢固树立党的观念、政治观念、大局观念、群众观念和法治观念，严守政治纪律和政治规矩，着力提高践行法治、推动发展的能力。全面贯彻落实中央、省、市、县委各项规定，继续巩固和拓展党的群众路线教育实践活动、学习讨论落实活动和“三严三实”专题教育成果，扎实开展“两学一做”学习教育，进一步加强常委会领导班子及机关干部队伍建设，健全完善常委会工作制度和机关管理制度，着力推进常委会及机关工作科学化、规范化、制度化，不断提升工作效能。认真履行“一岗双责”和党风廉政建设主体责任，促进人大机关党风廉政建设深入开展。加强县乡人大机构建设，改进县乡人大工作，加大人大干部培训教育和培养力度，促进人大工作整体水平进一步提升。

各位代表，同志们，“十三五”宏伟蓝图鼓舞人心，实现中国梦的美好前景催人奋进，做好新时期的各项工作，我们义不容辞、责无旁贷。让我们在中共偏关县委的正确领导下，以更加坚定的信心、更加振奋的精神、更加务实的作风、更加有为的姿态，认真履行宪法和法律赋予的职责，奋发进取，开拓创新，努力开创偏关县人大工作新局面，为建设团结奋进、幸福美好偏关做出新的更大贡献！

中国人民政治协商会议
第八届偏关县委员会常务委员会工作报告

——在政协第九届偏关县委员会第一次会议上

贾献忠

（2016年8月24日）

各位委员：

我受政协第八届偏关县委员会常务委员会的委托，向大会做工作报告，请予审议，并请列席会议的同志提出意见。

八届政协工作回顾

政协第八届偏关县委员会任期5年来，在中共偏关县委的领导下，在县政府和党政各部门的支持配合下，坚持以邓小平理论、“三个代表”重要思想、科学发展观和习近平总书记系列重要讲话精神为指导，高举爱国主义和社会主义旗帜，牢牢把握团结和民主两大主题，团结动员各党派团体和全体政协委员，自觉服从和服务于全县改革发展大局，切实有效地履行政协的三项职能，为偏关县经济、政治、文化和社会发展做出了积极的贡献。下面我从五个方面对八届政协工作进行总结。

一、创新政治协商方式，不断为推动全县经济社会发展建言献策

5年来，常委会认真贯彻落实中央关于“推进协商民主，广泛多层次制度化发展”的新部署，积极探索发挥政协作为协商民主重要渠道作用，不断完善协商机制，提升协商实效。

（一）围绕大局开展全面协商

八届政协会议期间，委员们都认真听取并讨论政府工作报告和其他报告，就围绕县委、县政府提出的年度中心工作进行充分协商讨论，县主要领导与委员进行面对面交流，直接听取意见建议。5年来，委员们在认真调研的基础上，针对如何进一步推进偏关县经济建设快速发展、进一步加强偏关县“三农”建设稳步推进、进一步实现偏关县绿色发展、促进经济转型发展、群众创业增收、生态建设等事关经济社会发展的重大问题协商议政、建言献策，提出了多条具有重要参考价值的意见和建议，得到了党政领导和有关部门的高度重视，协商成效明显。

（二）按照提案归类开展对口协商

县政协常委会以协商为平台、调研视察为载体、界别活动为纽带，发挥专委会基础性作用，精心选择对口协商议题，拓宽协商议政领域，把对口协商作为开展政协工作的重要课题，积极推进。2015年初，县政协各专委会积极主动联系县直对口部门，听取各部门全年工作计划，并进行座谈、讨论，由此确定各专委会年度工作要点，确保了政协全年工作计划的科学性、针对性、可操作性。各专委会还加强与文化、教育、建设、卫生、环保、交通等部门的交流和沟通，就生态发展、基础教育建设、城镇化建设等进行协商议政，使基层协商民主扎实开展，取得良好效果。

（三）针对联名提案开展重点协商

常委会把提案工作作为政协一项全局性工作摆上重要议事日程，加强组织领导，凝聚工作合力，完善工作机制，创新工作方式，更好地发挥了提案在履行民主监督职能中的积极作用。坚持

和完善主席会议督办重点提案、专委会对口督办、提案委协调督办、委员参与督办等制度，采取民主评议、情况通报、专项视察、协商座谈和办理工作“回头看”等多种方式，加大提案督办力度。县委、县政府和各承办单位高度重视提案办理工作，把办理政协提案作为密切联系群众、改进工作作风、推进科学决策的重要抓手，认真办理提案，积极采纳建议。5 年来，委员们就劳动就业、教育医疗、社会保障、环境保护、食品安全、交通出行等事关民生的一大批提案，得到了承办单位的重视，所提的建议在有关政策文件、重要规划和部门工作中得到了较好体现。

二、拓展民主监督方式，始终为推动全县经济社会发展履职尽责

5 年来，常委会严格按照《政协章程》的规定和县委的要求，不断深化对民主监督的认识，紧紧围绕偏关县贯彻执行国家有关法律法规的实施和重大方针的具体情况，从关注热点、反映人民群众的呼声和愿望出发，切实把民主监督工作融入政协履行职能的各项工作中去。充分运用提案、反映社情民意、参与部门行风评议等有效形式和途径进行民主监督，努力探索民主监督的新途径、新方法，切实增强了民主监督的力度。

（一）注重开展委员视察工作

5 年来，县委每年都组织部分政协委员和人大代表以及离退休老干部进行视察，对全县重点工程的进展和完成情况进行视察，视察之后，部分委员就重点工程的进展和完成情况进行了点评，有些点评建议得到了县委的采纳。此外，还有部分委员先后深入社区、企业和新农村等地方和单位,通过走访、调查等方式，就偏关县小杂粮种植、舍饲养殖、绿色生态发展等经济发展和涉及民生问题进行了调研,并形成了专题调研报告。这些报告不仅对于完善和改进各行业的工作起到了积极的推动作用,也为党政部门科学决策、破解工作难题提供了重要参考。

（二）重视社情民意工作

政协信息报送工作是政协工作的重要组成部分，也是政协履行职能最具特色的工作之一。反映社情民意，是坚持实事求是和群众路线的具体体现，也是畅通社会主义民主渠道的重要举措。每年，常委会把反映群众呼声、维护群众利益作为政协工作的重要切入点，坚持在履职过程中认真收集社会各界的意见建议，及时以《社情民意》形式进行反映，为县委、县政府掌握社情、了解民意提供重要渠道。5 年来，共向上级政协组织和县委、县政府报送百余条社情民意信息，其中部分信息被国家、省市采用。

（三）强化政协提案办理

为了使提案这一项政协最直接、最有效地履职方式见到实效，我们始终坚持“提高质量，讲求实效”的方针，积极探索，勇于创新，着力抓好提案征集、立案、办理、答复等主要环节，使委员提案的整体质量和数量以及提案的办理质量不断提高。每年，县政协积极主动与县委、县政府及提案承办单位的联系与沟通，通过催办、商办及主席、副主席、秘书长包保和督办等方式，不断加大提案办理力度，创新办理方式，使提案办理时效、办理质量进一步提高。八届会议以来，常委会多次开展重点提案协商办理，通过领导督办、政府转交办理等方式，使立案提案全部得到认真办理，取得了提案者、承办单位、人民群众“三满意”的良好效果。

三、提高参政议政水平，努力为推动全县经济社会发展汇聚力量

建言献策，献智出力，是政协履职的重点。

每年，常委会都是按照县委总体工作部署，紧紧围绕县委、县政府的重点工作，抓住事关推进全县经济发展、群众增产增收的重要问题和人民群众关注的热点、难点问题，深入开展调研视察。5年来，先后就民营经济、文化产业、教育事业、舍饲养殖、绿色生态发展以及统筹区域发展等问题，组织部分政协委员深入开展调研活动，形成了多篇调研报告和建议提案。如八届一次会议之后，我们围绕“持续保持群众增产增收”“移民新区的发展建设”等几方面进行了调研； 八届二次会议之后，我们选择了“继续推进农村劳动力转移培训工作”“全县重点工程建设”进行了专题调研；八届三次会议之后，我们选择了“特色城镇化建设”“低碳发展”进行了专题调研；八届四次会议之后，我们按照党的群众路线教育实践活动的要求，深入基层开展了专题调研；八届五次会议之后，我们按照“三严三实”的要求，深入基层开展专题调研，以及就“绿色生态发展战略”，组织委员开展专题调研。5年来，共形成多篇专题调研报告，为县委、县政府及有关部门的决策提供了重要参考和科学依据。这些调研报告，选题贴切，结合实际，提出了许多确实可行的对策和建议，受到了县委、县政府的高度重视，为县委制定县域经济稳步发展这一目标的决策，提供了有力的依据。

四、抓实服务大局工作，积极为推动全县经济社会发展协调关系

5年来，县政协充分发挥独特优势，借助省政协在偏关县新关镇驻村帮扶工作之机。积极主动与省政协驻村帮扶领导沟通协调，多次与县委、县政府主要领导一起赴省政协，就驻村包扶工作进展情况向省政协主席薛延忠进行专题汇报。通过我们共同努力，省政协自2011年以来，先后有省政协薛延忠主席、郭良孝副主席、李雁红副主席、李谭生副主席、朱先齐副主席、李月蛾副主席、张友军副主席、闫根生秘书长莅临偏关县新关镇西沟村、中关村、马次梁村、舍身崖村、陈家庄王村、阳塔村、沈家村指导帮扶工作，并带来了帮扶项目。从2011年至2014年，省政协共为新关镇统筹帮扶资金约335万元，其中在以上七个村的帮扶项目是新修护岸115米，新建羊舍527座，购进种羊达2300只左右。经这些项目的帮扶，这七个村的舍饲养羊产业初现雏形，群众的年纯收入也正在逐年提高。还有部分帮扶项目正在实施推进之中。

与此同时，我们还积极配合市政协进行了每年两次的调研视察活动。并形成调研报告，如在2015年，我们配合市政协对偏关县旅游业发展现状，组织委员进行调研视察，形成了题为《加快偏关县旅游产业发展的意见和建议》的调研报告，得到市政协领导的肯定。

在切实履行好三项职能的同时，我们在文史工作方面也取得了较好成绩。政协文史工作是一项具有统一战线特色的社会主义文化事业，它在“存史、资政、团结、育人”等方面发挥着重要作用。5年来，县政协在文史资料的整理编辑工作方面也是成果丰硕。先后组织编纂出版了《偏关文史》第二辑和《偏关志》《三关志》也出版即将完成，《偏关文史》第三辑《偏关光影岁月》也已搜集整理完成，正在印刷当中。在配合省、市政协文史工作方面，县政协文史委工作人员走访原县政协老工作人员，经过二十多天的搜集和整理工作，然后报送省政协，并受到了省政协的表扬。同年，在配合市政协征集“北京知青”和“南下北上干部”资料的存史工作，县政协经多方打听、走访原知青驻村点和部分老领导以及返城的“北京知青”和“南下北上干部”，经过半年多时间的努力，与大部分“知青”和部分“南下北上干部”取得了联系，圆满完成了资料的搜集整理上报工作。

五、转变作风，夯实基础，自身建设逐步加强

5年来，常委会切实把自身建设摆上重要位置，认真学习，自觉落实中央八项规定，不断巩固党的群众路线教育实践活动成果，严格按照“三严三实”要求，不断解放思想、开拓创新，转变工作作风，努力提升自我履职能力建设。（1）进一步加强与各民主党派、工商联、无党派人士和人民团体的联系。通过健全走访交流机制，改进情况通报制度，加大联合调研视察力度。并重视其意见和建议，完善其履职工作机制，进一步调动各民主党派、工商联、无党派人士和人民团体在政协工作中积极有效地参与。（2）进一步加强委员的理论学习。利用办公室社情民意网络报送平台，常委会经常督促委员自觉认真抓好个人自学和单位专题学习，不断丰富自我履职知识，使委员履职能力的整体素质有了新提高，也进一步增强了委员的政治把握能力、调查研究能力、联系群众能力、履职尽责的能力。（3）进一步加强专委会工作和界别工作。5年来，常委会不断完善界别交流活动机制，激发界别工作活力。充分发挥专委会在政协工作中的基础性作用，突出抓好专委会和界别建设，加强专委会之间、界别之间、专委会与界别之间的工作联动协作和交流，积极探索开展界别活动新方法新途径。此外，常委会重视加强和改进提案、视察、调研、文史、反映社情民意等经常性工作，扎实推进政协机关建设，完善机关工作制度机制，增强服务保障能力，切实为建设学习型、服务型、创新型、务实型、和谐型政协机关而努力。

各位委员，过去的5年，是我们主动适应新常态，围绕助推全面建成小康社会宏伟战略目标建言立论，献计出力，真抓实干的5年。过去的5年，是我们充分发扬民主，增进团结，共同致力于跨越发展、“双五”驱动、“五城”同创发展战略，团结奋进、积极履职的5年。也是我们继往开来，开拓创新，锐意进取的5年。

各位委员，同志们：回顾八届政协所取得的这些成绩，是中共偏关县委正确领导的结果，是县政府鼎力支持的结果，是市政协具体指导的结果，是全县各单位积极配合的结果，是全体委员同心同德努力奋斗的结果。在此，我谨代表县政协常委会，向各位委员，向所有关心、支持、帮助政协工作的各级领导、各界人士，表示衷心的感谢，并致以崇高的敬意！

回顾总结八届政协的工作实践，主要有以下几点认识和体会：

（一）坚持党的领导，是做好人民政协工作的根本保证

人民政协工作是党的全局工作的重要组成部分。必须把主动接受、坚决维护县委的领导作为政协工作的根本原则。政协的重要问题及时向县委请示，向政府通报，重要活动主动征求县委的意见，争取政府的支持，形成“党委重视、政府支持、政协努力、各界参与”的良好局面。我们努力在县委“总揽全局、协调各方”的工作格局中，找准政协工作的切入点，做到党委有号召，政协有行动。积极探索在贯彻党委重大决策部署中，体现政协工作特点、发挥政协优势的新思路、新方法、新举措，使党的路线方针政策和县委的决策部署在政协得到有效地贯彻落实。

（二）服务发展大局，是做好人民政协工作的基本原则

发展是中国共产党执政兴国的第一要务，也是人民政协履行职能的第一要务。牢固树立发展为先、发展为大、发展为重的理念，增强推动发展的大局意识、中心意识、责任意识，把促进和服务发展贯穿于政协履行职能的各个环节。我们紧紧围绕全面推进偏关建设大局，充分发挥政协人才荟萃、智力密集的优势，重点选择县委重视、群众关注、政协有条件做的课题，开展调查研究，努力做到参政参到点子上，议政议出水平来，监督抓住关键处，工作落到实效上。实践证明，只有服务发展大局，人民政协工作才能有实效、有影响。

（三）发挥主体作用，是开创政协工作新局面的重要前提

政协委员是人民政协工作的主体。通过组织委员参加活动，经常向委员通报信息，为他们知情出力积极创造条件。倾听委员意见和呼声，鼓励广大委员积极参政议政，在本职岗位上建功立业；实践证明，只有充分发挥委员主体作用，不断拓展委员参政议政方式，人民政协才能充满生机、永葆活力。

（四）加强自身建设，是做好人民政协工作的重要保障

加强自身建设是人民政协事业巩固和发展的重要基础。必须全面推进人民政协的自身建设。积极营造宽松、民主的氛围，为民主党派、工商联和无党派人士履行职能搭建平台。积极探索发挥界别作用的途径。大力加强政协机关建设，不断提高机关整体素质、工作效率和服务水平。实践证明，切实加强自身建设，不断提高履行职能的能力和水平，人民政协事业才能适应新形势、开创新局面。

这些认识和体会，是偏关县广大政协委员和政协事业参与者积极探索、勇于实践的结果，来之不易，我们要在今后工作中发扬光大。

对九届政协工作的建议

今后5年，常委会要继续高举中国特色社会主义伟大旗帜，以习近平总书记系列重要讲话精神为统领，全面贯彻中共十八届三中、四中、五中全会精神的安排部署，认真履行政治协商、民主监督、参政议政职能，充分发挥协调关系、汇聚力量、建言献策、服务大局的作用，为促进全县各项工作再创新局面做出新贡献。为此，我们向政协第九届偏关县委员会建议：

一、强化理论学习，增进思想共识

县政协常委会和政协全体委员要把学习贯彻中共十八届三中、四中、五中全会精神和习近平总书记系列重要讲话精神作为首要政治任务，领会精神实质，带头贯彻落实。要以学习凝聚思想共识。把坚持党的领导和四个全面有机统一，积极主动团结各民主党派、工商联、社会各界人士，切实把思想和行动统一到中央、省委、市委和县委的决策部署上来。紧紧围绕县委提出的“1551”发展战略履行政治协商、民主监督、参政议政职能。为实现“十三五”目标而献计出力。

二、围绕发展大局，积极主动开展履职工作

今年，是“十三五”规划的开局之年，是深化改革的攻坚之年，也是偏关县实施“1551”发展战略和精准扶贫攻坚战的首战之年。县委、县政府高度重视，因此九届政协要继续贯彻落实党的十八大和十八届三中、四中、五中全会精神，以习近平总书记系列重要讲话精神为指导，广泛团结各党派、各界别人士以及充分发挥委员人才荟萃的优势，高举爱国主义、社会主义旗帜，坚持团结和民主两大主题，紧紧围绕县委、县政府的中心工作和全县经济社会发展中的重点问题和群众广泛关心的热点难点问题，组织开展调研。重点围绕“1551”发展战略开展工作，凝聚力量，建言献策。

三、推进协商民主发展，拓展协商渠道

人民政协集协商、监督、参与、合作于一体，是社会主义协商民主的重要渠道。我们要进一步深化对中国特色社会主义协商民主的认识，把协商民主贯穿于政协履职的各个环节，认真探索，扎实推进。进一步推进专题协商、对口协商、界别协商、提案办理协商程序，努力实现政治协商常态化和协商民主制度化。要不断丰富民主协商形式。选择涉及基层人民群众切身利益的问题，组织政协委员进农村、进社区、进企业，开展多种形式的民主协商，做到协商于民、协商为民。要努力完善民主监督机制，积极探索民主监督的新形式，有效整合视察、提案、社情民意等监督方式，不断完善联合监督、联动监督机制，着力提高民主监督的组织化程度，推动民主监督工作深入有效开展。

四、坚持履职为民，促进民生改善与社会和谐

坚持以人民群众利益为重、以人民群众期盼为念，把人民对美好生活的向往作为政协履职的方向，协助党委政府做好暖民心、惠民生的工作，着力构建有利于发展的和谐环境。要畅通渠道知民情。组织广大政协委员进社区、入住户、问民意，进一步使政协工作重心下移，实现委员与群众“零距离”接触。加大社情民意信息的采集、报送、督办、反馈力度，进一步发挥政协社情民意在汇集舆情中的重要作用。要心系群众解民忧。坚持把关注民生热点问题作为政协履职的重点，认真开展调研，多建利民之言，多谋利民之策。积极宣传党委、政府的决策部署，使党委、政府的主张得到广大人民群众的理解和认同，引导他们以理性合法的形式表达利益要求，主动协助党委、政府做好化解矛盾、凝聚人心、增进团结的工作，促进社会和谐。积极参与助残济弱、扶贫帮困、捐资助学等社会公益事业，倾力为困难群体解难事、做好事、办实事，努力使改革发展的成果惠及更多的群众，不断提高广大群众生活的幸福感和满意度。

五、夯实履职能力建设，提高政协工作的科学化水平

要进一步加强与各民主党派、工商联、无党派人士和人民团体的联系，健全走访交流机制，改进情况通报制度，加大联合调研视察力度，重视并认真对待他们提出的意见和建议，完善支持他们履行职责、发挥作用的工作机制，更好地发挥各民主党派、工商联、无党派人士和人民团体在政协工作中的重要作用。加强委员学习培训，规范委员履职活动，努力增强委员的政治把握能力、调查研究能力、联系群众能力、合作共事能力，不断提高围绕中心履职尽责的科学化水平。进一步加强界别工作，完善界别活动机制，激发界别工作活力。充分发挥专委会在政协工作中的基础性作用，加强和改进提案、视察、调研、文史、反映社情民意等经常性工作。加强政协机关建设，完善机关工作制度机制，增强服务保障能力，努力建设学习型、服务型、创新型、务实型、和谐型政协机关。

各位委员、同志们，面对新的形势和任务，人民政协责任重大、使命光荣。我们相信，九届政协一定能够承前启后，继往开来。在中共偏关县委的坚强领导下，齐心协力，努力工作，为全面建成小康社会再做新贡献！

关于“十二五”国民经济和社会发展计划执行情况与“十三五”及2016年国民经济和社会发展计划草案的报告

——2016年8月25日在偏关县第十六届人民代表大会第一次会议上

赵雨田

各位代表:

受县人民政府委托，现向大会报告“十二五”国民经济和社会发展计划执行情况与“十三五”以及2016年国民经济和社会发展计划草案，请予审议，并请县政协委员和其他列席人员提出意见。

一、“十二五”国民经济和社会发展计划执行情况

“十二五”时期，我们面对经济总量不足、发展基础薄弱、脱贫任务艰巨的落后县情，面对艰巨繁重的改革发展稳定任务，在县委、县政府的正确领导下，在县人大、政协的监督支持下，创新苦干、砥砺奋进，主动适应经济发展新常态，全力实施“双五”发展战略，经济社会发展取得明显成效。

（一）经济加速发展，综合实力显著提升

坚持稳中求进工作总基调，主动适应经济发展新常态，抢抓历史机遇，加大攻坚力度，全县经济加速发展，综合实力显著提升。全县地区生产总值由“十一五”末的16亿元增加到的25.03亿元，增长56.4%，“十二五”期间年均增长9.36%；固定资产投资由“十一五”末的7.8亿元增加到26.4亿元，增长238.5%，“十二五”期间年均增长27.6%；财政总收入连续跨过2亿元、3亿元、4亿元大关，在经济下行压力加大、黄万公司退税分税等多重不利因素影响下，2015年全县财政收入仍完成3亿元，比“十一五”末增收0.6亿元，“十二五”期间年均增长4.6%；公共预算收入2015年完成1.8亿元，比“十一五”末增收1亿元，增长125%，十二五期间年均增长17.6%；城镇常住居民可支配收入2015年完成18870元，比“十一五”末增长79.7%，“十二五”期间年均增长12.4%；农村常住居民人均可支配收入2015年完成5750元，比“十一五”末增长93.7%，“十二五”期间年均增长14.1%。自2012年全省实行分类县域经济发展考核评价以来，偏关县在36个C类县考核中实现稳步跨越，2013年排名一举上升到第13位。

（二）产业结构调整，发展方式快速转变

积极调整产业结构，加快项目建设，发展特色农业，开发旅游资源，打造新的经济增长极，一二三产实现融合发展。实施项目强财战略，先后引进焦煤、华能、大唐、龙源等多个企业集团，逐步补齐了偏关项目建设的“短板”，改变了自引黄工程入驻以来偏关20多年再没有大项目、大企业、大公司进驻的历史。落地煤炭项目21个，年设计发运量煤炭达4600万千克以上；建成华能、大唐2个风电项目并实现并网发电；与5家风电企业、19家光电企业签订框架协议，总装机容量达到278.6万千瓦。全县煤炭物流产业“洗、选、储、售”一体化发展的产业体系和“保障水电、扩大风电、新上光电、推进火电”的电力产业发展新格局基本形成。积极调整农业产业结构，在巩固传统农业，发展杂粮种植的基础上，着力打造农业特色产业，小杂粮种植面积发展到20000.1

万平方米，全县日光大棚发展到1300余座，经济林发展到22666.78万平方米，羊饲养量由2011年的45.6万只发展到今年的85.3万只。2015年，偏关县小米、羊肉两种农产品取得了国家地理标志产品认证。特色产业的强势发展，打开了农业增效、农村发展、农民增收的新局面。实施精品战略，不断壮大旅游产业。围绕黄河、长城、古堡、地道等特色，挖掘提升旅游文化内涵，全力打造老牛湾—乾坤湾—黄河水利枢纽—护宁寺—红门口“五大景区”。2013年，老牛湾村被国家财政部、文化部、建设部三部委评为山西唯一的3A级中国传统古村落。2014年，老牛湾景区被省政府批准为省级风景名胜区。2014年7月，投资5000余万元建设的乾坤湾“一区八景”工程全面完工，正式向游客开放。护宁寺景区完成元代古寺护宁寺的恢复，建成烽火台参观点、枕河戍边雕塑，修复长城100米，修缮恢复敌台1个，寺沟西口水路码头基本完工，景区建设已成雏形。水泉红门口“地下长城”景区积极推进，被专家学者称为“全国最长且保存最完整”的战备地道2016年底已改造完善1650米，水泉营古道、古牌楼、古戏台修复完成，水泉地区民俗展和广场雕塑建设完成，水泉营历史文化展进入扫尾阶段。偏关县以古军事文化旅游为精髓，以黄河风情为特色，以生态休闲旅游为补充的特色旅游之路正在逐步形成。

（三）统筹城乡发展，人居环境明显变化

围绕古城特色，坚持县城为龙头，致力做优县城、做特城镇、做美乡村，形成县、镇、村整体推进、协调发展的良好态势。先后修编完成了县城排水防涝规划、偏关古城历史文化街区保护规划等13个建设和保护规划，恢复了西山护城楼，新建万世德广场，修缮中大街鼓楼，建成南北古牌楼，偏关“东有文笔塔、西有护城楼、中有钟鼓楼、北有五牌楼”的古城新格局初步成型。建成并启用污水处理厂、垃圾填埋场、二级汽车站、第二热源厂，拓宽东门街，改造文化广场，硬化小街小巷，亮化城区街巷，市政基础设施得到大力改善。老营镇成功创建国家级卫生镇，县城创卫也于2015年全面启动，2016年底软硬件建设各项工作正在同步积极推进。农村人居环境进一步得到改善，“十二五”期间，累计投资1776万元，解决了115个自然村、30426口人、10所学校、3190名学生、984头大畜的饮水安全问题；投资5280万元，实施“一村一井”工程，打钻深井132眼；完成56个村的新农村建设任务；两轮农村“五个全覆盖”和农村“五件实事”全部完成，农村基本实现了“环境更靓丽、出行更方便、就近能购物、活动有场所、养老有保险、就医有保障”的新局面。此外，县内高速公路、县城外环路、西北循环路建成通车，209国道“三改二”工程也于2015年开工建设，同时准朔铁路正在加紧推进，境内铁路、高速、国省道四方通达的交通格局基本成型，区位优势明显改善。

（四）社会事业全面发展，群众生活水平大力提升

坚持民生优先，不断完善教育、卫生、文化、社会保障、生态文明等公共服务体系，民生福祉日益改善。不断加大扶贫开发工作力度，完成48个村的整村推进，对247名农村困难家庭贫困大学生、669名农村困难家庭高中生进行资助，累计发放扶贫贷款1.1亿元，贴息124万元，在3个乡镇10个贫困村投资3893.27万元用于产业发展，1130户贫困户、3997口贫困人口受益。“十二五”期间，累计完成25391人的脱贫任务。全面落实“两免一补”、高中和中职困难学生助学金等政策，实行中职教育免学费全覆盖。全县各级各类学校办学水平显著提高，5年累计二本以上达线765人。进一步强化卫生计生工作，落实计生人均经费，完善县乡村三级医疗机构。县医院住院综合楼投入使用，县人民医院被评为二级甲等医院。新建了10个乡镇综合文化站和10个乡镇综合文体活动广场，全部配备了文化活动和体育健身器材，248个行政村实现农家书屋、农村体育场所全覆盖，每年组织“送戏下乡”100场以上，“送电影下乡”近3000场，“十二五”期间累计安装“村村通”“户户通”卫星接收设备16605套，群众文化生活不断丰富。社保能力逐步提升，“十二五”期间，全县城镇新增就业7770人，再就业人数达到3160人，创业培训600人，转移农村劳动力9242人，城镇登记失业率控制在4.2%以内。城乡居民基础养老金、企业退休养老金、城镇居民医保和新农合补助全部按照新标准足额兑现，参保率稳步提高。不断加大社会救助力度，累计发放低保、五保、救灾等救助资金1.2亿余元。机关事业单位干部职工新一轮调资工作全面完成，干部职级并行、乡镇干部补贴、干部带薪休假等制度全面落实。生态建设稳步推进，完成新造林1.93亿平方米，通道环城绿化200多千米，新增园林村庄158个，建设城郊型森林公园2处，全县森林覆盖率达到15.86%。环境质量稳步改善，县域空气质量稳定达标，化学需氧量、氨氮、二氧化硫、氮氧化物排放量逐年下降，各项约束性指标均超额完成减排任务。

（五）深化改革，政务能力有效增强

千方百计地抓改革、稳增长，强力推进各项重点改革任务的落实。全面推进简政放权，共计承接省市下放审批项目64项、年审年检事项2项，取消年审年检事项4项，取消收费项目4项，取消县级非行政许可事项13项。积极推进事业单位分类改革及权力清单和责任清单公开，全面完成了卫生和计划生育局、市场和质量监督管理局、教育科技局等部门的机构改革，31个部门确定了县级行政权力事项3406项、责任事项30630项。县级公立医院改革取得实质性进展，取消药品加成，实现了药品零差率销售。农村土地承包经营权确权登记颁证试点、农村集体林权制度改革工作扎实推进。启动运行政务服务中心，集中对全县52个涉及部门的行政审批事项进行清理和认定。

各位代表，“十二五”时期，在复杂严峻的形势下，偏关县经济社会发展保持良好态势，成绩来之不易。在充分肯定成绩的基础上，我们也清醒地认识到，当前，偏关县经济工作面临的压力和挑战仍然很大。外部经济环境依然复杂严峻，国内经济下行压力持续。全县主要诸多经济指标的增幅放缓。客观上，是受宏观经济环境和税收政策调整的影响；主观上，是偏关县工业发展不足、结构单一的县情特征尚未根本改变。产业项目相对滞后，煤炭“三大运行体系”“四大电力产业”等项目签约的多、在建的多，但投产见效的少，眼前还不能起到带动引领作用。城乡统筹发展压力大，交通、水利、城镇等基础设施相对薄弱，还处于攻坚克难集聚期。城乡统筹协调发展的压力较大，教育、文化、卫生等社会事业仍不能满足人民群众需求。对这些问题，尤其是偏关县挖掉穷根、脱贫攻坚、扶贫致富，彻底改变贫困落后面貌的艰巨任务与面临着较大困难，我们要高度警醒，高度重视、积极应对，以认真担当的态度和创新的思维加以破解并有效解决，给全县人民一个满意的回答。

二、“十三五”国民经济和社会发展主要目标任务

“十三五”时期，是偏关经济社会承前启后、实现跨越发展的关键时期，是培植后发优势、奋力后发赶超的重要加速期，是打赢脱贫攻坚战、全面建成小康社会的决战决胜期。既有严峻考验，更逢发展机遇。一方面，“十三五”时期脱贫攻坚上升为国家战略，从中央到省、市，对脱贫攻坚重视支持力度空前，政策红利叠加释放，偏关县作为国家级贫困县，必将得到更大的政策、资金支持。另一方面，随着近年来全县上下打响项目强财攻坚战，煤炭、电力等产业项目已初见成效，今后几年陆续将有大批项目投产运营，县域经济发展的支撑能力将得到明显提升。同时，境内铁路、高速、国省道四方通达的交通格局基本成型，制约偏关县发展的交通瓶颈得到初步破解，发展的区位优势明显改善。我们坚信，在县委、县政府的坚强领导下，我们完全有信心、有决心、有能力把“十三五”的工作做得更好。

偏关县“十三五”发展规划的指导思想是：深入贯彻党的十八大及十八届三中、四中和五中全会精神，遵循“四个全面”战略布局和“五大发展理念”，按照省委“一个指引、两个关键、两手硬”总要求，全面落实市委“1661”发展战略，以脱贫攻坚统揽全局，实施偏关特色的“绿色化反贫困”新战略，坚定不移推进和提升项目强财、产业富民、特色兴城、旅游活县、实事惠民“五大战略”，对标前行，苦干实干，全面推进经济社会发展各项建设；坚持严实并举抓党建，全面推进先锋作用提起来、堡垒作用强起来、风清气正浓起来、干事创业实起来、良好形象树起来“五个起来”工程，确保2020年偏关县全面建成小康社会。

“十三五”时期经济社会发展的主要预期目标是：到“十三五”末，力争全县生产总值年均增长7%左右，固定资产投资年均增长17%左右，财政收入年均增长7%左右，公共预算收入年均增长6%左右，规模以上工业增加值年均增长7%左右，社会消费品零售总额年均增长7%以上，城镇常住居民人均可支配收入年均增长7%左右，农村常住居民人均可支配收入年均增长7%以上，城镇登记失业率控制在4.2%以下。全县综合经济实力显著增强，经济转型升级取得重大进展，统筹城乡区域发展取得重大突破，人民群众生活质量得到全面提高，社会环境保持和谐稳定。

围绕上述目标，“十三五”期间要重点在以下六个方面实现新的突破。

（一）着力推进脱贫攻坚，在共享发展上实现新突破

坚持把脱贫攻坚作为“十三五”时期的头等大事和第一民生工程，统揽经济社会发展全局。以实施“12895”脱贫攻坚策略为抓手，以持续增加贫困人口收入为核心，坚持“六个精准”“五个一批”要求，全面落实党的各项扶贫政策，加大财政扶贫资金投入力度，统筹各类项目实施和资金使用，举全县之力、聚全民之智，强力推进大扶贫战略，精心实施好九项脱贫攻坚工程。对有劳动能力的支持发展特色产业和转移就业，实现8387名贫困人口脱贫致富；对生存环境恶劣、自然灾害频发、“一方水土养育不了一方人”的实施扶贫搬迁，实现1774名贫困人口整体脱贫；对三北防护林区、京津风沙源治理区和其他生态脆弱区的贫困群众，实施生态补偿政策，安排有劳动能力的贫困人口就地转成护林员等生态保护人员，同时继续实施退耕还林还草政策，提高补助标准、延长补助年限，为416名贫困群众开辟新的增收脱贫途径；对建档立卡贫困家庭学生实施教育救助，实现中职、高职和大学（二本以上）教育救助全覆盖。通过阻断贫困代际传递，扶持

3494名贫困人口脱贫；对因病、因灾致贫返贫的群众及时给予有效救助，对丧失劳动能力的贫困人口纳入社会保障体系，实行政策兜底脱贫。通过政策兜底，完成3840名贫困人口脱贫任务。确保到2019年，全县10个乡镇91个贫困村整体脱贫，9867户、25472名贫困人口做到“两不愁、三保障”。

（二）着力推进三产融合，在创新发展上实现新突破

千方百计做强工业支柱产业。在确保黄万公司水电、华能风电正常运行的基础上，立足资源、产业和区位优势，以煤为基多元发展，强势推进偏关县煤电循环经济产业集聚带（区）建设，加快发展已落地的21个煤炭物流项目和华电偏关2×110万千瓦火电项目，打造产业集聚优势，力争到“十三五”期末，把偏关建成晋北地区重要的煤电新基地。积极发展风电、太阳能发电等清洁环保产业，重点推进已签订框架协议，总装机2486兆瓦的5个风电项目和17个光电项目。以云峰制砖，广盛恒涂料等企业为依托，推进对煤歼石、粉煤灰和冶金废渣的综合利用，打造一批新型建材企业，着力构建系列化、多元化的新型建材产品体系。力争到“十三五”期末，新型建材产业实现工业总产值1亿元。

千方百计发展特色高效农业。依托自然资源禀赋，围绕绿色作文章，围绕特色谋发展，巩固和增强农业基础地位，推广小杂粮种植、发展设施农业、扶持经济林、发展舍饲养殖、培植农业龙头企业，加速农业产业化进程。围绕做优做强“杂粮之县”品牌，扩大杂粮种植面积，优化品种，提高单产，不断提高综合生产能力，使偏关县以“一薯（马铃薯）、三麦（莜麦、荞麦、藜麦）、三米（小米、黄米、糜米）、四豆（豇豆、绿豆、红芸、豌豆）”为代表的耐旱抗旱型杂粮种植总面积保持在20000.1万平方米以上。同时，注重引进新品种，在试种成功的基础上积极推广油牡丹、万寿菊、藜麦、“363”葵花等优质品种的种植。利用好小米、羊肉两种农产品取得国家地理标志产品认证的优势，放大品牌效应。围绕特色做文章，大力发展绿色农业和设施农业，加速农业产业化进程。抓好以老营为中心辐射关河沿线的日光节能温室反季节蔬菜基地建设，打造全市设施农业示范县。通过科技创新和品种改良，在窑头、陈家营、新关、天峰坪、老营等乡镇建成以反季节蔬菜、优特水果为主的万亩瓜菜水果基地和南北两山旱地日光节能温室集雨微灌生产基地。“十三五”期间，全县以温室大棚为主的设施瓜果蔬菜面积要发展到2000.01万平方米以上。大力推进以舍饲养殖为主的规模健康养殖业。通过基地推动，龙头带动，科技促进，推进舍饲养殖走科学化、健康化、规模化发展之路。力争“十三五”末羊发展到120万只，新建标准化养殖小区25个，规模养殖场30个，畜牧业纯收入达到1.75亿元，农民人均牧业纯收入2500元以上，使以舍饲养殖为主的生态畜牧业真正成为农民稳定脱贫的主导产业。壮大林果增收产业。建立专业化优种苗木繁育基地，推广优质高产、绿色安全的综合集成栽培技术，发展干鲜果“一村一品”专业村，相应培育“一品一社”专业合作社，提高组织化、标准化、品牌化生产经营水平。结合2666.68万平方米经济林大面积挂果的实际，加强贮藏保鲜设施建设，培育果品加工企业，建立产地批发市场，延伸产业链条，实现增值增收。

千方白计搞活文化旅游产业。坚持多元开发、点面开花的原则，全面加快旅游开发步伐，通过整合开发乡镇旅游资源，发展乡村旅游，打造精品旅游线路，形成“一心两区四点五线”（即旅游集散服务中心，长城古堡、黄河风情两个特色旅游区，万家寨、老营、水泉、桦林堡四个旅游补给景点，经典观光、徒步穿越、黄河漂流、水上观光、自驾游览五条旅游线）的精品旅游格局。同时，加强文化旅游宣传，不断提升偏关旅游知名度。

（三）着力推进城乡建设，在协调发展上实现新突破

坚持“做优县城、做特城镇、做美乡村”，以县城为龙头，万家寨、天峰坪、水泉等旅游特色乡镇为支撑，新关、窑头、陈家营等集镇为纽带，老营、楼沟、南堡子、尚峪等传统农业种植片区为基础，明确城镇功能分区，优化空间布局，促进城乡融合发展，推动特色新型城镇化，全力构建县城带动、城乡互动、区域联动的发展格局。坚持突出古关古韵特色，完善功能、拉大框架、提升品位，主动融入晋西北中部城镇群。依托老城、东拓南进、北优西调，进一步打造西山、塔梁生态文化景观带，优化黄河路、护宁路、关河路、万佛路、长城路、龙华街、文笔街、古城大街八条城市发展主轴线，拓展新城区，改造旧城区，配套完善市政设施，力争打造布局合理、功能完善、景观优美的特色新城。有序推进小城镇建设，增强中心城区与小城镇的经济纽带联系，实现优势互补，共同发展。加快推进中心村建设，加强农村道路、电网、安全饮用水等基础设施建设，深入推进环境整治，全面改善农村生产生活条件，努力打造农民幸福生活美好家园，实现美好乡村建设由“以点为主”向“由点带面”战略转换。树立协调发展理念，充分发挥县城集聚效应、小城镇带动效应，有序引导人口、产业向县城和城镇集中，构建要素有序自由流动、主体功能约束有效、基本公共服务均等、资源环境可承载的协调发展新格局，到2020年全县城镇化率达到50%以上。

（四）着力推进生态建设，在绿色发展上实现新突破

实施生态立县工程，牢固树立“绿水青山就是金山银山”的理念，全面推进生态文明建设。按照生态建设产业化、产业发展生态化的思路，坚持增绿增收并重、造林造景并举、绿化美化并行，继续深入推进造林绿化工程，创建“省级造林绿化示范县”，重点实施好天然林保护、退耕还林、京津风沙源治理、三北防护林等重点林业工程，力争“十三五”末，全县新增造林面积2.00亿平方米，森林覆盖率达到22.45%。加强水资源管理和保护，实施最严格用水总量控制、用水效率控制、水功能区限制纳污“三条红线”制度，限制开采地下水。坚持保护为先，加快偏关河、县川河、杨家川河等重点流域的综合治理与生态修复，改善流域生态环境。加强水污染防治，推进工业企业污水深度处理，加快城镇生活污水处理厂扩容提质和中水回用。调整建设用地结构，推进城镇低效用地再开发和工矿废弃土地复垦，严格控制农村集体建设用地规模。积极倡导绿色生活方式、大力推动循环低碳发展，全面处理好生产、生活、生态的关系，促进生产空间集约高效、生活空间宜居适度、生态空间山清水秀。

（五）着力推进社会事业，在和谐发展上实现新突破

坚持教育优先发展，实现学前教育全面普及、义务教育优质均衡、高中教育提质升位、职业教育创新发展，形成“体系完整、布局合理、发展协调、人民满意”的教育发展新格局。以扩大社会保险覆盖面、提高保障水平为重点，完善城乡居民社会养老保险制度，到2020年，城乡基本社会保险覆盖率达100%。加快建立统筹城乡的就业服务体系，完善创新创业孵化服务体系和政策支撑体系，进一步扩大创业融资支持，推动以创业促进重点人群就业，大力推进“大众创业、万众创新”。扎实推进保障性安居工程、危房改造工程，深入开展农村人居环境综合整治。优化城乡医疗卫生资源配置，深化公立医院改革，构建广覆盖、多层次、多元化医疗卫生服务体系。深化公共文化服务体系创建，实施文化精品工程和文化惠民工程，打造偏关民间艺术瑰宝，丰富群众文化生活。全面推进农村公共文化服务设施硬件达标，争取“十三五”末全县公益文化设施达标率达到100%。大力弘扬双拥工作传统，争创第八次全省双拥模范县。抓好安全生产，认真落实“4438”工作机制，狠抓安全责任和措施的落实，努力实现“八个零”的工作目标。加强社会治安综合治理，深入实施“六六创安”工程，全面深化平安偏关建设。

（六）着力推进改革创新，在开放发展上实现新突破

牢固树立开放发展理念，以开放倒逼改革，深入落实国家及省市全面深化改革各项决策部署，全面推进重要改革落地生根。深化生态文明体制、行政审批、商事制度、投融资体制、财政金融体制、农村土地确权等改革，使市场主体更具创造力，县域经济更具竞争力。进一步转变政府职能，持续推进简政放权、放管结合、优化服务，提高政府效能。深化商事制度改革，加快与全省投资项目在线审批监管平台的联通。全面推进司法、社会治理、教科文卫等体制改革，切实增加人民福祉。加强社会信用体系建设，规范中介组织发展，严厉打击商业欺诈和非法传销行为。深化财税体制改革，实施全面规范、公开透明的预算制度，完善政府预算体系，强化预算公开、执行、监督和管理。积极推广政府和社会资本合作(PPP)模式，鼓励和引导社会资本参与基础设施和公用事业建设运营，加快形成政府购买市政服务的运营方式。深化农村集体产权制度改革，完成土地、林权等农村资源性资产确权登记颁证工作。

三、2016年经济社会发展的预期目标、主要任务和措施

2016年是“十三五”开局之年，是全面实施县委、县政府提出的“1551”发展战略的起步之年，也是偏关县脱贫攻坚、全面建成小康社会的首战之年。做好今年的工作意义重大，影响深远。今年经济社会发展工作的总体要求是：全面贯彻党的十八大和十八届三中、四中、五中全会、省委十届七次全会和市委三届七次全会精神以及中央、省、市、县经济工作会议精神，以习近平总书记系列重要讲话精神为指引，牢牢把握正确方向，统筹落实“五位一体”总体布局和“四个全面”战略布局，按照省委“一个指引、两手硬”的重大思路和要求，以“五城联创”为抓手，全面实施“1551”发展战略，着力“一个统揽”“五大战略”“五个起来”和“一个目标”，努力开创全县经济社会发展新局面。

全县经济社会发展的主要预期目标是：全县生产总值增长6.5%，固定资产投资增长17%，公共预算收入增长5.06%，规模以上工业增加值增长3%，社会消费品零售总额增长6%，城镇常住居民人均可支配收入增长7%，农村常住居民人均可支配收入增长7.1%，城镇登记失业率控制在4.2%以下。节能减排、农村贫困人口脱贫等14项约束性指标确保完成省、市下达任务。

（一）聚焦脱贫攻坚，加快全面小康进程

不断增加扶贫投入。在千方百计积极争取上级扶贫政策、扶贫项目、扶贫资金的同时，县财政要保证一定数量的财政资金投入，确保财政扶贫资金投入逐年增加，且增长比例不低于公共财政收入增长比例。同时要按照省政府办公厅《关于统筹整合使用财政资金实施精准扶贫的意见》，以全县脱贫攻坚规划为引领，以“一村一品”“一乡一业”“百企千村”、整村推进等项目为平台，依法依规整合扶贫资金和各类支农资金，统筹协调、综合安排，形成扶贫攻坚的强大合力。

强力推进“五个一批”。要按照中央、省、市统一安排，打好“产业开发脱贫、易地搬迁脱贫、生态补偿脱贫、发展教育脱贫、政策兜底脱贫”五大组合拳，全年计划脱贫4072人。投资850万元，在8个试点村实施光伏扶贫项目，在12个试点村实施旅游扶贫项目。全年计划完成易地扶贫搬迁500人，并投入140万元用于易地搬迁后续产业发展。对建档立卡贫困户中接受中职中技、高等职业教育的在校学生，每生每年给予2000元的生活困难补助，连续补助2年。对农村贫困大学生给予一次性5000元的生活补助，做到应补尽补。实施千村万人就业培训300人，新型职业农民培训500人。开展金融扶贫，积极撬动更多信贷资金、社会资金投向扶贫事业。2016年计划协调金融单位发放小额贷款3000万元，支持贫困户发展生产类项目，同时给予贴息支持。

着力构建多元扶贫格局。要凝聚攻坚合力，切实抓好对口帮扶、企业帮扶、社会帮扶等工作，实现领导干部分级包抓全覆盖、扶贫工作队驻村全覆盖，贫困村农村第一书记全覆盖，结对帮扶全覆盖。县乡两级都要成立脱贫攻坚指挥部，乡镇要成立扶贫工作站，充实加强扶贫工作人员；要广泛动员各方力量积极参与脱贫攻坚，鼓励民营企业家、高层次科技人才开展专项扶贫，招募志愿者参与扶贫服务活动；要激发内生动力，引导大家通过自力更生、艰苦奋斗，靠辛勤劳动改变贫困落后面貌，调动贫困群众脱贫攻坚的积极性，构建党委领导、政府主导、社会参与、群众主体的大扶贫格局。

（二）抓好项目建设，夯实县域经济发展基础

高端定位积极谋划。落实供给侧改革“三去一降一补”五项重点任务，下一步在谋划项目时，要准确把握投资导向和重点，坚持用战略的思维谋划定位，切实谋划一批符合国家产业政策、契合偏关县功能区定位、体现偏关自身特色的大项目、好项目，储备一批清洁能源、绿色循环农业、文化旅游产业等“补短板”的重大项目，做精、做细、做实重大项目库。

集中发力招商引资。有针对性、选择性地采取定向招商、以商招商、小分队招商等有效方式，抓好招商引资。要充分利用偏关县丰富的风电、光电资源，甄别引进一批有实力、愿推进、善经营的大型风、光电企业；充分利用偏关县地理环境和自然条件适宜小杂粮种植的优势，引进一批绿色循环农业、杂粮加工企业；充分利用偏关县丰富的旅游资源，引进一批旅游开发企业。重点落实黄河万家寨山西实业有限公司和潞安集团合作的3333.35万平方米油用牡丹和光伏发电一体化项目，首乐能源、穆勒四通和山西火品生物科技有限公司合作的黑枸杞与光伏发电一体化项目，以及黄河偏关段旅游综合开发项目，力争一批战略性、标志性的重大项目落地生根、开花结果。

全力以赴推进项目建设。全力抓好重点工程六项指标：项目储备要完成317亿元，项目签约要完成74亿元，项目落地要完成43亿元，项目开工要完成36亿元，省市重点工程建设要完成投资28亿元，项目投产要完成43亿元。高度重视重大产业项目分类考核，全力抓好9个分类考核项目的筛选、确定、服务和推进工作，力求考核成绩位次前移。继续抓好已开工的恒兴、山投、龙源、黄河大峡谷生态文化旅游观光带等项目，同时以煤电产业集聚区为载体，重点谋划发展火电、新能源及煤炭物流等重大产业项目。千方百计服务好重点工程建设，不断创优发展环境，抓好项目推进。保障服务好已开工的华能2万千瓦光电项目，确保年内并网发电；积极推进龙源5万千瓦风电项目建设，力争年内建成投产；协调服务好已拿到“路条”的北京华祥2万千瓦光伏项目、国电科环10万千瓦风电项目，力争尽快开工建设；跟踪推进前期工作进展较快的穆勒四通2万千瓦、山西首乐1.8万千瓦2个光伏扶贫项目，力争尽快落地开工，年内建成投产；加快推进有一定基础的乾瑞德450万千克、山西晋兴600万千克两个煤台项目和华润10万千瓦、盾安5万千瓦两个风电项目的前期工作，力争尽快拿到“路条”，加快核准备案；继续协调服务好209国道改线、准朔铁路建设、天然气入县工程及9个加气站建设，做好各项配合工作；加快推进同煤、博泰、国新煤台项目建设进度，争取早日建成投产；尤其要抓住国家发改委出台了《关于发展煤电联营的指导意见》的特殊机遇，积极协调推进华电广宇2×110万千瓦煤电项目，配合项目单位积极与有关部门对接，全力推进各项前期工作，力争项目早日落地并开工建设。

（三）打造优势产业，致力发展现代农业

夯实农业发展基础。大力实施水利水保工程，计划完成实灌面积1280.01万平方米，完成水土流失综合治理面积2800.01万平方米；投资1460万元，新建陈家营、楼沟抗旱应急引调提水工程四处；投资1100万元，实施京津风沙源项目，治理小流域面积10平方千米，建设水源节水工程20处；积极推进马家山小型水库前期工作，计划解决近666.67万平方米的耕地灌溉问题；加固淤地坝7座；积极推广旱作节水技术，重点推广玉米、谷子的地膜覆盖，覆盖面积达到5333.36万平方米。加快重点乡镇农业机械化进程，机耕面积达到18666.76万平方米，机播面积达到17666.76万平方米，机收面积达到11333.39万平方米，综合机械化水平达到48%。严格落实耕地占补平衡制度，加大土地开发整理力度，严守“两条红线”，确保全县耕地面积稳定在37053.52万平方米，基本农田稳定在30386.82万平方米。

优化农业产业结构。加快农业传统产业“四大板块”结构调整力度，夯实传统农业，提升设施农业，壮大畜牧产业，发展林果经济。大力推广小杂粮种植，稳定粮食生产，确保全县粮食作物总播面积要稳定在28440.14万平方米以上，小杂粮种植面积稳定在20000.1万平方米以上，粮油产量稳定在0.5亿千克以上；改进种植品种，在去年试种获得成功的基础上积极推广藜麦、363葵花、万寿菊等农作物新品种，改变品种单一的种植结构，提高生产效益；充分利用已取得国家地理标志产品认证的偏关小米、羊肉两项认证产品，打造“田峰五谷杂粮”“恒堡余”等杂粮品牌；大力推广得到农业部认证和许可的老营“意丰”牌“无公害”蔬菜，打通销售渠道，叫响品牌知名度；借鉴推广黑豆埝日光温室的成功经验，辐射带动全县发展反季节水果，打造现代高效农业；继续实施羊产业“三补一贴”奖补政策，计划年内发展50只以上规模养羊户4500户，新建标准化规模养殖小区5个、标准化规模养殖场5个，全县羊饲养量稳定在80万只左右。健全营销体系，鼓励建立电子商务平台，以网络营销方式拓展销售市场，打造地方特色品牌。积极发展农产品深加工，大力发展以农产品保鲜、精深加工等为主体的第二产业，围绕即将进入盛果期的白水大杏积极引进建设果品加工企业，延伸产业链条，实现增值增收。协调服务好山西投资集团种羊场和肉羊育肥场项目以及恒兴食品有限公司羊肉深加工项目，力争早日建成投产，通过延伸产业链，推进偏关县羊产业发展。

深化农村改革。稳步推进农村土地承包经营权确权发证工作，年内完成确权发证任务。建立健全农村集体产权流转体系，积极开展以土地承包经营权为主的产权流转改革试点工作。完善农村“三资”平台建设，促进农村集体经济健康规范运转。推进现代农业经营体制创新，构建新型农业经营体系。同时，以服务乡村金融为抓手，推动农村金融改革创新。此外，着力推进新型职业农民培训，计划完成新型职业农民培训200人。完善农产品质量安全监测中心项目的建设，年内启动使用。

（四）统筹城乡发展，加快新型城镇化进程

完善城市规划编制。牢固树立规划是第一资源的理念，加快县城规划工作进程，以城市总体规划为基础，进一步编制和完善各项专业规划和集镇规划，重点抓好城市绿化规划和水系规划，加快实施城市管网规划，着力做好县城排水专项规划编制工作，形成总规、详规及专业规划的多层次规划体系，确保今后所有城镇建设项目在规划内实施，一张蓝图绘到底。年内要完成城市排水防洪防涝规划、县城控制性详细规划以及县城总体规划部分区域的修编工作。同时，要强化城乡规划执法，严厉打击各类违法用地和违章建筑行为，规范城乡建设秩序。

推进市政基础建设。按照以人为本、优化布局、生态文明、传承文化、产城互动、科学有序的原则，着力构建以县城为中心、卫星镇为组团、中心乡镇为节点、带动美丽乡村建设的城镇化体系，走出一条符合偏关县实际的新型城镇化道路。以县城“创卫”为载体，在开通县城外环路、建成西北循环线，打通“大动脉”的基础上，进一步完善市政基础建设。推进古城大街仿古立面整治；改造府街、城北大街、龙华西街；实施护宁路道路建设、文笔大街踏铺等道路工程；开展关河城区段河道治理、消防队丁字路口至马梁段环境综合整治、县城城墙残垣断壁整治。全力推进已基本确定的209国道二期改造工程和县城沿黄线南移改线工程，进一步改善交通环境。同时，积极推进城区街巷硬化、路灯亮化、排水管网铺设、裸露坡面治理和公共卫生间建设，为居民创造良好的生活条件。加强集中供热管理，发展集中供热事业。积极推进户籍制度改革，鼓励农民向城镇有序转移。要强化城市经营管理，整治县城环境卫生和公共秩序，确保创卫净化、硬化、美化、亮化、绿化 “五化”效果。

改善农村人居环境。要按照“五个坚持”原则，大力实施以农村基础设施和公共服务为重点的完善提质工程，以移民搬迁、危房改造为重点的农民安居工程，以垃圾污水处理为重点的环境整治工程，以美丽乡村建设为重点的宜居示范工程。投资369万元，实施新关、天峰坪、万家寨、陈家营、楼沟、尚峪、窑头等7个乡镇11个村的“一村一井”配套工程；投资343.5万元，完成22.9千米窄路面拓宽工程；投资3274万元，实施油坊头10千伏支线等4条线路新建改造及东尚峪低压改造工程；同时，继续对国道、省道、主要县道沿线、县城区及中心镇周边村庄环境进行综合整治提升，改善农村人居环境。继续实施农村饮水安全巩固提升工程、农村危房改造工程、农村乡村清洁工程，计划改造农村困难家庭危房860套。2016年申报建设万家寨镇老牛湾村省级美丽宜居示范村，天峰坪镇寺沟村市级宜居示范村。

（五）打造旅游产业，壮大文化旅游经济

完善旅游发展规划。鉴于偏关县文化旅游资源丰富，历史积淀厚重的实际，开阔视野、整合资源，聘请专业团队，对偏关县整体文化旅游产业发展进行顶层策划、高端创意，促进文化资源与现代元素的融合、拓展和提升。年内力争完成全县旅游发展总规、控规、详规以及老牛湾风景名胜区的总体规划。

开发精品旅游项目。继续抓好水泉红门口“地下长城”景区建设，完善水泉营历史文化展、水泉地区民俗展展览馆建设，完成水泉堡主街道立面整治，力争今年具备初步接待游客的能力；深度推进寺沟护宁寺“黄河、长城边塞风情游”景区二期工程建设，继续跟踪已上报国家文物局的老牛湾堡修缮和寺沟长城修复二期项目，让中华民族的“两大精神”得到传承；全面提升老牛湾景区品质，巩固提升省级风景名胜区，打造精品旅游区。今年要紧紧抓住老牛湾客运码头建设项目，确保按时开工、顺利推进，力争两年内建成并投入使用。大力推进已列入省交通厅“十三五”建设规划的黄河老牛湾至龙口航道治理项目，做好各项前期工作。要围绕老牛湾、乾坤湾、黄河水利枢纽、护宁寺、红门口“五大景区”，不断优化景区的一体化服务配套工作和景区的衔接工作，进一步提升景区的整体服务能力和影响力。启动申报柏杨岭、青杨岭2个国家级森林公园；积极争取包括老营至丫角山、丫角山至水泉、水泉至明灯山、关河口至火烧埝4条旅游公路建设项目，早日打通偏关旅游的“主动脉”，实现“五大景区”的完美互通。同时，要加大招商引资力度，编制旅游项目招商手册，出台旅游招商优惠政策，利用整体招商、PPP经营等多种模式，有选择地引进社会资本投资景区建设或开发重点旅游村，加快全县旅游产业发展步伐。

扶持文化旅游产业。以老牛湾村为试点，逐步加快乡村旅游发展规划步伐，引导农家乐整体规划、差异打造、重组合作、集群开发，形成乡村旅游企业的集团化连锁经营模式，并逐步向其他旅游重点村推广，实现偏关县乡村旅游发展升级换代。鼓励具有地方特色的刺绣布扎、玻璃雕刻、剪纸、面塑等民间工艺品产业化生产、市场化运作，把传统文化元素和现代产业理念、当代消费时尚紧密结合，开发系列文化产品，辐射带动全县文化产品的规模化生产。

加强文化旅游宣传。利用多种媒介、多种平台、多种渠道，对偏关县的文化旅游产业进行宣传推介。积极对接中央、省、市主流媒体，策划推出偏关县文化旅游专题报道，打响“中华长城古堡第一县”“黄河风情特色县”“九边重镇第一城”“黄河入晋第一湾”等文化品牌，提升偏关旅游知名度，加快偏关县文化旅游资源向文化旅游产业的转化。

（六）保护生态环境，推进生态文明建设

加大生态建设力度。严格落实省政府林业建设“三加三不减”的工作要求，紧紧抓住吕梁山生态脆弱区林业生态建设综改标杆项目的实施机遇，实施京津风沙源治理、天保二期人工造林、巩固退耕还林干果经济林、低质低效林改造等重点项目，巩固退耕还林干果经济林1333.34万平方米，薪炭林1073.34万平方米，实施京津风沙源工程2333.34万平方米，通道绿化工程9千米，改造低质低效林533.34万平方米，实施天保二期人工造林项目200万平方米，打造生态林业精品工程，全力创建“省级造林绿化示范县”。同时，结合县城创卫，大力实施“见缝插绿”工程，充分利用城市道路、小区的可用空间，见土补绿、见缝添绿，做到庭院栽树木、道路遮绿荫、阳台种花草、墙壁挂绿藤、屋顶见绿色，不断提升县城绿化水平。

加强环境保护。切实加大生态环境综合治理力度，深化大气污染防治，抓好重点领域、重点行业、重点企业的污染源整治工作，积极推进新建镇级污水处理厂减排项目建设，全面推进现有污水处理厂配套管网建设，着力抓好污水处理厂中水回用工程。强化煤炭、电力等行业企业的深度治理设施建设，严肃查处企业违规排污和污染环境的行为。实行最严格的环境保护制度，把好项目建设中的环评审批关，对于未取得相关手续的项目，严格按照相关规定严肃处理。积极推进工业、建筑、交通、公共机构等领域节能降耗，进一步提高能源利用效率。全面加强减排工作责任，落实好减排重点项目，全面完成省、市下达的年度减排任务。

（七）保障改善民生，统筹推进社会事业

大力发展社会事业。进一步巩固义务教育均衡发展成果，做好控辍保学和教育惠民工作。继续加大教育基础建设投入，实施第二小学护坡和冲水厕所建设工程；积极申报新建实验小学教学楼项目，争取项目尽快落地。全面深化医疗体制改革，继续完善县级公立医院改革，巩固完善基本药物制度，不断提高医疗保障和服务水平。稳步提高新农合补助标准，全县新农合参合率要继续保持在95%以上。认真抓好人口计生工作，全面实行一对夫妇可生育两个孩子政策，继续实行计划生育县乡“一票否决”制度。加强文化基础设施建设，加快推动全民健身中心前期审批工作，积极争取上级投资维修改造塔梁体育场。全力实施文化惠民工程，完成60场送戏下乡任务，继续举办第五届全民健身体育比赛和“唱响偏关”舞台艺术大赛系列活动，丰富群众文化生活。此外，积极推进长城保护规划编制，积极做好丫角山长城、老营堡等长城、古堡的保护、开发和利用工作。

完善社会保障体系。稳步提高职工、居民养老保障水平，实现养老、医疗、失业、工伤、生育保险参保人数稳步增长。健全城乡最低生活保障动态管理机制，加大社会救助力度，做好医疗救助、临时救助、流浪乞讨人员救助等各项救助工作，保障和改善困难群体基本生活。启动运行马家坡社会福利服务中心。新建1个社区老年人日间照料中心，解决留守老人的生活困难。加快公租房新建和续建工作，实施棚户区改造项目，为住房困难群体提供住房保障。

（八）继续突出抓好经济运行管理，实现“十三五”良好开局

加强经济运行管理，建立健全经济运行监测预测机制，重点对投资、消费、出口、工业、财税、金融、招商引资以及节能减排等指标定期进行调研分析，及时研究解决经济运行中的突出矛盾和问题。加强生产要素的组织、协调与调度，努力缓解要素供给矛盾。出台《偏关县国家资源型经济转型综合配套改革试验2016年行动方案》认真做好转型综改各项工作，全力实现偏关县“十三五”良好开局。

关于偏关县2015年财政预算执行情况和2016年财政预算草案的报告

——2016年8月25日在偏关县第十六届人民代表大会第一次会议上

张 锐

各位代表：

受县人民政府委托，向本次大会提出2015年财政预算执行情况及2016年财政预算草案的报告，请予审议，并请县政协委员和各位列席人员提出意见。

一、2015年财政预算执行情况

2015年，在县委、县政府的坚强领导下，在县人大、县政协的监督支持下，财政工作紧紧围绕党的群众路线教育实践活动的总体要求和部署，高举中国特色社会主义伟大旗帜，认真贯彻落实党的十八届三中、四中全会精神，严格按照“保工资、保运转、保民生、促发展”的保障序列，自觉服从和服务于全县经济社会发展大局，加强和改善财政宏观调控，优化财政收支结构，强化预算支出管理，在保运转的基础上，压缩“三公”经费等一般性支出，狠抓增收节支，有效聚财，科学理财，圆满完成了全年财税工作目标任务。

（一）2015年财政总收入完成情况

偏关县财政总收入完成29978万元，为年度计划34681万元的86.44%，短收4703万元；较上年同期降低14.35%，减收5022万元。

预算级次完成情况

一般公共预算收入完成18085万元，为年度计划18000万元的100.47%，超收85万元；较上年同期降低9.98%，减收2005万元。占财政总收入的比重为60.33%。

上划中央收入完成8165万元，为年度计划11940万元的68.38%，短收3775万元；较上年同期降低20.02%，减收2044万元。占财政总收入的比重为27.24%。

上划省级收入完成2485万元，为年度计划3161万元的78.61%，短收676万元；较上年同期降低20.68%，减收648万元。占财政总收入的比重为8.29%。

上划市级收入完成1243万元，为年度计划1580万元的78.67%，短收337万元；较上年同期降低20.73%，减收325万元。占财政总收入的比重为4.15%。

征收系统完成情况

国税完成10225万元，为年度计划16375万元的62.44%，减收6150万元；较上年同期降低24.12%，减收3251万元。占财政总收入的比重为34.11%。

地税完成8847万元，为年度计划8306万元的106.51%，超收541万元；较上年同期降低13.04%，减收1327万元。占财政总收入的比重为29.51%。

财政完成10906万元，为年度计划10000万元的109.06%，超收906万元；较上年同期降低3.91%，减收444万元。占财政总收入的比重为36.38%。非税收入所占比重高，充分反映偏关县收入结构的不合理。

分税种看，主体税种减收是总收入下降的主

要原因。

增值税完成 6218 万元，为年度计划 9375 万元的 66.33%，减收 3157 万元；较上年同期降低 19.97%，减收 1552 万元。

企业所得税完成 4935 万元，为年度计划 7500 万元的 65.80%，减收 2565 万元；较上年同期降低 22.22%，减收 1410 万元。

个人所得税全年完成 1331 万元，为年初计划 1200 万元的 110.92%，增收 131 万元；较上年同期降低 9.76%，减收 144 万元。

营业税全年完成 3965 万元，为年初计划 4400 万元的 90.11%，减收 435 万元；较上年同期降低 21.70%，减收 1099 万元。

城市维护建设税全年完成 852 万元，为年初计划 850 万元的 100.24%，增收 2 万元；较上年同期降低 13.94%，减收 138 万元。

上述五项税种，共计完成 17301 万元，比年初计划 23325 万元减收 6024 万元，比上年同期减收 4343 万元。

行政性收费收入、专项收入、罚没收入等非税性收入完成 10905 万元，占公共财政预算收入的 60.30%，为年度计划 10000 万元的 109.05%，增收 905 万元；较上年同期降低 3.92%，减收 445 万元。

总的来看，2015 年偏关县经济总体略有下滑，全县地区生产总值 (GDP) 完成 25.03 亿元，同比降低 2%；财政总收入占 GDP 比重 11.99%；城镇居民人均可支配收入完成 18801 元，增长 7.6%；农民人均纯收入预计完成 5620 元，增长 6.5%。在经济发展困难较大的情况下，保证了社会各项事业的健康稳步发展。

（二）2015 年公共财政预算支出执行情况

2015 年，公共财政预算支出累计执行 105447 万元，占调整预算数 115360 万元的 91.41%；较上年支出 97890 万元同比增长 7.72%，增支 7557 万元。

一般公共预算各项支出如下：

1. 一般公共服务支出 13468 万元，占调整预算数的 100%，同比降低 20.01%；

2. 公共安全支出 5028 万元，占调整预算数的 100%，同比降低 17.08%；

3. 教育支出 16053 万元，占调整预算数的 97.16%，同比增长 22.70%；

4. 科学技术支出 20 万元，占调整预算数的 100%，同比降低 87.18%；

5. 文化体育与传媒支出 1036 万元，占调整预算数的 100%，同比降低 5.56%；

6. 社会保障和就业支出 16447 万元，占调整预算数的 86.07%，同比增长 35.91%；

7. 医疗卫生与计划生育支出 6897 万元，占调整预算数的 100%，同比增长 3.03%；

8. 节能环保支出 4516 万元，占调整预算数的 89.51%，同比降低 4.22%；

9. 城乡社区事务支出 7933 万元，占调整预算数的 100%，同比增长 28.22%；

10. 农林水支出 18336 万元，占调整预算数的 85.2%，同比增长 31.05%。其中：

农业支出 5256 万元，占调整预算数的 100%，同比增长 8.71%

林业支出 2824 万元，占调整预算数的 100%，同比增长 17.32%

水利支出 3686 万元，占调整预算数的 76.17%，同比增长 51.00%

扶贫支出 3654 万元，占调整预算数的 64.84%，同比增长 130.83%；

11. 交通运输支出 2572 万元，占调整预算数

的 100%，同比增长 70.90%;

12. 资源勘探电力信息等事务支出 655 万元，占调整预算数的 100%，同比降低 28.88%;

13. 商业服务业等事务支出 177 万元，占调整预算数的 100%，同比降低 60.22%;

14. 金融监管支出 470 万元，占调整预算数的 100%，同比增长 205.19%;

15. 国土资源气象等事务支出 5167 万元，占调整预算数的 88.01%，同比降低 43.26%;

16. 住房保障支出 6014 万元，占调整预算数的 100%，同比增长 46.33%;

17. 粮油物资储备事务支出 318 万元，占调整预算数的 100%，同比增长 47.22%;

18. 其他支出 314 万元，占调整预算数的 11.73%，同比降低 34.58%。

综上所述，2015 年财政总体情况是：一般公共预算收入 18085 万元。上级补助收入 88362 万元，其中：增值税和消费税税收返还收入 575 万元，所得税基数返还收入 181 万元，成品油价格和税费改革税收返还收入 207 万元，均衡性转移支付收入 25422 万元，革命老区及民族和边境地区转移支付收入 3029 万元，县级基本财力保障机制奖补资金收入 2440 万元，成品油价格和税费改革转移支付补助收入 13 万元，基层公检法司转移支付收入 1138 万元，义务教育等转移支付收入 1682 万元，基本养老保险和低保等转移支付收入 1556 万元，新型农村合作医疗等转移支付收入 2331 万元，农村综合改革转移支付收入 430 万元，重点生态功能区转移支付收入 4671 万元，专项转移支付收入 35064 万元，地方政府一般债券转贷收入 1500 万元，结算补助收入 2086 万元(定额结算补助 286 万元，补贴县摘帽资金到期上解-88 万元，专项补助结算 1941 万元，农村公路养护资金结算-54 万元，口蹄疫疫苗补贴结算-2 万元，预算外价调金手续费结算 4 万元，债券发行费上解-1 万元)，固定数额补助收入 7537 万元(工商行政管理专项补助经费 3 万元，中央对地方审计专项补助经费 7 万元，农村义务教育绩效工资基数 261 万元 ，基层医疗卫生事业单位绩效工资基数 28 万元，下达 2015 年国有农场税费改革转移支付 2 万元，下达 2015 年度农场税费改革转移支付 1939 万元，下达 2015 年省对市县调整工资等一般性转移支付 5280 万元，省下达 2015 年提高农村五保供养标准转移支付 13 万元，2015 年生猪屠宰环节病害猪无害化处理资金 4 万元)，上年结余 6171 万元，调入资金 3797 万元，收入总计 117,915 万元。一般公共预算支出 105447 万元，债务还本支出 1500 万元，安排预算稳定调节基金 3419 万元，年终结余 7549 万元，结转下年支出 7549 万元，净结余为零。

（三）2015 年政府性基金收支完成情况

2015 年，政府性基金收入完成 4114 万元(国有土地使用权出让收入 3973 万元，城市公用事业附加收入 30 万元，城市基础设施配套费收入 58 万元，污水处理费收入 6 万元，其他政府性基金收入 47 万元)，上年结转 8727 万元，上级补助收入 1993 万元，收入总计 14834 万元，当年基金支出 5532 万元，调出资金 3227 万元，结转下年使用数 6075 万元。

（四）2015 年社会保险基金收支完成情况

1. 企业养老保险基金决算情况

2015 年企业养老保险保险收入总计为 12196 万元，其中：保险费缴费收入 2950 万元，财政补贴收入 862 万元，利息收入 16 万元，其他收入(滞纳金）181 万元，转移收入 162 万元，上级补助收入 6900 万元。

上年结余 1123 万元。

2015 年企业养老保险保险支出总计为 12196

万元，其中：基本养老金支出为9218万元。

2015年企业养老保险截至2016年底，滚存结余2811万元。

2. 城乡居民养老保险基金决算情况

2015年基金收入总计6087万元，其中：养老保险个人缴费收入574万元，财政补贴收入1322万元，集体补助收入12万元（含村干部补助、乡村医生补助收入），利息收入117万元，转移收入1万元。

上年结余4060万元。

2015年基金支出6087万元，其中：基础养老金支出1705万元，个人账户养老金支出128万元，转移支出2万元。

2014年城乡居民养老保险基金截至2016年底，滚存结余4251万元。

3. 新农合基金决算情况

2015年新型农村合作医疗收入小计为3363万元，其中：个人缴费收入644万元，财政补贴收入2705万元，利息收入12万元。

上年结余1112万元。

2015年新型农村合作医疗支出总计为4476万元，其中：基本医疗保险待遇支出2319万元，购买大病保险支出269万元。

2015年新型农村合作医疗截至2016年底，滚存结余1888万元。

2015年，偏关县一般公共预算收入略有增长，收支矛盾仍比较突出，特别是由于政策因素，个人部分支出快速增长，而工资性转移支付不能与之相适应，对县域经济的发展造成较大压力。在这种困难情况下，偏关县财政支出实现了保工资、保运转、保重点，有力地推动了经济发展、维护了社会稳定、促进了社会各项事业的稳步前进。

（五）2015年财政主要工作

一年来，县人民政府及其财税部门努力克服收入严峻形势和支出巨大压力，着力抓好预算执行，以实现经济稳步增长为目标，狠抓增收节支，深化财政改革，强化财政监督，保证了全县行政事业单位职工工资发放、机构运转、社会稳定和重点支出的资金需要，较好地促进了经济发展和社会进步，同时强化收入征管措施，优化财政支出结构，优先保障民生工程和各项重点项目支出，财政收支运行总体平稳

1. 强化收入征管，做大财政“蛋糕”。面对宏观经济下行、政策性减收等多重压力，努力克服经济下行对收入的不利影响，充分发挥财政协调作用，多次联系税务部门，分析收入形势，强化征管措施，较好完成年初确定的收入计划。（1）强化对重点行业、企业、工程的管理和服务，全面强化税源管控；（2）强化日常征管，摸清底数，加强部门间协作，加大欠税清缴；（3）科学调度，及时解决税费征管中存在的问题，严格执行行政事业性收费项目和收支两条线管理，做到应收尽收。

2. 加大民生投入，完善社会保障。充分发挥财政职能，多方筹集资金，坚持以保障民生为重点，民生保障类支出持续增加。（1）支持完善医疗卫生和社会保障体系建设，进一步强化卫生计生工作，坚持“三个不变”原则继续完善计生职能，人均计生经费超出规定标准。累计投资2355万元对县乡村三级医疗机构进行建设完善。县人民医院住院综合楼和偏关县急救中心已投入使用，县人民医院被评为二级甲等医院。先后完成2所乡镇卫生院改扩建和21个村卫生室改造建设、建成5个乡镇卫生院周转宿舍。全力推进新型农村合作医疗工作，全县新农合参合人数达到

71572 人，参合率达到 99.34%。城乡居民基础养老金、企业退休养老金、城镇居民医保和新农合补助全部按照新标准足额兑现；住房公积金县财政缴存比例提高到 8%；干部带薪休假制度全面落实，机关事业单位干部职工新一轮调资工作全面完成，干部职级并行和乡镇干部补贴已全面落实，县财政用于调资及公积金提标等支出近 5000 万元；不断加大社会救助力度，全县共发放低保、救灾、救助等资金 2147 万元；对 33655 户低收入农户发放冬季取暖用煤货币补贴 1009.65 万元。支持国防和军队建设，提高义务兵优待金标准，落实各项优抚安置政策，偏关县 2015 年第七次也是连续七次被评为“全省双拥模范县”。(2) 支持教育事业发展。全年投入教育资金 16053 万元，县城文华街幼儿园、万家寨希望小学附属幼儿园改扩建项目全面完工并投入使用。第三中学新建学生公寓楼已完成主体建设。全面落实义务教育保障政策、高中和中职困难学生助学金等政策，实行中职教育免学费全覆盖。不断提升教育办学水平。(3) 支持文体事业发展，投入文化传媒资金 1036 万元，组织“送戏下乡”“送电影下乡”；为 100 个农家书屋派发图书 16000 余册，订阅报刊 10 种，实施广播电视户户通工程，成功举办了第四届“全民健身”体育比赛和“唱响偏关”舞台艺术大赛，进一步活跃丰富了群众文化生活。积极争取上级资金，完成了全民健身中心及文化馆项目的规划、设计、立项及上报工作。(4) 支持农业农村经济稳定发展和农民持续增收，全年投入农林水资金 18336 万元，支持全县各类农作物种植、蔬菜温室种植、特色高效果树栽培、瓜菜种植、经济林建设、规模养羊等农林产业。投资 9872 万元，实施了京津风沙源治理、关河河道治理、抗旱应急水源、村通公路提质和农村电力改造等工程。全县完成水保初治面积 2893.35 万平方米，抗旱应急水源工程 4 处，解决了 17 个自然村的人畜饮水安全问题；完成 15 千米村通公路提质改造和 17 个村 24 个台区的低电压农网改造任务。实施精准扶贫，完成 92 个贫困村 27688 人的建档立卡“回头看”工作。改造农村危房 1100 套；企业就业培训完成 1000 人；11 个村完成整村推进项目规划实施；33655 户低收入农户领取冬季取暖用煤货币化补贴款 1009.65 万元；对于扶贫到户小额贷款，给予 5%的利率贴息；全县完成年度减贫人口 5400 人。(5) 支持保障性安居工程，全年公租房新开工 80 套，续建 200 套。

3. 发挥财政职能，促进经济发展。积极争取上级财政支持。在认真研究分析上级资金分配政策的基础上，加强与上级财政部门沟通对接，积极反映偏关县实际困难，争取上级各类转移支付资金 8.8 亿元。

4. 深化财政改革，规范财政管理。(1) 严格支出管理。认真落实中央、省、市政策规定，积极打造阳光财政、民生财政。至 2015 年 12 月，“三公”经费较上年同期压减 300 多万元，压减率达 23%。(2) 积极推进预（决）算信息公开。加大预决算信息公开力度，继续扩大信息公开范围，财政预决算、部门预决算以及各部门“三公”经费预决算全面公开。(3) 加大财经法规宣传、培训力度。举办农村财会人员培训 5 期，对全县 325 余名农村会计人员和行政管理人员进行《预算法》《会计法》《行政单位会计制度》等培训。(4) 强化国有资产管理。建立健全国有资产与预算管理对接机制，构建资产管理信息平台，确保了国有资产保值增值。同时，严格公务用车管理，完善制度，测算摸底，稳步推进，顺利完成公车货币化改革。(5) 规范政府债务管理。在审计认定的基础上，进一步完善地方政府性存量债务资金。

5.加强财政监督，确保资金安全。（1）开展财政存量资金检查。对全县100多个县直行政事业单位及乡镇财政存量资金进行了专项核查，督促单位加快资金使用。（2）开展重点民生资金核查。配合上级专项检查组对偏关县民政、社保、扶贫廉租房资金开展专项检查，确保了专项资金安全和专款专用。（3）年初预算时就加强对“三公经费”预算管理，各单位“三公”预算只减不增，“三公经费”使用基本控制在预算内，普遍较上年下降。

2015年，全县财政预算执行效果良好，但也还存在隐忧和压力。主要是：财政收支矛盾突出，支出压力巨大；财源结构单一，收入难以保持平稳可持续增长；财政风险较大。这些都需引起高度重视，完善机制，采取有力措施逐步解决。

二、2016年财政预算草案

2016年预算编制和财政工作的原则是：深入贯彻落实党的十八大和十八届三中、四中全会及中央、省、市、县经济工作会议会议精神，以习近平总书记系列重要讲话为指导，以贯彻落实新《预算法》为契机，主动适应经济发展新常态，坚持稳中求进、自我加压，以提高经济发展质量和效益为中心，实现财政收入可持续增长。优化支出结构，严控“三公”经费，着力增进民生福祉；坚持依法理财，加强内控管理，提高管理水平，为全面建成小康社会提供坚实保障。

2016年财政预算收支安排如下：

（一）公共财政收支预算

一般公共预算收入计划

1.按照县经济工作会议精神，公共财政预算收入考虑经济下行、“营改增”及黄万公司退税等因素，根据上年收入实绩和现行财政体制匡算，2016年财政一般公共预算收入为19000万元。其中：

国税部门1971万元

地税部门5830万元

财政部门11199万元

2.上级补助收入51069万元，其中：

均衡性转移支付25658万元

调整工资转移支付补助5280万元

县级基本财力保障机制奖补资金收入2395万元

增值税税收返还575万元

所得税基数返还181万元

成品油价格和税费改革税收返还收入207万元

城区社区事务转移支付补助收入23万元

国家重点生态功能区转移支付4206万元

义务教育转移支付1062万元

义务教育及基层医疗卫生绩效工资基数=289万元

基本养老保险和低保等转移支付1280万元

税费改革转移支付1961万元

成品油价格和税费改革转移支付13万元

政法转移支付984万元

农村综合改革转移支付350万元

新型农村合作医疗等转移支付2211万元

老少边穷地区转移支付补助收入3421万元

结算补助973万元

（原定额结算补助174万元，食品药品监督机构下划基数45万元，工商机构下划基数510万元，质监机构下划基数147万元，工商质监系统津补贴50万元，天保转移支付1万元，退耕还林减收增支结算66万元，补贴县摘帽资金上解-88万元，到村任职高校毕业生中央补助124万元，农村公路养护资金结算-54万元，口蹄疫苗补贴结算-2

万元）

3.专项转移支付 7220万元（专款提前告知数）

4.上年结转 7549万元（上年专款结转）

5.调用预算稳定调节基金 3419万元

上述五项合计，2016年全县财力为88257万元，其中：县级可用财力62183万元。

公共财政支出预算

1.个人部分

今年个人部分支出约需44061万元。其中：全年工资及离退休费约37416万元;烤火费1156万元;职工福利费10万元；其他工资列136万元；基本养老保险财政补贴单位部分未列；基本医疗保险2213万元；大额医疗保险87万元；公费医疗20万元；生育保险134万元；工伤保险173万元；失业保险318万元；城镇居民医疗保险33万元；农村合作医疗补贴243万元；人身意外伤害保险财政补助部分22万元；住房公积金2100万元。

2.公用部分

2016年公用部分预算编列44196万元。其中：

上年经费结转列8271万元

已批预算列374万元

公用经费标准按行政人员3500元/年，全额事业单位人员按2500元/年，列公用经费预算约为556万元（行政人员863人，全额事业人员1584人。不包括教育、卫生、差额、自支人员）

其他业务费预算列7632万元

预备费列566万元

校安工程贷款还款列441万元

东西门街贷款还款列104万元

科技三项费列20万元

会议费列100万元

农村税费改革转移支付列1961万元

成品油价格和税费改革转移支付列45万元

城区社区事务转移支付列23万元

政法转移支付列984万元

教育转移支付列1062万元

新型农村合作医疗等转移支付列2211万元

基本养老保险和低保等转移支付列1280万元

农村综合改革转移支付列350万元

老少边穷地区转移支付列3421万元

对口援疆列26万元

专款预算编列14769万元（上年专款结转7549万元，本年专款预计7220万元）。

上述两项合计，今年偏关县支出预算实际编列88257万元，做到了收支平衡，不列赤字。

（二）政府性基金预算

收入计划10210万元

1.2016年政府性基金县本级收入预计4135万元，其中：

污水处理费10万元

城市公用事业附加35万元

农业土地开发资金30万元

国有土地使用权出让收入4000万元

城市基础设施配套费60万元。

2.上年结余收入6075万元，其中：

县本级结转1338万元

城市公用事业附加30万元

农业土地开发资金138万元

国有土地使用权出让收入175万元

城市基础设施配套费163万元

污水处理费6万元

煤炭可持续826万元

上级专项结转4737万元

国家电影事业发展专项80万元

大中型水库移民后期扶持基金292万元

新增建设用地有偿使用费771万元

污水处理费11万元

大中型水库库区基金 50 万元

水土保持补偿费 6 万元

港口建设费 1000 万元

彩票公益金 374 万元

其他政府性基金 2153 万元

支出计划 10210 万元

1. 县本级收入安排支出 5473 万元

国有土地出让收入安排 4175 万元，其中：

老营创卫 500 万元

城市重点建设 1000 万元（住建局）

土地开发成本支出 2000 万元

提取教育资金、农田水利建设资金 400 万元

其他支出 275 万元

农业土地开发资金安排 168 万元

城市基础设施配套费安排 223 万元

污水处理费 16 万元

城市公用事业附加 65 万元

其他政府性基金 826 万元

2. 上级专项基金安排 4737 万元

国家电影事业发展专项 80 万元

大中型水库移民后期扶持基金 292 万元

新增建设用地有偿使用费 771 万元

污水处理费 11 万元

大中型水库库区基金 50 万元

水土保持补偿费 6 万元

港口建设费 1000 万元

彩票公益金 374 万元

其他政府性基金 2153 万元

全年基金预算支出安排 10210 万元，收支平衡。

（三）社保基金预算

2016 年社会保险基金预算包括三部分，企业职工基本养老保险基金预算、城乡居民基本养老保险基金预算和新型农村合作医疗基金预算。

1. 企业职工基本养老保险基金总收入 2382 万元。

其中：基本养老保险费收入 2107 万元

利息收入 7 万元

上级财政补贴收入 91 万元

其他收入 76 万元

转移收入 100 万元

上年结余 802 万元

支出总计 3184 万元

其中：基本养老金支出 10267 万元

丧葬抚恤补助支出 99 万元

转移支出 46 万元

本年收支结余-8031 万元

截至 2016 年底，滚存结余-7229 万元

2. 城乡居民基本养老保险基金收入总计 6771 万元。

其中：个人缴费收入 586 万元

利息收入 121 万元

各级财政补贴收入 1545 万元

县本级补贴部分未列预算（对基础养老金的补贴收入 88.94 万元，其中对个人缴费的补贴收入 84 万元）

转移收入 1 万元

上年结余 4518 万元

支出总计 6771 万元

其中：基础养老金支出 1392 万元

个人账户养老金支出 119 万元

转移支出 2 万元

本年收支结余 740 万元

截至 2016 年底，滚存结余 5258 万元

3. 新型农村合作医疗基金总收入 5142 万元。

其中：缴费收入 864 万元（城乡医疗救助

资助收入14万元）

利息收入11万元

各级政府资助收入2954万元（2016年新型农村合作医疗缴费人数是72050人，缴费标准每人每年530元，其中个人缴费每人每年120元，政府补贴每人每年410元。县级负担比例未定，暂按上年基数243万元列入预算）

上年结余1312万元

支出总计5142万元

其中：基本医疗保险待遇支出3145万元（统筹基金支出3035万元）

购买大病保险支出288万元，

本年收支结余397万元，

截至2016年底，滚存结余1709万元

三、迎难而上、开拓进取，确保完成全年目标任务

2016年，偏关县财税部门将紧紧围绕县委、县政府确定的目标和任务，全力抢抓发展机遇、积极应对各项挑战，重点做好以下几个方面的工作：

（一）以提升财力为宗旨，狠抓增收节支，努力提高财政保障水平

加强税费征管。积极分析收入形势，进一步完善税收征管机制，加强对主体税种、重点税源和零散税收的征管，确保税收全额入库。继续深化收费体制改革，清理规范收费项目，强化税费征缴监管，提高非税收入征缴水平。加大争取力度。继续把向上争取作为财政增收工作的重中之重，各部门协调配合，在分类梳理、充分利用相关政策的基础上，从改善民生、基础设施等领域入手，全力争取上级部门对偏关县各类重点项目资金支持。严控一般性支出，严格执行公务接待、公车管理及差旅费、会议费管理制度。加强“三公”经费监督管理，大力推行公务卡结算，提高公务消费透明度。

（二）以服务发展为主题，培植壮大财源，助推经济结构转型升级

不断夯实发展基础。积极创造优良投资发展环境，推进政府向社会购买公共服务，实施多元化的公共产品供给方式，促进服务型政府建设。加快交通、水利、城市基础设施等建设，提高城市经济发展承载力。创新资金引导方式。充分利用财政资金的杠杆效应，发挥创业、中小微企业担保、产业发展等基金作用，引导经济结构调整，激发市场主体活力，培植壮大新兴财源，促进重点企业、重点产业快速发展。

（三）以改善民生为重点，加大保障力度，促进社会事业和谐发展

继续落实社会保障政策。推进城乡居民养老保险、城乡低保等制度实施，落实国家和省相关政策提高城乡医疗保险筹集标准和补贴标准，提高低收入群体基本生活保障和政府对各种社会保险补贴投入，支持就业困难群体创业就业。继续加大社会事业投入。强化教育经费保障，加强教育基础设施及技术装备建设，改善办学条件，促进教育优质公平发展；加大对医疗卫生投入，深化医药卫生体制改革，加快覆盖城乡公共卫生体系建设。继续完善城市基础设施，推进和谐社会建设。继续完善财政支农措施。全面落实强农惠农富农政策，加强农业基础设施建设，完善农业“三项补贴”发放方式，引导农民规模化种植，促进农村发展、农业增效、农民增收。

（四）以完善管理为驱动，深化财政改革，提高公共财政理财水平

推进预算管理改革。紧跟国家财税体制改革动向，细化支出预算编制，推进部门预算改革；

规范政府性债务管理。全面落实国家、省债务管理政策，积极争取存量债务、新增债务置换债券，切实防范化解地方政府债务风险，降低融资成本。规范行政事业资产配置及管理，保障国有资产保值增值。建立健全预算编制、执行、监督等工作。

各位代表，2016年是“十三五”规划实施的开局之年，圆满完成全年财政工作任务意义重大。我们将在县委、县政府的领导下，在县人大的监督下，凝心聚力，改革创新，扎实推进各项工作，为偏关县全面实现小康社会目标奠定良好基础！

偏关县人民法院工作报告

——2016 年 8 月 25 日在偏关县第十六届人民代表大会
第一次会议上

郝利明

各位代表：

现在，我代表偏关县人民法院向大会做工作报告，请予审议，并请县政协委员和各位列席同志提出意见。

过去5年的工作回顾

2011年以来，在县委、县政府的正确领导下，在县人大、县政协及社会各界的监督支持下，我院深入学习贯彻党的十八大和十八届三中、四中、五中全会以及习近平总书记系列重要讲话精神，认真落实县十五届人大各次会议决议，紧紧围绕维护社会稳定、服务全县大局的总要求，以“努力让人民群众在每一个司法案件中都感受到公平正义”为目标，忠实履行宪法和法律赋予的职责，各项工作均取得了新进展。

一、认真履行审判职能，全力服务保障经济社会发展

5年来，县法院紧扣全县经济社会发展大局，自觉把法院各项工作置于全县改革、发展、稳定大局中进行谋划和推动，履行审判职能，强化执法办案，全力维护人民群众合法权益，维护社会公平正义，维护大局稳定，切实为偏关县“双五”发展战略的顺利实施和经济社会各项事业的全面发展提供了高效服务和有力保障。5年来，共受理各类案件1306件，审结、执结1251件，结案率达到95%。

贯彻宽严相济政策，依法打击各类刑事犯罪。5 年来，我院抓住影响社会稳定、危害群众生命财产安全的突出犯罪，始终保持严打高压态势，依法惩处了一批犯罪分子，有力地震慑了犯罪。5 年来，共受理各类刑事案件 341 件，审结 341 件，审结率达到 100%。判处犯罪分子 419 人，其中判处 5 年以上有期徒刑 20 人。同时，我院认真落实宽严相济的刑事司法政策，对初犯、偶犯、社会危害性较轻的犯罪分子进行了积极挽救，5 年共判处缓刑案件 173 件 180 人、免于刑事处罚案件 28 件 28 人，最大限度地实现了打击犯罪和保障人权的有机统一。

突出调解优先原则，全力化解社会矛盾纠纷。在民事审判中，我院坚持“调解优先，调判结合”的工作原则，将调解工作贯穿于诉前、立案、审判、执行工作全过程。5 年来共受理各类民商事案件 818 件，审结 798 件，审结率达到 97%。其中，调解撤诉 356 件，调撤率达到 40%，最大限度地做到了案结事了。

强化行政审判职能，积极推进依法行政进程。认真贯彻新修改的行政诉讼法，探索解决“民告官”中存在的“立案难、审理难、执行难”问题，回应群众关切，支持、监督行政机关依法行政。5 年来共受理各类行政案件15件，审结15件，审结率达到100%，既保护了行政相对人的合法权益，又促进了行政机关依法行政意识和能力水平的不断提升。

持续加大执行力度，努力维护当事人合法权益。多策并举破解“执行难”问题，通过推进执行信息化建设与应用、建立失信被执行人黑名单制度等措施，确保了人民法院生效裁判顺利有效地执行，保障了执行申请人的胜诉权益，维护了法律的权威。5年来共受理执行案件132件，执结97件，执结率达到73%，执结标的额达862万元。

完善信访工作机制，着力化解涉诉信访难题。5年来，我院对涉法涉诉信访工作真重视、真负责、真行动，全力以赴破解信访难题，共受理来信来访750余人次，下大力气化解了一批历年遗留的信访案件，特别是成功解决了杨二宽、李先果、胡和平等多起久拖不决的缠访案件，真正做到了为县委、县政府分忧解难。

二、坚持司法为民宗旨，努力满足人民群众司法需求

全面推行便民利民举措。5年来我院一直坚持人民法院为人民的工作理念，通过落实立案登记制、优化诉讼服务、完善案件旁听制度、实行巡回开庭、改进司法作风等一系列便民利民措施，方便了人民群众参与诉讼，拉近了与群众之间的距离，人民群众对法院工作的满意度不断提高。

全面推进司法公开。陆续开通了法院微博、诉讼服务网、人民法院网等对外信息发布平台，及时上网公开裁判文书，公布审执信息和法院工作动态，接受人民群众监督，实现以公开促公正，以公正保廉洁。5年来共发布法院动态135条，上传各类裁判文书125件。

全面落实司法救助政策。在立案、审判、执行过程中，我院认真落实司法救助政策，对生活确实困难的当事人积极进行了救助，5年来累计减免缓交诉讼费共126案60余万元，发放司法救助金50余万元。

三、坚持从严管理，不断加强人民法院队伍建设扎实开展系列专题学习教育活动

5年来，我院深入开展了党的群众路线教育实践活动、学习讨论落实活动、“两学一做”学习教育实践活动和“六项整治”专项活动，全院干警的政治素养和理论水平得到全面提升。

坚持常抓队伍廉政建设。5年来，我院严格执行法官法和法官职业道德基本准则，严格落实“两个责任”，严格遵守“五个严禁”“十个不准”，始终做到廉政工作常抓不懈。5年中我院没有发生一起干警违法违纪案件。

加强法官队伍业务能力建设。大力推进法院队伍正规化、专业化、职业化建设。5年来，安排干警参加最高院、省高院、市中院组织的各类业务培训共265人次，每年都要组织本院干警进行岗位练兵、业务学习和法律法规知识竞赛，切实在法院内部营造了浓厚的学习氛围，全院干警的业务水平和办案能力得到大幅提升。

四、立足改善办公办案条件，大力加强法院基础建设办公条件即将改善

在县委、县政府及相关部门的大力支持下，我院功能性审判大楼于2011年上报立项，2013年破土动工，2016年底主体及附属工程基本建成，可望在今年年底前投入使用，将从根本上改善我院的办公办案条件。

设施设备全面加强。为满足现代化、高效化、无纸化办公的需求，5年来我院陆续为各庭室配备了电脑、打印机、扫描仪等一系列办公设备；为适应当前办案工作的需要，购置了照相机、摄像机、执法记录仪、投影仪等一批办案必备器材；为保障审判工作的安全进行，安装了安检门、视频监控探头等设备，法院办公办案现代化水平显著提高，工作效率大幅提升。

信息化水平显著提升。我院坚持以信息化引领审判工作的规范化，建成了审判流程公开、裁判文书公开、执行信息公开三大平台，启动运行了“数字法院业务应用系统”，将全部案件录入系统，实现了审判过程全程留痕、动态跟踪的效果。

五、自觉接受监督，不断改进人民法院工作

主动接受人大监督

5年来，我院始终将审判工作置于县人大的全面监督之下开展，认真贯彻执行县人大及其常委会的决议，定期向县人大及其常委会报告工作，落实人大会议工作部署。认真听取人大代表建议，积极主动办理人大代表提出的议案。

认真接受政协民主监督。完善接受民主监督机制，建立工作联络制度，认真听取政协委员提出的提案并进行了积极办理。

依法接受检察机关的诉讼监督。认真办理检察建议，积极配合检察机关履行诉讼监督职责，高度重视检察机关对生效裁判提起的抗诉案件，主动邀请检察长列席我院审判委员会会议，共同维护司法公正。

广泛接受社会监督。通过公开开庭审理、案件回访、发布工作动态等系列措施，主动听取社会各界人士的意见和建议。邀请人民陪审员参与庭审共89人次，建立了公开、透明的审判运行机制。

各位代表，过去5年法院取得的成绩，是县委坚强领导，县人大及其常委会有力监督，县政府大力支持，县政协及社会各界和全县人大代表、政协委员关心、支持、帮助的结果。在此，我代表偏关县人民法院表示衷心的感谢！

总结过去5年的工作，虽然取得了一些成绩，也赢得了一些荣誉。但是，我们也清醒地认识到，工作中还存在着不少问题和困难：（1）确保人民法院依法独立公正行使审判权的体制还不够健全，司法体制改革有待进一步深化；（2）大量社会矛盾以诉讼形式涌入法院，案件处理难度越来越大，案多人少的局面有待进一步改进；（3）有的干警对待当事人态度生硬、行为失范，一定程度上损害了人民法院和人民法官的形象，作风建设有待进一步加强；（4）执行难的问题仍然突出，在破解执行难问题上有待进一步突破；（5）队伍能力素质与当前形势和任务还有诸多不适应，大局意识和责任意识有待进一步提升；（6）近年来我院招录的干警多数为外地年轻人，由于不能妥善处理工作和生活的关系，不安心、留不住的现象十分突出，敬业精神和工作责任心有待进一步提高。对这些问题，我们将不回避、不遮掩，紧紧依靠党的领导，紧紧依靠人民群众，在各方面的关心支持下，采取有效措施，认真加以解决。

今后5年的工作思路

今后5年，我院要进一步贯彻落实党的十八大和十八届三中、四中、五中全会及习近平总书记系列重要讲话精神，牢固树立总体安全观，坚持司法为民、公正司法工作主线，围绕一个中心，突出六个重点，破解两大难题，努力推动法院工作实现三个提升，为全县“1551”发展战略的顺利实施，实现全面建成小康新偏关的目标，创造安全稳定的社会环境、公平正义的法治环境、优质高效的服务环境。

“一个中心”即：以维护稳定，服务大局为中心；“六个重点”即：服务保障、打击犯罪、化解矛盾、队伍建设、夯基固本、司法改革；“两大难题”即：执行和涉法涉诉信访两大难题；“三个提升”即：队伍整体素质显著提升、执法办案水平显著提升、人民群众对法院工作的满意度显著提升。围绕这一总体思路，今后5年，我们将重点抓好十个方面的工作，确保法院整体工作一年迈上一个新台阶，5年后力争跻身全市基层法院中上游水平。

（一）在服务大局上要有新作为

自觉地将法院工作置于全县改革、发展、稳定大局中来谋划和推动，紧紧围绕全县中心工作，增强服务的前瞻性、针对性和实效性，妥善处理调结构、促转变、保增长中发生的各类矛盾纠纷，发挥审判工作的规范、引领、促进作用，努力防控各类风险，为全县经济社会发展保驾护航，为建设平安偏关、法治偏关挺力奉献。

（二）在打击犯罪上要有新思路

按照建设平安偏关的要求和任务，分析新形势，掌握新情况，找准影响社会稳定的突出犯罪，立足审判工作实际，发挥审判工作职能，重拳打击侵犯人民群众生命、财产安全的犯罪活动，打击多发性侵财犯罪和网络、电信诈骗等新型犯罪，从严惩治“黄、赌、毒”“黑、拐、枪”和“盗、抢、骗”等影响社会治安的违法犯罪，全力维护社会稳定。积极探索贯彻宽严相济刑事政策的有效途径，充分发挥刑罚的惩治、教育、改造、震慑功能，切实做到该严则严、当宽则宽、宽严相济、罚当其罪。把打击犯罪与保护人权、追求效率与实现公正、执法形式与执法目的有机结合起来，努力实现法律效果和社会效果的有机统一。

（三）在化解矛盾上要有新手段

进一步强化“调解优先，调判结合”的理念，充分发挥调解在解决矛盾纠纷中的作用，在提高调解率、自动履行率和服判息诉率上下功夫、做文章，最大限度地做到案结事了。健全完善诉调对接机制，牵头完成司法调解组织建设，促进全县矛盾纠纷多元调解体系高效运行。妥善审理民生类案件，维护群众合法利益，最大限度地防止矛盾激化升级。

（四）在解决执行难题上要有新突破

执行难问题不仅是困扰法院工作的一道难题，更重要的是严重影响着法律的权威。今后5年，我们要按照最高人民法院周强院长提出的“用两到三年时间基本解决执行难问题”的总目标，坚持目标导向和问题导向，拿出背水一战的决心，采取多种措施和手段，坚决破解这一难题。在立案、庭审、判决等每一个环节要充分考虑执行问题，切实形成全院“一盘棋”解决执行难的合力。要建立执行与破产等程序相衔接的新机制，实现执行工作繁简分流，从实质标准上和程序标准上加强执行规范化建设。充分利用“点对点”网上查控系统，实施网上查询、冻结、扣划；充分利用“失信发布系统”等科技手段，实现执行办案的高度信息化，让“老赖”当事人无处可逃，确保执行工作顺利开展。

（五）在解决涉诉信访问题上要有新办法

坚持院领导接访制度，完善信访案件办结机制，建立申诉信访平台和远程视频接访系统，与上级法院的信访接待工作实现对接，拓宽人民群众申诉信访渠道。坚持“有理推定、百访不厌”的接访理念，保证来访个个有接待、来信封封有回复、投诉件件有处理。探索律师作为第三方中立身份参与的工作模式，推动涉法涉诉信访案件的化解。全力以赴化解涉法涉诉信访积案，为县委、县政府分忧解难。依法惩处非法上访、缠访、闹访人员，维护正常有序的信访程序。

（六）在司法公开上要有新举措

坚持“让数据多跑路，让群众少跑腿”的原则，依托“互联网”和“网上办案系统”两个平台，建立网上排期开庭、文书发送、案卷扫描、文书上网等网络化流程管理体系，将所办案件各个环节的信息及时上网录入，给当事人依法、公开、便捷维权创造实实在在的便利。积极推行网上接访、网上办案、网上执行，以“互联网+”

促进司法为民、司法公正，进而提升司法公信力。

（七）在队伍建设上要有新进步

队伍是做好工作的基础和保障。今后5年，我们要把加强法院队伍建设作为重中之重，下大力气从思想政治、业务能力、纪律作风三个方面入手，持之以恒，常抓不懈，努力打造一支政治坚定、勇于担当、业务精通、能担重任，清正廉洁、为民务实的过硬队伍，真正让县委、县政府放心，让人民群众满意。要高度重视党风廉政建设，认真落实主体责任和监督责任，时刻把纪律挺在前面，把廉洁自律贯穿于执法办案的每一个环节，确保法官清正、法院清廉、司法清明。

（八）在夯基固本上要有新成效

基础扎实是保障执法办案有序开展的前提。今后5年，我们要抓住2016年底法院基础设施、信息化建设相对滞后等制约工作发展的薄弱环节，大力予以加强和改善。对即将投入使用的审判大楼，在后期各项配套实施的建设上要高标准、高起点规划，做到布局合理、功能齐全、满足需要。要走出去加强学习交流，吸收借鉴兄弟县市好的经验做法。要高效利用司法公开三大平台，积极推进网上办案，全面夯实法院基础，提升工作效能。

（九）在深化司法改革上要有新进展

坚持问题导向，坚定改革信心，以“钉钉子”精神，贯彻落实中央和省司法体制改革的各项部署，在上级法院的指导下，按期完成以人员分类管理、案件责任终身制、人财物省级保障为重点的司法体系改革任务。同时，统筹推进以审判为中心的诉讼制度改革，积极探索完善证人、鉴定人出庭制度，规范庭审程序；推进案件繁简分流，确保案件办理的质量与效率；积极响应省、市法院推进的行政案件跨区域集中管辖改革，实现被诉行政机关所在地与案件管辖地的完全分离。加强对改革的宣传引导，最大限度凝聚改革共识，遵循司法规律，将司法体制改革突破禁锢，扎实推进。

（十）在完善监督体系上要有新机制

今后5年，我们将进一步完善接受人大监督工作机制，落实人大代表联络制度，健全交办、督办、反馈、落实机制，确保法院审判工作在人大监督下依法开展。完善接受民主监督机制，加强与县政协的沟通，促进司法公正。聘请人大代表、政协委员等担任我院特约监督员，主动邀请县人大常委会和县政协常委视察法院工作。完善接受县人民检察院的法律监督机制，依法审理抗诉案件，认真听取检察建议，共同维护司法公正和法律权威。完善接受社会监督机制，在互联网公布裁判文书，主动接受群众监督。重视新闻舆论监督，关注网上舆情，及时回应社会关切。

2016年法院重点工作

2016年是我院落实县十三次党代会提出的“1551”发展战略、落实县十六届人代会决议的开局之年，也是落实县法院“围绕一个中心，突出六个重点，破解两大难题，实现三个提升”工作思路的起步之年，我们将从“强队伍、建机制、夯基础”入手，重点抓好以下五个方面工作：

（一）健全内部规章制度，进一步规范法院工作

良好的秩序是一切事业走向成功的开始。今年，我院将狠抓制度的建立和落实，在现有规章制度的基础上制定出台《文书档案管理制度》《重大事项报告制度》《案件评查制度》《绩效考核制度》等16项规章制度，做到用制度管人、管事，靠制度规范干警工作、学习和生活行为，确保以审判为中心的各项工作有序开展，推动法院工作步入规范化、高效化运行轨道。

（二）强化纪律作风建设，进一步塑造法院良好形象

没有规矩不成方圆。今年，我院将狠抓纪律作风建设，从严管理队伍，严格落实政治纪律、工作纪律和生活纪律的各项规定，按照“说话和气、办事认真、公平正义、人民满意”的标准要求，让干警做到文明、热情、真诚、耐心地接待每一位当事人，切实以法院每个干警的良好形象，展现法院朝气蓬勃、团结和谐、务实为民、廉洁高效的机关形象。

（三）狠抓公正廉洁司法，进一步维护法律权威

“公生明，廉生威”。法院是维护社会公平正义的最后一道防线，同时也承担着维护法律权威的神圣使命。长期以来，司法不公、司法不廉严重践踏着法律的权威和尊严。今年，我院将针对该类问题开展专项整治，坚决采取“零容忍”的态度，对群众反映的人和事，要举报一起调查一起，发现一个查处一个，切实树立法官的良好形象，维护法律的权威和尊严。

（四）保证办案质量，进一步夯实审判根本

抓好案件的质效，就抓住了根本，抓住了源头。今年，我院将进一步加强对案件质量的监控，严把案件事实关、法律适用关、文书质检关、监督制约关，不断提升审判的效率。进一步强化审判管理，加强案件评查，强化对审判、执行的流程管理和节点控制，努力提高案件的质量，力争把每一个案件都办成铁案，办成精品案，让每一个案件都经得起历史的考验和人民的评判。

（五）着眼全局工作，助力全县发展

今年，在加强法院内部建设的同时，我们更要放眼全局，不折不扣地完成好县委安排的工作任务，配合好县政府部署的各项工作，高质量地完成好综治（平安建设）工作任务，与检察院、公安局和司法局等部门勠力同心，精诚协作，依法保障全县人民合法权益，维护全县社会持续稳定。

各位代表，新一届人民代表大会赋予了人民法院新的责任和使命。站在新的起点上，我们胸怀满志、信心百倍，决心在县委的坚强领导下，认真贯彻落实本次大会的决议，凝心聚力、开拓进取、脚踏实地、扎实苦干，忠实履行宪法和法律赋予的职责，为全面实施“1551”发展战略，全面建成小康新偏关而做出应有贡献、提供坚强保障！向全县人民再交一份满意答卷！

偏关县人民检察院工作报告

——2016年8月25日在偏关县第十六届人民代表大会
第一次会议上

田植林

各位代表：

现在，我代表偏关县人民检察院向大会报告工作，请予审议，并请各位政协委员和其他列席会议的同志提出宝贵意见。

5年来的工作回顾

2011年以来，在县委和上级检察机关的正确领导下，在县人大及其常委会的有力监督下，偏关县人民检察院深入贯彻党的十八大、十八届三中、四中、五中全会精神和习近平总书记系列重要讲话精神，全面服务县域经济社会发展大局，依法忠实履行检察职能，各项检察工作取得了新进展。

一、紧紧围绕“五个过硬”要求，着力抓好检察队伍建设

(一)深化队伍理想信念教育，不断加强组织建设。

5年来，我院坚持把理想信念教育摆在队伍建设第一位，持续深入学习了党的十七大，十七届五中、六中全会精神，十八大，十八届三中、四中、五中全会精神，以及胡锦涛、习近平总书记等中央、省委、市委领导同志对政法和检察工作的重要指示精神，不断筑牢高举旗帜、听党指挥、忠诚使命的思想基础，扎实开展政法干警核心价值观、党的群众路线教育实践活动、学习讨论落实活动、“三严三实”专题教育活动。严格执行民主集中制，完善“一岗双责”考核考评制。加强党的基层组织建设，深化党支部建设，加强对党员的教育、培养、监督、管理，充分发挥党支部战斗堡垒和党员先锋模范作用。加强中层领导和检察人员的组织建设，确保队伍活力，我院在5年内面向社会公开招录公务员10名，有效地优化了队伍结构。

（一）多措并举，积极提升业务能力水平

5年来，大力开展检察人员业务技能培训，组织党组成员、业务骨干和新入职人员先后赴忻州、太原、长治、临汾等地参加业务、初任检察官、司法考试等培训150余人次，2011-2015年先后有5名干警通过国家司法考试，7名干警被任命为检察员，3名业务骨干被任命为检察委员会委员，2名党组成员被提拔任命为副检察长，有效地充实了检察官队伍，强化了班子建设。积极组织干警参加上级检察机关组织的征文、业务竞赛等活动，2012年9月，在市院组织的新刑诉法知识竞赛中，我院代表队获得团体三等奖。通过个人自学、集中学习等形式，组织业务学习讨论40多次，有效提升了检察人员业务水平，2014年、2015年我院干警被省、市检察院抽调奔赴忻州、太原、吕梁、河北等地办案17人次，扎实的业务素能和深厚的办案功底受到了上级院的好评。

（二）紧紧围绕党风廉政建设，严格落实“两个责任”

制定出台了《关于落实党风廉政建设主体责任和监督责任的实施细则》，列出了党组履行党风廉政建设主体责任清单和纪检组履行党风廉政建设监督责任清单并及时进行了公示。严格实行自侦案件“一案三卡”、案件回访制度。5年里，自侦部门立案侦查的案件全部在纪检组进行了备案审查。积极适应从严执纪新常态，认真落实《中国共产党廉政准则》和《中国共产党纪律处分条例》，坚决杜绝违法违纪的发生。

（三）持之以恒改进工作作风

5年来，我院认真贯彻落实中央厉行节约、反对浪费的各项规定，制定和完善各项行政管理制度，降低办公能耗，规范公务车辆管理，积极配合政府进行公务用车改革，实行公务卡制度，规范公务开支及结算。积极清理整顿超面积办公用房，推进办公用房规范使用，实现资源公平配置。狠抓纪律作风建设，由纪检组牵头，各内设机构配合，先后12次对干警执行八项规定、工作纪律、办案纪律、上下班情况、岗位履职情况、婚丧嫁娶等情况进行督促检查，确保制度落实。不断完善的制度约束和持之以恒的纠风态度形成了全院干警恪尽职守的工作作风，树立了廉洁自律、风清气正的良好检察形象。

（五）以规范司法行为为抓手，着力解决司法突出问题

结合规范司法行为专项活动，对照高检院八个方面重点问题深入进行查摆，坚持内部自查与开门评查、单位自查与横向互查相结合，严格按照问题清单落实整改责任。紧盯易发、多发问题的重点部门和关键环节，组织开展涉案财物规范化管理集中整治、办案安全检查“回头看”等专项活动，立行立改、即查即纠，建立案件质量评查常态化工作机制，先后修订完善了案件督导督办、接待群众来访来信、提高办案效率、错案责任追究等一系列规章制度，重新制定了《案件受理、移送工作规定》《涉案财物管理办法》《案件管理实施细则》等制度。

二、紧紧围绕法治偏关建设，全面推进各项检察业务工作

（一）深化反腐倡廉建设，大力查办和预防职务犯罪

我院坚持把查办和预防职务犯罪作为促进经济平稳较快发展和反腐倡廉建设的重要途径，不断深入贯彻中央、省、市、县关于反腐倡廉建设的新部署、新要求。5年来，共立案侦查各类职务犯罪案件30件38人，其中贪污贿赂案件19件23人，渎职侵权案件11件15人。尤其在群众关注度高的征地补偿、惠民补贴、粮食直补等领域多次开展专项行动，查办有影响、有震动案件的决心、思路和意志从未动摇，5年来，我院查办的职务犯罪案件中判处十年以上有期徒刑的有3件4人，查办科级以上干部9件12人。在查办案件过程中，我院坚持打击预防两手抓，持续推进预防职务犯罪工作，认真抓好各类预防职务犯罪专项活动，有效开展预防调查、预防建议、预防宣传、警示教育、行贿犯罪档案查询等工作，5年来，共接受行贿犯罪查询1392人次。

（二）依法惩治各类刑事犯罪，积极推动社会矛盾化解

5年来，共依法批捕各类刑事犯罪案件159件205人，依法做出不批准逮捕决定18人，提起公诉309件379人，做出不起诉决定4人，批捕公诉准确率均为100%，无一错案。积极参与社会管理综合治理，妥善化解矛盾纠纷，严格按照涉法涉诉信访改革工作要求，完善12309举报电话、网上信访、来信、来访“四位一体”机制，坚持检察长接待、下访巡访、预约接访等措施依法对待群众诉求，5年来，正、副检察长共接待来访群众230余人次，化解矛盾纠纷26起，5年期间无涉检进京、赴省上访案件。

（三）强化诉讼监督职能，竭力维护司法公平正义

刑事诉讼监督方面，5年来，办理立案监督案件34件35人，准确率为100%，纠正漏捕7人，追加起诉19人，涉案犯罪嫌疑人全部受到了法定范围内应有的惩罚，刑事抗诉7件10人，抗诉意见均被采纳，案件获得改判。民事审判和行政诉讼监督方面，认真贯彻修改后的民事诉讼法，建立多元化民行检察监督格局，坚持抗诉与息诉并重，耐心做好申诉人的服判息诉工作。刑罚执行监督方面，5年来，针对刑罚执行和监管活动中的违法情形提出纠正意见125件。加强派驻监管场所检察室规范化建设，深入推进检察室与监管场所信息及监控联网，实行对监管场所的实时监控和同步动态监督。驻看守所检察室获评全国派驻监管场所二级规范化检察室荣誉称号。加强对社区矫正的监督管理，确保无脱管、漏管、重新犯罪等情形发生。

三、紧紧围绕司法改革目标，积极推动工作方式创新

(一)积极推进未检工作一体化建设

2013年，按照上级院文件精神指定未成年人案件由专人办理，2014年，构建了捕、诉、监、防一体化工作机制。三年来，共办理未成年人刑事犯罪案件3件5人，做出附条件不起诉1人，封存犯罪记录1条，开展心理辅导5次，委托社会调查3人，提供法律援助5人，通知法定代理人或其他组织到场15人次，安排亲情会见5人，充分体现了法律框架下司法机关对未成年人的关怀和呵护。积极开展未成年人法制宣传活动，与县教育局共同探索建立“检校共防”模式，在偏关二中成立了未成年人关护基地并举行了挂牌仪式。

（二）全面推行信息化建设，助力检察工作更上新台阶

5年来，我院按照统筹规划、分步实施的原则稳步推进信息化建设。2012年，建成了标准化办案工作区、多功能视频会议室、核心机房、涉密机房、规范化档案室和接待室，并于同年12月18日顺利通过了省一级规范化档案室复检验收。通过办公、技术、案管等多部门协作配合，2013年12月25日，统一业务应用系统正式运行，实现了执法办案的规范化管理。2014年10月1日，案件信息公开系统正式上线，案件当事人能更加方便快捷地查询案件已经公开的法律文书以及相关案件信息。2015年12月下旬，我院的涉密信息系统分级保护工作顺利通过了国家保密局安全检查组的安全测评。同年，我院在条件有限的情况下积极筹措配套建设资金，落实远程视频接访系统建设任务，建成了集语音通话、视频连线、文件传输为一体的视频接访室，为我院及时处置上访案件提供了技术保障和支撑。

（三）深化检务公开，推进“阳光检察”工程建设

按照省、市院部署，扎实推进“阳光检察”工程建设，2014年以来，以案件信息公开网为平台，公布案件程序性信息170余条，重大案件信息5条，生效法律文书35份，做到办案程序公开、办案依据公开、办案结果公开，切实保障了群众知情权；2015年，建成了集新闻发布、舆情引导、工作动态展示等功能于一体的新媒体发布中心，通过偏关检察“两微一端”，共发布信息172期，及时反映案件办理、业务建设等最新动态，起到以公开促规范，以透明促廉洁的良好效果；围绕案件公开听证、律师代表座谈、社会人士座谈、人大代表意见答复等主题，开展检察开放日活动7次；围绕综治宣传月活动、举报宣传周活动、12.4

宪法宣传日活动，组织外出普法宣传13次。

5年来，我们始终坚持把检察权置于人民监督之下，通过座谈、走访、约谈、邀请视察等多元化方式，真心实意听取人大代表、政协委员以及社会群众的意见建议。自觉坚持与审判机关、公安机关相互配合、相互监督、相互制约。努力自觉构建良性互动检律关系。主动接受社会和媒体监督，有效拓宽了人民群众有序参与和监督检察工作的渠道和范围。

各位代表，过去5年来检察工作取得的成效，是在县委正确领导，人大有力监督，政府、政协和社会各界及广大人民群众关心、帮助下取得的结果。在此，我代表偏关县人民检察院表示真诚的感谢！

在总结成绩的同时，我们也清醒地认识到当前的检察工作还存在一些问题和不足：主要是检察工作发展不平衡；诉讼监督仍然存在薄弱环节，监督能力有待进一步提高，监督力度有待进一步增强；少数检察人员的综合素质、执法能力和纪律作风还有待提高和加强；检务公开力度尚需进一步加大等等。今后，我们将紧紧抓住自身存在的这些突出问题，下大力气认真整改，力争取得扎扎实实的效果。

关于今后工作建议

今后5年，是偏关县实施“十三五”规划的5年。偏关县人民检察院将继续贯彻落实党的十八届三中、四中、五中全会精神，以习近平总书记系列重要讲话精神为统领，按照省、市、县政法工作会议及全国、全省、全市检察长会议的安排部署要求，主动适应县域经济发展新常态，坚持以推进司法体制改革为动力，以强化法律监督、强化自身监督、强化队伍建设为总要求，以加强司法规范化建设为抓手，全面履行检察职能，为建设平安偏关、法治偏关做出新贡献。

第一，加大职务犯罪案件查办力度，惩防并重，全力推进廉洁偏关建设。深入推进查办发生在群众身边、损害群众利益的职务犯罪专项工作。继续加大对行贿犯罪的惩处力度。更加注重职务犯罪预防，深入开展重大工程项目及职务犯罪高发易发行业和领域的专项预防工作，加强预防职务犯罪公益宣传，从源头上预防和减少职务犯罪的发生。

第二，积极参与社会管理综合治理，全力推进平安偏关建设。运用检察职能，坚决依法严厉打击严重暴力、黑恶势力、危害食品药品安全、环境污染等严重危害群众生命健康犯罪和多发性侵财犯罪，增强人民群众安全感。全面贯彻宽严相济刑事司法政策，深入推进涉检信访工作机制改革，结合执法办案全力化解社会矛盾，大力开展普法教育、法制宣传，提升社会公众整体法治意识，切实维护社会和谐稳定。

第三，严格执法公正司法，全力推进法治偏关建设。加强对刑事诉讼、刑罚执行和监管、民事行政诉讼等活动的法律监督，纠正司法违法行为，维护司法公正。完善行政执法与刑事司法相衔接工作机制，探索建立检察机关提起公益诉讼制度。在不断巩固规范司法行为专项整治活动成果的基础上，大力推进执法规范化建设，建立健全检察权运行监督制约机制，促进形成严格执法、公正司法新常态。

第四，以司法改革为依托，深入推进队伍专业化、职业化建设。按照最高检、省、市院的统一部署，紧密配合上级院完成好各项检察改革工作任务的同时，全面提升我院队伍专业素质与能力，忠实践行“三严三实”，严格落实“两个责任”，着力培养一批理论功底深厚、业务技能精湛、实践经验丰富、纪律作风过硬的业务尖子和办案能手；重视检察人员职业保障，关心检察人员身心健康，最大限度激发队伍活力。

第五，以信息化建设为引领，加快电子检务工程建设。推进信息化建设与传统办案模式相融合，利用检察专线网络、电子卷宗传输系统、网上办案系统，全面开展远程提讯、远程接访、无纸化办公等工作，不断提升检察工作信息化水平。深入推进“阳光检察”工程，依托检察门户网站、微博、微信等新媒体和自媒体，及时发布案件信息和终局性法律文书，努力满足群众的知情权和监督权。探索构建“互联网+检察”的工作模式，推动队伍建设、执法司法、检务保障等工作创新发展。

各位代表，在新的形势下，我们将自觉接受人大监督、民主监督、社会监督，以更加昂扬的斗志，认真落实本次会议精神，敢于担当、严格执法、公正司法，奋发有为，努力开创偏关检察工作新局面，为实现偏关县“十三五”规划的宏伟目标做出新的更大的贡献！

在县委十三届二次全会暨经济工作会议上的讲话

曲俊安

（2017年1月20日）

同志们：

刚才，王源书记全面总结了去年的工作，深刻分析了当前形势，明确提出了今年工作的指导思想、目标任务和总体要求，我们要认真学习领会，抓好贯彻落实。下面我就落实王书记讲话做好今年全县经济工作讲三方面意见。

一、充分肯定成绩，正视问题差距，切实坚定加快发展的信心决心

2016年，面对经济持续下行的困难局面和艰巨繁重的改革发展稳定任务，我们坚持稳中求进工作总基调，以习近平总书记系列重要讲话精神为指导，按照省委“一个指引，两手硬”的重大思路和要求，全面落实市委“1661”发展战略，抢抓历史机遇，加大攻坚力度，大力实施县委“1551”发展战略，统筹推进稳增长、调结构、促改革、惠民生、防风险各项工作，全县经济社会发展实现稳中有进、稳中提质、稳中向好。

（1）着力稳增长，经济企稳回升态势明显。积极推进供给侧结构性改革，突出“三去一降一补”五大任务，着力稳定经济增长。通过实施项目建设和工业稳增长百日攻坚、百名干部入企帮扶等一系列措施，偏关县经济积极因素进一步增多，7月份以后主要经济指标企稳向好，顺利实现下半年好于上半年的目标。前三季度，全县地区生产总值由上半年负增长2.9%上升为负增长1.9%，实现企稳回升；规模以上工业增加值由上半年负增长15.5%上升为同比增长1.2%，实现由负转正。预计全年，全县可实现国内生产总值(GDP)同比增长3%；固定资产投资同比增长10%；规模以上工业增加值同比增长3%；社会消费品零售总额同比增长6%；城镇常住居民人均可支配收入同比增长7%；农村常住居民人均可支配收入同比增长7%。除公共财政预算收入完成0.98亿元，同比下降45.8%外，其余经济指标和各项约束性指标预计均可完成年度任务。

（2）着力调结构，产业发展水平显著提升。围绕特色做文章，在巩固传统农业基础上，大力发展杂粮、干鲜果、设施蔬菜、畜牧业等特色产业。完成杂粮种植面积15166.74万平方米；建成无公害生产基地7个，认证无公害产品6个；推广种植藜麦、363葵花等新品种农作物333.34万平方米；瓜菜种植面积发展到666.67万平方米；羊饲养量达到76万只。成立偏关县首家涉农020县级运营中心，新建京东农村合作点20家，主要行政村电商服务点实现全覆盖。立足资源、产业和区位优势，在继续大力推进煤炭物流项目的基础上，积极发展火电和绿色能源产业。华电2×110万千瓦火电项目可研报告通过了电规总院审查；国电科环10万千瓦风电、上海新锋2万千瓦光电取得省发改委路条；大唐5万千瓦风电项目实现并网发电；华能2万千瓦光电项目完成6000千瓦的建设任务；龙源5万千瓦风电项目建成进场道路22.87千米，升压站主体浇筑完工，累计组塔33基、浇筑33基，完成11组风机安装。坚持多元开发、点面开花的原则，全面加快旅游开发步伐，千方百计搞活文化旅游产业。老牛湾省级风景名胜区总体规划大纲已通过专家评审；万家寨、老牛湾传统村落保护开发工作全面展开，编制完成《老牛湾村、万家寨村传统村落保护与发展规划》；寺沟护宁寺景区观光码头基本建成；水泉红门口地下长城景区初步具备接待游客能力；4条旅游公路2条已经在发改部门备案，总里程41千米的老营至水泉的旅游公路已通过省交通厅评审。全县东线长城边塞游和西线黄河风情游旅游格局初步成型。

（3）着力促改革，县域发展活力明显增强。进一步深化“放管服”改革，全年共落实和承接省市下放、取消、调整行政审批事项57项。深入推进部门权力清单和责任清单的编制工作，政府31个涉权部门共计保留权力事项3406项。今年4月底，“两个清单”、权力运行流程图、风险防控图已全部公示。公共资源交易平台进行了场所初步规划设计，政务服务中心已建成303.8平方米的公共资源交易大厅和110平方米的评标、议标室。认真落实企业减负“60条”、工业“20条”政策，全年总计取消、停止或免征企业各种税费39项，暂停或缓缴企业税费11项，降低标准或限价收费6项，给予专项资金扶持和补贴21项，优化政府服务体系、搭建帮扶平台8项，为全县企业减轻负担5600多万元。开展干部入企服务，全年累计帮扶企业解决立项、土地、环评、施工、取水、用电等方面问题68项，解决企业各种矛盾纠纷126人次，破解企业难题39件，帮助企业融资2300多万元，为企业争取到风险补偿金700万元，争取到中小企业发展资金300万元。

（4）着力惠民生，群众幸福指数不断提高。以脱贫攻坚统揽经济社会发展全局，全面落实脱贫政策，扎实开展社会保障四方面政策到村到户专项行动，全年累计落实政策资金1.27亿元。全年共退出贫困村35个、贫困户2000户、贫困人口5477人，脱贫攻坚实现首战首胜。全面推进社会事业，不断加大教育基础设施建设力度，第三中学新建学生公寓楼全面竣工，第四中学教师周转宿舍进入装修阶段，学校办学条件明显改善。新招聘35名农村特岗教师，不断优化农村教师队伍结构。全面深化医疗体制改革，巩固完善基本药物制度，医疗保障和服务水平不断提高。今年实施的21个村卫生室全部建成并投入使用，基层医疗卫生环境得到进一步改善。坚持计生基本国策，贯彻落实全面二孩政策。加强非物质文化遗产保护，“踢鼓子秧歌”“炕围画”“三关泉醋”等4个项目获得市级非遗项目批复。成功举办第五届“全民健身”体育比赛和“唱响偏关”舞台艺术大赛，为人民群众提供了精彩的文化大餐。稳步提高社会保障水平，养老、医疗、失业、工伤、生育保险参保人数实现稳步增长。在财政十分困难的情况下，新一轮机关事业单位干部职工调资和公务员车补足额兑现，全年支出工资、保险经费4.9亿元。统筹推进生态文明建设，高标准完成5866.7万平方米营造林任务，环保6项约束性指标全面完成年度减排任务。全年城区二级以上天数达到346天，城区空气质量稳定达到国家二级标准。以“创卫”为载体，进一步完善市政基础建设，全年累计完成市政投资1.45亿元。全面加强城市管理，集中开展城区秩序和环境综合整治，城乡居民人居环境得到进一步改善。

（5）着力防风险，社会发展大局和谐稳定。加强社会综合治理，不断加大社会风险评估、矛盾纠纷源头预防、重点人员管控等防风险工作力度，有效维护了社会安全稳定。县、乡、村“三级调解中心”共调处各类纠纷340件，县级领导干部全年共接待来访群众1260批次1713人次。

开展“六网覆盖”工程，完善立体化社会治安防控体系，依法严密防范和惩治各类违法犯罪活动，全年共立刑事案件184起，破案73起，抓获各类犯罪嫌疑50余人。加大经济运行监测预警，有效防范和依法处置金融风险，打击各类非法集资行为，有力促进金融业和实体经济的健康发展。严格落实市委、市政府安全生产“4438”工作机制，进一步完善“四个体系”，严格“四项管理”，坚持“三项制度”，深入开展安全生产大检查专项整治，排查整改安全隐患问题1095条，全县安全生产形势实现持续好转。

征程克难攻坚，成绩来之不易。这应该归功于市委、市政府和县委的坚强领导，应该归功于全县广大干部群众的共同努力，应该归功于社会各界的真诚理解和鼎力支持。在此我代表县政府向大家表示衷心的感谢！

在肯定成绩的同时，我们也要清醒认识当前偏关县经济社会发展面临的困难和问题。刚才王书记在讲话中已经指出了偏关县在经济发展、产业转型、结构调整等方面存在的一些深层次矛盾和问题。这些矛盾和问题属于长期积累的结构性、体制性、素质性矛盾，不可能毕其功于一役，但我们要认识到经济社会发展的过程就是不断克服困难解决问题的过程，只要勇敢面对，坚持不懈，就一定能克难攻坚，继续前行。另一方面，任何事物都有两面性，机遇永远与挑战并存，希望永远和困难同在。在看到困难和问题的同时，我们也要看到做好2017年经济工作面临的难得机遇和有利条件。(1)宏观形势企稳向好。从全省、全市、全县来看，经济发展的方向更加明确，稳步向好的基础不断巩固，发展的质量和效益逐步提高，主要经济指标扭转了近几年下行的态势，为明年进一步好转奠定了坚实基础。(2)政策红利持续释放。中央经济工作会议提出持续深化供给侧结构性改革，继续实施积极有效地财政政策和稳健中性的货币政策，持续推动“一带一路”“大众创业万众创新”、脱贫攻坚等重大战略和重大部署。省委经济工作会议明确提出将压缩一般性支出，增加对困难地区财力补助。市委经济工作会上李俊明书记为我们指明了当前发展面临的十大机遇。2016年12月份，省脱贫攻坚领导小组为我市出台了涉及退耕还林、推广渗水地膜谷子、发展驴养殖项目、旅游扶贫、50户以下贫困村整体搬迁纳入易地搬迁范畴等五项特惠政策，为我市脱贫攻坚提供了政策支持。这些政策红利为我们加大基础设施和公共服务设施建设，在脱贫、棚改、医疗、教育、养老等方面争取项目资金提供了更多的机遇。(3)自身基础不断夯实。通过近年来的不懈努力，偏关县区位、产业等后发优势日益凸显。煤炭、电力等产业项目已初见成效，今后几年陆续将有大批项目投产运营，县域经济发展的支撑能力将得到明显提升。此外，境内铁路、高速、国省道四方通达的交通格局基本成型，制约偏关县发展的交通瓶颈得到破解，区位优势明显改善。(4)发展氛围日益浓厚。通过这些年的实践，逐步形成了一支想干事、能干事、干成事的干部队伍，积累了许多好的经验和做法，全县干部群众干事创业的士气很旺、劲头很足，这是我们把各项工作不断推向前进的宝贵财富。总的来看，偏关县正处于大有可为、必须奋发有为的重要战略机遇期，经济持续向好的基本面没有改变。我们坚信，在县委的坚强领导下，只要全县广大干部群众团结一心，抢抓机遇，真抓实干，我们完全有信心、有决心、有能力把2017

年的工作做得更好。

二、明确目标任务，全力实干攻坚，努力推动全县经济社会持续健康发展

2017年，是党的十九大召开的重要一年，是“十三五”规划的关键之年，是供给侧结构性改革和转型综改的深化之年，更是全面贯彻落实市第四次党代会精神和县十三次党代会精神的起步之年，做好今年的经济工作，意义重大，影响深远。

2017年全县经济工作的总体要求是：深入贯彻习近平总书记系列重要讲话精神和治国理政新理念新思想新战略，坚持“一个指引、两手硬”重大思路和要求，坚持新发展理念，按照稳中求进工作总基调，认真贯彻市第四次党代会精神和县第十三次党代会精神，坚持“1661”发展战略，全面实施“1551”发展战略，牢牢把握推进“一个统揽、五大战略、五个起来、一个目标”的主要内容，统筹做好稳增长、促改革、调结构、惠民生、防风险各项工作，促进经济稳步向好、社会和谐稳定，加快全面脱贫、全面小康进程，以优异的成绩迎接党的十九大胜利召开。

今年全县经济社会发展的主要预期目标为：全县地区生产总值增长5.5%左右，规上工业增加值增长3%左右，社会消费品零售总额增长7%左右，公共财政预算收入增长5%左右，城镇常住居民人均可支配收入增长6.5%左右，农村常住居民人均可支配收入增长7%左右，全社会固定资产投资按市下达任务执行，居民消费价格涨幅控制在3%左右，城镇登记失业率控制在4.2%以内。

今年的约束性指标为：资源节约方面，考核万元GDP能耗、万元GDP二氧化碳排放量、万元GDP用水量；环境质量方面，考核P米2.5浓度下降比例、空气质量优良天数比例、达到或好于Ⅲ类水体比例、劣Ⅴ类水体比例、化学需氧量、氨氮、二氧化硫、氮氧化物排放等8项约束性指行；民生改善方面，考核农村贫困人口脱贫人数、城市棚户区住房改造套数。以上所有约束性指标都必须完成省、市下达的任务。

直观地看，2017年的指标有增长但增幅不大，特别是GDP、规上企业增加值和公共财政预算收入相对较低。但客观分析，这些指标又是积极地，符合偏关县实际和经济发展形势的。主要从两个方面理解：第一，偏关县经济发展仍未走出最困难时期。虽然全县地区生产总值由2015年的负增长2%上升为今年预期增长3%，实现企稳回升。但我们也要看到，明年经济增长还缺乏大的项目支撑、要素支撑、动能支撑，特别是财政收支矛盾、工业结构单一的问题很难从根本上缓解，因此全县经济难以实现跳跃式增长，完成上述指标也需要付出很大努力。另一方面，在2016年底经济形势下，偏关县和全省、全市一样，有必要对预期目标进行相对保守测算，为我们转变发展方式、加大转型力度留出余地和空间。第二，保持一定的经济增速是偏关县自身发展的现实所需。一方面中央确定今年经济工作的总基调仍然是稳中求进。着眼于进，就要求我们在提高质量和效益的前提下实现经济增长。另一方面偏关县正常运转和自身发展也需要靠一定的经济增长来支撑和拉动，不搞“唯GDP论”不是不要GDP，今年我们面临着6个乡镇脱贫摘帽、39个贫困村退出、7000口贫困人口脱贫的艰巨任务以及创建国家卫生县城、行政事业人员工资支出等刚性需求，这些支出绝大部分要靠我们自己的财力来解决。正是基于上述原因，我们在指标安排上既要考虑经济下行的大趋势和我们完成任务的实际困难，又必须克服困难，积极的有所增长。只有这样，我们才有可能维持和满足保民生、保运转、保发展的最低需要。全县上下务必要提振信心，凝神聚力，甩开膀子干事业，扑下身子抓落实，确保全年各项经济指标任务的完成。

为了完成好上述目标任务，今年要重点抓好以下九项工作：

（一）突出精准施策，着力补齐短板，全力以赴夯实发展基础、加快脱贫步伐

市委李俊明书记在市第四次党代会上指出，以脱贫攻坚统揽全局，就是要做到一切围绕脱贫，一切为了脱贫，一切服从脱贫，一切服务脱贫。这就要求我们把脱贫攻坚作为当前和今后一个时期最大的政治、最大的任务、最大的民生，深刻领会中央、省、市实施精准脱贫的战略意图和精神实质，真正把脱贫攻坚作为“头等大事”，全力加快贫困乡村、贫困群众脱贫致富步伐，确保年内实现6个乡镇脱贫摘帽、39个贫困村退出、7000口贫困人口脱贫的目标任务。

一要着眼群众增收，培育富民产业。各乡镇及扶贫、农业、林业、畜牧等部门要把培强做大富民产业作为精准扶贫的根本举措，坚持因地制宜、因村施策、因户扶持，在持续抓好传统主导产业的同时，按照“一村一品、一户一业”的模式，扶持贫困群众大力发展中药材等特色种植，在重点抓好33.33万平方米中药材示范基地建设的同时，紧紧抓住全国民营500强企业山西振东集团有意在偏关县大规模发展中药材种植、加工的难得机遇，适时跟踪、深度商洽、积极推进，力争中药材种植成为偏关县农业新的支柱产业；扶持1000户贫困户发展养猪产业，同时巩固壮大现有的规模养羊专业户；在2016年已建成涉及8个村2个400千瓦光伏电站的基础上，今年要继续扩大规模，在40个贫困村建设10个4×100千瓦光伏扶贫联合电站，并推广建设3000户（每户3千瓦）分布式户用光伏扶贫电站；用好用足省支持忻州的五项扶贫特殊政策，计划完成退耕还林2333.35万平方米，推广渗水地膜谷子4000.02万平方米，整体搬迁2个常住人口50户以下贫困村，在12个旅游贫困村发展乡村旅游项目；培育规范化农民专业合作社50家，发展各类专业大户120户。同时，要充分发挥家庭农场、专业大户、农村经济合作组织带动作用，拓宽增收渠道，实现贫困户家庭收入稳步增长。

二要强化项目支撑，改善基础条件。发改、财政、住建、交通、水利、电力等部门要抓住支持性政策持续加力增效、各类扶贫项目集中布设的大好机遇，多方衔接，积极争取项目资金。重点抓好投资6600万元，全长37千米的迤南线改造工程；实施易地搬迁700人，改造农村危房800户，改善贫困群众生产生活条件；投资800万元，新建提水工程10处、蓄水工程20处，重点解决35个自然村、700口人的人畜饮水安全问题；加快推进农村电网改造工程，投资1955万元，计划在东尚峪、桃树坪等近20个村实施农网改造升级工程项目，计划新建及改造10千伏线路16.2千米，低压线路68.3千米，新增及改造配变74台，切实解决贫困群众最关心最迫切的吃水、行路、住房、用电等问题。此外，着力推进新型职业农民培训，计划完成新型职业农民培训1000人。

三要突出均等普惠，提升公共服务水平。教育、卫计、民政、人社等部门要围绕补短板、保基本、促均衡，全面落实好社会保障四方面政策，不断提高贫困村公共服务水平。要加大政策性脱贫支持力度，18个部门梳理出来的74大类、102项帮扶政策措施要全面落实，确保每一项扶贫政策到村到户到人。在千方百计积极争取上级扶贫政策、扶贫项目、扶贫资金的同时，县财政要保证一定数量的财政资金投入，确保财政扶贫资金投入逐年增加，且增长比例不低于公共财政收入增长比例。

四要强化工作措施，增强脱贫实效。严格落实“两包三到”脱贫帮扶机制，进一步压实工作责任，明确任务分工。严格执行《偏关县脱贫攻坚工作考核办法》，奖优罚劣、奖勤罚懒，强化考核结果应用，充分激发和调动干部投身脱贫攻坚的主动性、积极性和创造性。同时，要以全县脱贫攻坚规划为引领，以“一村一品”“一乡一业”“百企千村”整村推进等项目为平台，依法依规整合扶贫资金和各类支农资金，统筹协调、综合安排，形成扶贫攻坚的强大合力。

（二）突出项目牵引，强化投资拉动，全力以赴提升综合实力、增强发展后劲

在全省经济工作会上，骆惠宁书记指出，固定资产投资是“双引擎”，当下能增加需求，长远能改善供给，要求聚焦重点领域扩大有效投资，创新投资机制和方式，深化投资体制改革。我们要准确把握新常态下国家推进结构性改革、扩大有效供给的政策导向，深入实施项目强财战略，精心谋划实施一批能够加快转型、夯实基础、改善民生的重大项目，以项目拉动投资、支撑发展。

一要精心抓谋划，扎实做好项目论证争取。当前偏关县依托的煤炭、电力产业面临着严峻的供给侧改革去产能考验。为此，下一步我们在谋划项目时，要准确把握投资导向和重点，坚持用战略的思维谋划定位，切实谋划一批符合国家产业政策、契合偏关县功能区定位、体现偏关优势特色的大项目、好项目，储备一批清洁能源、绿色循环农业、文化旅游产业等“补短板”的重大项目，做精、做细、做实重大项目库。年内要重点落实黄河万家寨山西实业有限公司和潞安集团合作的3333.35万平方米油用牡丹和光伏发电一体化项目，首乐能源、穆勒四通和山西火品生物科技有限公司合作的黑枸杞与光伏发电一体化项目，以及黄河偏关段旅游综合开发项目，力争早签约、早落地、早开工。

二要跟踪抓落实，全力加快项目建设进度。全面落实政府推进主体、部门服务主体、企业实施主体“三个主体责任”，不断引深项目建设攻坚“百日行动”。2017年，要大力推进同煤350万千克、博泰350万千克、国新能源500万千克煤炭集运站建设进度，力争早日建成投产；积极协调督促乾瑞德、远东晋兴加快前期工作，尽快核准开工；全力协调推进已取得省发改委路条的国电科环10万千瓦风电项目和偏关华翔2万千瓦光电项目的前期工作，力争早核准，早开工；加紧推进穆勒四通2万千瓦和山西首乐1.8万千瓦2个光伏扶贫项目以及有一定基础的华润10万千瓦、盾安5万千瓦两个风电项目，力争年内取得实质性进展。同时，要继续抓好省市重点工程，协调服务好209国道提标、准朔铁路建设，做好各项配合工作。尤其要紧盯华电偏关2×110万千瓦煤电项目这个“翻身项目”，借助晋北到江苏特高压输送通道电源点选址布局的机遇，全力推进，力争项目早日落地。此外，要继续高度重视重大产业项目分类考核，全力抓好9个分类考核项目的筛选、确定、服务和推进工作，力求考核成绩位次前移。

三要严格抓管理，切实保障项目规范实施。省政府建立的“13710”电子督办系统今年将首先从重点工程项目、企业技改项目和招商引资项目入手，实行清单化管理，并全部纳入“13710”平台督办。各乡镇各部门要把创优发展环境作为保障项目落地的总抓手，积极主动为企业服务，确保项目“进得来、留得住、早投产、早见效”。

（三）突出市场引导，延伸产业链条，全力以赴促进农民增收、推动“三农”发展

在全省经济工作会议上骆惠宁书记指出，农业是国民经济的基本盘，“三农”向好，全局主动。我们要紧扣与全国、全省、全市同步实现全面小康这一目标，以发展现代农业、增加农民收入为核心，全力推动“三农”工作实现新突破。

一要围绕提质增效，深度开发特色产业。大力发展杂粮、干鲜果、设施蔬菜、牧草业、中药材等特色产业，实施杂粮种植1.87亿平方米，其中发展谷子6666.7万平方米、糜黍3333.35万平方米、莜麦2666.68万平方米，改变过去品种单一的种植结构，提高生产效益。按照国家马铃薯主食化、粮改饲、米改豆等农业供给侧结构性改革要求，发展脱毒马铃薯基地1333.34万平方米、优质豆类基地3333.35万平方米。以推进现代畜牧业发展为方向，扶持新建标准化养殖小区4个，标准化规模养殖场5个，发展规模养羊户3534户，羊饲养量稳定在75万只以上，猪饲养量达5万头以上，家禽饲养量达30万只以上。大力推广得到农业部认证和许可的老营“意丰”牌“无公害”蔬菜，打通销售渠道，叫响品牌知名度。借鉴推广黑豆埝日光温室的成功经验，辐射带动全县发展反季节水果，打造现代高效农业。全面落实标准化管理措施，进一步提升经济林管理水平。充分利用已取得国家地理标志产品认证的偏关小米、羊肉两项认证产品，做优品质、做亮品牌。不断完善产业服务体系，大力发展农产品深加工，推进全产业链开发。健全营销体系，鼓励建立电子商务平台，以网络营销方式拓展销售市场，打造地方特色品牌。切实保障粮食安全，确保粮食总产量稳定在0.5亿千克以上。

二要着眼补齐短板，强化基础设施建设。大力实施水利水保工程，计划完成实灌面积1280万平方米，完成膜下滴灌86.67万平方米；投资725万元，实施京津风沙源项目，计划治理小流域面积15平方千米，建设水源节水工程25处，淤地坝除险加固8座，完成水土流失综合治理面积3100.02万平方米；积极推进马家山调蓄水库前期工作，力争早日批复立项；加快农业机械化进程，机耕面积达到1.88亿平方米，机播面积达到1.8亿平方米，机收面积达到1.17亿平方米。严格落实耕地占补平衡制度，加大土地开发整理力度，严守“两条红线”，确保全县耕地面积、基本农田面积不突破调规后的任务要求。

三要强化科技兴农，加强科技支撑作用。继续实施基层农技推广体系改革与建设项目，实施好900户农户的示范和指导工作，发展有文化、懂技术、会经营的新型农民。加快科技转化利用，推广普及舍饲养殖、品种改良、日光温室、测土配方施肥等实用技术，推广测土配方施肥1.34亿平方米，旱作节水技术5333.36万平方米，引调种羊2万只，推广三元优种猪1.9万头，羊的良种覆盖率要提高到55%以上。落实农机购机补贴政策，计划新购置各类农机具250台(件)，全县综合机械化水平达到45%。同时，完善农产品质量安全监测中心项目建设，年内启动和使用化验中心。

（四）突出转型升级，推进集群发展，全力以赴扩张工业总量、提升质量效益

习近平总书记指出，振兴实体经济是供给侧结构性改革的主要任务，供给侧改革要向实体经济发力、聚力。从偏关县情况看，全县仅有6户规模以上工业企业，工业总量小，结构单一，抗风险能力弱，全面振兴实体经济迫在眉睫。为此，我们要着眼构建工业主导型经济格局，改造提升传统产业，培育壮大新兴产业，全面提升工业经济实力。

（1）抓企业帮扶，实现稳定增产。继续引深干部入企服务活动，建立服务长效机制。按照省市经济工作会议要求，以经信局牵头尽快成立服务企业办公室并将服务企业工作纳入目标责任考核。要针对全县工业企业逐个梳理分析情况，分别研究制定方案，采取切实可行措施，帮助企业解决实际困难。千方百计协助黄万公司、华能风电、大唐风电增加上网电量指标，力保发电机组能够正常运行，充分发挥龙头企业的支撑和拉动作用；鼓励引导晋电化工、大乘电冶进行技术改造，转变企业以生产硅锰合金为主，产品单一的现状，提高产品附加值，实现连续生产；鼓励引导吉泰、泰鑫、锦兴、广盛恒等涉煤企业抱团经营，融入区域煤炭产销联合体系，促进产销衔接，降低库存和资金占用。

（2）抓项目推进，增强发展后劲。加快推进一批投资规模大、技术含量高、市场前景好、带动能力强的重大项目，尽快形成全县工业新的经济增长点。要保障服务好在建的华能2万千瓦光伏发电项目，确保年内建成并网发电；积极推进龙源49.5兆瓦风力发电项目建设，力争年内建成投产。同时，全面贯彻落实全省民营经济发展推进大会精神及工业“19条”和企业减负“60条”具体措施，规范部门涉企行政权力，切实减轻企业负担。协调金融等相关部门，搭建融资平台，为企业引资融资创造条件，增加和疏通路径与渠道，积极扶持企业做大做强。

（3）抓园区建设，推进集群发展。按照《忻州市开发区改革创新发展实施方案》，抓紧做好偏关县产业园区规划编制工作，尽快完成城镇体系规划、城市总体规划，满足园区次第、滚动开发建设需要。抓紧成立产业园区筹备处，以筹备处名义开展工作。重点做好偏关县煤电循环经济产业园区下辖的大阳湾、八柳树、王家坪煤炭物流园和天峰坪煤电工业园、方城循环经济园、水草湾新兴产业园6个分园区的建设工作，不断引进大型产业项目进驻，充实园区经济产业，把产业园区建设成新兴产业“集聚区”、先行先试“试验田”、对外开放“桥头堡”、创新驱动“主引擎”、全面小康“加速器”。

（五）突出城乡统筹，加快开发建设，全力以赴优化空间布局、改善人居环境

在全省经济工作会上，楼阳生省长指出，要加快城乡一体化进程，按照城乡不同的功能定位，着力构建新型工农城乡关系，促进区域协调发展。为此，在今年的城镇化建设中，偏关县要以县城“创卫”为抓手，以人居环境改善为目标，按照中心城、重点镇、特色村的思路分层实施，稳步拓展发展空间，切实强化综合管理，带动城乡一体化发展。

一要精心编制建设规划，不断优化城乡布局。综合考虑城镇空间布局、产业承载、人口转移、土地利用等因素，全面对接产业发展、综合交通、环境保护等专项规划，高质量编制完成县城总体规划部分区域的修编，同时完成县城控制性详细规划、城市排水防涝规划、智慧城市建设专项规划的编制以及县城地下管网调查工作，努力构建城乡一体、功能互补、统筹协调的规划体系。同时，要强化城乡规划执法，严厉打击各类违法用地和违章建筑行为，规范城乡建设秩序。

二要全力推进开发建设，持续扩大城镇规模。着力构建以县城为中心、中心乡镇为节点、带动美丽乡村建设的城镇化体系，走出一条符合偏关县实际的新型城镇化道路。以县城“创卫”为载体，在开通县城外环路、建成西北循环线，打通“大动脉”的基础上，按照“南建、中改、北扩、东西延伸”的发展思路，进一步扩大城市规模。今年要重点实施马梁桥至罗汉坪新区道路及两侧立面整治、人行道铺设、绿化亮化工程，府街、城北大街道路建设工程，龙华西街道路改造工程，不断拉大城市框架。持续加大旧城区改造力度，精心实施晾马场路、文昌庙街、隆岗寺路等街路改造提升，配套实施排污管网改造，进一步完善城市功能。实施文笔大街油层沓铺工程、古城大街仿古立面整治工程，彰显县城特色。新建8座公共卫生间，进一步方便市民生活。加强交通基础建设，年内实施全长17.6千米、投资1.75亿元的209国道杨家营至堡子湾二期改造项目；积极争取全长7.71千米，总投资2.06亿元的省道万瓦线偏关过境公路改线项目，力争年内通过上级初审和立项。同时，积极推进城区街巷硬化、排水管网铺设、残垣断壁整治和裸露坡面整治等项目，为居民创造良好的生活条件。

三要注重内涵提升，加快建设美丽乡村。按照“公共服务便利、村容村貌整洁、田园风光怡人、生活富裕和谐”的要求，高标准抓好一个省级美丽宜居示范村、两个市级美丽宜居示范村、两个县级美丽宜居示范村的创建工作。认真开展农村建筑特色风貌整治工作，年内完成5个村的整治任务。同时，继续对国道、省道、主要县道沿线、县城区及中心镇周边村庄环境进行综合整治提升，改善农村人居环境，推动美丽乡村建设在功能完善、内涵提升上取得新突破。

（六）突出文化引领，体现地域特色，全力以赴打造旅游产业，壮大文化旅游经济

坚持把文化旅游产业作为全县战略性支柱产业，以老牛湾景区为核心，寺沟、红门口、乾坤湾、黄河水利枢纽为补充，深度挖掘文化内涵，精心开发旅游项目，广泛开展宣传推介，切实提升文化旅游产业开发水平。

一要精心编制产业发展规划。聘请高资质规划设计单位，年内编制完成全县旅游发展控规、详规以及老牛湾风景名胜区的总体规划。要启动对“西线黄河风情游”和“东线长城边塞游”沿途涉及景区（景点）如老营堡、桦林堡、滑石堡、丫角山、万家寨古兵寨、关河口等进行可行性研究和规划论证，为偏关县全域旅游发展提供科学依据。

二要切实抓好重点景区建设。突出文化旅游深度融合，全力抓好重点景区建设。加快老牛湾景区国家3A级景区申报工作，打造精品旅游区；积极推进已列入交通厅黄河航道治理“十三五”规划的老牛湾至龙口航道治理项目，力争年内完成前期工作，2018年开工建设；协调推进老牛湾码头项目建设，确保年内竣工；深度推进寺沟护宁寺景区二期工程建设；重点打造水泉红门口地下长城景区，大力发展红色旅游；积极争取包括老营至水泉、水泉至明灯山、关河口至火烧埝、寺沟码头道路4条旅游公路建设项目，力争老营至水泉长城1号公路年内开工建设，其余3条道路改造项目年内完成立项报批、工程设计、招投标等前期工作，早日打通偏关旅游的“主动脉”，实现景区之间的完美互通；全力推进12个贫困村旅游项目，大力发展乡村旅游，进一步完善文化旅游产业体系。

三要持续加大宣传推介力度。利用多种媒介、多种平台、多种渠道，对偏关县的文化旅游产业进行宣传推介。积极对接中央、省、市主流媒体，策划推出偏关县文化旅游专题报道，打响“中华长城古堡第一县”“黄河风情特色县”“黄河入晋第一湾”等文化品牌，积极推介偏关旅游。创新宣传促销模式，积极组团参加北方旅游博览会、旅游商品促销会等展会活动，全力争取2017年省住建厅旅游摄影展在偏关县老牛湾风景名胜区举办，提升偏关旅游知名度。

四要健全完善经营管理机制。加快推进景区管理体制改革，把理顺偏关县景区体制机制作为一项工作重点，加快景区机制改革创新。要依法依规对老牛湾景区开发企业进行约束管理，促进景区健康发展。要在完善红门口地下长城景区、寺沟护宁寺景区建设的基础上，理顺景区管理体制，争取早日向游客开放。同时，要加大招商引资力度，编制旅游项目招商手册，出台旅游招商优惠政策，利用整体招商、PPP经营等多种模式，有选择地引进社会资本投资景区建设或开发重点旅游村，加快全县旅游产业发展步伐。

（七）保护生态环境，狠抓安全生产，全力以赴推进生态文明建设，夯实安全稳定基础

要牢固树立“绿水青山就是金山银山”的强烈意识，落实主体功能区定位，理顺发展与生态的关系，推动绿色发展、绿色崛起、绿色惠民。同时，进一步强化红线意识，落实“四铁”要求，牢牢守住安全稳定这条底线，维护社会稳定大局。

一要推进生态建设。紧盯国家支持生态建设政策机遇，切实加大天保工程、三北防护林建设等项目争取力度，实施京津风沙源治理、天保二期人工造林项目，完成营造林2466.68万平方米，打造生态林业精品工程；大力推进退耕还林和干果经济林建设，实施退耕还林2333.35万平方米、干果经济林提质增效666.67万平方米；全力实施以长城1号公路为主的通道绿化工程和乡村绿化工程，实施通道两侧荒山绿化300.00万平方米、绿化村庄4个；在城区附近规划申报偏关林湖沙漠公园，力争年内完成报批。结合县城创卫，启动城区绿化规划，大力实施“见缝插绿”工程，不断提升县城绿化水平。

二要加强环境保护。深入开展“铁腕治污行动”，严厉打击各类环境违法行为，坚决把“三不要”“三要”要求落到实处。加大以雾霾为重点的环境污染治理力度，打好大气、水、土壤污染防治三大战役；深化“控煤、治污、管车、降尘”重要举措，持续削减污染物排放量，完成黄标车老旧车淘汰任务，持续提升环境保护工作水平，全面完成省、市下达的年度减排任务。

三要狠抓安全生产。牢固树立安全发展理念，牢记“三个决不能过高估计”的基本判断，坚决守住发展决不能以牺牲安全为代价这条不可逾越的红线。要坚持“党政同责、一岗双责、企业（单位）主责、失职追责”的工作要求，按照“4438”工作机制，以“四铁”要求落实各级政府领导责任、行业领域部门监管责任和企业（单位）主体责任，把安全生产贯穿于各项工作的全过程，以最严格的措施抓好安全生产。

四要维护社会稳定。继续加强社会风险评估、矛盾纠纷源头预防、重点人员管控等工作，维护社会安全稳定。提升“省级平安县”建设，开展“六网覆盖”工程，完善立体化社会治安防控体系，依法严密防范和惩治各类违法犯罪活动，保持打黑除恶的高压态势，保障人民生命财产安全。狠抓公安基础建设，年内完成公安业务大楼搬迁。严格落实信访条例，创新信访工作机制，充分调动社会力量参与信访工作，着力解决信访突出问题，全力促进社会和谐稳定。

（八）突出民生改善，发展社会事业，全力以赴优化公共服务、提升保障能力

始终把改善民生摆在首要位置，持续加大资金投入，集中解决一批最直接、最现实、最迫切的民生问题，让广大群众共享改革发展成果。

一要统筹发展社会事业。继续加大教育基础建设投入，积极推进实验小学教学楼项目、二中体育场改造项 2016 年底期工作，力争尽快落地。

全面深化医疗体制改革，巩固完善基本药物制度。积极申报县中医院南楼改造项目，加强中医药服务能力建设。认真抓好人口计生工作，全面实行一对夫妇可生育两个孩子政策，继续实行计划生育“一票否决”制度。加强文化基础设施建设，加快推动全民健身中心、文化馆前期审批工作，积极争取上级投资维修改造塔梁体育场。全力实施文化惠民工程，继续举办第六届全民健身体育比赛和“唱响偏关”舞台艺术大赛系列活动，丰富群众文化生活。切实加强文物保护，继续争取国家、省文物局的支持，适时启动寺沟段长城二期修缮工程；尽快完成《老牛湾堡设计方案》修编，推进老牛湾堡立项并开展修缮工作；积极推进长城保护规划编制，积极做好丫角山长城、老营堡等长城、古堡的保护、开发和利用工作。

二要完善社会保障体系。稳步提高职工、居民养老保障水平，实现养老、医疗、失业、工伤、生育保险参保人数稳步增长。健全城乡最低生活保障动态管理机制，加大社会救助力度，保障和改善困难群体基本生活。启动运行马家坡社会福利服务中心。加快保障性住房建设工作，完成2016年棚户区改造续建任务798户和市政府下达的新建任务，为住房困难群体提供住房保障。积极推动和服务全民创业，发挥好已申报成功的大学生创业孵化基地作用，切实帮助高校毕业生就业创业。

（九）突出机制创新，全面深化改革，全力以赴破解发展难题、激发内生动力

坚持把创新作为引领发展的第一动力，努力破除影响和制约发展的体制机制障碍，着力提高经济发展的质量和效益。

一要加快转变政府职能。坚持简政放权、放管结合、优化服务，深化行政审批制度、商事制度等改革工作，进一步提高公共服务质量和效率。全面推进司法、社会治理、教科文卫等体制改革，切实增进人民福祉。加强社会信用体系建设，规范中介组织发展，严厉打击商业欺诈和非法传销行为。深化财税体制改革，实施全面规范、公开透明的预算制度。积极转化“两学一做”学习教育成果，进一步转变工作作风，提高服务水平。同时，全面落实从严治党主体责任，不断加强政府自身建设。

二要大力推进创新发展。要认真贯彻中央、省、市关于实施创新驱动的发展战略，以市场需求为导向，进一步优化劳动力、资本、土地、技术、管理等要素配置，全力推动“大众创业、万众创新”；加快供给侧结构性改革，淘汰落后产能，降低企业成本，打通供需通道，发展新兴产业，不断释放新需求，创造新供给，激发全社会创新意识、创新潜能和创业活力。

三要持续深化农村改革。加快推进农村产权制度改革，全面完成农村土地承包经营权确权登记颁证。建立健全农村集体产权流转体系，积极开展以土地承包经营权为主的产权流转改革试点工作，推动土地经营权向专业大户、家庭农场、农民合作社规范有序流转，鼓励发展多种形式的适度规模经营；持续深化集体林权制度配套改革，巩固确权颁证成果；加强对第三次农业普查工作的组织领导，认真组织实施，确保按时完成普查工作。

三、凝聚攻坚合力，狠抓工作落实，确保今年各项目标任务圆满完成

今年的经济工作，目标已经确立，任务已经确定。关键要强化工作措施，凝聚各方力量，务求实效，扎实推进，以良好的精神状态和扎实的工作作风突出抓好“四个落实”，确保完成全年目标任务。

一要解放思想抓落实。只有解放思想，才能

正确判断形势，把握县情，抢抓机遇。每个领导干部都要真正解放思想，立足实际，更新观念，增强胆识和魄力，以领导方式的转变推动发展方式转变，不断开创各项工作新局面。

二要振奋精神抓落实。干部的精神状态好不好，干事创业的劲头足不足，对于事业的发展有着至关重要的影响。面对艰巨繁重的改革发展稳定任务，要有干劲、有闯劲、有拼劲。面对难题，要有一种“有条件上，没有条件创造条件也要上”的斗志，充满朝气蓬勃的锐气和知难而进的奋斗激情，以振奋的精神和昂扬的斗志推动工作落实。

三要转变作风抓落实。要继续深化巩固党的群众路线、学习讨论落实活动和“三严三实”专题教育、“两学一做”学习教育成果，真抓实干，取信于民，引导广大干部树立良好作风。当前要以“马上就办、真抓实干”的劲头开展好“冬季行动”，把过去一贯养成的“冬闲、冬休、冬懒”变为“冬忙、冬干、冬勤”，切实以作风的大转变促进工作的大推进，以工作的大推进促进经济的大发展。

四要强化责任抓落实。各乡镇、各部门会后要围绕各自承担任务，细化分解，落实责任，明确进度，对考核的硬性指标，不讲条件、坚决完成；对确定的惠民实事，不打折扣、按期办结；对关系长远的重大项目，上下同心，全力推进。县委、县政府将对事关全局的重要决策和重点工作，加大督促检查力度，盯住不落实的事，追究不落实的人，确保各项决策部署得到有效落实。

再过几天就是春节，我们一方面不能放松工作，另一方面也要营造良好的节日氛围，各级各部门要认真抓好安全生产、社会稳定、应急值守等各项工作，组织好“两节”文化活动，开展好节日期间走访慰问，同时加强市场监管、稳定商品价格，保证市场供应，重点保障好城乡低保户和农村特困户等困难群体的基本生活，让全县人民过一个文明、平安、祥和的春节。在这里给大家拜个早年，祝大家阖家欢乐，万事如意！

同志们，新的一年，新的征程，责任重大，使命光荣。让我们紧密团结在以习近平同志为核心的党中央周围，在市委、市政府和县委的坚强领导下，忠诚担当，锐意进取，实现经济稳步向好和社会和谐稳定，以优异的成绩迎接党的十九大胜利召开。

谢谢大家！

大事记

2016 年偏关县大事记

1 月

6 日

县长曲俊安，县委常委、常务副县长王映中，县政府办主任贾贵如，县发改局局长赵雨田，县重点办主任高吉珍等有关领导对全县项目建设情况进行了调研。

11 日

市委常委、宣传部部长陈义青参加了本县“三严三实”专题民主生活会，对本县领导班子及成员的对照检查点出了亮点，指出了不足，并就下一步工作提出了指导意见。

12 日

偏关县召开政府班子 2015 年度“三严三实”专题民主生活会。县长曲俊安，县委常委、常务副县长王映中，副县长赵海生、乔建华、任清泉、宋杰，老牛湾风景区管理中心副主任薛平智，县长助理、县公安局局长金锐出席会议。会议由县委常委、常务副县长王映中主持。

偏关县召开“六权治本”工作推进会。县委书记王源，县长曲俊安，县委副书记王文阁，县委常委、常务副县长王映中，县人大副主任胡厚，县公安局局长金锐，县纪委副书记李广蛇，县委办主任刘晓春出席了会议，参加会议的还有各乡镇、各有关单位负责人。

14 日

偏关县召开 2016 年度安委会第一次全体（扩大）会议。县长曲俊安、副县长任清泉出席会议。县安委会成员单位负责人及各乡镇乡（镇）长参加了会议。会议由县委副书记、县长曲俊安主持。

15 日

偏关县召开创建国家卫生县城领导小组会议。县委书记王源，县长曲俊安，县委副书记王文阁，县人大副主任康海军，副县长任清泉、宋杰出席会议。县委办主任刘晓春，县政府办主任贾贵如以及县财政局、县发改局等创卫指挥部和创卫成员单位负责人参加会议。会议由县委副书记王文阁主持。

21 日

偏关县召开扶贫开发建档立卡责任落实大会。县委副书记王文阁、县人大副主任胡厚、副县长乔建华、老牛湾风景区管理中心副主任李志瑛出席会议。各乡镇书记、乡（镇）长和分管副职，县直机关一把手，下乡工作队队长和全体成员，选派到村任职的第一书记参加了会议。会议由副县长乔建华主持。

县委书记王源，县人大副主任胡厚、副县长赵海生，县统战部部长张军等四套班子领导，代表县委、县政府看望、慰问了部分春节期间值守单位和老领导、省劳模、老党员、下岗困难职工，为他们送上了慰问品和慰问金。

22 日

市委常委、宣传部部长陈义青代表市委、市政府来本县走访慰问了困难群众和老党员。

25 日至 26 日

市委常委、宣传部部长陈义青带领市考核组对全县 2015 年度目标责任考核完成情况进行考核，并对市委三届七次全会精神进行了宣讲。县委书记王源代表县委、县政府就 2015 年度目标责任完成情况、个人述职述廉及干部选拔任用工作做了专题报告。

27日

县长曲俊安带队，县委常委、纪委书记徐晓兰，县人大副主任张润和，县政协副主席党建军等人代表县四大班子领导对部分高级技术人员、老干部、下岗职工、省劳模、老党员和部分春节期间值守的单位进行了慰问，提前为他们送上了新春祝福。

28日

县委常委、组织部部长梁利军，政协副主席李仕晓看望了自来水公司、人行干部职工和省劳模、退休老干部、困难职工，为他们送上了新春祝福。

29日

偏关县召开县委十二届六次全会暨全县经济工作会议。县委书记王源、县长曲俊安、县委副书记王文阁等四大班子领导出席会议。全县各乡镇书记、乡（镇）长，县直各单位负责人参加了会议。会议由县委副书记王文阁主持。

县委副书记王文阁、县人大副主任张彩青、老牛湾风景区管理中心副主任薛平智等县领导慰问了部分省劳模、老干部、困难职工、五保户、低保户和春节期间职守单位，向他们送上了新春祝福。

2月

3日

县长曲俊安、副县长乔建华带领相关职能部门负责人深入尚峪乡、南堡子乡就护林防火工作进行督查。县政府办主任贾贵如陪同。

16日

偏关县召开了脱贫攻坚工作队座谈会，主要就本县扶贫攻坚、脱贫致富等方面的打算、计划等进行了座谈。参加会议的有老牛湾风景区管理中心副主任李志瑛，县扶贫办主任杨志刚，国家、省、市扶贫工作队负责人，各乡镇党委书记，县直机关驻乡镇工作队队长等。座谈会由县委副书记王文阁主持。

17日

本县召开脱贫攻坚誓师大会。县委书记王源、县长曲俊安、县委副书记王文阁、县政协主席乔建华等四大班子领导及其他副处以上领导出席会议。各乡镇书记、乡（镇）长、分管副职，县直党政群团事业单位主要负责人，选派到村任职的第一书记，贫困村支部书记，中央、省、市、县扶贫工作队单位负责人参加了会议。会议由县委副书记王文阁主持。

18日

本县召开金融扶贫工作座谈会。市扶贫办主任梁晓东出席了会议，参加会议的有县委副书记王文阁、副县长乔建华、老牛湾风景区管理中心副主任李志瑛、县扶贫办主任杨志刚、县政府办主任贾贵如以及农业银行、邮政储蓄银行、建设银行、保险公司等有关金融机构。

24日

县委、县政府部分领导在50人以下行政村调研移民搬迁工作。县委书记王源、县长曲俊安、副县长乔建华、老牛湾风景区管理中心副主任李志瑛、县委办主任刘晓春、县政府办主任贾贵如、县扶贫办主任杨志刚等领导进行了调研。

3月

1日

偏关县召开消防、道路交通安全工作例会。会议主要就消防、道路交通安全进行了前期工作回顾和下一步工作打算。会议由副县长赵海生主持。

2日

偏关县召开县委常委（扩大）会议。县委书

记王源、县长曲俊安、县人大主任李枝贵、县政协主席贾献忠等四大班子领导及其他副处以上领导出席会议，县委办、县人大办、县政府办、县政协办主任，县委组织部副部长，县委统战部部长、副部长，县妇联主席，县综治办主任，县文化局局长和各乡镇党委书记、乡人大主席参加了会议。会议由县委书记王源主持。

3日

偏关县召开政府第三十六次常务会议，就偏关县的近期工作进行了安排、部署。参加会议的有副县长、县政府组成单位负责人。会议由县委副书记、县长曲俊安主持。

4日

偏关县召开第十二届纪律检查委员会第六次全体会议。县委书记王源、县长曲俊安、县人大主任李枝贵、县政协主席贾献忠等四大班子领导及其他副处以上领导出席了会议。县纪委委员，各乡镇党委书记、乡（镇）长、纪委书记、专职委员，县直机关、企事业单位及驻偏单位主要负责人和派驻纪检组长，县纪委监察局全体干部参加了会议。会议由县委副书记、县长曲俊安主持。

5日

偏关县召开护林防火紧急会议。各乡镇乡（镇）长及县林业局、县畜牧局、县农业局负责人参加了会议。会议由副县长乔建华主持。

8日

偏关县召开县乡领导班子换届工作会，对全县换届工作进行动员部署。县委书记王源做重要讲话，县四大班子领导出席了会议。会议由县委副书记、县长曲俊安主持。

偏关县召开县乡领导班子专题谈话会。县委书记王源就全县县、乡领导班子换届工作的目的意义，职责责任和规矩纪律做了讲话，县长曲俊安和其他四大班子领导出席会议。

10日

偏关县举办了“二月二”传统古文艺活动。县委书记王源、县长曲俊安、县人大主任李枝贵、县政协主席贾献忠等四大班子领导与偏关县广大群众共同观看了街头文艺活动。

11日

偏关县在县城文化广场举行第十六届赛羊大会。全县10个乡镇的130户农民参加了比赛，经过过称、看品种、看羊龄等比赛程序，楼沟乡养殖户刘三获得了优良品种推广一等奖，窑头乡养殖户白三获得了综合一等奖。

15日

太原理工大学党委书记吴俊清带领本校驻偏扶贫工作队看望慰问偏关县困难群众。副县长乔建华、万家寨镇党政主要负责人以及县扶贫开发中心主要负责人陪同慰问。

22日至25日

省委书记王儒林深入忻州市沿黄贫困县，就脱贫攻坚、退耕还林还草、水土保持综合治理等进行调研。考察了偏关县万家寨水利枢纽的水库和发电机组，询问了防凌防汛、调水调沙、水力发电等情况。并就沿黄山区脱贫攻坚与生态建设怎么结合等问题在偏关县主持召开了座谈会。

23日

偏关县召开产业项目攻坚“百日行动”调度会。县委常委、常务副县长王映中，县政协副主席常建军、县政府办主任贾贵如，县发改局局长赵雨田、县统计局局长张欣、县重点办主任高吉珍以及产业项目攻坚“百日行动”有关单位、相关企业和涉及的乡镇负责人参加了会议。会议由县委副书记、县长曲俊安主持。

偏关县召开了部门权责清单论证会议。县委

常委、常务副县长王映中出席了会议。

25日

偏关县召开教科工作暨教科系统党风廉政建设工作会议。副县长宋杰出席会议，全县各中小学校长、幼儿园园长、进修校校长、活动中心主任以及教科局局领导班子成员参加会议。

29日

县委书记王源、县长曲俊安、副县长乔建华、县委办主任刘晓春、县政府办主任贾贵如等领导在林业局调研并召开专项工作会议，主要就全县2016年造林绿化工作进行了安排部署。县林业局、县扶贫办、县水利局、县农委、县发改局等相关单位负责人参加了会议。

31日

县长曲俊安带领副县长乔建华，县政府办主任贾贵如，县林业局局长董二万及相关技术人员到楼沟乡、尚峪乡、南堡子乡、老营镇、陈家营乡，对全县的森林防火工作进行了检查。

偏关县召开县委常委（扩大）会议。县委书记王源、县长曲俊安、县委副书记王文阁、县政协主席贾献忠、县政法委书记白建国、常务副县长王映中、县纪委书记徐晓兰、县委宣传部部长田小平出席会议，县直各部门各单位主要负责人以及各乡镇党政主要负责人参加会议。会议由县委书记王源主持。

4月

6日

县长曲俊安在偏关县晋电化工有限公司、偏关县煤电循环经济产业聚集区大阳湾园区等地进行了实地调研。副县长任清泉、县政府办主任贾贵如、县经信局局长郑建军等人一同调研。

偏关县召开民政政策兜底脱贫工作会议。副县长赵海生出席会议，各乡镇有关人员参加会议。

7日

县委书记王源传达贯彻省委书记王儒林书记忻州（偏关）调研讲话精神。县长曲俊安、县人大主任李枝贵、县政协主席贾献忠等四大班子领导，县直各单位、各乡镇负责人等有关人员参加了学习。

全县1000余名机关干部深入到水泉乡大阳坡村义务植树点进行一年一度的机关干部义务植树劳动。

12日

县委书记王源在老营镇对设施农业建设进行了调研。县委副书记王文阁、副县长乔建华以及县农业局、县水利局、县农机局等有关单位负责人和大棚种植专业技术人员陪同。

15日

县长曲俊安带领县政府办、县安监局、县人社局等单位负责人深入联系村陈家营乡闫家贝村、常家窑村调研精准扶贫工作，实地察看贫困村村情，深入贫困户家中了解农户生产生活现状、需求及今后的打算。

18日

偏关县召开县乡换届工作推进会。县委书记王源、县长曲俊安、县人大主任李枝贵、县政协主席贾献忠、县纪委书记徐晓兰、县委组织部部长梁利军等换届工作领导组全体成员出席会议。会议由县委副书记、县长曲俊安主持。

20日

偏关县召开安全生产工作会议。县委书记王源、县长曲俊安、副县长任清泉以及其他相关副处领导出席了会议。10个乡镇的乡（镇）长和分管安全工作的副职，居民办事处书记、主任，44个安委会成员单位负责人，受表彰的先进集体、先进个人，部分重点企业负责人以及县安监局全体人员参加了会议。会议由县委副书记、县长曲俊安主持。

26日

偏关县召开道路交通、消防、禁毒安全工作会议。县公安局、县消防大队、县交警大队以及各成员单位负责人参加了会议。会议由副县长赵海生主持。

偏关县召开交通运输工作会议。副县长任清泉出席会议，县公路段、县运管所负责人及县交通局相关人员参加了会议。会议由县政府办主任贾贵如主持。

偏关县召开民政工作会议。县民政局、县教科局、县公安局单位负责人，各乡镇有关负责人和居民办事处负责人参加了会议。会议由副县长赵海生主持。

28日

偏关县召开人口与计生工作扩大会议。县长曲俊安、县委副书记王文阁，县人大副主任张彩青、副县长宋杰、县政协副主席常建军等领导出席会议，县卫计局局长石文华，县人口和计划生育领导组各成员单位负责人、各乡镇乡（镇）长，计生办主任、居民办事处主任、县直各单位负责人以及受表彰的先进个人等参加会议。会议由县委副书记王文阁主持。

偏关县召开旅游扶贫工作会议。县委副书记王文阁、副县长乔建华、老牛湾风景区管理中心副主任薛平智、李志瑛出席会议。县政府办、县扶贫开发中心负责人和万家寨镇、天峰坪镇、老营镇和水泉乡的乡（镇）长参加了会议。

5月

4日

偏关县召开“两学一做”学习教育工作会议。县委书记王源做重要讲话。王文阁、贾献忠、王映中、白建国、徐晓兰、梁利军等县四大班子及其他副处以上领导出席会议。会议由县委副书记、县长曲俊安主持。

10日

偏关县召开县乡人大代表换届选举工作推进会议。县委书记王源，县人大主任李枝贵，县政协主席贾献忠，县委常委、组织部部长梁利军，县人大副主任李文，县人大副主席张军，县公安局局长金锐以及各乡镇负责人，乡镇人大主任等有关人员参加了会议。

12日

中国建筑科学研究院党委副书记马建萍，副院长范圣全，院长助理、人事处长宋建农，工会主席戴奇，省能源局副专员宋晋冀、主任科员付维周、主任科员薛文瑞等人在本县进行扶贫调研，和本县领导进行了有关精准扶贫方面的座谈，并在窑头乡大石洼村、光明村和天峰坪村对困难户进行了慰问。

18日

偏关县召开第十八批省委下乡工作队座谈会。副县长乔建华、县扶贫办主任杨志刚、县扶贫办副主任高世玄，新关镇、万家寨镇、陈家营乡、窑头乡负责人以及太原理工大学、省电力公司、省能源办、省引黄管理局、黄万公司等五个省级下乡工作队负责人参加了座谈。会议由县委副书记王文阁主持。

20日

县委书记王源在水泉乡对红门口地下长城景区建设、展厅布局、雕塑布置等进行了实地调研，并提出了指导意见。县委办主任刘晓春陪同。

23日

偏关县召开林地变更工作会议。副县长乔建华、县政府办副主任高瑞、县林业局局长董二万以及林地变更成员组成单位负责人和各乡（镇）

长参加了会议。

24日

偏关县召开2016年乡镇领导班子换届新提名干部任前集体谈话会议。县委书记王源，县委常委、纪委书记徐晓兰，县委常委、组织部部长梁利军出席会议。

27日

市委第一巡察组正式进驻偏关县开展巡察工作。县委书记王源主持召开巡察工作动员会。

偏关县召开精准扶贫回头看工作会议。县委书记王源、县长曲俊安、县委副书记王文阁、副县长乔建华出席会议，县扶贫办主任杨志刚以及各乡镇党委书记、乡（镇）长等参加了会议。会议由县委副书记王文阁主持。

6月

1日

县长曲俊安率县招生委员会部分成员单位负责人到城区考点、保密室和监控室检查指导考前各项准备工作。副县长宋杰、县政府办主任贾贵如陪同。

偏关县召开2016年防汛抗旱暨地质灾害防治工作会议。副县长乔建华、老牛湾风景区管理中心副主任李志瑛出席了会议。县防汛抗旱指挥部成员单位负责人，县地质灾害防治工作领导组成员单位负责人，各乡镇乡（镇）长，县水利局、国土局防汛抗旱和地质灾害防治工作有关人员以及地质灾害防治隐患重点村责任人参加了会议。会议由县政府办副主任高瑞主持。

偏关县召开高考协调会。副县长宋杰出席会议。县招委会成员单位主要领导，各考点主考、副主考及招生办全体工作人员参加了会议。会议由县政府办副主任高瑞主持。

2日

偏关县召开市委第一巡察组偏关工作汇报会。县委书记王源就全县工作向市委第一巡察组进行了情况汇报。参加会议的有市委第一巡察组组长、市纪委正处级监察员张培国，市政法委副主任科员田晓云、市审计局行政事业审计科科员马喜钦等巡察组成员，县四大班子领导和县纪委、县委组织部有关人员参加了会议。

6日至7日

市委常委、宣传部部长陈义青就偏关县开展“两学一做”学习教育情况、县乡换届开展情况、脱贫攻坚推进情况、企业帮扶情况等进行了调研督查，并与县、乡、村以及部分老百姓进行了座谈。

13日至15日

山西省农科院党委书记李斌带领省农科院蔬菜、果树、经济作物、大棚种植等专家在偏关县就脱贫产业规划进行调研。

14日

忻州市农村道路交通安全管理工作现场会在偏关县召开。省公安厅党委委员、交管局党委书记、局长贾继武，副市长武宪堂，市交警支队队长袁小波，县长曲俊安，县委常委、政法委书记白建国等领导出席会议。各县（市、区）、五台山管委会筹委会分管领导、交警大队大队长参加了会议。

16日

忻州市市长助理韩春带领有关人员就河曲、偏关县域经济结构特点及重点产业、产品情况和新的经济增长点等方面进行了调研，并就下一步工作提出了意见和要求。

偏关县召开县委常委（扩大）会议。县委书记王源、县长曲俊安、县人大主任李枝贵、县政协主席贾献忠等领导出席会议。县委统战部部长张军，县人大副主任李文、张润和，县政协副主席常建军、李仕晓，县公安局局长金锐、县监察局局长李广蛇、县委办主任刘晓春、县政府办主任贾贵如，县人大办公室主任杨凯、县政协办公室主任赵文渊等有关人员列席会议。会议由县委书记王源主持。

23日

副县长乔建华主持召开了偏关县脱贫攻坚业务培训开班仪式。县委副书记王文阁，县扶贫开发中心主任杨志刚，县扶贫开发中心副主任高世玄，各乡（镇）长、分管副职、信息员参加了开班仪式。

位于太虎坡街的太府农贸市场正式启动运营。市场占地面积2600平方米，固定摊点82个，早、中市商户入住57户，晚市商户入住76户，入住率达85%。

28日

县委书记王源组织县四大班子党员领导及其他副处以上党员领导开展“两学一做”学习教育第二专题学习讨论。参加学习的人员有县委办和县政协办主任、副主任，县人大办主任、县政协秘书长，“两学一做”学习教育协调小组全体成员。

30日

偏关县举行庆祝建党95周年暨“七一”表彰大会。县委书记王源、县长曲俊安、县委副书记王文阁、县人大主任李枝贵、县政协主席贾献忠等领导出席会议。县直各单位负责人，各乡镇党委书记、乡（镇）长、副书记、组织委员，受表彰的先进基层党组织代表、优秀共产党员、优秀党务工作者参加了会议。

7月

1日

在党的95岁生日之际，县委书记王源看望、慰问了新关镇石洼村刘瑞英、赫尚永和白龙殿村白林忠、白占先等老党员，给他们送去了党对他们的关怀和温暖。

12日

县委书记王源带队考察了滑石涧堡和万家寨古兵寨，老牛湾风景区管理中心主任白建国、副主任薛平智，县委办主任刘晓春，县文体局局长王在勤，万家寨镇党委书记、镇长以及有关人员陪同。

13日

县委副书记王文阁、副县长乔建华、扶贫开发中心主任杨志刚组织各乡镇党委书记、乡镇（长）等有关人员赴岢岚县参观交流，借鉴产业发展经验。

14日

偏关县召开县乡村三级干部脱贫攻坚责任落实大会。县委书记王源、县长曲俊安等县四大班子领导及其他副处以上领导，各乡镇书记、乡（镇）长、分管副职，县直党政群团事业单位主要负责人，中央、省、市、县扶贫工作队队长，以及选派到村任职的第一书记参加了会议。会议由县委副书记、县长曲俊安主持。

16日

偏关县短时间内一场暴雨倾盆而降，造成县城部分路段和区域不同程度损坏。灾情发生后，县委、县政府迅急号令防汛部门展开抢险工作。7月19日下午，县防汛抗旱指挥部总指挥、县长曲俊安带领县住建局、县水利局、县公路段、县应急办负责人深入实地视察指导县城防汛排涝抢险工作。

19日

县长曲俊安到楼沟乡视察雨后灾情和调研地质灾害防治工作。

太原理工大学赴偏关县举行教育扶贫暑期

“三下乡”社会实践文艺汇演。县扶贫办、县新闻办等部门领导出席，理工大学艺术团与偏中师生共计80余名参加了演出。

20日

偏关县召开县委常委（扩大）会议。县委书记王源、县长曲俊安、县人大主任李枝贵、县政协主席贾献忠等县四大班子领导及其他副处以上领导参加了会议。县委办、县政府办、县委组织部、县委宣传部、县纪检委相关人员列席会议。会议由县委书记王源主持。

县委书记王源组织中心组全体成员进行了集体学习。县委办、县政府办、县委组织部、县委宣传部相关工作人员参加了学习。

22日

偏关县召开安全稳定工作推进会。县委书记王源，县长曲俊安，县委副书记王文阁，县人大主任李枝贵，县政协主席贾献忠，县委常委、政法委书记白建国，县委常委、宣传部部长田小平，副县长任清泉等县领导参加了会议。参加会议的还有各乡镇党委书记、乡（镇）长、党委副书记，县直各单位、各条管单位主要负责人以及县安监局、县信访局、县综治办、县公安局、县水利局、县国土资源局六个单位的班子成员。

28日

县长曲俊安到陈家营乡督查指导扶贫防汛工作。

县委副书记王文阁带领县经信局、县市容环卫中心等对口帮扶单位负责人专程到万家寨镇就精准扶贫推进工作进行调研。

8月

1日

县委书记王源代表县委、县政府分别看望慰问了县中队、县消防队、县武装部官员，副县长乔建华、赵海生，县公安局局长金锐等领导陪同。

3日

省文物局局长王建武带领相关处室负责人深入偏关县就长城保护工作进行调研。副市长王月娥及市文物局主要负责人，偏关县县委书记王源、县长曲俊安、副县长宋杰陪同。

8日

偏关县召开县委常委（扩大）会议。县委书记王源、县长曲俊安、县委副书记王文阁、县人大主任李枝贵、县政协主席贾献忠等县四大班子领导及其他副处以上领导，县委办、县政府办主任、副主任参加了会议。会议重点学习贯彻《中共山西省第十届委员会第219次常委会议》精神和《常委会议纪要》精神，还就山西省委书记骆惠宁与47位新任县委书记集体谈话讲话精神进行了重点学习。会议由县委书记王源主持。

10日

市检察院党组书记周东署，市检察院党组成员、办公室主任俞兵在偏关县调研。

12日

由水利部水保司巡视员张新玉带队，水利部水保司，黄委会山西河务局，省水利厅，省防汛抢险总队等部门组成的防汛安全工作督查组前来偏关县督查指导工作。市水利局局长郭元德等随同检查。

18日

偏关县隆重举办第五届“唱响偏关”舞台艺术大赛暨“全民健身”体育比赛颁奖晚会。李枝贵、贾献忠，田小平、王国昌、刘效华、李文秀、任清泉、宋杰等县领导出席晚会，山西艺术职业学院党委书记王艳芳应邀出席晚会。

19日

偏关县召开脱贫攻坚现场促进会。县委副书记王文阁、县人大副主任胡厚、县扶贫开发中心主任杨志刚出席，各乡镇书记、乡（镇）长、分管副职、信息员和县扶贫开发中心有关人员参加。

22 日

中国共产党偏关县第十三次代表大会隆重召开。县委书记王源、县长曲俊安、县委副书记王文阁、县人大主任李枝贵、县政协主席贾献忠等县领导出席。省委换届风气第四督查组赵熙彦、市委换届风气督查组副组长郭海英、市委换届风气督查组成员续玉楼以及市委组织部干部监督科科长吕效禹一行四人亲临大会指导。本次大会应到代表 239 名，实到代表 228 名，符合法定人数。

23 日

忻州市“最美家庭最美家风”巡讲报告会在偏关县举行。忻州市妇联副主席郭梅荣、委副书记王文阁出席报告会。各行业妇女代表共计 100 多人参加了报告会。

24 日

偏关县召开中国人民政治协商会议第九届偏关县委员会第一次会议。县委书记王源、县长曲俊安、县委副书记王文阁、县人大主任李枝贵、县政协主席贾献忠等县领导出席会议。第九届全体政协委员，公、检、法、党校、旅游局负责人，在偏关县的市政协委员，曾担任过县政协副处级以上实职的老领导，各乡镇党委书记、乡（镇）长以及县直各单位、驻偏关县单位的主要负责人参加了会议。

25 日

偏关县召开第十六届人民代表大会第一次会议。县委书记王源、县长曲俊安、县委副书记王文阁、县人大主任李枝贵、县政协主席贾献忠等县领导出席。县长曲俊安代表人民政府向大会作了政府工作报告，报告回顾了“十二五”工作，提出了“十三五”工作建议，安排了 2016 年工作。

31 日

副县长李文秀组织召开分管部门工作情况汇报会。老牛湾风景区管理中心副主任薛平智出席了会议。县教科局、县卫计局、县文化局和县旅游服务中心等 18 个单位负责人参加了会议。会上，县教科局、县卫计局等 18 个部门负责人依次介绍了本单位基本情况、并对 2016 年工作进展情况及存在问题和下一步工作重点做了简要介绍。会议由县政府办副主任高端主持。

偏关县召开推进项目建设和工业稳步增长百日攻坚行动动员会。县长曲俊安，县委常委、常务副县长田小平，县政协副主席常建军、陈安乐，老牛湾风景区管理中心副主任薛平智，县政府办主任贾贵如，县经信局局长郑建军，县重点办主任高吉珍以及各乡镇负责人和有关双百行动领导组成员单位负责人参加了会议。会上，分别就推进项目建设百日攻坚行动、推进工业稳增长百日攻坚行动的实施方案及有关工作进行了安排部署。会议由县政府办主任贾贵如主持。

9月

6 日

市委巡察一组在偏关县召开巡察情况反馈会。市纪委常委、市委巡察办负责人闫永昌，第一巡察组组长、市纪委正处级检查员张培国，市委第一巡察组干部梁健出席了反馈会。县委书记王源作表态发言。县长曲俊安、县委副书记王文阁、县政协主席乔建华等四大班子领导以及其他副处以上领导干部；县纪委、组织部领导班子成员；县直单位主要负责人；各乡（镇）、居民办党政主要负责人参加了会议。

偏关县召开县委常委（扩大）会议。县四大班子领导及其他副处以上领导出席会议，县委办、县政府办、县委组织部、县教科局、县扶贫办、县住建局等单位负责人参加了会议。会上，县长曲俊安传达了全市经济工作推进会精神，县扶贫办负责人传达了全市脱贫攻坚推进会精神，县委副书记王文阁传达了省委书记骆惠宁在省委十届八次全会上的讲话精神，同时就新一届县级领导包扶乡镇做了说明。会议由县委书记王源主持。

7 日

偏关县召开迎接省爱卫办关于创建省级卫生县城、卫生乡镇、卫生村督查工作会议。县委副书记王文阁，副县长李文秀出席会议。县爱卫办各成员单位和创建省级卫生县城相关部门负责人参加了会议。会议由县委副书记王文阁主持。

市政府安全生产第七督察组在偏关县召开督察情况反馈会。副县长宋杰出席会议。安委会各成员单位主要领导、各乡镇乡（镇）长参加了会议。

偏关县召开第九次安全生产工作例会。安委会各成员单位领导、各乡（镇）长参加了会议。会上，县市场和质量监督管理局和县农机服务中心分别对特种设备监管和农机安全工作进行了安排。县安监局局长顾建华传达了近期上级安全生产工作重要会议精神。会议由副县长宋杰主持。

8 日

偏关县召开第二次全国地名普查培训会。县委常委、常务副县长田小平出席会议并做重要讲话。各相关单位负责人及各乡镇分管副乡（镇）长参加了会议。县民政局局长刘文斐通报了偏关县普查进展情况并就下一步工作做了安排部署。会议由政府办副主任武裕恒主持。

9 日

偏关县召开庆祝第三十二个教师节暨先进集体模范教师表彰大会。县委书记王源、县长曲俊安、县委副书记王文阁、县人大主任李枝贵、县政协主席乔建华等县领导出席。县直各单位负责人，受表彰的先进集体代表和模范教师参加会议。会议由县委副书记、县长曲俊安主持。

12 日

偏关县举行《中国共产党问责条例》宣讲大会。市委党校教研室主任、教授李巨才出席会议并做精彩授课。市纪委宣传部赵旭霞及县四大班子及其他副处级以上领导，各乡镇、县直各单位副科级以上党员领导干部参加了会议。会议由县委常委、常务副县长田小平主持。

偏关县召开全面清理整顿环保违法违规建设项目工作推进会。副县长郭秀红，县政协副主席陈安乐、常建军，县招商局局长郐兴生，县环保局局长岳广厚，县政府办主任科员黄鹏高，县经信局局长郑建军和存在问题的 10 个企业负责人以及相关部门负责人参加了会议。会议由县政府办主任科员黄高鹏主持。

19 日

偏关县召开“双百攻坚”行动调度会。县政协副主席陈安乐、常建军，政府党组成员薛平智，县政府办主任贾贵如，县统计局局长张欣，以及偏关县“双百攻坚”各成员单位负责人和 10 个乡镇长参加了会议。会议要求，全县上下一定要千方百计推进偏关县的项目建设。会议由县委常委、常务副县长田小平主持。

以市委宣传部副部长李海亮为组长的意识形态领域专项督察组到偏关县就 2016 年度意识形态工作目标责任分解及重点工作落实情况进行督察指导，并召开了情况汇报会。县委意识形态工作领导小组副组长、县委副书记王文阁做了专题汇报。

20 日

偏关县召开县委全委（扩大）会议，传达学习省委骆惠宁书记 9 月 18 日在全面构建良好整治生态推进会上的讲话精神。县委书记王源、县长曲俊安、县委副书记王文阁、县人大主任李枝贵、县政协主席乔建华等四大班子领导出席会议。会议由县委副书记、县长曲俊安主持。

偏关县召开迎接省级卫生县城督查重点工作促进会。副县长李文秀、政协副主席陈安乐、卫计局局长石文华以及卫生监督所、公路段、市场监督管理局等创卫有关单位和新关镇政府、居民办事处负责人参加了会议。会上，创卫各成员单位负责人分别汇报了近期有关创卫的工作进展情况。卫计局局长石文华安排部署了下一步重点工作。会议由县委副书记王文阁主持。

偏关县召开2016年度目标责任考核工作推进会。县委副书记王文阁，县委常委、组织部部长王国昌出席会议。县委组织部、县委宣传部、县纪检委、县政法委、县统计局、县财政局、县发改局、县住建局等部门负责人参加会议。会议由县委常委、组织部部长王国昌主持。

21日

偏关县召开整治超限超载违法行为专项行动动员会。副县长郭秀红、县交通局局长董存海、县公路段段长郑晓军、县政府办主任科员黄鹏高、县治超办主任贾有平以及治超成员单位负责人参加了会议。会上县治超办主任贾有平传达了市治超办转发省治超办《关于做好新形势下治超工作的通知》精神，并安排部署了偏关县今后的治超工作。

县长曲俊安、副县长任清泉就新一轮退根还林推进及前一轮退根还林成果巩固工作到县林业局进行调研。县政府办、县林业局、县国土局等部门相关领导科室负责人参加了座谈。

22日

县委书记王源、县长曲俊安、县委副书记王文阁、县人大主任李枝贵、县政协主席乔建华等四大班子领导以及其他副处以上党员领导进行了“两学一做”学习教育第三专题学习讨论。参加学习的还有县委办、县政府办主任、副主任，县人大、县政协秘书长，“两学一做”学习教育协调小组全体成员。

偏关县召开脱贫攻坚产业发展项目推荐会。副县长任清泉、县农委主任薛强、县扶贫办主任杨志刚、县人防办专职副主任范春生、各乡（镇）长和分管副职以及三瑞农科有限公司经理刘贵、山西澳瑞康农业开发有限公司经理高彦平等有关人员参加了会议。

偏关县召开新一轮退耕还林还草地类地块调查促进会。副县长任清泉，林业局局长董二万、副局长郭彦文，县发改局、县国土局、县农委、县水利局、县扶贫开发中心、县畜牧兽医中心等部门主要领导和分管领导，各乡（镇）长和分管副职参加了会议。副县长任清泉就重点工作进行了详细的安排部署。会议由县政府办副主任范春生主持。

市考核办第四督察组到偏关县督察重点工程进展情况。县委常委、组织部部长王国昌和有关单位、乡镇负责人陪同督查。

23日

偏关县召开2016年农村无害化卫生厕所改建工作推进会。县长曲俊安，副县长李文秀，县政协副主席、县住建局局长陈安乐，老牛湾风景区管理中心副主任薛平智等领导出席了会议，参加会议的还有县改厕领导组各成员单位负责人、各乡镇乡（镇）长及分管领导。会上县卫计局局长石文华宣读了偏关县2016年农村改厕工作实施方案，副县长李文秀代表县政府与各县镇签订改侧工作责任状。会议由副县长李文秀主持。

偏关县召开2016年度县委议军会议。县委书记、人武部党委第一书记、县国防动员委员会第一主任王源主持会议。县委副书记、县长、县国防动员委员会主任曲俊安出席会议。县编办、县财政局、县人社局、县环保局等军地有关部门负责人参加会议。会上县委常委、县人武部部长李贵峰传达了市军区分区党委扩大会议和党委议军会议精神，汇报了县人武部工作情况并提出了需要议军会议审议的有关议题。

28日

偏关县召开推进项目建设“百日攻坚”暨重点工作督导调研会。市督导调研组领导出席会议。县水利局、县林业局、县发改局、县经信局等相关部门负责人以及各乡（镇）长参加了会议。会议的主要任务是向市督导组汇报偏关县项目建设百日攻坚情况。会议由县委常委、常务副县长田小平主持。

30日

偏关县召开安全生产工作监督会。市第七督查组领导、老牛湾风景区管理中心副主任薛平智、县安委会各成员单位负责人、各乡镇负责人等参加了会议。

10月

9日

一年一度的重阳节，副县长李文秀和县老龄委、县卫计局等部门领导代表县委、县政府到农村看望部分高龄老人，给他们送上了慰问金并致以节日的祝福。

副县长李文秀就基层教育卫生资源，农村清洁卫生改厕工程，文物古迹保护利用等到陈家营乡、老营镇进行调研。县卫计局局长石文华等随同调研。

10日

省人大副主任张茂才围绕青少年教育、创业就业、社会参与、权益维护、宣传引导等基本需求开展工作情况等方面在偏关县青少年活动中心、县人社局、偏关中学、县交警队、明德小学等地进行了实地调研。县委书记王源、县委副书记王文阁、县人大主任李枝贵、团县委负责人郝文耀等人陪同。

偏关县召开学习贯彻市委第四次党代会精神宣讲报告会。市委宣讲团第五分团宣讲团主讲、市委党校党建室主任李小华出席会议并进行了宣讲。县委副书记王文阁，县人大主任李枝贵，县政协主席乔建华，县委常委政法委书记白建国，县委常委、常务副县长田小平，县委常委、组织部部长王国昌，县委常委、纪检书记党勇，县委常委、宣传部部长刘效华等县四大班子领导出席了会议。县副科以上领导干部和城区周边村党支部书记参加了宣讲会。

11日

中国建筑科学研究院院长王俊、副院长范圣权等一行6人前来偏关县就扶贫工作进行调研。县委副书记王文阁、副县长任清泉、扶贫办负责人及天峰坪镇的党政负责人等陪同调研。

偏关县召开项目推进会。县委书记王源，县长曲俊安，县委常委、常务副县长田小平，副县长任清泉、郭秀红，县政协副主席陈安乐以及县发改局、县经信局、县统计局、县重点办、县国土局、县扶贫办、县林业局等有关单位负责人参加了会议。会议由县委副书记、县长曲俊安主持。

19日

偏关县召开群众求助事项社会联动服务工作会议。县委常委、常务副县长田小平，副县长、县公安局局长金锐，县综治办主任周晓虹以及县环保局、县民政局、县交通局、县卫计局、县人社局、县发改局、县水利局、县文化局等县群众求助事项社会联动服务工作领导小组成员单位负责人参加了会议。会议由县政府办主任贾贵如主持。

13日

偏关县召开黄标车淘汰工作推进会。副县长金锐、郭秀红出席了会议。县交警队、县交通局、县车管所、县环保局、县经信局、县居民办事处以及各乡（镇）长、派出所所长参加了会议。会议由县政府办主任科员黄高鹏主持。

偏关县召开清理整改环保违法违规建设项目工作推进会。副县长郭秀红、县政协副主席陈安乐以及县发改局、县经信局、县环保局和涉及的各企业负责人参加了会议。会议由县政府办主任科员黄高鹏主持。

偏关县召开古长城旅游公路（长城1号公路）项目推进会。副县长郭秀红、政协副主席陈安乐以及县发改局、县交通局、县林业局、县文化局、县环保局、县国土局、老牛湾风景区管理中心等单位负责人参加了会议。会议由县政府办主任科员黄高鹏主持。

17日

为确保冬季供暖如期正常运行，副县长郭秀红与县应急办、县住建局等有关部门领导到县热力公司检查指导冬季供暖准备工作。

18日

偏关县召开脱贫攻坚“两包三到”挂图作战专项检查推进会。县领导王文阁、乔建华、白建国、田小平、王国昌、任清泉以及其他副处以上领导出席会议。各乡镇书记、乡（镇）长、分管副职，县直党政群团事业单位主要负责人，选派到村任职的第一书记，中央、省、市、县扶贫工作队单位负责人参加会议。会议由县委副书记王文阁主持。

19日

省委驻偏关工作队召开脱贫攻坚推进会。第28批省委驻偏关扶贫工作队大队长、太原理工大学副校长梁卫国出席会议；县委副书记王文阁，县委常委、组织部部长王国昌，副县长任清泉，县扶贫开发中心主任杨志刚参加会议。会上，任清泉对偏关县脱贫攻坚基本情况做了介绍，五支省直机关驻偏工作队分别汇报了工作进展情况，梁卫国安排部署了当前工作。

20日

偏关县召开脱贫攻坚推进会。深入贯彻全市精准扶贫电视电话会议精神，安排部署偏关县当前和今后一个时期脱贫攻坚重点及目标任务。县委副书记王文阁和县委常委、组织部部长王国昌做了具体安排，县扶贫开发中心主任杨志刚做了有关政策解读。县四大班子领导李枝贵、乔建华、白建国、党勇及各乡镇、各部门有关领导参加了会议。会议由县委书记王源主持。

20日至21日

县委书记王源到驻村帮扶工作联系点新关镇，就贯彻全省干部驻村精准帮扶推进电视电话会议精神，市第四届党代会和“两会”精神宣讲，脱贫攻坚“两包三到”，“挂图作战”等进行督导调研，并看望慰问了所联系的贫困户。副县长、新关镇党委书记郭秀红随同调研。

21日

县委书记王源到尚峪乡赵家沟村就精准扶贫、产业带动进行督导调研。县发改局局长赵雨田、县重点办主任高吉珍随同。

23日

县委副书记王文阁、县人大副主任张彩青、老牛湾风景区管理中心副主任薛平智到万家寨镇督导检查脱贫攻坚工作。

24日

忻州市委常委、副市长赵志坚带队在偏关县进行项目观摩。赵市长一行依次观摩了偏关县尚峪乡赵家沟村、水泉乡“红门口地下长城”景区、华能偏关黑家庄20兆瓦光伏等项目建设，听取了有关人员对项目建设的情况介绍。县委书记王源、县长曲俊安陪同观摩。

11月

3日

市政府督查组到偏关县督查干部入企服务工作。县教科局、县安监局、县统计局、县住建局、县人社局等有关单位负责人和部分企业负责人参加了督查座谈会。会议由县委常委、常务副县长田小平主持。

由市林业局局长梁晓东带队，市林业局有关部门、西八县部分县的林业局局长和专家组成的观摩组就偏关县2016年林业生态工程进行了观摩指导。观摩组在副县长任清泉及县林业局长董二万的陪同下，先后实地察看了寺沟沿黄公路通道绿化精品林业工程，紫金山林业生态工程和黄草梁京津风沙治理工程，详细了解了偏关县2016年营造林组织开展和推进落实情况。

5日

太原理工大学校长黄庆学一行到偏关县万家寨镇教官咀村和泉子湾村驻村调研脱贫攻坚工作，县委常委、常务副县长田小平，县下乡办及镇、村两级干部随同调研。

8日

偏关县召开第三次全国农业普查工作会议。副县长任清泉、县统计局局长张欣以及各乡（镇）长和有关单位负责人参加了会议。会上，张欣局长安排部署了偏关县第三次全国农业普查具体工作事宜，并传达了第三次全国农业普查的目的和意义。

9日

县委中心组进行了集体学习并就“两学一做”进行了学习研讨。县委书记王源，县长曲俊安，县委副书记王文阁，县人大主任李枝贵，县政协主席乔建华，县委常委、政法委书记白建国，县委常委、常务副县长田小平，县委常委、组织部部长王国昌，县委常委、纪检书记党勇，县委常委、宣传部部长刘效华等县四大班子领导及其他副处以上领导，县委办、县人大办、县政府办、县政协办主任，10个乡镇党委书记，县委组织部、县纪检委、县政法委、县委宣传部、县委办、县政府办副职和“两学一做”学习教育协调小组全体成员参加了会议。会议由县委书记王源主持。

偏关县召开县委常委（扩大）会议。县委书记王源、县长曲俊安、县委副书记王文阁、县人大主任李枝贵、县政协主席乔建华等县四大班子领导及其他副处以上领导，偏关县出席省第十一次党代会的党代表以及县委办、县人大办、县政府办、县政协办主任，10个乡镇党委书记等参加了会议。王源传达了山西省第十一次党代会精神，李枝贵传达了忻州市第四届人民代表大会精神，乔建华传达了政协第四届忻州市委员会精神，刘效华传达了党的十八届六中全会精神。会议由县委书记王源主持。

偏关县举办2016年山西省委党校送学下乡“两学一做”学习教育专题讲座活动。县委书记王源，县长曲俊安，县人大主任李枝贵，县政协主席乔建华等县四大班子领导及其他副处以上领导干部，各乡镇、县直机关事业单位副科以上领导干部200余人参加了学习讲座活动。会上，省委党校、山西行政学院公共管理教研部副教授刘素仙和省委党校马克思主义教研部讲师谌春玲分别做了专题讲座。大会由县委常委、宣传部部长刘效华主持。

偏关县第十六届人大常委会举行会议任命路金波同志为县人民副县长。常务副县长田小平、县法院院长郝利明、县检察院检察长田植林等列席会议。田小平同志受曲俊安县长的委托作了对路金波同志的提请任命报告。根据中华人民共和国地方各级人民代表大会和地方各级人民政府组织法和偏关县人大常委会人事任命办法规定，经党组会议研究，提名路金波为偏关县人民政府挂职副县长，挂职期限为两年。

17日

偏关县召开巩固和发展省级卫生县城整改动员会。县委书记王源，县长曲俊安，县委副书记王文阁，县委常委、常务副县长田小平、副县长路金波出席会议。创卫工作成员单位负责人参加了会议。会议由县委书记王源主持。

县委书记王源、县长曲俊安等领导深入到新关镇贺家山光伏发电扶贫项目点，详细了解项目建设情况和存在的问题。

22日

偏关县召开计划生育领导组扩大会议，就全县2016年人口计生目标管理责任制年终考核工作进行了专题研究和部署。县委副书记王文阁、副县长李文秀等领导出席了会议，县计生领导组各成员单位负责人，各乡镇乡（镇）长和居民办事处负责人参加了会议。会议由副县长李文秀主持。

县委副书记王文阁，县委常委、宣传部部长刘效华，副县长李文秀、郭秀红与县委办、县政府办、县卫计局、县住建局、县市场监督管理和县市容环卫等部门领导一起就巩固和发展省级卫生县城工作进行了专项督查。

25日

偏关县召开忻州市长城学会偏关分会工作会议。县委书记王源，县委副书记王文阁，县委常委、政法委书记、老牛湾风景区管理中心主任白建国，县委常委、宣传部部长刘效华，副县长李文秀，忻州市长城学会副会长兼秘书长杨俊峰出席会议。河曲县、神池县学会负责人，县长城协会会员及长城爱好者参加会议。杨俊峰宣读长城学会偏关分会成立决定，任命胡美仓为会长。秦在珍、卢银柱、李爱民为副会长，秦在珍兼秘书长。胡美仓做了长城学会工作报告。

偏关县召开2016年度综治(平安建设)考核工作推进会。县委书记、县综治委主任王源，县委副书记王文阁，县政法委书记、县综治委副主任白建国，副县长、县公安局局长金锐出席会议。县综治工作成员单位负责人，各乡镇书记、副书记，驻偏有关单位负责人，县委政法委、综治办工作人员参加会议。会上，就2015年度偏关县矛盾大调解体系建设任务完成情况和2016年度社会治安综合治理目标考核细则等内容进行了解读说明，并对2016年度综治（平安建设）考核工作做了安排部署。会议由县委副书记王文阁主持。

28日

偏关县召开应对重污染天气工作推进会。副县长路金波出席会议。县政府办、县环保局及各相关单位负责人参加了会议。会上，就应对大气污染传达了上级文件精神，并对文件进行了解读。会议由副县长路金波主持。

29日

偏关县脱贫攻坚总指挥部召开工作例会。县委书记王源，县长曲俊安，县委副书记王文阁，县委常委、组织部部长王国昌，副县长任清泉，县扶贫办主任杨志刚以及有关单位负责人参加了会议。会上，宣读学习了上级文件精神并进行了发言交流。会议由县委副书记、县长曲俊安主持。

为深入学习宣传贯彻落实好党的十八届六中全会精神和省十一次党代会精神，市委宣讲团团长鲁冀广、市委党校副教授李巨才、市委宣讲团科员侯涛一行3人在偏关县党校会议中心进行宣讲。参加学习的有县委书记王源，县长曲俊安等县四大班子领导及其他副处以上领导；各乡镇书记、乡（镇）长、副书记、组宣员；县直各单位、条管单位副科以上领导干部。

30日

偏关县召开2016年基层党建工作述职评议会评议会。县委书记王源，县委常委、组织部部长王国昌，市委组织部张丙录、康晓东出席会议。县党建工作领导组成员，各乡镇党委书记、副书记，机关党（工）委书记、副书记、部分党员代表，群众代表，农村党支部书记以及两代表一委员参加了会议。会上，听取了10个乡镇党委书记和5个工委书记抓基层党建工作的述职报告，并进行了民主测评考核。

偏关县召开2016年基层党（工）委书记抓基层党建工作述职评议会。县委党建工作领导组成员，各乡镇党委书记、副书记，党工委书记、副书记，部分基层党支部书记，县委组织部有关科室负责人，“两代表一委员”、服务对象、基层党员群众代表共计80余人参加了会议。市委组织部副调研员、市党建工作领导组办公室副主任张丙录，市委组织部党员科科长康晓东到会指导。会上，10个乡镇党委书记先后进行了述职。随后进行了民主测评。会议由县委书记王源主持。

偏关县召开今冬明春森林防火工作会议。会上，宣读了偏关县今冬明春森林防火工作的实施方案，安排部署了今冬明春森林防火工作。县长曲俊安、副县长任清泉、金锐出席会议，县森林防火指挥部各成员单位负责人，全体护林员参加了会议。

12月

5日至6日

忻州市政协副主席王庆荣带领市政协脱贫攻坚专项调研组在偏关县尚峪乡赵家沟村、新关镇贺家山村、移民小区等地，就脱贫攻坚工作开展情况进行了调研。县委副书记王文阁、县政协主席乔建华、副县长任清泉等陪同调研。

6日

县长曲俊安深入陈家营乡就机动车科目一考试场建设和农村道路交通管理工作进行了调研，县公安局交警大队长温俊健、教导员张瑞峰等陪同。

7日

偏关县召开第二次信访联席会议。县委书记王源、县长曲俊安、县委副书记王文阁、县人大主任李枝贵、县政协主席乔建华等县四大班子领导，县信访联席会议成员单位负责人，各乡镇党委书记、乡（镇）长，县居民办事处主任，县委办、县政府办、县信访局工作人员参加了会议。会上，通报了2016年信访案件及全县信访积案化解情况。会议由县委书记王源主持。

偏关县召开脱贫攻坚措施到村到户到人到位兑现工作例会。县委书记王源，县长曲俊安，县委副书记王文阁，县政协主席乔建华等县四大班子领导出席了会议。会上，就脱贫攻坚措施到村到户到人到位登记表中43大项71小项措施进行了解读说明。相关职能部门就各自承担的帮扶政策、类别、补助标准、实际情况等进行了详细的汇报。各乡镇乡（镇）长就推进此项工作各自存在的疑惑、困难进行了说明。会议由县委副书记、县长曲俊安主持会议。

8日

偏关县召开宗教工作会议。县委书记王源、县长曲俊安、县委副书记王文阁、县政协主席乔建华等县四大班子领导出席了会议。各乡镇党委书记及相关职能部门负责人参加了会议。会上，传达学习了全市宗教工作会议精神，回顾总结偏关县宗教工作取得的成绩和经验，研究和分析偏关县宗教工作面临的新情况、新问题，为进一步加强和做好新形势下宗教工作明确了任务。会议由县委副书记王文阁主持。

偏关县召开深化监察体制改革试点工作培训会。县委书记王源传达了省委书记骆惠宁在全省深化监察体制改革试点工作培训会上的重要讲话精神，并对做好偏关县监察体制改革前期准备工作进行了部署。乔建华、白建国、田小平、王国昌、党勇等县四大班子领导及其他副处以上领导出席会议。会议由县委副书记王文阁主持。

14 日

偏关县全面治理拖欠农民工工资问题协调领导小组召开会议。县委常委、副县长田小平出席会议。会上，县人社局局长胡高峰详细解读了偏关县关于全面治理拖欠农民工工资的通知，就做好下一步工作田小平同志提了具体要求。协调小组成员单位负责人参加了会议。

15 日

偏关县召开脱贫攻坚推进大会。省脱贫攻坚督导组李良库、刘世峰出席会议，县委书记王源、县政协主席乔建华、县政法委书记白建国、县人武部部长李贵峰、县委组织部部长王国昌、县纪检委书记党勇、县委宣传部部长刘效华、副县长任清泉等县四大班子领导和其他副处以上领导、各乡镇党委主要负责人、分管副职、驻村第一书记、县级帮扶单位主要负责人参加了会议。会议由县委常委、组织部部长王国昌主持。

偏关县召开第十六届人大常委会第二次会议。会议听取和审议县财政局《关于偏关县 2016 年 1 月至 10 月份财政预算调整情况的报告》，听取了县水利局、县交通局、县住建局、县旅游局、县林业局、县交警大队等职能部门对第一次会议人大代表提出议案的答复。副县长郭秀红列席会议。

16 日

偏关县组织召开了《老牛湾风景名胜区总体规划大纲（2016—2030）》评审会。县委书记王源，副县长郭秀红，县政协副主席、县住建局局长陈安乐，老牛湾风景区管理中心副主任薛平智，李志瑛出席会议。县国土局、县水利局、县文化局、县林业局、万家寨镇等相关单位负责人参加。参加评审会的有省住建厅城建处处长牛峥嵘、市住建局城管科科长郭万明、市住建局城管科副科长董芳梅、部专家李铭、省专家傅泽秋、霍耀中，规划编制单位省规划院园林景观所所长阴佶、副所长范华民、工程师郭瑞。与会专家通过实地踏勘、听取规划编制单位汇报和县级相关部门意见后，进行了认真细致的讨论和评审，认为该规划大纲内容全面，层次结构清晰合理，逻辑性强，定性、定位基本准确，符合风景名胜区规划大纲规范及有关规定，原则上同意通过，并提出了完善建议。

19 日至 20 日

省人大常委会副主任周然到偏关县联系点新关镇上尧王坪村进行调研走访。听取了偏关县脱贫攻坚工作进展情况，了解了农民的致贫原因和我先下一步工作计划、措施，并提出了意见和建议。县长曲俊安，县委副书记王文阁，县委常委、常务副县长田小平，县人大副主任胡厚，副县长任清泉等有关人员陪同调研。

21 日至 22 日

省脱贫工作成效综合督查组在偏关县天峰坪、新关镇进行了脱贫攻坚工作督查，并听取了偏关县的脱贫攻坚工作汇报。省农村工作领导小组办公室副主任、省农业厅副厅长、党组成员张和平，市农业委员会主任宁云楼，省农业厅人事劳资处副调研员刘联鱼，省农牧业信息中心电子政务科科长杨晓明，省农业厅办公室主任科员李川参加了督查。县委书记王源，县长曲俊安，县委副书记王文阁，副县长任清泉，县委办、县扶贫开发中心、涉农部门、帮扶政策落实涉及单位主要负责人参加了汇报。

22 日

偏关县新选派的农村第一书记、大学生村官培训班开班。县委书记王源出席并做专题辅导，县委常委、组织部部长王国昌做开班讲话。参加培训的有省委选派的 11 名农村第一书记，市委选派的 15 名农村第一书记，偏关县新选聘到村任职的 3 名大学生村官。

25 日

县长曲俊安走访慰问结对帮扶贫困户。深入陈家营乡闫家贝村闫文生，常家窑村张来虎、孙二文、马站村许四、西庄子村李俊文、杨家营村张瑞荣家中向他们送去了党和政府的关怀与新年的问候。

27 日

偏关县召开老干部座谈会。县委副书记王文阁，县委常委、组织部部长王国昌，县委常委、宣传部部长刘效华，县人大副主任张俊峰，副县长郭秀红出席了会议。49 名离退休老干部代表、14名老干部艺术团成员及县老干局全体工作人员参加了会议。会上，通报了偏关县 2016 年全县经济社会运行情况，全县组织工作情况，2016 年全县经济社会运行情况，离退休老干部对偏关县县委、政府下一步的工作提出了意见和建议。会议由县人大副主任张俊峰主持。

28 日

副县长李文秀到水泉乡调研扶贫工作并走访慰问贫困户。

28 日至 29 日

由县脱贫攻坚总指挥部常务副总指挥、县委副书记王文阁担任组长的督查一组在陈家营乡、老营镇、水泉乡、万家寨镇对当前脱贫攻坚工作进行督查，并抽查了部分贫困村脱贫攻坚重点工作完成情况。县人大副主任张彩青、老牛湾风景区管理中心副主任薛平智等包乡县领导和扶贫办主任杨志刚一同督查。

29 日

市人为地质灾害防治工作督查组组长、市交通局总会计师焦建民等一行三人来偏关县就人为地质灾害防治工作进行了督查，并召开汇报会，县人为地质灾害防治领导组成员单位负责人及各乡镇的乡（镇）长参加了会议。会上，副县长郭秀红就偏关县的人为地质灾害防治工作进行了汇报，县人为地质灾害防治领导组成员单位负责人就本单位的防治工作进行了汇报。

30 日

中国建科院产业发展处副处长、副县长路金波代表建科院慰问了偏关县天峰坪村 198 户贫困户，为每一个贫困户送上一桶油和一袋面。

县委常委、常务副县长田小平在陈家营乡就脱贫攻坚工作进行了督查，并看望慰问了帮扶联系贫困户。（李敏）

县情概况

境域人口

【境域区划】偏关县位于山西省西北部，黄土高原东部边缘。地理坐标为东经111° 21′ 21″-112° 00′ 43″，北纬 39° 12′ 56″ -39° 39′ 38″。北以长城为界与内蒙古清水河县接壤，西临黄河与内蒙古准格尔旗隔河相望；南与本省河曲、五寨两县相连，东与神池、平鲁两县区毗邻。总面积 1685.4 平方千米。公路距省会太原市 330 千米，距行政归属所在地忻州市 242 千米。截至 2016 年底，偏关县人民政府下辖 4 个镇、6 个乡，247 个行政村、429 个自然村。（编辑部）

【人口】2016 年全县总人口 11.5597 万人。全年出生人口 1396 人，出生率为 12.11‰；死亡人口 787 人，死亡率为 5.28‰；（县统计局）

2016 年偏关县常住人口及构成情况表

单位：万人

指标名称	绝对数	比重%
截至 2016 年底，常	115597	100
其中：城镇	54496	47.14
乡村	61101	52.86
其中：男性	60006	51.91
女性	55591	48.09

自然资源

【气候资源】偏关县属于季风型温带大陆性气候，四季分明。全县年平均气温 8.4℃，比历年平均偏高 0.5℃。最高气温 34.1℃，出现在 7 月 29 日；最低气温-26.8℃，出现在 1 月 24 日；年平均日照时数 2535 小时，比历年平均偏少 121.9 小时；无霜期 234 天，初霜日出现在 10 月 27 日。年降水总量 701.6 毫米，比历年平均偏多 288.4 毫米；降水集中在 6 月至 8 月，7 月最多。全县光能资源比较丰富，热量资源河谷区比较优越，丘陵区次之，山区较差。

此外，本县主要自然灾害有：干旱、冰雹、大风、洪涝、霜冻等。2016 年全县出现大风 2 次。全年降水较常年偏多约 7 成，超历史极值，暴雨多，其中 7 月出现一次，8 月出现三次。6 月 9 日出现一次冰雹并伴有短时强降水，致使全县 10 个乡镇受灾严重，农作物受灾面积 366.67 万平方米，绝收面积 43.33 万平方米，经济损失 4700 万元。（编辑部）

【水资源】偏关属黄河水系，境内主要河流有黄河支流关河、南、北县川河、杨家川河。除黄河外，其他河流一般均呈东北一西南发育。而县川河分南北两支，北南河谷高程为 1450—1205 米，无清水径流，属时令河。南支河谷高程度为 1230—1207 米，属季节性河流，杨家川河虽有清水径流，但因万家寨水利枢纽大坝回水淹没，暂不能利用。（编辑部）

【土地资源】全县总土地面积为 16.85 亿平方米。可耕地 4 亿平方米，占 23.7%，净耕地 3.73 亿平方米，占 22.1%，人均 5166.69 平方米；林地 3.73 亿平方米，占 22.2%，人均 4840.02 平方米；果园 71.60 万平方米，占 0.04%；人工草地和天然牧地 1.50 亿平方米，占 8.9%；城乡居民点用地 2407.61 万平方米，占 1.4%；工矿用地 101.40 万平方米，占 0.06%；交通用地 514.07 万平方米，占 0.3%；水域 1117.74 万平方米，占 0.67%；未利用地和荒山荒地 4.50 亿平方米，占 26.7%；难利用地 2.70 亿平方米，占 16.02%。

（编辑部）

【植物资源】偏关气候和地形复杂多样，造就了丰富的植物资源。高等植物(除苔藓外)约有100多科、2000多种。其中草本植物约占2/3，木本植物占1/3。木本植物中，用材林有：杨、柳、榆、槐、松、柏、椿、柏腊、复叶槭、油松、落叶松、侧柏等；经济林有：苹果、梨、桃、杏、枣、槟果、沙果、葡萄、核桃、海红、海棠、山杏、白水大杏、仁用杏、山桃、沙枣等；灌木林有：柠条、醋柳、红柳、杞柳、吾柳、黑柳、黑圪狳、黄角红圪针（沙棘）杨柳梢、酸枣、沙枣、山定子、黄榆、文冠果、胡井子等。草本植物以乔本科、豆科、菊科居多。乔本科有：狼针草、棘草（青草）、中华隐子草、狗牙根、臭草、葫草、苇子、落草、狼尾草、紫羊茅、白茅（香茅草）、金色狗尾草（猫花莠子）、羽茅、牛筋草（巴地莠子）、芨芨草（积机）、虎尾草（猫花莠子）、老土麦（青草）、羊茅、早熟禾、西伯利亚早熟禾（轮穗）、拂子茅（狼尾巴草）、芦苇（芦枝草）、白羊草、画眉草（蚊子草）、披硷草（青草）、鹅冠草（青草）、狗尾草（毛花莠）、稗（稗子草）、白草、扁穗鹅冠草（蓖梳板子）；豆科有：五脉叶香莞豆（野莞豆）、黄花苜蓿、鹊茎黄芪、苦参、沙珍棘豆（炮炮草）、锦鸡儿（拧条）、甘蒙锦鸡儿（黄锦）、硬毛棘豆（驴干粮）、狭叶米口袋、米口袋、直立黄芪（簸箕条）、岩黄芪（羊柴）、反歪菜（草豆）、尖叶铁扫帚（羊榛）、（山野莞豆）、甘草（甜甘草）、达乌里胡枝子（牛子条）、黄花草木栖、白花草木栖、紫花苜蓿、内蒙黄芪、草木栖状黄（马榛）、兰花棘豆（驴干粮）、鸡眼草、花苜蓿（野苜蓿）；菊科有：大蓟（大刺苗）、艾蒿（艾）、野菊花、旋复花（甜苣）、蓍草、马兰（山白菊）、苍术、牡蒿（蒿拔）、泥胡菜（猪耳菜）、金盏菜、山牛旁、大蓬蒿、青蒿（臭蒿）、款冬（冬花）、苣荬菜（苦菜）、小蓟（刺儿菜）、蒲公英（布英草）、祁洲漏芦、苍耳、茵陈蒿（阳阳蒿）、黄花蒿、毛蓬菜、羊耳朵（羊耳朵叶子）、包茎菜（燕燕菜）、香花花、阴地蒿（臭兰香）、沙蒿、卜雪菜。

（编辑部）

【动物资源】全县陆栖野生动物中，鸟类有：雉鸡（野鸡）、石鸡、半鸡、鸽、麻燕、胡燕、麻雀、鹰、鹞、大雁、布谷鸟、斑鸠、乌鸦、喜鹊、啄木鸟、画眉、鹤、猫头鹰、讯鹕、山雀、蝙蝠、红雀、白头翁、河雀、红嘴鸠，鸳鸯、百灵鸟、牛家鸪、鹌鹑、青桩、水鸭（俗称捞鱼罐）、鸢（俗称饿狼翅）等。兽类有：狼、狐、獾子、黄鼠狼、扫雪、野兔、野猫、黄鼬等。水生动物主要为黄河鱼，其品种有：鲤鱼、鲇鱼、沙鱼、鲵鱼。

（编辑部）

【矿产资源】偏关县矿产资源较为丰富，开发历史悠久。已探明和开采的有能源矿产、金属矿产、冶金辅助原材料矿产、化工用非金属矿产、建材及其他非金属矿产等。煤炭储量为9—12亿千克，铁矿储量为4800万千克，铝矾土储量为7135万千克，黄铁矿（硫铁矿）储量约48万千克，耐火黏土（干子泥）储量为3—5亿千克。储量未探明的金属矿产有赤铁矿、菱铁矿、铁锰矿砂、钛矿等。非金属矿产有油母页岩、大理石、石英石、明矾等。石灰岩（青石）、黏土（红泥）、石砂等大面积分布，是建筑业的好原料。（编辑部）

经济社会发展

【概述】2016年，县委、县政府狠抓经济结构调整，国民经济持续增长。据统计：全年全县生产总值254965万元，按可比价格计算，比上年增长2.4%。其中，第一产业增加值39367万元，增长2.7%，占生产总值的比重15.44%；第二产业增加值84289万元，增长2.3%，占生产总值的比重33.06%；第三产业增加值131314万元，增长

2.37%，占生产总值的比重51.50%。人均地区生产总值22056元。（编辑部）

【农业】围绕特色做文章，在巩固传统农业基础上，大力发展杂粮、干鲜果、设施蔬菜、畜牧业等特色产业。全年全县农作物种植面积2.84亿平方米，比上年减少53.1万平方米。其中，粮食种植面积2.55亿平方米，减少242万平方米；蔬菜种植面积63.7万平方米，减少9.1万平方米；油料种植面积2461.4万平方米，减少160.8万平方米。

2016年主要农林产品产量及其增长速度

单位：千克

产品名称	产　量	比上年增长%
粮　食	54132.4	117.53
其中：玉　米	13532.5	132.33
谷　子	15568.1	60.97
产品名称	产　量	比上年增长%
豆　类	3921.2	306.01
薯　类（折粮）	48376.3	104.75
油　料	3599.3	118.19
蔬菜及食用菌	1838	-20.14
瓜果类	742.1	32.8
园林水果	1270.2	-29.12

在粮食种植面积中，玉米种植面积5293.7万平方米，减少430.6万平方米。完成杂粮种植面积1.52亿平方米；推广种植藜麦、363葵花等新品种农作物333.34万平方米；瓜菜种植面积发展到666.67万平方米。粮食总产量54132.4千克，比上年增产29248.2千克，增长117.53%。其中，秋粮产量54132.4千克，增长117.53 %。油料总产量3599.3千克，同时，建成无公害生产基地7个，认证无公害产品6个；成立偏关县首家涉农020县级运营中心，新建京东农村合作点20家，主要行政村电商服务点实现全覆盖。全年完成造林面积5710万平方米，下降8.58%，园林水果产量1270。羊饲养量达到76万只；截至2016年底，生猪存栏8256头，生猪出栏15098头；禽蛋产量861.66千克。

（县统计局）

【工业】2016年全部工业增加值为32600万元，比2015年增长3%。立足资源、产业和区位优势，在继续大力推进煤炭物流项目的基础上，积极发展火电和绿色能源产业。华电2×110万千瓦火电项目可研报告通过了电规总院审查；国电科环10万千瓦风电、上海新锋2万千瓦光电取得省发改委路条；大唐5万千瓦风电项目实现并网发电；华能2万千瓦光电项目完成6000千瓦的建设任务；龙源5万千瓦风电项目建成进场道路22.87千米，升压站主体浇筑完工，累计组塔33基、浇筑33基,完成11组风机安装。全年规模以上工业增加值增长2.6%，规模以上工业发电量完成175777.36万千瓦时，同比下降3.76%。全年规模以上工业企业实现主营业务收入76667万元，下降25%。其中，煤炭工业实现2475万元，下降22.58%；冶金工业实现11027万元，下降22.58 %；电力工业实现63165万元，下降26.32%。全年规模以上工业实现利税116306千元，下降55%；规模以上工业利润盈亏相抵后净亏损8392千元。

（县统计局）

【建筑业和房地产开发业】全年具有建筑业资质等级的总承包和专业承包建筑业企业实现利润159万元，增长32.57%。全年房地产开发投资13854万元，下降45%。其中，住宅投资6120万元，下降152%；商业营业用房投资150万元。

（县统计局）

【能源】全年全县一次能源生产折标准煤21.35万千克标准煤，下降3.58%。全年全社会用电总量1.45亿千瓦小时。其中，第一产业用电0.03亿千瓦小时，占全社会用电量的比重2.07%；第二产业用电0.99亿千瓦小时，占全社会用电量的比重68.28%，其中工业用电0.66亿千瓦小时；第三产业用电0.15亿千瓦小时，占全社会用电量的比重10.34%；城乡居民生活用电0.27亿千瓦小时，占全社会用电量的比重18.62%。

（县统计局）

【固定资产投资】全年全社会固定资产投资290458万元，比2015年增长9.8%。在固定资产投资（不含跨省、农户）中，国有及国有控股投资272788万元，增长10.7%；民间投资17670万元，同比下降2.1%。分登记注册类型看，内资企业和个体经营投资290458万元，同比增长9.8%；分产业看，第一产业投资75591万元，同比下降9.4%；第二产业投资41678万元，同比下降13.64%；第三产业投资173189万元，同比增长30.48%。

2016年分行业固定资产投资（不含跨县、农户）及其增长速度

单位：万元

行　业	投资额	比上年增长%
总　计	290458	9.8
农林牧渔业	75591	-9.4
制造业	18960	70.6
电力、热力、	22718	-38.8
行　业	投资额	比上年增长%
批发和零售业	1450	-88.9
房地产	11820	475.2
租赁和商务服	7826	
交通运输仓储	4702	-69.9
水利、环境和	133411	39.6
文化、体育和	8620	826.9
公共管理、社	5360	

全县工业投资（含第三产业中开采辅助活动和金属制品、机械和设备修理业）41678万元，同比下降13.64%。其中，传统产业（煤炭、焦炭、冶金、电力）投资合计26748万元，下降27.99%，非传统产业投资合计14930元，增长34.3%。全年在建固定资产投资项目85个。其中，亿元以上项目13个，计划总投资410103万元，完成投资47478万元。（县统计局）

【国内贸易】全年社会消费品零售总额8582万元，比2015年增长5.7%。按经营地统计，城镇消费品零售额69983.9万元，增长5.6%；乡村消费品零售额28598.1万元，增长5.8%。按消费形态统计，商品零售额82866.9万元，增长5.85%；餐饮收入额15715.1万元，增长4.89%。

（县统计局）

2016年社会消费品零售总额及其增长速度

单位：万元

指　标	销售额	比上年增长%
社会消费品零售	98582	5.7
分地域：城　镇	69983.9	5.6
乡　村	28598.1	5.8
按消费形态分：		
商品零售额	82866.9	5.85
餐饮收入额	15715.1	4.89

2016年限额以上批发零售业零售额及其增长速度

单位：万元

指　标	绝对数	比上年增长%
石油及制品类	2072.3	-10.3
家用电器和音	2036	0.8
粮油、食品、饮	3045	5.6
饮料类	1166	4.9
烟酒类	1465	9.3

【交通运输】截至2016年底，全县公路线路

里程 147 千米。

截至 2016 年底，全县拖拉机 3659 辆，比上截至 2016 年底，增长 2.46%，联合收割机 42 辆，同比增长 16.67%；小型面包车 39 辆，同比下降 26.42%；截至 2016 年底，小轿车保有量 376 辆，同比增长 6.21%；普通客车 240 辆，同比增长 69.01%；货车 593 辆，同比下降 15.36%；客车 36 辆，与上年持平。（县统计局）

【邮电】全年完成邮电业务总量 3864.69 万元，下降 26.7%。其中，邮政业务总量 1114.39 万元，增长 9.15%；电信业务总量 2750.3 万元，下降 35.31 %。截至 2016 年底，移动电话用户 59114 户，其中，3G 移动电话用户 21385 户，4G 移动电话用户 37729 户。全省宽带接入用户 10633 户，增长 36.55%。（县统计局）

【财政】2016 年，财政总收入为 1.9 亿元，比 2015 年降低 38.2 %，其中，一般公共预算收入 9804 万元，比 2015 年降低 45.79%；一般公共预算支出 100824 万元，比 2015 年降低 4.38%。科学技术、交通运输、医疗卫生、教育方面的支出增长幅度较大。

全年一般公共预算收入 9804 万元，下降 45.55%。税收收入 6470 万元，下降 10%，其中，国内增值税、营业税、企业所得税、个人所得税、资源税和城市维护建设税共计完成税收 12918 万元，下降 24.52%。一般公共预算支出 100824 万元，同比下降 4.38%。其中，教育、医疗卫生、社会保障和就业、住房保障、公共交通运输、节能环保、城乡社区事务等民生支出 53447 万元，同口径下降 11.56%。民生支出占全县一般公共预算支出的比重 53.01%。（县统计局）

【旅游】旅游业发展加快。全年旅游总收入 13.17 亿元，增长 15.22%；旅游总人数 119.7 万人，增长 16.19%。坚持多元开发、点面开花的原则，全面加快旅游开发步伐，千方百计搞活文化旅游产业。老牛湾省级风景名胜区总体规划大纲已通过专家评审；万家寨、老牛湾传统村落保护开发工作全面展开，编制完成《老牛湾村、万家寨村传统村落保护与发展规划》；寺沟护宁寺景区观光码头基本建成；水泉红门口地下长城景区初步具备接待游客能力；4 条旅游公路 2 条已经在发改部门备案，总里程 41 千米的老营至水泉的旅游公路已通过省交通厅评审。全县东线长城边塞游和西线黄河风情游旅游格局初步成型。（县统计局）

【金融】截至 2016 年底，全县金融机构本外币各项存款余额 463946 万元，比年初增加 31826 万元，比年初增长 7.37%。住户存款 388363 万元，比年初增加 25571 万元，比年初增长 7.05%；各项贷款余额 112702 万元，比年初减少 1134 元，比年初下降 1%。住户贷款 58123 万元，比年初增加 4811 万元，比年初增长 9.02%。

截至2016年底，金融机构本外币存贷款及其增长速度

单位：万元

指　标	截至 2016 年	比年初增长%
各项存款余额	433946	7.37
其中：住户存款	388363	7.05
各项贷款余额	112702	-1
其中：住户贷款	58123	9.02
非金融企业及机关	54578	-9.8

截至 2016 年底，全县农村金融合作机构（农村信用社、农村合作银行、农村商业银行）人民币存款余额 143113 万元，比年初增加 4204 万元，比年初增长 3.03%；人民币贷款余额 85722 万元，比年初增加 202 万元，增长 0.24%。

全年保费收6485万元，下降3.71％。其中，寿险业务保费收入3523万元，增长22.21%；意外险业务保费收入148.84万元，下降1.94％；财产险业务保费收入2962万元，增长34.27%。全年支付各类赔款及给付2586万元，增长168.26％。（县统计局）

【教育科技】2016年，共有幼儿园27所，小学17所，小学教学点51所，普通初中九年一贯制6所，普通高中1所，中等职业教育学校2所。全县学前教育毛入园率78%，小学学龄儿童净入学率100%，高中阶段毛入学率93.23％。

2016年各类教育发展情况

单位：人

指标	招生	比上年增长%	在校生	比上年增长%	毕业生	比上年增长%
中等职业教育	20	-33	87	28	2	-92
普通高中	472	-20.80	1714	-20.79	863	4.99
初中	565	-13.74	2022	-17.77	101	-11.5
小学	747	1.63	4368	-2.17	834	7.75
学前教育	23	-36	1763	-12	728	-18

不断加大教育基础设施建设力度，第三中学新建学生公寓楼全面竣工，第四中学教师周转宿舍进入装修阶段，学校办学条件明显改善。新招聘35名农村特岗教师，农村教师队伍结构进一步优化。全年科技专利申请量15件。其中，发明专利申请量2件，专利授权量15件，发明专利授权量2件。2016截至2016年底，共有县产品质量监督检验和计量检定技术机构1个。全年监督抽查了16家企业1类2种20批次的产品和商品。2016年全县有气象台站1个，乡镇区域自动气象站10个；开展电话天气自动答询的台站1个。全县气象系统开展人工影响天气业务的单位1个，防雹、增雨累计受益面积为全县域内，增雨量500万立方米。全县有天气预报服务Intel网站0个，卫星云图接收站1个。强制检定计量器具620台次。（县统计局）

【医疗卫生】2016年，全面深化医疗体制改革，巩固完善基本药物制度，医疗保障和服务水平不断提高。当年实施的21个村卫生室全部建成并投入使用，基层医疗卫生环境得到进一步改善。坚持计生基本国策，贯彻落实全面二孩政策。截至2016年底，全县共有卫生机构273个，医院、卫生院床位315张。从业人员445人。

截至2016年底，共有卫生机构(含诊所、村卫生室)273个，床位290张。卫生防疫、防治机构1个，妇幼保健院（所、站）1个。全卫生机构共有卫生技术人员438人。卫生院卫生技术人员103人，其中：防疫、防治卫生技术人员14人，妇幼保健（所、站）卫生技术人员14人。

（县统计局）

【文化】截至2016年底，共有文化馆1个，公共图书馆1个。广播电视台1座，电视台1座，中短波转播发射台1座，调频转播发射台1座，一百瓦以上电视转播发射台1座。广播人口覆盖率97.83%，电视人口覆盖率97.83%，有线电视用户5616户。（县统计局）

【人民生活】2016年，全县全体居民人均可支配收入11923元，增长7.1%。城镇居民人均可支配收入19929元，增长6.0%。农民人均纯收入6030元，增长7.3%。在居民收入较快增长的同时，消费保持了同步增长。

加强非物质文化遗产保护，“踢鼓子秧歌”“炕围画”“三关泉醋”等4个项目获得市级非遗项目批复。成功举办第五届“全民健身”体育比赛和“唱响偏关”舞台艺术大赛，为人民群众提供了精彩的文化大餐。

全年参加城镇职工基本养老保险5860人，比2015年底，增加114人；参加城乡居民基本养老保险49642人；参加城镇基本医疗保险18546人；参加失业保险7407人；参加工伤保险9003人；参加生育保险8315人，增加55人。全县开展了新型农村合作医疗，有68449个农民参加了合作医疗。全年城镇新增就业1553人。转移农村劳动力1341人。截至2016年底，城镇登记失业率4.2%。全年得到城市最低生活保障救济人数1890人，全年共发放城市最低保障资金646万元；农村最低生活保障救济人数4904人，全年共发放城市最低保障资金1089.24万元。875人纳入农村五保供养。截至2016年底，城镇有各种社区服务设施1个，其中，综合性社区服务中心1个。各类收养性单位床位数76张，收养人数 53人。国家抚恤、补助各类优抚对象486人。接受社会捐赠款12.33万元。（县统计局）

【环境保护】以“创卫”为载体，进一步完善市政基础建设，全年累计完成市政投资1.45亿元。全面加强城市管理，集中开展城区秩序和环境综合整治，全年城区二级以上天数达到346天，城区空气质量稳定达到国家二级标准。

2016年，全县农作物受灾面积1.18亿平方米，绝收面积3973.35万平方米，造成农业直接经济损失9559.2万元。（县统计局）

【安全生产】 2016年，各类生产安全事故10起，比上年增加7起，死亡2人，比上年增加1人。（县统计局）

机构设置和负责人名录

中国共产党偏关县第十二届委员会

书　记　王　源

副书记　曲俊安　王文阁

常　委　王　源　曲俊安　王文阁　白建国　王映中　徐晓兰(女)　李贵峰　田小平　梁利军

委　员　（按姓氏笔画排列）

王　源　王文阁　王映中　田小平　白建国　曲俊安　吕三应　乔建华　任清泉　齐永明　金　锐　李枝贵　李贵峰　杨占录　张　军　张　锐　陈安乐　赵雨田　胡高峰　贾献忠　党建国　徐晓兰(女)　郭秀红　席晓明　崔峥岭　梁利军　梁晓春　董二万　薛平智

候补委员　（按得票多少为序）

郝文跃　薛　强　蒙新彬　刘晓春　万雅平(女)

中国共产党偏关县第十三届委员会

书　记　王　源

副书记　曲俊安　王文阁

常　委　王　源　曲俊安　王文阁　白建国　李贵峰　田小平　王国昌　党　勇　刘效华（女）

委　员　（按姓氏笔画为序）

王　源　王文阁　王在英　王国昌　田小平　田植林　白建国　曲俊安　乔建华　任清泉　刘晓春　刘效华　李文秀　李枝贵　李贵峰　宋　杰

张 锐 张 鑫 武秀贵 金 锐
赵雨田 郝利明 胡高峰 贾贵如
党 勇 郭秀红 郭建忠 梁晓春
董二万 蒙新彬 薛平智

候补委员 （按得票多少为序）
郑建军 温俊建 王在勤 杨志刚
万雅平 郝文跃

偏关县十五届人大常委会

主 任 李枝贵
副主任 李 文 张彩青（女） 张润和
胡 厚 康海军
办公室主任 杨 凯
农工委主任 杨晋华
农工委副主任 崔建国
财经工委主任 方瑞良
法工委主任 卢建华
教科文卫委主任 王胜伟
委 员 （按姓氏笔画为序）
万永富 王文珍 王胜伟 王新华
方瑞良 史贵堂 卢建华 刘 斌
李枝贵 李虎荣 杨秀茹 杨 凯
张俊峰 张 峰 张润和 张彩青
郝文跃 胡 厚 靳欢珍 崔建国
臧建英

偏关县十六届人大常委会

主 任 李枝贵
副主任 张彩青（女） 张润和 胡 厚
张俊峰
办公室主任 杨 凯
农工委主任 杨晋华
财经工委主任 方瑞良
法工委主任 卢建华
教科文卫委主任 王胜伟
委 员 （按姓氏笔画为序）
于 杰 万雅萍 王 华 王志敏
王胜伟 方瑞良 史贵堂 卢建华
刘 斌 李枝贵 李虎荣 李彦明
杨秀如 杨 凯 杨晋华 张如东
张俊峰 张 峰 张润和 张彩青
陈 茂 郝文跃 胡 厚 贾成禄
秦爱兰 秦晓明 靳改兰 常建平
蒙新彬

偏关县人民政府

县 长 曲俊安
常委副县长 王映中* 田小平
副县长 赵海生* 乔建华* 任清泉
宋 杰 李文秀 金 锐
郭秀红 路金波 梁 建

政协第八届偏关县委员会

主 席 贾献忠
副主席 张 军 常建军 靳月成 李士晓
秘书长 赵文渊
文史委主任 李翠英
综合委主任 樊国华
经济委主任 张 华
常务委员 贾献忠 张 军 常建军 靳月成
李士晓 赵文渊 李翠英 樊国华
张 华 贾有平 李建平 李计明
刘占荣 吴改平 韩拥军 董凤龙
张五小 张二中 周永星 范文增

张如东　杨海军　胡春香　康拴花
张爱萍　蒙新彬　陈建民　苏胜利

政协第九届偏关县委员会

主　　席　乔建华
副 主 席　陈安乐　常建军　李士晓　秦庆元
秘 书 长　赵文渊
文史委主任　李翠英
综合委主任　樊国华
经济委主任　张　华
常务委员　乔建华　陈安乐　常建军　李士晓
　　秦庆元　赵文渊　李翠英　樊国华
　　张　华　张　锐　张志美　张海蓉
　　李冰彬　杨晓丽　胡向炳　崔建国
　　董风龙　梁晓光　张二中　周永星
　　杨海军　陈建民　吕迎春　吕兴荣
　　王东小　王　慧　张爱萍　薛保存

中国共产党偏关县第十二届纪律检查委员会

书　记　徐晓兰
副书记　李广蛇　万永富
常　委　徐晓兰　李广蛇　万永富　李占明
　　冯峥嵘　刘　珍　高永生
委　员（按姓氏笔画为序）
　　万永富　冯峥嵘　李广蛇　李占明
　　李建平　刘永民　刘　珍　刘根爱
　　张　欣　何文龙　徐晓兰　胡晋峰
　　高永生　席晓明　韩春来

中国共产党偏关县第十三届纪律检查委员会

书　记　党　勇
副书记　李文生
常　委　党　勇　李文生　王　俊　田文兵
　　杨文俊　崔　强
委　员（按姓氏笔画为序）
　　王　莉　王　俊　王文珍　田文兵
　　白明亮　冯峥嵘　刘耀宗　李广蛇
　　李文生　李占明　杨文俊　张崇明
　　胡建国　党　勇　高永生　崔　强

偏关县人民检察院

检 察 长　席晓明*　田植林
副检察长　张崇明　胡东升　孟春瑞
纪检组长　闫向欣

偏关县人民法院

院　　长　齐永明*　郝利明
副 院 长　王　莉　张占虎　茹小平
纪检组组长　李文生*
法警队政委　贺建军
民一庭庭长　苏秀斌
立案庭庭长　丁太平

县委工作部门

县委办公室

主　　任　刘晓春
副 主 任　沈俊杰　杨　才　许德义　李　敏
　　郭　冬

密码管理局局长　方俊良
县委信息化中心主任　范鹏程

偏关县委组织部

部　长　梁利军* 王国昌
副部长　张俊峰*　王文珍　秦小明
干部科科长　顾杰锋
干部综合科科长　刘兴旺
县委考核办主任　贾春雨

偏关县委宣传部

部　长　田小平*　刘效华
副部长　刘根爱　张俊杰　刘　森

县委统战部

部　长　张　军* 王国昌
副部长　王为民* 张　锐

政法委员会

书　记　白建国
副书记　刘吉明
综治办主任　周晓虹

党　校

校　长　王文阁
常务副校长　吕三应
副校长　高建军

县志办

主　任　范耀武

通信组

主　任　张俊杰
副主任　郝文俊

机构编制委员会

主　任　何　飞
副主任　焦向华
事业单位登记管理局　王志平

老干局

局　长　张俊峰*　王文珍
副局长　王鹏翔

信访局

局　长　李立新*　李向东
副局长　刘拥军
接待中心主任　李晓虎

接待办

主　任　杨　才*　武裕恒
副主任　高建伟

政府组成部门

政府办

主　任　贾贵如* 李立新
副主任　刘　斌　武裕恒* 高　瑞
人防办副主任　范春生

政府采购中心

主　任　刘　斌

发展和改革委员会

局　长　赵雨田* 王在勤
书　记　郝胜利
副局长　邬兴生　张成福　王新龙

统计局

局　长　张　欣
副局长　张月英
总统计师　李金花

国家统计局偏关调查队

队　长　董　恒
副队长　王智明　张有厚

偏关县农委

主　任　薛　强*　刘文斐
支部副书记　王仲青
副主任　范贵明　王书朋　王杰明　胡向东
纪检组长　王永斌
总农艺师　袁建国
农业技术推广中心主任　杨占利

农业技术推广中心副主任　康占海

经营管理站站长　董俊文

畜牧兽医中心

主　任　刘　斌* 闫文俊

副主任　吴桂军

农机服务中心

中心主任 王新华

中心副主任　李　珍　刘亮伟

支部书记 贾天文

文体局

局　长　王在勤*　薛　强

副局长　胡美仓　张登峰

文化综合执法队队长　邬晋文

电视台

台　长　刘根爱

书　记　郝文俊

副台长　胡建军　韩拥军

记者站站长　范德胜

教科局

局　长　党建国*　贾锐军

副局长　王文楷 尤永宽 李新军

专职副书记 许建亮

纪检组长　薛俊生

教育督导室主任　邢双生

教育督导室副主任 胡永飞

偏关中学校

校　长　张　鑫

副校长　库承江　张　锋　段俊峰　王云贵

副书记：郭新宇

偏关二中

校　长　郝建生

副校长　王青马　薛二平　邓贵平　方如常

书　记　韩玉山

偏关三中

校　长　高学波

副校长　吕建明　焦在明　马志华

偏关县实验小学

校　长　王宽明

书　记　樊福祥

副校长　杨江峰　高中华　苗鹏鹰

偏关县二完小

校　长　赫生富

副校长　阎文斌* 王建军

偏关县教师进修校

校　长　白先在

副校长　广俊宽

政务大厅

主　任　田建忠

副主任　徐　耀

老龄委

主　任　靳欢珍

后勤服务中心

主　任　田尚杰

副主任　臧建英

经济发展研究中心

主　任　王世珍

公积金中心

主　任　李国栋

公安局

局　长　金　锐

政　委　张彦熙

纪检书记　胡晋锋

副局长　贾　敏　周吉小　李立新　吴庆胜　孟国平

政工监督室主任　张　宏

110 指挥中心主任 徐　亮

国保大队大队长　　侯淑珍
刑警大队大队长　　韩虎平
刑警大队教导员　　贾文俊
治安大队大队长　　王富荣
经侦大队大队长　　赵东云
巡警大队大队长　　贾金明
看守所所长　　　　何利国
看守所教导员　　　秦鑫元
新关派出所所长　　李向东*
陈家营派出所所长　李生华
老营派出所所长　　葛文钧
楼沟派出所所长　　王建军
南堡子派出所所长　张旭东
尚峪派出所所长　　李　秀
水泉派出所所长　　张　俊
天峰坪派出所所长　范岳飞
万家寨派出所所长　刘　科
窑头派出所所长　　杨建强

交警大队

队　长　温俊建
指导员　张瑞峰
副队长　张文晋　刘玉峰　白元海

消防队

队　长　聂彦伟

民政局

局　　长　刘文斐*　万永富
支部书记　张　钧
副局长　胡海平　李　伟

司法局

局　长　李建平
党支部书记　刘改花
副局长　常霄飞　张跃龙

财政局

局　长　张　锐*　董二万
副局长　张永在　贺维新　高　斌
总会计师　常建平
国库支付中心主任　韩　智

收费管理局

局　长　张文耀*　李　瑞
副局长　胡俊祥

人力资源和社会保障局

局　长　胡高峰
副局长　秦广裕　刘全在　王　毅
支部书记　高和平
劳动就业局
局　长　贺福成
副局长　高晓东
人才交流中心主任　刘全在
医疗保险中心主任　刘建明
社会劳动保险事业所主任　高　强

国土资源局

局　长　石向东
副局长　石　玉　李海军　闫　强
纪检组长　夏丽虎
总　工　王　伟
执法监察队长　贺永胜
不动产登记中心主任　吴　琼

住房保障和城乡建设管理局

局　长　陈安乐
副局长　彭文忠　王　贵
支部书记　杨宇强
总工程师　土占平

水利局

局　　长　高建军*　赵雨田
支部书记　郭建军
副局长　岳广锐　董凤龙
总工程师　许润虎

林业局

局　长 董二万* 贾贵如

副局长 郭　秀　张建国　郭彦文

气象局

局　长 谢普新

副局长 王　展　李　杰

经信局

局　长 郑建军

副局长 郝志刚　胡在秀

总　工 陈建明

纪检组长　董晓瑞

卫生和计划生育局

局　长 石文华* 岳广厚

副局长 王来生　胡新春　康　忠

纪检组长　吕志成

计生协会秘书长　任美丽

偏关县人民医院

院　长　王三白

党支部书记 薛应亮

副院长 李计明　贺　莉　胡向炳

中医院

副院长 高剑锋

副书记 李三如

妇幼保健计划生育服务中心

服务中心主任　杨树堂

服务中心副主任　王秀宏　张利平　王　斌

疾控中心

中心主任　杨海军

支部书记　罗鹏程

中心副主任　李高岐　常建文

卫生监督所

所　长　王明珠

审计局

局　长　梁晓春

副局长　侯文珍　王俊明

总审计师　郭建忠

国有资产监督管理局

局　长　郭　峰

地方税务局

局　长　陈晋峰

副局长 刘　健　杨鹏俊　杨雪峰

纪检组长　吕 勇

国税局

局　长 齐志平

副局长 杨晋斌　李　旭　赫正中

纪检组长　胡庆春

稽查局局长 李瑞军

万家寨分局局长　李新亮

市场和质量监督管理局

局　长 王培洲

副局长 李贵荣　焦育松　王俊华　秦晓成

专职副书记　冯 强

纪检组长　闫开明

总检验师　李小平

安全生产监督局

局　长 顾建华* 周晓虹

副局长 尤仝生

党支部书记　许新生

粮油中心

局　长 贾锐军*

副局长 曲在根

扶贫开发中心

主　任　杨志刚

副主任　高世玄

交通局

局　长 董存海* 梁晓光

副局长 张长征 石瑞生 吕贵珍

总工程师 王鹏程

道路运输管理所所长 白占成

供销社

理事会主任 李俊平

监事会主任 蒙世斌

理事会副主任 范文仙 杨吉厚

档案局

局 长 张宝山

副局长 秦 美

纪检书记 何艳波

书 记 刘文军

公路段

段 长 郑晓军

书 记 任峥嵘

副段长 张玉斌

中小企业服务中心

主 任 项建平

副主任 郑 福

偏关县煤炭工业服务中心

中心主任 常建军

中心副主任 董志军

城镇集体工业联合社

主 任 吕怀旺

副主任 贺成林

环保局

局 长 岳广厚* 沈俊杰

支部书记 白慧勤

副局长 杨瑞平 杨建文

忻州市老牛湾风景区管理中心

主 任 白建国

副主任 薛平智 李志瑛

办公室副主任 薛俊生 杨晋文

规划协调科副科长 张兴华

治安科副科长 张 军

市场开发科副科长 陈殿君

人民团体

工 会

主 席 蒙新彬

副主席 韩 伟

共青团偏关县委员会

书 记 胡小虎

副书记 白志华

少工委办公室主任 靳瑞莲

偏关县妇女联合会

主 任 万雅平

副主任 董瑞林

妇儿工委办公室主任 武晓燕

工商联

主 席 刘占荣

副主席 张如东

党组书记 王为民

秘 书 刘云程

兼职副主席 王二文 周 勇 杨 霆 樊埃如

科 协

主 席 陈秉珍

副主席 尹贞珍

偏关县残疾人联合会

理事长 李爱民

副理事长 张四仁

文 联

负责人 杨治国

副主席 黄鹏飞

民主党派

中国民主建国会忻州市直属偏关支部

主　委　常建军

民革偏关小组

组　长　李士晓

企　业

中国人民银行偏关县支行

行　长　白宽珍

副行长　顾联合

纪检组长兼总稽核　白在东

中国农业发展银行偏关支行

行　长　张建成*　苏利中

副行长　王星波

经　理　段占荣

副经理　斛渝胜

中国农业银行偏关县支行

行　长　李　增

副行长　王世伟

中国建设银行偏关县支行

行　长　李虎生

副行长　胡文斌　范瑞芳　范瑞军

偏关县农村信用合作联社

理事长　刘建文

主　任　周新平

监事长　吕炎冰

副主任　贾吉升　温　彪

中国邮政储蓄银行股份责任有限公司偏关县支行

行　　长　陈生荣

行长助理　郭立新

中国人民财产保险股份有限公司偏关县支公司

经　理　张　华

副经理　范俊生

中国人寿保险股份有限公司偏关县支公司

经　理　刘继业

中国人寿财产保险股份有限公司偏关县支公司

经　理　郝利文

国网偏关县供电公司

经　理　张瑞峰

书　记　樊小军

副经理　王福林　王贵斌　张海林

烟草专卖局

经　理　张　彬

石油公司

经　理　李建荣*　范江波

煤运公司

经　理　张培荣

药材公司

经　理　贺志林

自来水公司

经　理　牛　富

中国移动偏关县分公司

经　理　赵炎红

副经理　武晓峰

中国联通偏关县分公司

总经理　吴荣臻

副总经理　王国荣

中国电信偏关县分公司

总经理　苗根茂

总经理助理　常福荣

中国人民解放军偏关县人民武装部

部　长　李贵峰

政　委　王义明

副部长　陈艳永

中国人民武装警察部队山西省偏关县中队

队　长　李立鹏
指导员　牛琳琳

乡　镇

居民委员会

主　　任　李虎容
党工委书记　高　权
副　主　任　闫文兵

新关镇

党委书记　郭秀红*　高吉生
政府镇长　王卫兵
人大主席　胡　正
副 书 记　刘俊平
纪检书记　吕东平
副 镇 长　王彦文　杨　锋　苏　琴　郝爱忠
武装部长　刘永生
组织委员　杨文斌

老营镇

党委书记　郭建忠*
政府镇长　杨剑青
人大主席　杨建文*　贾广文
副 书 记　李志强
纪检书记　杨建强
副 镇 长　王国斌　周晓玲　白子龙　陈永生
武装部长　石经纬
组织委员　方　伟

万家寨镇

党委书记　杨占录*
政府镇长　白生成
人大主席　王　华
副 书 记　朱利卿
纪检书记　梁峥嵘
副 镇 长　秦瑞强　王永富　吕在荣　范志红
武装部长　白　龙
组织委员　贺竹平

天峰坪镇

党委书记　武秀贵
政府镇长　高吉生*　李彦明
人大主席　侯进飞
副 书 记　李生龙
纪检书记　苏保源
纪委副书记　杨　杰
副 镇 长　武兴胜　吕利东　刘学文　秦俊英
武装部长　韩俊明
组织委员　李丽华

窑头乡

党委书记　贾海荣
乡　　长　梁震宇
人大主席　李彦明*
副 书 记　赵明君
纪检书记　刘永明*　孙永钢
副 乡 长　刘智才*　李秀明*　张建东　薛国峰
　　　　　董月成　郝　宇
武装部长　薛国峰*　刘瑞森
组织委员　李波波

陈家营乡

党委书记　闫志忠
政府乡长　范彩琴
人大主席　于　杰
副 书 记　张俊杰
纪检书记　白明亮
副 乡 长　梁国龙　韩建军　杨晋文　杨宪文
武装部长　王永林
组织委员　周晓燕

水泉乡

党委书记　李　毅

乡　　长　张俊峰

人大主席　秦爱兰

副 书 记　李世荣

纪检书记　高　敏

副 乡 长　李兴亮　王中莉　王　俊　刘爱民

武装部长　张虎拴

组织委员　贾文亮

南堡子乡

党委书记　戴永胜

乡　　长　崔建国

人大主席　王　忠

副 书 记　白利国

纪检书记　张俊莲

副 乡 长　郭　晓

武装部长　张志良

组织委员　李瑞兰

尚峪乡

党委书记　王在英

乡　　长　王安荣*　许德义

人大主席　杨常春

副 书 记　张国锐

副 乡 长　李俊岐　张富乐　张　军　冯美玲

武装部长　靳林春

组织委员　秦晓芳

楼沟乡

党委书记　秦庆元*　王安荣

乡　　长　卢　鑫

人大主席　尤春生

副 书 记　范彩琴*　张艳军

纪检书记　樊　鹏*

副 乡 长　康建新*　尤春生*　李冰彬　刘秀宇
　　　　　陈瑞斌　王　暾　赵俊芳

组织委员　刘秀宇*

注：2016 年调离岗位人员姓名后右上角标注*。

中国共产党偏关县委员会

综　述

【**概述**】2016年，是“十三五”的开局之年，一年来，中共偏关县委在市委、市政府的坚强领导下，全面贯彻党的十八大和十八届三中、四中、五中、六中全会精神，深入落实习近平总书记系列重要讲话精神和治国理政新理念新思想新战略，以省委“一个指引、两手硬”重大思路和要求为指导，紧紧响应市委“1661”思路布局，全面推进偏关县“1551”发展战略，以脱贫攻坚统揽全局的各项工作均取得可喜成绩，整体呈现出脱贫攻坚首战首胜、经济运行稳步向好、民本民生显著改善、发展环境不断优化、社会和谐保持稳定、党的建设全面加强的好局面。

【**对经济工作的领导**】2016年，县委常委会紧密结合中央“四个全面”战略布局、省委“五句话”以及“一个指引、两手硬”和市委三届七次全会上提出的“10个怎么看、10个怎么干”以及“1661”发展战略，结合“十二五”期间“双五”战略需要继续推进跟进的实际，鲜明提出“十三五”期间以脱贫攻坚统揽经济社会发展全局的“一个统揽、五大战略、五个起来、一个目标”的“1551”整体工作发展战略。按照“1551”发展战略布局下的5年规划和当年计划，对脱贫攻坚、产业项目、民本民生、环境生态、建成小康以及党的建设等重点工作进行了安排部署，细化分解，扎实推进，全县“十三五”开局良好，成效显著。

（一）脱贫攻坚实现首战首胜

县委全面贯彻落实中共中央扶贫开发工作会议精神和《中共中央国务院关于打赢脱贫攻坚战的决定》文件精神，按照市委“3659”脱贫攻坚策略和“4433”实施办法，坚持从偏关实际出发，在县委常委会的领导下，成立了县脱贫攻坚指挥部，制定了“12895”脱贫攻坚策略和2016年脱贫攻坚行动计划。坚持横向到边、纵向到底，全县10个乡（镇）和有关部门都制定了脱贫攻坚策略和行动计划。坚持挂图作战，县四大班子领导带头包乡包村包户包人，省市下派的35名第一书记、全县3000名干部积极投身脱贫攻坚前线“战役”，形成脱贫攻坚的强大合力。全县共退出贫困乡1个、贫困村35个，贫困村脱贫人口脱贫5477人，实现首战首胜。帮扶政策全面落实。按照“五个一批”“六个精准”要求，坚持因村因户因人分类施策，2016年，通过发展生产脱贫3505人，易地扶贫搬迁脱贫304人，生态补偿脱贫615人，发展教育脱贫300人，社会保障兜底753人。在脱贫政策落实方面，扎实开展社会保障四方面政策到村到户专项行动，制定出台9项配套政策文件，编印《偏关县惠民政策选编》1万册，并及时发放到贫困户手中。截至2016年底，社会保障四方面政策全部落实到位。累计发放教育扶贫资金1709.87万元；为6367名55岁以上的贫困人口提供大病医疗补充保险11.4606万元；享受低保的贫困户1566户、1885人；免除贫困户在新农合定点医院普通门诊挂号费；小杂粮、薯类、中药材三项农业特色种植特惠补贴资金293万元。脱贫项目实施成效显著。在脱贫项目安排上，县委突出产业发展、易地搬迁和金融扶贫三个重点，着力抓好小杂粮种植、健康养殖、光伏产业、乡村旅游等八大增收产业。在8个村建设的2个4×100千瓦村级光伏扶贫联合电站已并网发电，年可带动392户贫困户、984人人均增收1326元；已将151户、556人集中安置到已建成的马家坡聚福苑移民小区，发放建房补助815万元；从建档立卡贫困人口中择优选聘了302名生态护林员，全年管护补助费181.2万元，人均年增收6000元；组建脱贫攻坚扶贫造林专业合作社80个，发展社员1631人，其中贫困人口1310人。

（二）经济运行实现稳中向好

进一步加强和改进党委对经济工作的领导，充分发挥党员领导干部的先锋作用，积极开展“双百攻坚”“干部入企服务”和“冬季行动”，重点项目建设稳步推进，主要经济指标增幅实现下半年好于上半年目标。县四大班子领导带头落实包领项目工作制度，发挥任务、问题、整改、责任“四个清单”在抓项目、抓落实、抓进度、抓发展中的关键作用，党员干部坚持真穷、真苦、真实干，较真、较劲、不叫苦的作风，在形成稳中有进格局中集中体现了“两学一做”学习教育成果。2016年，全县GDP完成25.5亿元，同比增长2.4%；规模以上工业增加值同比增长2.6%；固定资产投资完成29亿元，同比增长9.8%；社会消费品零售总额完成9.9亿元，同比增长5.7%；城镇常住居民人均可支配收入19929元，同比增长6.0%；农村常住居民人均可支配收入6030元，同比增长7.3%。各项约束性指标全部完成年度任务。

（三）重点项目建设成效显著

县委、县政府以“项目落地年”“项目推进年”“项目见效年”和“项目提质增效年”为抓手，按照项目推进“八位一体”要求，推行的“县委、县政府主要领导联系项目、四大班子领导包领项目、乡镇部门支持配合项目、‘党员小组’服务项目”的工作机制在各专项行动中发挥了积极作用。煤炭项目扩数增量。落地偏关的煤炭项目达到20个，预计煤炭年发运量可达4600万千克以上。7座煤炭铁路专用线项目，3个已开工，2个已拿到铁路准入，其余2个正在推进前期工作；5个煤炭洗选项目，3个已投产，1个已完工，1个正在建设；8个储售煤企业已全部投入运营。电力项目推进有力。黄万公司万家寨水利枢纽、龙口水利枢纽2个水电项目正常运行，总装机容量达150万千瓦，年上缴利税1亿余元，年完成工业产值占全县规模以上工业比重的70%以上。风电、光电项目推进迅速。已签约的5个风电项目、21个光电项目，正在推进落地工作。新建大唐5万千瓦风电项目已并网发电，华能2万千瓦光电项目已完成6000千瓦的建设任务并实现并网发电，龙源5万千瓦风电项目已完成进场道路22.87千米，升压站主体浇筑完工，累计组塔42基、浇筑42基，风机基础开挖31基，清坑30基。火电项目进展顺利。华电偏关2×110万千瓦火电项目在省市主要领导和市发改委的大力支持和帮助下，项目可研报告通过了电规总院审查；同煤2×100万千瓦火电项目也正在积极跟踪推进。重点工程投资有力。2016年，全县储备项目69个，总投资422亿元，完成年度任务的317亿元的133%；签约项目11个，总投资74.54亿元，完成年度任务74亿元的100.7%；落地项目82个，总投资55.5亿元，完成年度任务43亿元的129.1%；项目开工66个，总投资37.53亿元，完成年度目标任务36亿元的104.25%；项目投产74个，总投资43.99亿元，完成年度任务43亿元的102.3%。省市重点工程完成投资28亿元，完成年度任务的100%。

（四）“三农”工作扎实推进

认真落实中央“一号文件”精神，积极调整农业产业结构，大力开展农田水利建设，持续推进产业富民战略。全面发展农业生产。制定出台了《偏关县关于贯彻落实粮食安全县长责任制的实施意见》，全县粮食播种面积 3.03 亿平方米，全县粮食产量预计可达 0.6 亿千克。优化农业区域布局，大力发展杂粮、干鲜果、设施蔬菜、草牧业等特色产业，推进农业产业化经营，制定出台了《偏关县关于打造“中国杂粮之都”的实施意见》，完成杂粮种植面积 1.52 亿平方米，建成南山山药基地 1333.34 万平方米，北山谷子基地 3333.35 万平方米，关河沿线糜黍基地 2000.01 万平方米。已发展杂粮专业合作社 90 余家，培育杂粮购销合作社 12 家，建成无公害生产基地 7 个，其中 5 个无公害生产企业已获得了无公害认证，认证产品数为 6 个，完成偏关小米、偏关羊肉地理标志认证两个。加强农业基础设施建设。完成水保治理面积 3733.35 万平方米。投资 1460 万元，建成陈家营、楼沟等四处抗旱应急引调提水工程。投资 1110 万元，完成京津风沙源项目小流域治理 25 平方千米，水源节水工程 20 处。山洪灾害防治非工程措施建设项目，一期工程在 4 月底进行了竣工验收，二期工程在 9 月份完成了合同验收。抓好农村饮水基础设施建设，投资 250 万元实施人饮安全工程，投资 369 万元实施一村一井配套项目工程，累计解决了 5052 口人、290 头大畜的饮水安全。马家山小型水库前期已经展开工作，计划解决近 666.67 万平方米的耕地灌溉问题。积极推广旱作节水技术，重点推广玉米、谷子的地膜覆盖，覆盖面积达到 5333.36 万平方米。加快农业机械化进程，完成机耕面积 1.87 亿平方米，机播面积 1.77 亿平方米。严格落实耕地占补平衡制度，加大土地开发整理力度，严守“两条红线”，全县耕地面积稳定在 3.71 亿平方米，基本农田稳定在 3.04 亿平方米。发展壮大羊产业。全年建成标准化养殖小区 6 个，标准化规模养殖场 7 个，发展规模养羊户 3876 户；羊饲养量达 76 万只。全年引调羊 20000 多只，绒山羊改良 9.78 万只，绵羊改良 15.47 万只，羊的良种覆盖率达到 49% 以上。大力推广青贮窖和秸秆粉碎加工利用技术，秸秆粉碎加工利用率达 75.6%以上。推广优种猪 1.93 万头，人工种草完成 433.34 万平方米，改良草地完成 2000.01 万平方米；畜产品质量安全进行定期或不定期检测，生猪定点屠宰场全程检疫，无畜产品安全事件发生。着力抓好农业升级。改进种植品种，在上年试种获得成功的基础上积极推广藜麦、363 葵花、万寿菊等农作物新品种，改变品种单一的种植结构，提高经济效益；实施蔬菜和果业提质增效工程，全年新发展白水杏 13.33 万平方米，全县经济林累计达到 2333.35 万平方米；充分利用已取得国家地理标志产品认证的偏关小米、羊肉两项认证产品，打造“田峰五谷杂粮”“恒堡余”等杂粮品牌；大力推广得到农业部认证和许可的老营“意丰”牌无公害蔬菜，打通销售渠道，叫响品牌知名度；借鉴推广黑豆埝日光温室的成功经验，辐射带动全县发展反季节水果，打造现代高效农业。构建农村电子商务网络运行体系，推进偏关县电子商务进农村、进社区，制定了《偏关县农村电子商务行动计划（2016—2020）》，积极与阿里巴巴、京东、乐村淘等电商平台对接。截至 2016 年底，偏关县乐村淘电子商务有限公司与乐村淘签订协议，成为偏关县首家涉农 020 县级运营中心。同时，京东服务中心也进驻偏关县，新建京东农村合作点 20 家，吸收和发展农村推广员 160 名。建立县级农村电商运营中心，主要行政村电商服务点全覆盖。基层农技推广体系建设覆盖 10 个乡镇，基层农技站场所、设备、人员全部配套到位，每乡配置特岗农技员一名。农产品质量安全监测中心项目已完成化验室土建、装修工程，仪器采购省统一招标已完成，明年即可投入使用。稳步推进农村土地承包经营权确权发证工作，累计已调查面积3.7亿平方米，占应调查总面积的98%。深入推进土地管理制度改革，不动产登记工作有序开展。

（五）市政建设特色彰显

坚持以“五城联创”为抓手，按照“古关古韵”建特色城市理念，科学规划城镇建设，不断完善市政基础设施，着力提高城区管理水平，大力整治市容市貌，城区风貌日益彰显。完善城市规划编制。以城市总体规划为基础，进一步编制和完善各项专业规划和集镇规划，重点抓好城市绿化规划和水系规划，加快实施城市管网规划，着力做好县城排水专项规划编制工作，形成总规、详规及专业规划的多层次规划体系，确保今后所有城镇建设项目在规划内实施。截至2016年底，城市排水防洪防涝规划、县城控制性详细规划以及县城总体规划部分区域的各项修编工作正在有序开展。改善城市人居环境。以县城“创卫”为载体，在开通县城外环路、建成西北循环线，打通“大动脉”的基础上，进一步完善市政基础建设。实施了万府路、凌霄路、文笔大街、古城大街改造，将台坪、马家坡、利民街、新花园、城北大街坡面治理，鑫园小区、马家坡道路给排水建设，二道街、利民街东支巷道路硬化及公共卫生间建设等一大批市政工程，完成城区新建和改造城市道路9千米，新建城市供气管网5千米，新建和改造城市供水管网3千米，新增污水配套管网5千米，雨水管网9千米，2016年累计完成投资1.45亿元。投资172万元建设两个农贸市场，文笔大街集贸市场正在抓紧建设，太府农贸市场已正式运营，城区小商小贩实现归行入市。做好公交运营体制改革工作，引进偏关县万通公交有限公司从事城市公交经营，新购置了18辆新能源公交车，全县公交运营步入正轨。棚户区改造任务全面完成，新开工棚户区改造798套，续建保障性住房1330套，累计完成投资10301万元。改善农村人居环境。加快推进农村人居环境改善，抓好农村水电路和居民养老等基础设施建设，落实年度投资计划9872万元。制定出台了《2016年改善人居环境行动计划》，投资369万元实施新关、天峰坪、万家寨、窑头等7个乡镇11个村的“一村一井”配套工程，投资343.5万元实施22.9千米窄路面拓宽工程，投资2256万元实施农网改造升级工程及光伏扶贫电力配套项目，改造低压台区5个，新增配变3台，新建及改造10千伏线路74.5千米，低压线路10.9千米。在十个乡镇实施农村困难家庭危房改造工程，改造危房867套。申报建设了万家寨镇老牛湾村省级美丽宜居示范村和水泉乡水泉村、天峰坪镇寺沟村两个市级美丽宜居示范村。并对2015年老营村省级美丽宜居示范村建设进行了验收和资金拨付。

（六）旅游事业空前繁荣

紧紧抓住偏关得天独厚的旅游资源和悠久厚重的历史文化，围绕“黄河风情游”和“长城边塞游”东西两条线路线，精心打造文化旅游景区。加大旅游项目建设力度。截至2016年底，黄河大峡谷景区项目建设进展顺利，五大景区建设已接近尾声，6个旅游项目已上报市政府进行网上招商，投资1600多万元修建了寺沟—关河口10.8千米沿黄旅游路，投资890万元的寺沟护宁寺景区观光码头已投入运营，投资2900万元的老牛湾观光码头正在紧张施工中。万家寨、老牛湾传统村落保护开发工作已全面展开；水泉红门口地下长城景区南门剑楼已完成招标工作，展厅布置已经完成验收，景区游客服务中心建设工作顺利推进；新建了寺沟护宁寺景区2座、改建老牛湾景区1座旅游厕所，完成了2016年旅游厕所建设任务，推动了偏关县“旅游厕所革命”，提升了旅游公共服务功能；4条旅游公路2条已经在发改部门备案，总里程38千米的老营至丫角山、丫角山至水泉的旅游公路已列入省政府道路投资计划。扎实开展乡村旅游扶贫工作。采取“精准识别、入户调查、建档立卡”等措施，以白龙殿、南场村等7个贫困村为重点，通过规划指导、结对帮扶等方式，帮助群众发展乡村旅游、致富增收，设计单位已完成项目设计，基础设施建设工作已全面开工。选派白龙殿、水泉村相关人员参加了省旅游局组织的乡村旅游重点村培训。加强旅游项目招商和宣传促销工作。老牛湾省级风景名胜区总体规划大纲已通过专家评审，老牛湾风景区旅游开发项目、黄河·长城边塞风情游护宁寺景区开发项目、红门口地下长城旅游景区建设项目、偏关县关河口民宿度假村开发建设项目、偏关县老营堡—丫角山长城旅游景区开发建设项目、偏关县“长城·黄河”旅游公路建设等6个项目已报市政府，进行网上招商。聘请内蒙古大自然影视公司拍摄时长30分钟的偏关县旅游形象宣传片，拍摄工作已启动，在市政府组织的“心灵之舟，挺进广州”旅游招生推介会上积极宣传偏关旅游资源。

（七）生态环境明显改善

严格落实省政府林业建设“三加三不减”工作要求，紧紧抓住吕梁山生态脆弱区林业生态建设综改标杆项目的实施机遇，实施京津风沙源治理、天保二期人工造林、巩固退耕还林干果经济林等重点项目，打造生态林业精品工程，创建“省级造林绿化示范县”。生态建设力度不断加大。省市下达偏关县的5910.10万平方米营造林任务，截至2016年底已全部完成。其中：天保封山育林1133.34万平方米；退耕还林成果巩固工程1073.34万平方米；京津风沙源治理人工造林1800.01万平方米，完成人工造林1466.67万平方米，封山育林333.34万平方米；国家巩固退耕还林干果经济林666.67万平方米；退化林分改造866.67万平方米；脆弱区结余资金造林86.67万平方米；植被恢复83.40万平方米；森林抚育200万平方米。此外，完成县级干果经济林抚育1566.67万平方米，补植补造20.88万株，完成补植补造1392.01万平方米、修剪、喷药、施肥等。零星四旁植树48万株，育苗333.34万平方米。环保工作成效明显。全面推进污染减排和大气污染防治工作，制定了《偏关县2016年大气污染防治计划》《偏关县燃煤锅炉提标改造工作方案》，建立政府统领，用户施治，环保监管，大众参与的大气污染治理新机制。开展“铁腕治污”专项行动，认真落实了21项具体行动措施。截至12月20日，全县二氧化硫、氮氧化物、烟尘、粉尘排放量分别较上年下降6％、5.4％、4％、4.7％，化学需氧量和氨氮排放量分别较去年下降1％和1.5％，以上6项约束性考核指标均已完成市政府下达的年度减排任务；城区空气质量累计二级以上天数340天，P米2.5和P米10年均浓度分别较去年下降10%和8.1%，城区环境空气质量稳定达到国家二级标准。

【关注民生】 2016年，县委坚持民生优先，不断完善教育、卫生、文化、社会保障、生态文明等公共服务体系，民生福祉日益改善。

（一）科教事业得到进步

进一步巩固义务教育均衡发展成果，加强教师队伍建设，招聘农村特岗教师35名，不断优化农村教师队伍结构。加大教育基础建设投入，第三中学新建学生公寓楼已全面竣工，第四中学的教师周转宿舍建设已全面启动。完成第三中学、第二小学水冲厕所设计工作。推进义务教育学校标准化建设，力争2018年通过国家义务教育均衡发展评估认定。按照省、市残疾儿童随班就读办学经费要求，落实了10名残疾儿童的办学经费，每生5000元。在师资、办学条件、政策宣传等方面进行前期准备，确保顺利推进高考制度改革。2016年全县高考考生950人，二本以上达线103人，达线率10.8%，文理两类达线82人，居西八县前列。大力营造科技创新氛围，继续加快科技队伍建设，鼓励企业创新，为创新创业活动提供科学的引导和大力支持。

（二）全面深化医疗体制改革

继续完善县级公立医院改革，不断巩固完善基本药物制度，提高医疗保障和服务水平。全县新农合参合率继续保持在95%以上，全年实施的21个村卫生室全部建成并投入使用。认真抓好人口计生工作，全面落实一对夫妇可生育两个孩子政策，继续实行计划生育县乡“一票否决”制度。县级公立医院全面执行药品零差率销售，诊疗、检验等收费按调整后的价格标准执行，完善了药品集中采购制度，成立县级公立医院管理委员会，落实了政府补偿机制和公立医院分配、绩效考核等相关制度，对县级公立医院的管理更加科学、规范。深化乡村一体化管理，全面落实乡村医生多渠道补偿和待遇政策。县人民医院、县中医院分别和10个乡镇卫生院签订了医疗联合体成员单位合作协议，形成业务协作、资源共享、技术下沉的医疗服务体系。

（三）文化事业繁荣发展

加强文化基础设施建设，加快推动全民健身中心前期审批工作，积极争取上级投资维修改造塔梁体育场。配合县城创卫工作，拆除了原有老旧破损文化馆。新的全民健身中心、文化馆综合楼2016年底已完成选址、土地划拨、设计方案、可研报告、环评报告等前期工作，并已报上级部门批准实施。完成了偏关境内所有长城资料汇编工作，安装北齐长城等境内早期长城保护标志碑3座。完成了南门城楼顶部维修及排水工程。隆岗寺修缮本年完成了正殿、台明的修缮工程。完成了“踢鼓子秧歌”“炕围画”“三关泉醋”等五个非遗项目的资料收集、视频资料制作等工作，其中4个项目已获市级非遗项目批复。落实了8个乡镇文化站办公及免费开放活动场所，完善文化活动器材配置，增加图书、报刊藏量，开设电子阅览服务，同时保证每个乡镇文化站至少2名文化服务员，基本满足乡镇综合文化站免费开放的需要。继续开展60个行政村每村送戏1场的“送戏下乡”和248个行政村每村放电影12场的公益电影放演活动，继续开展“唱响偏关”舞台艺术大赛和全民健身体育比赛活动，不断提高广大群众参与文化艺术和体育健身系列活动的积极性。争取上级支持，继续实施广播电视“户户通”项目，丰富基层群众文化娱乐生活。

（四）完善社会保障体系

稳步提高职工、居民养老保障水平，实现养老、医疗、失业、工伤、生育保险参保人数稳步增长。健全城乡最低生活保障动态管理机制，加大社会救助力度，做好医疗救助、临时救助、流浪乞讨人员救助等各项救助工作，保障和改善困难群体基本生活。城市低保标准由原每人每月343元提高到每人每月363元，农村低保标准由原每人每年2290元提高到每人每年3026元；对城乡低保家庭中持有残疾证的每人每月给予50元生活补贴；对城乡低保家庭中80—99周岁的高龄老年人，每人每月给予高龄补贴30元；对城乡低保家庭中60—99周岁的失能老年人，每人每月给予60元生活补贴。马家坡社会福利服务中心装修已基本完成，机构已获市编委批复。2016年面向社会招录公务员14名、事业人员68名、“三支一扶”志愿者4名、安置退役士官11名。深入开展农民工工资支付专项行动，全年检查各类用人单位139户，督促用人单位与213名劳动者补签了劳动合同；督促12家用人单位进行了劳动用工备案；为59名农民工追讨工资67万元。截至2016年底，农民工工资保证金专用账户已预存保证金30万元；政府预存应急周转金200万元，工会预存应急周转金20万元；完成劳动保障监察“两网化”用人单位信息采集405户，全县建立对辖区用人单位全覆盖、全方位、全过程监督检查的三级监察执法网。

（五）加强社会综合治理

不断加强社会风险评估、矛盾纠纷源头预防、重点人员管控等工作，维护社会安全稳定。提升“省级平安县”建设，开展“六网覆盖”工程，完善立体化社会治安防控体系，依法严密防范和惩治各类违法犯罪活动，保持打黑除恶的高压态势，保障人民生命财产安全。围绕打造“平安偏关、法制偏关”总目标，扎实推进“打黑除恶”“利剑行动”及“民爆危险物品整治”等各项专项行动。全年共立刑事案件184起，破案73起，抓获各类犯罪嫌疑50余人，其中刑事拘留40人，逮捕30人，取保候审8人，移送起诉43人，监视居住1人。破获侵财类案件52起，其中破获抢劫案件6起、诈骗案件22起。破获现发命案1起。抓获网上逃犯24人，其中抓获历年逃犯2人。县、乡、村“三级调解中心”共调处各类纠纷340件。严格落实信访条例，创新信访工作机制，充分调动社会力量参与信访工作，着力解决信访突出问题。继续开展领导干部坐班接访、主动约访、带案下访活动，加大信访积案化解力度。通过领导干部开门接访、带案下访，县级领导干部共接待来访群众1260批次1713人次，有效地解决了大量矛盾纠纷，维护了群众合法权益，促进了社会和谐稳定。

【党的建设】 县委十三届一次全会以来，新一届县委常委会坚持以党的十八届三中、四中、五中、六中全会精神和习近平总书记系列讲话为指导，全面贯彻省委、市委决策部署，牢牢把握全面从严治党这条主线，全面推进“先锋作用提起来、堡垒作用强起来、风清气正浓起来、干事创业实起来、良好形象树起来党建‘五个起来’工程”，从严治党、从严治政、从严治吏的基层党建长效机制得到持续坚持全，县党建工作得到进一步加强。

（一）“三基”工作成效明显

基层组织得到强化。大力开展党员组织关系集中排查清理，对违纪违法的56名党代表和党员及时做出严肃处理，严格党费收缴，补缴应缴未缴党费6万余元。成立非公经济组织和社会组织党工委，组建非公企业党支部48个，建立社会组织党支部9个，挂靠主管部门发展社会组织党员4名。基层基础得到夯实。每个行政村省、市财政补助的5.6万元党建转移支付全部拨付到位，县财政补助的2.4万元党建经费列入财政预算。先后完成32个软弱涣散党组织的集中整顿。全县截至2016年底有147个村实现集体经济“破零”；组成13个入企服务小组进驻企业开展攻坚服务活动。基本技能得到提升。选派党建指导员32名，专门深入农村党支部指导工作。强化“领头雁”、党员技能培训等各项活动，先后完成对105名“第一书记”、248名农村“领头雁”、第一期80名贫困人口的千村万人就业培训和第二期500名贫困人口的新型职业农民培训，有效提高党员干部和贫困群众带富致富能力。

（二）从严落实“两个责任”

县委把学习领会贯彻上级党委、上级纪委提出的党风廉洁建设和反腐败斗争的新精神、新要求作为落实从严治党“两个责任”的重要抓手，为全县创设了纪律严明、责任明确、廉洁奉公、作风严实、严谨干事的政治环境和发展环境。坚持“三实”抓管党治党。靠实主体责任。县委全面树立“四个意识”，坚持把思想建党、制度治党和作风兴党作为加强党的建设和抓班子带队伍的主线，要求班子成员按照省委“一个指引、两手硬”思路要求和市委“三个最”“五个抓”重要举措，合力狠抓主体责任的落实。压实第一责任。进一步增强从严治党“书记抓、抓书记”的思想自觉和行动自觉。按照“五个亲自”要求，县委先后7次召开会议宣传学习重要会议精神和主要领导重要讲话精神，安排协调市县巡察、县级巡察、各专项督察、监察体制改革等重要工作。市委巡察组巡察期间反馈的6个方面16项问题和“四述”报告中指出的7个方面问题全部得到整改。夯实监督责任。严格落实《中国共产党党内监督条例》，县委制定下发了《中共偏关县委关于加强常委会自身建设的若干意见》。全面推进监察体制改革试点工作，先后召开改革领导小组会议7次，协调解决了办公场所，制定了实施方案，确定了监委班子成员和委员人选并上报市纪委组织部。制度监督、机构监督和民主监督成为常态，全县的重大决策、重大事项由县委常委会、常委扩大会集体研究决定。2016年，县委先后召开常委扩大会议8次，县政府召开常务会议39次，共研究事项102件。坚持“三严”抓班子队伍。严学习。要求县委班子成员准时参加每月1次的中心组学习，借“两学一做”学习教育，先后对《党章》《若干准则》《监督条例》等内容进行了重点学习。班子成员对照工作实际和个人实际，先后撰写心得体会60篇、署名文章15篇、讲廉政党课30次，高度坚持知行合一，保持理论上清醒，政治上明白。严落实。紧紧依托“四个全面”战略布局，按照《关于新形势下党内政治生活的若干准则》要求，制定出台了《关于进一步严肃党内政治生活的意见》，推动党内生活经常化、严肃化、制度化。严管理。严格执行省市《关于干部能上能下、担当作为、合理容错》制度，准确把握运用“四种形态”，主动开展谈心谈话，共与乡镇党委书记、乡镇长及县直机关“一把手”谈话33人次，与乡镇纪委书记、县直派驻纪检组谈话9人次，与其他关键岗位干部谈话21人次。坚持正确用人导向，2016年常委会研究干部178人，其中提拔重用82人，交流52人，免职44人。坚持“三强化”抓担责问责。强化担当。县委紧紧围绕“两个责任”的落实，先后5次召开县委常委会就有关工作进行研究和安排部署。新组建了县委巡察办和3个巡察组，已完成对6个乡镇、6个县直单位的巡察，发现的45个问题已完成整改。强化担责。县委与10个乡镇、22个政府工作部门和1个居民办事处层层签订责任状，同时，各乡（镇）与各村委层层签订党风廉政建设责任书，全县各级各部门共制定责任清单2105项。强化教育。加强纪律教育，增强全县各级干部的党规党纪意识，做到自觉守纪律、讲规矩。2016年，县委班子成员共组织“两个责任”宣讲40次，讲廉政党课27次。认真贯彻《中国共产党问责条例》，积极支持纪委“三转”，健全各级纪委班子，专职抓监督、抓问责。县委先后7次听取纪检部门查办案件情况汇报，2016年，全县各级纪检监察机关共查办各类违纪案件176件，给予党政纪处分108人，谈话诫勉68人。其中，整治查处侵害群众利益不正之风和腐败问题线索21件，处分21人。坚持把规矩纪律挺在最前面，县委先后向市委、市纪委以书面形式报告履行管党治党主体责任情况4次，向各级检查督察组汇报工作13次。坚决落实八项规定，持续纠正“四风”，截至2016年底，全县共查处违反八项规定案件8起，纠正“四风”问题35个，约谈35人。

（三）圆满完成县乡换届工作

认真贯彻中央、省委以及市委关于换届工作的部署要求，把严肃换届纪律贯穿换届全过程，严格落实“九个严禁、九个一律”要求，研究制定了《严肃换届纪律保证换届风清气正的工作方案》，坚持“五个全程”工作法，进一步抓把关、抓程序、抓落实、抓推进，确保换届工作风清气正。保持贫困乡镇党政一把手相对稳定，选优配强各级领导班子，县乡两级换届按期圆满完成，省市对偏关县换届风气监督实现“零投诉”，巩固和发展了团结奋进的政治局面。

（四）深入开展“两学一做”学习教育

全县472个基层党组织和7057名党员，按照确立的“先锋作用提起来、堡垒作用强起来、风清气正浓起来、干事创业实起来、良好形象树起来”五个起来工程，深入开展学习教育。县委中心组分别开展了“四讲四有”和“学习贯彻系列讲话，解决若干突出问题”交流研讨，县委常委班子成员带头讲党课18次，全县各基层党组织开展讲党课活动428场。县乡两级全部完成“两学一做”学习教育四个专题的交流研讨。

（五）全面履行意识形态主体责任

县委把抓好意识形态工作作为树导向、明方向、拥核心、强看齐的根本抓手，坚持以习近平总书记系列重要讲话精神武装头脑，进一步提高思想认识、强化责任担当、把握舆论引导，明确党委抓意识形态工作的主体责任和主要负责人的第一责任，为全面建成小康社会提供了有力的思想保证和精神力量。举旗看齐，凝聚共识。坚持用先进的理论武装头脑，围绕习近平总书记治国理政新思想新战略，以及中央十八届六中全会精神、全省第十一次党代会精神、全市第四次党代会精神，共组织12次集体学习。主动担当，扛实责任，认真贯彻党管意识形态原则，牢牢掌握意识形态工作的领导权主动权。成立了意识形态工作领导小组。出台了《意识形态工作责任制实施办法》《意识形态工作检查考核制度》。围绕大局、把好导向。县委紧紧围绕重大决策部署的落实、惠民实事、脱贫攻坚等重点工作的成果，在市级以上媒体发稿200篇，其中在国家级报刊发稿10篇，省级报刊发稿16篇。电视台累计播出稿件600条，制作各类专题片6部。提升素质，培树典型。扎实推进社会主义核心价值观建设，充分发挥全县爱国主义教育基地的作用，组织开展了纪念建党95周年、红军长征胜利80周年主题教育活动，大力弘扬革命文化、红色文化。传承文脉，推陈出新。出版了《偏关记忆》《偏关岁月光影》两本著作，编印了两期《偏头关》，有10名民间艺术人才入选《忻州市优秀民间艺术人才图录》《偏关书画作品集》《我的家园我的歌》第四辑也即将付梓。增强动力，激发活力。积极推动“三馆一院”建设，有效发挥各类文化设施和阵地的作用。加大与高端媒体合作，强力推介偏关县优质历史文化与旅游资源，举办了“洋眼看山西”采风活动，8个国家的外籍专家对偏关县的旅游景点进行了采风。邀请央视纪录频道来偏关县就大型巨幕3D电影《黄河》进行了航拍采景。电影《龙岭迷窟》在关河口、寺沟进行了拍摄。

提高素质，培树典型。坚持紧跟中央，加快节奏，同频共振，对标看齐，在思想上政治上行动上始终与中央保持高度一致，结合“两学一做”学习教育活动，持续深入改进作风，紧紧扭住“巩固和拓展红色地带、控制和转化灰色地带、遏制和改造黑色地带”这一战略性任务，守土有责、守土负责、守土尽责。

（六）全面推进党的建设制度改革

制定了《科级干部管理规定（试行）》《加强后备干部管理的意见》《科级领导班子年度目标责任考核办法》《干部谈心谈话制度》等规章。对新《条例》进行研究探索，推行干部人事工作机制。县委开展了全方位民主推荐，全过程痕迹纪实的干部选用实践。制定了《偏关县科级领导干部日常考察办法》，加大了干部日常考察力度，坚决遏制干部“带病提拔”，用落实制度防止干部“带病提拔”。严密制定《偏关县超职数配备干部消化方案》，按照要求推进乡镇非领导职数配备工作，完善了《科级领导班子年度目标责任考核办法》。通过各项制度的健全和完善，切实加强对领导干部的教育、管理和监督。

（七）政法综治工作成效显著

县委以落实维稳责任制为抓手，以突出防控风险、坚持创新驱动、强化法治引领本为着力点，先后7次召开平安建设、综治、维稳、政法等专题会议，精心安排部署政法综治和维稳工作。与乡镇和县综治成员单位签订了社会治安综合治理责任书，层层分解、逐级夯实维稳工作任务。紧紧围绕各个敏感时期、热点问题开展工作，2016年共搜集上报情报信息222条，其中国保情报信息100条、反邪教情报信息45条、反恐情报信息24条、维稳情报信息53条。组织开展社会稳定形势和情报信息分析研判5次，形成研判报告5份。开展反恐基础摸排21次，没有发现有涉恐嫌疑的重点人。对4处登记的宗教活动场所开展日常检查12次，登记备案佛教、基督教人员。对划定的涉恐一级重点目标1个、二级重点目标1个、三级重点目标33处开展反恐防恐督导检查10次，发现安全隐患8处，下达隐患整改通知书8份。全力做好国保重点人、6类重点群体以及邪教重点人员的管控工作，实现了这些重点人员和群体的零上访。充分调动社会各方面的力量，排查化解各类矛盾纠纷360余件。

（八）班子运行健康有序

县委全面贯彻落实党的十八届三中、四中、五中、六中全会精神，以习近平总书记的重大治国理政思想为指导，全面树立政治意识、大局意识、核心意识和看齐意识，认真落实从严治党主体责任，不断优化创新和健全完善县委班子运行机制，形成用制度管权、管事、管人的良性循环运行格局。换届以来，特别是党的十八届六中全会以来，新一届县委领导班子以《关于新形势下党内政治生活的若干准则》《中国共产党党内监督条例》为指导，坚持把规范合理、严肃严谨作为班子建设的重点，以深化民主集中制和加强班子内部监督为抓手，围绕重大决策、重大项目安排、重要人事任免和大额度资金使用管理“三重一大”，积极探索推行“三步工作决策法”，进一步强化对县委班子权力运行的监督制约，促进县域经济社会在依法依规中全面健康发展。

（李敏）

纪检监察

【概述】 加强廉政教育、警示教育、党规党纪教育。制定出台从严治党“1234”工作思路，健全层层约谈、“三个清单”“两台账、两跟踪”

制度，组织召开部分乡（镇）党委书记、县直单位党组书记述责述廉专题报告会，切实把责任压力传导到乡镇、村。2016 年，共查处落实“两个责任”不力等各类问责案件 3 件。其中，给予党纪处分 2 人，诫勉谈话 1 人。

创新引申开展“三查三促三降”活动要求，出台信访举报“双向承诺”、乡镇党委委员包案、乡镇纪委书记每月例会等制度。2016 年，县纪委监察局共接收信访举报 135 件次，较 2015 年同期下降了 25%。

进一步完善“四风”问题立体监督网络体系，助力八项规定落地生根，2016 年，全县共查处了违反八项规定精神、“四风”问题案件 8 起，处分 6 人，诫勉谈话 2 人。持续形成和不断巩固“不敢”的震慑，严防“四风”问题反弹回潮。

严格执纪审查，抓早抓小践行“四种形态”，2016 年，共谈话提醒 63 人次。共查办各类违纪案件 121 件。其中，谈话诫勉 68 人，给予党政纪处分 53 人。

发挥“利剑”作用，2016 年，共巡察乡镇 6 个，县直单位 6 个，发现问题线索 89 个，共性问题 66 个。已整改问题 6 件，移交乡镇纪委问题线索 5 件。

加强自身建设，打造忠诚干净担当执纪铁军，深入开展“两学一做”学习教育，修订和完善了《涉纪信访接访制度》等机关内部管理制度，强化对乡镇纪委工作的监督和指导，加强信息化建设，稳步推进县监察体制改革试点工作。

（范瑞军）

组　织

【概述】 2016 年，偏关县组织工作紧紧围绕重点工作抓创新、整体工作抓落实这一工作思路，统筹兼顾，积极作为，实现了组织工作与精准扶贫工作的高度对接，与全县“1551”发展战略的深度融合。组织开展“两学一做”学习教育，立足脱贫攻坚，进一步加强了基层党组织和党员队伍建设，圆满完成县、乡两级领导班子换届工作，强化干部监督管理，进一步加强了各级领导班子和干部队伍建设，为促进全县经济社会发展，全面建成小康社会提供了组织保障。

【基层党组织和党员队伍建设】 2016 年，组织开展“两学一做”学习教育，全县 428 个基层党组织和 7068 名党员参加，覆盖率达 100%。确立了“党员素质提起来、党的旗帜飘起来、党员作用强起来、党内生活严起来、基层党建实起来”的“五个起来”载体，包含党员“三亮三创一树”“六个一”严肃党内组织生活、“五结合”讲党课等 16 项活动，使学习教育的内容更接偏关地气。采取平时常态学、集中研讨学、上门服务学、区分层次学“四学”的办法，购买、印发学习资料 9500 余册，进一步丰富学习内容，增强了学习的实效性。县委中心组分别开展了“四讲四有”和“学习贯彻系列讲话，解决若干突出问题”交流研讨，县委常委班子成员带头讲党课 18 次，全县各基层党组织均进行了第一、二、三专题研讨，开展讲党课活动 428 场。与纪念建党 95 周年相结合，开展了县委书记领誓重温入党誓词、县委书记带头讲“七一”专题党课、走访慰问、“汇聚正能量、永远跟党走”文艺演出、“两优一先”表彰等“九个一”系列活动；与进一步转变作风结合，与全县各项中心工作结合，把成果体现在推动工作、促进发展上。

立足脱贫攻坚实际，抓好基层组织建设。（1）大力开展党员组织关系集中排查清理。对 171 名失联党员开展了“地毯式”寻找，有 160 名取得联系，重新纳入组织管理，仍然无法取得联系的 11 名党员，按自行脱党予以除名。（2）

对2011年以来的党代会代表和党员等5类对象违纪违法未给予相应处理情况进行了全面核查，共排查出56人，清理工作开展前已全部做出了处理。(3)全力抓好基层党组织按期换届专项检查。通过自查督查、整改落实，全县10个乡镇党委、6个党工委、16个党总支，428个党支部全部完成了换届工作。(4)稳妥开展党费收缴工作专项检查。经核实，应交未交党费6.3322万元，已全额补交。(5)集中推进非公企业和社会组织“两个覆盖”。成立非公企业党支部48个，组建以来新发展13名。对18个新型社会组织进行了摸底建档工作，因党员均不足3人，尚未建立党组织，挂靠县民政局发展社会组织党员4名，切实解决社会组织党建难题。(6)扎实推进脱贫攻坚工作。制定了《偏关县驻村工作队、第一书记脱贫攻坚精准帮扶群众满意度测评工作方案》，对驻村帮扶工作队员和第一书记开展帮扶情况进行测评。实行“双签责任”制度，县级包乡干部向包联乡镇递交帮扶责任书，驻村工作队和第一书记向帮扶村递交帮扶责任书，确保各项任务落地见效。突出发挥好第一书记、下乡工作队、贫困村干部、派出帮扶单位及乡镇等“五支”主要力量作用，推行合作社联党员、党员联农户、富户带穷户、大户带小户的结对帮扶机制，出台了《偏关县脱贫攻坚工作考核办法》，通过看责任落实、看帮扶成效、看作风转变“三看”量化考核指标，将脱贫攻坚一线作为考察、识别、选用干部的“试金石”。(7)抓严抓实机关党员干部学习教育。与“两学一做”学习教育紧密结合，加强对干部在线学习、“六个一”活动、“三会一课”、党组织书记“一岗双责”等情况的督查落实，筑牢思想根基，不断巩固学习成果。(8)深入贯彻实施“一带三创”，持续开展“一评两监督”规范农村“四议两公开”“双报到双服务”等活动，延伸拓展“联述联评联考”“双述双评”等工作，实行党建工作专题调研制度、例会制度、乡镇党委副书记向组织部述职制度；加大县财政转移支付力度，省、市财政补助的5.6万经转移支付及时全部拨付到位，县财政补助的2.4万元补列入财政预算，为村两委主干每人每年增加了1020元岗位报酬。(9)推进村级集体经济破零计划，针对“破零”村实际，实行“一村一案”。当底，47个村实现了破零。(10)通过实施“134”整顿工作措施，选派党建指导员32个，组建下乡工作队11个。派驻干部68名，整顿软弱涣散党组织32个，建立工作制度50余项，解决突出问题13个，为群众办实事好事46件。(11)为解决企业发展困难、促进经济企稳向好发展，选派39名干部组成13个入企服务小组，服务13户企业，建立了“六帮六包两加强”的“662”工作制度，务求实效。(12)集中排查了农村远程教育终端站点，对23个故障站点进行了维修，满足了农村党员干部学习需求。

强化基层基础保障，夯实工作力量。(1)以抓好带头人建设为重点，培训“领头雁”、第一书记、大学生村官380余名。(2)加强党员教育管理，结合“两学一做”学习教育开展了“六个一”活动；深入落实“三会一课”、无职党员设岗定责、结对帮扶、党员全员“四诺”等制度；从严落实以规范推优、公示、审查、票决、责任追究等五个环节和发展党员全程纪实党员发展“5+1”工作制度，新发展党员85人。(3)持续推行“五式化”模式加强大学生村官培养、管理和流动，全年流出28名。(4)对第一书记实行民情日记、请销假、召回、通报批评等10项管理制度，约谈5人，召回调整1人。建立了微信群，促进信息交流、沟通学习、在岗核查。平均每人配套10万元扶贫资金，对照任职村“穷根”所在，对症“下药”，达到了自身影响力和精准扶贫“双赢”的目的。及时落实了工作补助，为每人投保了人身意外保险，确保了第一书记履好职、尽好责。

【县乡领导班子换届】 2016年，通过严把组织领导关、方案制定关、包联指导关、审核考察关、依法选举关这“五关”；突出树立正确导向用干部、贯彻《条例》用干部、集中民意用干部、注重实绩用干部、“防止带病”用干部“五用”干部；推行全程落实主体责任、全程教育引导、全程监督检查、全程问责追责、全程纪实留痕“五个全程”的“35”工作法，强部署、抓落实，选干部、配班子，严纪律、正风气，于5月27日完成了10个乡镇领导班子换届工作，8月26日完成了县级领导班子换届工作。换届后，县委及时把班子建设的重点转到思想政治建设上来，注重把理论学习同县乡发展相结合，指导实践。

【干部监督管理】 （1）抓好“一倒查六整治”“三个一批”工作，对全县3799名干部人事档案进行了再次清理排查，收集完善档案材料278卷；采取职务与职级并行、转任、平级交流等办法，消化23名超职数配备干部，全县消化工作全部完成；对全县94个单位、494名县管干部分组分块进行了全方位、多角度、多层面的细箩细簸，甄别干部。重点“六查”干部196人，填报个人有关事项报告246本、签订个人有关事项报告承诺246份、抽查个人有关事项报告155本，征求纪委意见241人次。（2）加强干部监督工作，畅通“12388”“3312380”电话、信访、网络和短信“四位一体”综合受理平台，并明确专人24小时值守。充分发挥政府办、公安局、新闻办网络舆情监测平台作用，成立了舆情工作领导小组。建立了干部监督联席会议制度，实行关键环节监督、制度监督、群众监督、协同监督等全过程监督，构建了立体式干部监督体系。（3）开展了全方位民主推荐，全过程痕迹纪实的干部选用“两全”工作实践，提高了选人用人的公信度。

【人才工作】 完善人才工作机制，建立了“偏关籍在外人才信息库”“乡土人才库”，以借才兴县办法，引进偏关县急需紧缺高级人才3名，逐步破解人才“引不进”“留不住”的难题。

【自身建设】 （1）坚持“思想建部”，加强理论武装。围绕忠诚可靠、遵章守纪政治品格的养成，带头深入开展“两学一做”学习教育，建立了晨学制度，“人人上讲台、个个当老师”，以座谈会、大讨论、讲党课、谈体会、写心得、记笔记等形式，增强学习的实效性，引导组工干部不断强化“四个意识”，忠诚践行“四讲四有”。（2）坚持“能力强部”，提升整体素质。围绕苦练内功、强基固本，开展了比素质、看谁过得硬，比业务、看谁更精通，比效率、看谁更快捷的“三比三看”活动。建立了县委组织部“三个清单”，加强组工调研信息宣传，深化拓展组工干部下基层活动，每名组工干部定点帮扶3户贫困户，切实提高组工干部解决实际问题的能力。(3)坚持“制度治部”，规范工作程序。坚持公道正派，清正廉洁的职业操守，以“五化三线”工作法规范工作运行。树立了“把握政策上线、深入工作一线、坚守纪律底线”的理念。健全完善了各项规章制度，实行要事报告卡制度，确保信息畅通、工作规范。在偏关组工网开通了“部长信箱”，面向社会各界广泛征求意见建议，在服务中接受群众监督，提升了素质，改进了作风，树立了形象。

围绕全年工作任务，压实党建主体责任。牢牢把握“全面从严治党”这条主线，以党建“三个清单”为主轴，构建了县委书记带头抓、常委重点抓、四大班子领导合力抓、组织部门具体抓、职能部门定点抓，分层实施、立体推进的党建工作格局。将党建工作作为“一把手”工程来抓，年初与15个基层党（工）委书记签订了《党建目标责任状》，出台了考评细则，层层分解目标任务，采取定人员、定事项、定目标、定责任、定时限“五定工作法”，促进工作的扎实有效开展。

（卢江）

宣　传

【概述】 2016年是实现“十三五”规划目标的开局之年，是县委县政府全面实施“1551”发展战略，加快脱贫攻坚、全面建成小康社会的重要一年。一年来，全县宣传思想文化工作紧紧围绕县委的重大决策部署，牢牢把握“两个巩固”的根本任务，全面树立和贯彻“六大发展理念”，稳步推进八个方面的工作，为“十三五”开好局、起好步，为实现“1551”发展战略提供了有力的思想保证、精神力量、道德滋养和文化条件。

【理论工作】 2016年，县委中心组围绕习近平总书记治国理政新思想新战略，以及党中央十八届六中全会精神、省委第十一次党代会精神、市委第四次党代会精神，共组织24次集体学习。县委宣传部成立宣讲组，深入基层宣讲了中央、省、市有关精神。全县各单位理论学习深入推进，特别是围绕“两学一做”教育活动，中心组成员都到联系点上讲了党课。全县各乡镇、各机关单位，以“两学一做”为重点，深入推进学系列讲话，学党章党规活动。党员干部都有学习笔记、心得体会。全县理论学习情况及时上传忻州理论教育网。

【意识形态工作】 2016年，成立了意识形态工作领导小组。出台了《意识形态工作责任制实施办法》《意识形态工作检查考核制度》。（1）明确责任。各级党委（党组）领导班子要按照属地管理、分级负责和谁主管谁负责的原则，对本部门本单位意识形态工作负主体责任。党委（党组）书记要履行第一责任，带头抓意识形态工作，带头管阵地把导向强队伍，带头批评错误观点和错误倾向，亲自部署重要工作、亲自过问重要问题、亲自处置重大事件。分管领导要履行直接责任，协助书记抓好统筹协调指导工作。班子成员要履行“一岗双责”，抓好分管部门单位的意识形态工作。（2）落实责任。把意识形态工作纳入党建工作责任制，纳入领导干部、领导班子管理，纳入执行党的纪律的监督检查范围，纳入干部考核，严格追责问效。（3）加强阵地管控。加强了对各类宣传文化阵地的管理，对报刊、电台、电视台、新闻网站以及微博、微信、客户端等新媒体阵地提出了明确要求。通过严抓意识形态工作，偏关县意识形态领域保持了良好的态势。

【宣传工作】 2016年，紧紧围绕县委县政府重大决策部署，及时报道县委、县政府在提升“五大战略”、冲刺“五大目标”等重大决策部署中的有效措施、显著成效、工作中的好经验好做法，以及基层的典型经验和先进事迹。全年累计在市级以上媒体发稿200篇。此外，还全力配合中央电视台、省电视台来偏关县进行了采访，进一步提振了士气、振奋了精神。年内，积极成立网信办，开通了“偏关你好”微信公众号，及时宣传形势政策和地方文化，受到干部群众好评。

《今日偏关》周报、“偏关你好”微信公众号、偏关新闻网、偏关县电视台都拿出重要版面、主打频道、黄金时段，大密度、高频率地刊播以“社会主义核心价值观”“中国梦”“讲文明、树新风”等主题公益广告，建筑围挡、政府电子显示屏、社区宣传栏等也植入公益广告，努力使社会主义核心价值观的宣传无处不在、无时不有。同时充分发挥全县爱国主义教育基地的作用，组织开展了纪念建党95周年、红军长征胜利80周年主题教育活动，开展了文明创建活动，推选了一批“偏关好人”，全县的软实力得到明显提升。

出版了《偏关记忆》《偏关岁月光影》《偏关书画作品集》三本著作，编印了两期《偏头关》，有10名民间艺术人才入选《忻州市优秀民间艺术人才图录》。此外，文化下乡逐步常态化，全年累计送戏下乡市级15场、县级90场，送电影下乡2988场、进校园117场。同时组织了10名农村文化志愿者分赴全县10个乡镇组建文化队伍并进行艺术指导。在县城，二月二期间举办了大型街头文艺活动，8月份举办了第四届“唱响偏关”舞台艺术大赛，文化活动蓬勃开展。

【文化改革发展】 2016年，积极推动“三馆一院”建设，有效发挥各类文化设施和阵地的作用。努力提升乡镇综合文化中心便民利民服务功能，积极发挥村级文化中心在活跃基层群众文化生活中的积极作用，积极发挥县级文化场馆对乡村文化活动的业务指导和统筹管理职能。年内，楼沟乡举办了书画展览暨历史记忆图片展。同时，不断提高基层文化服务水平，扎实推进广播电视直播卫星户户通、农村公益电影放映、基层文化提升等工程，促进“送文化”与“要文化”有效对接。同时充分挖掘和利用偏关县文化资源富集优势，全面提升文化软实力，年内完成了水泉地下长城展馆布展工作。此外，加大与高端媒体合作，强力推介偏关县优质历史文化与旅游资源，8月份，邀请“洋眼看山西”采风团来偏关县，澳大利亚、南非、巴基斯坦、俄罗斯、美国等8个国家的外籍徐霞客，对偏关县的旅游景点进行了采风。9月份，邀请央视纪录频道来偏关县就大型巨幕3D电影《黄河》进行了航拍采景。电影《龙岭迷窟》在关河口、寺沟进行了拍摄。

【作风建设】 2016年，紧跟中央，加快节奏，同频共振，对标看齐，全县宣传思想战线在思想上政治上行动上始终与中央保持高度一致，结合“两学一做”学习教育活动，持续深入改进作风，践行“三严三实”要求，守土有责、守土负责、守土尽责。一方面，切实加强党的宣传文化单位自身建设，发挥好意识形态领域主力军的作用。另一方面，坚持谁主管谁负责、谁主办谁负责和属地管理原则，严格加强对各类阵地的管理。努力做到宣传工作不出任何差错，为党和人民交上满意答卷。

【廉政建设】 2016年，牢固树立政治意识、大局意识、责任意识、核心意识和看齐意识，向党中央看齐，向党的理论和路线方针政策看齐，同党中央保持高度一致，全面贯彻中央、省委、市委、县委各项决策部署。宣传系统各单位主要负责同志坚持以上率下，带头落实“一岗双责”，带头执行廉洁自律准则和党纪处分条例，带头执行中央八项规定精神，带头树立良好家风，切实抓好班子、带好队伍。同时强化工作举措，构建了“一把手负总责、班子成员分工负责、各工作部门各负其责”的责任体系，保持了良好态势。同时，按照县委精准扶贫工作安排，县委宣传部在所包扶的水泉乡七家坪村派出1名同志担任第一书记，积极宣传党的政策，送戏5场，送农业科技图书120本，并帮助该村制定了脱贫方案，单位全员出动，和该村贫困户进行了一对一帮扶，受到村民好评。

（孙林青）

统　战

【概述】 2016年，在县委坚强的领导和市委统战部帮助指导下，县委统战部紧紧围绕县委、县政府中心工作，认真贯彻落实中央、省委、市委统战工作会议精神，创新工作思路、夯实工作基础、拓宽工作领域，努力提高统一战线工作科学化水平，为全县经济社会发展做出自己应有的贡献。

【统战工作】 2016年，县委高度重视统战工作，认真履行统战工作领导职责。(1)把统战重点工作纳入县委常委会议重要议事日程，如在县乡换届和政协、人大换届工作中对党外干部和党外政协委员、人大代表的推荐、提名与资格审查、统一战线工作领导组的组成人选等均由县委常委会研究讨论决定；(2)把统战工作纳入党政领导班子和领导干部年度目标责任考核内容；(3)把统一战线理论和方针政策纳入宣传、新闻工作计划。同时，县委将统战工作纳入对10个乡(镇)党委的考核内容，要求各乡(镇)每年至少研究两次以上统战工作，并将统战工作纳入宣传工作计划，作为乡镇领导干部学校的重要内容。8月份，县级领导班子换届后，由县委常委、组织部部长王国昌同志担任县委统战部部长，专门负责全县的统一战线工作，不仅强化了对统战工作的领导，更有利于相关部门的协调配合和统战工作的顺利开展。中央、省委统战工作会议召开后，县委第一时间组织统战部门及相关单位人员进行了传达贯彻，集中学习了《中国共产党统一战线工作条例(试行)》《中共山西省委关于贯彻<中国共产党统一战线工作条例(试行)>的实施意见》。及时组织召开了偏关县委统战工作会议，对全县的统战工作进行了安排部署，下发了《中共偏关县委关于贯彻<中国共产党统一战线工作条例(试行)>的实施意见》，成立了县委统一战线工作领导小组。

【民主党派】 2016年，进一步坚持和完善多党合作制度。加强各民主党派领导班子和队伍建设，充分利用参政议政、下乡调研等工作开展同心活动，不断筑牢坚持走中国特色社会主义发展道路的理想信念。进一步规范协商民主制度，建立与党委与各民主党派、无党派人士座谈会制度，建立完善重大事项通报制度、座谈协商制度以及政府部门、司法机关与民主党派联系制度，以便及时掌握他们参政议政情况，加强思想引导，帮助解决实际问题。

【民族宗教】 2016年，认真贯彻落实中央、省、市宗教工作会议精神，全力推进民族宗教工作，宗教场所管理日趋规范化。(1)加强组织领导。建立健全协调机制，形成党委领导、统战部门牵头协调、宗教部门依法管理、各相关部门各司其职、社会各方齐抓共管、共同参与的工作格局。(2)坚持属地管理。完善县、乡、村三级民族宗教工作管理网络，突出基层党支部、村委会作用，增强党在信教群众中的吸引力和凝聚力，进一步强化乡镇党政领导和村干部的责任，确保分工明确，责任到人，形成一级抓一级，层层负责的民族宗教工作运行机制，力争形成主体在县、延伸到乡、落实到村、规范到点的工作网络。(3)规范人员管理。组织各乡镇及有关部门对辖区内信教人数、教派等进行摸底，完善教职人员的备案信息，检查并登记了全县宗教活动场所，掌握了信教群众的基本情况，建立了分类管理的格局。(4)推动宗教团体建设。积极推进宗教事务规范化管理，引导和帮助宗教界在法律范围内开展正常宗教活动。以《宗教事务条例》《山西省宗教事务条例》等法律法规为核心，积极开展集中宣传活动，把学习宣传工作延伸到偏远山村，弘扬宗教文化的优秀成果，为宗教活动的有序开展营造良好的氛围。

【党外干部】 2016年，加强党外干部的物色、培养、选拔工作。认真贯彻落实中央【2012】4号、省委【2012】8号文件精神，积极探索做好党外干部培养、管理、使用工作的方式方法，多渠道、多层次，集中掌握一批政治素质好、业务能力强的党外干部，为做好党外干部安排使用储备人才、搭好平台；建立健全党外干部数据库，全县副科以上党外干部有37人，其中副处3人、正科8人、副科26人。2016年县人大、政协圆满完成换届工作，政协九届委员总数140名，其中中共党员56名，党外人士84名。

【工商联和经济领域工作】 2016年，充分发挥桥梁纽带作用，积极组织引导工商联界别的人大代表、政协委员加强学习，紧紧围绕经济建设这个中心，为党和政府当好参谋，为人民群众多谋利益，他们提出的一些议案、提案被县政府和有关部门采纳，为政府决策提供了可靠的依据。在促进非公有制经济发展中，关注民企贷款难问题，及时和小额贷款公司联系，为其解决了资金困难。针对偏关县民营企业管理水平不高，现代企业管理知识不多，企业缺乏竞争力的现状，邀请北大教授和燕园商学院的学员来偏关与偏关县非公经济人士互动交流学习，使广大民营企业管理者开阔了眼界，增长了现代企业管理知识，也增强了做好、做大、做强企业的信心。在脱贫攻坚中，县工商联在做好单位定点扶贫的同时，积极响应忻州市工商联“百企帮百村”号召，动员5家民营企业结对帮扶5个贫困村，通过产业帮扶、商贸帮扶、公益帮扶，共帮助41.5万元，为脱贫攻坚做出了奉献。

按照省市要求，今年完成了和统战部合署办公工作，增添了办公室并购置了办公设备，改善了办公条件。

【推进非公经济发展】 2016年，为深入贯彻落实全省民营经济推进大会精神，县委组织相关部门负责人认真学习《关于加快民营企业发展的意见》，成立了促进民营经济发展工作领导小组，县委书记任组长，县长任副组长，成员由县分管副职领导和各职能局局长担任。同时，建立健全全县处级领导联系企业服务制度，力促加快发展民营经济相关政策的落地、落实；以《偏关县推进民营企业发展若干意见》为抓手，积极破解企业发展不宽、力度不够、服务不优等难题，全力支持企业转型升级，不断完善服务体系，全面建立保障措施。一方面，通过大张旗鼓褒奖和宣传优秀创业者，引导广大群众突破传统观念束缚，不断增强创业积极性，促进创业氛围持续升温；另一方面帮助企业去产能、去库存、去杠杆、降成本、补短板，深度推进供给侧结构性改革，帮助困难企业走出困境，带动全民创业转型升级；紧紧围绕全县经济工作会议上提出的“大扶贫战略”，引导民营企业积极投身精准扶贫。按照全县确定并实施的“个十百千万”扶贫攻坚策略，倡导民营企业开展“企帮民解困、民助企发展”活动，引导民营企业在招工、用工等方面向贫困人员倾斜，在全县形成“民企联姻”的扶贫格局。

【自身建设】 2016年，按照统战工作要求“思想先行，理论为先”和省、市、县委的要求，部机关认真开展了“两学一做”学习教育活动，制定了学习方案和学习计划，积极对“四讲四有”中的每个专题进行讨论，坚持规定动作不走样，自选动作有创新，组织机关全体党员干部重点学习了《党章》《中国共产党廉洁自律准则》《中国共产党纪律处分条例》以及习近平总书记系列重要讲话精神、党的十八届六中全会和省第十一次党代会精神。通过学习，提升了思想觉悟，增强了政治素质，改进了工作作风；同时，在全县党外代表人士中开展了“双学一跟”学习教育活动；积极组织优秀党外干部参加省委、市委统战部举办的学习培训班，不断提高党外干部自身能力和素质；积极倡导民族宗教界人士学政策、学法律，教育他们为构建和谐社会做贡献；引导非公有经济人士深化信念、信任、信心、信誉为主要内容的“四信”理想信念教育活动，进一步促进“两个健康”发展；积极参与脱贫攻坚，统战部被评为先进集体，受到县委、县政府表彰。

（张锐）

党校教育

【概述】 2016年，县委党校在县委的正确领导和省、市委党校的指导下，认真学习贯彻党的十八大、十八届三中、四中、五中、六中全会精神和习近平总书记系列重要讲话精神，坚定正确的政治方向，紧紧围绕县委、县政府的中心工作，积极主动开展党校的各项工作，取得明显成效。

【教育培训】 （1）积极主动办好主体班次。全年共举办主体班次6期以上，培训人数2900多人。配合县委组织部举办农村“领头雁”培训班一期400人；配合县委办举办了县委书记“七一讲话精神”专题教育党课培训班一期400人；配合组织部举办农村第一书记培训班一期300人，配合县委组织部举办《中国共产党问责条例》培训班一期400人，配合县委组织部举办了忻州市第四次党代会精神培训班一期500人，配合县委宣传部举办十八届六中精神和省第十一届党代会精神培训班2期900人。党的十八届六中全会召开后，党校配合县委宣传部派出5名教师对全县30多个单位进行了六中全会精神宣讲，做到了党的重大理论成果、重大战略部署及时正确的进入课堂，深入人心。（2）大力开展对外培训和交流学习。协助县文体局举办了基层文化工作者培训班一期200余人；配合县林业局对举办了全县护林员春季植树造林暨森林防火培训班一期350人，造林绿化培训班一期300人，生态护林员培训班一期500人，配合县国土局举办了地质自然灾害防止知识培训班一期350人；配合县文体局举办了家庭教育和孩子心理健康辅导班三期600人对外培训达到2300多人。另外还邀请河曲、五寨、准格尔旗等周边党校资深教师来我校传授教学经验。（3）加强师资队伍建设，提高教师教学水平。利用各种机会、尽最大努力、创造更多条件鼓励教师参加各种业务培训和实践锻炼。首先，结合“两学一做”学习教育，组织全校教师开展了人人登台试讲活动，每人根据自己的专业特点提前备课，利用电脑制作ppt课件，同时邀请县直有关单位人员听课，然后进行集中点评，提出改进意见，以提高教师的素质和授课效果；其次、4月份派出3名教师到忻州市委党校参加了教师赛讲活动，取得了较好成绩，通过以上形式的学习培训，拓宽了教师的视野、增加了教学信息量、改进了教法、提高了教学水平，同时也提高了党校的形象。

【教学科研】 （1）开展优质课竞赛活动。每位教师选择一个专题，然后组织全校教职工听课，最后讲评，引导教师在讲课的深度、水平上下功夫，真正让学员学之有趣，学有所用。（2）根据每位教员学术定位特点抓好科研。结合县情及所在学术方向研究的成果开展理论调研，每人至少写出了一篇有理论深度，可供县委、县政府决策时参考的理论文章或调研文章。当年本校共有3篇文章推荐到市委党校参加评审，获得教师们的一致好评。（3）搞好培训专题储备。每位教员要在学习调研过程中，不断积累经验，结合当前实际，从培训、轮训对象入手，有针对性的准备了一个以上的培训专题，并制成课件，以备教学之用。

【队伍建设】 2016年，坚持理论学习与工作实践相结合，形势教育与信念教育相结合。采取集中学习和自学相结合的方式，认真学习党的十八大精神，新党章、深入贯彻学习党的十八届三中、四中、五中和六中全会精神，积极参加“两学一做”学习教育活动，做到学习先行、理论先行、宣讲先行。认真贯彻落实民主集中制原则，领导班子成员加强团结，分工合作，重大问题集体研究决定。每个党员严格要求自己，认真履行党员义务，按期向组织缴纳党费。党员的纪律观念、组织观念、廉政观念进一步增强，领导班子的凝聚力、战斗力进一步增强，党支部的战斗堡垒作用得到了发挥。坚持严以治校、严以治教、严以治学，坚持艰苦奋斗、勤俭办学，严格落实中央八项规定精神，建立健全各项管理制度，加强校风学风建设，严肃查处自由散漫、请客送礼、经营人脉等不正之风。对到党校学习培训的干部，无论什么身份、什么职务，都要作为学员严格要求、严格教育、严格管理，引导学员严格遵守学习培训和廉洁自律各项规定，自觉维护教学秩序。对党校的学历教育，加强规范，从严管理。

（靳智祥）

史　志

【概述】 2016年度，偏关县县志办公室在县委、县政府的正确领导下，在省、市史志办的悉心指导下较好地完成了全年各项工作目标任务。

认真贯彻落实党的各项方针政策，坚决执行地方志条例的有关规定，认真履行地方志工作者的各项职能，做好地方志资料的收集整理工作。发挥县志办的资政作用，积极配合县委、县政府做好偏关县的对外宣传工作，对偏关县的对外形象树立和旅游资源开发起到了重要作用。

认真开展了“两学一做”活动。充分领会了“两学一做”丰富内涵，贯彻传达了县活动办《关于开展“两学一做”活动的通知》的文件精神，并从实践要求、重要意义等方面进行了深入解读。班子成员及干部职工结合自身实际，根据“两学一做”精神要求，每位党员认真制定学习计划，采取集中学习、专题辅导、个人自学等方式，深刻领会“两学一做”学习教育的重要意义、总体要求、基本原则、主要内容、方式方法、活动载体等内容。

修志取得重大进展。本年的主要工作是完成二轮《偏关县志》的评审、出版、印刷。出版印刷招投标工作已在上半年完成，山西基因印刷服务有限公司中标。《偏关县志》专家精编和印刷厂修改、排版工作也基本完成，现终审稿已送交省、市志办及县委、县政府主要领导和县直各机关、单位审核。2016年底，计划与中华书局就县志书号、校对、出版发行等相关事宜达成一致，并通过终审送交印刷厂定稿排版。

（王志刚）

档案工作

【概述】 2016年，偏关县档案工作在县委、县政府的高度重视和市档案局的正确领导和关心支持下，全体档案工作者围绕中心，服务大局，遵循“为党管档、为国守史、为民服务”的宗旨，依法履职，开拓创新，档案业务、设施建设等各项工作取得新进展、新成效。

【馆库建设】 偏关县综合档案馆建设项目属于国家支持西北部地区县级综合档案馆建设项目。于2012年7月立项，2015年4月正式动工建设。建址位于县政府大楼西侧，与人防工程合建。占地面积 1766.68 万平方米，其中档案馆建筑面积 3465.09 平方米。2016 年底，即将全面竣工。拟于 2017 年春申请省、市部门进行全面验收。新档案馆的建成，本县的档案管理条件将得到极大的改善。

【档案管理】 根据省、市业务部门强化档案现代化管理的要求，在三年内构建各级档案目标数据库和检索体系，做好馆藏档案文件级目录数据库建设，积极创造条件，对县委、县人大、县政府、县政协、县委组织部等单位重要全宗的档案进行数字化管理工作，逐步建立数据库，运用科研软件，实现部分馆藏档案数字化、信息化管理。2016 年，在县委、县政府的重视下保证了资金投入。档案局（馆）已全面展开了数字化录入工作，录入量已达 2000 余条。

【档案利用】 始终以提供服务为最终目的，积极搞好档案开发利用，提高了档案服务的整体功能。2016 年，共接待社会各界档案利用者 180 多人次，查阅档案 600 多卷，为本县经济建设、编史、修志、落实政策、机关查考、调解纠纷、核实工龄、工作调动、户口迁移、复退伍军人安置、学术研究等方面提供了大量翔实的第一手资料，解决了大量的问题。同时，增强了社会档案意识，扩大了档案工作的知名度。

【档案业务辅导】 2016 年，县档案局（馆）继续加强业务辅导工作力度，不断组织业务骨干深入乡镇、深入单位进行业务指导和督促。结合国家档案局第八号令的贯彻实施，对老营镇、人民银行等单位采取主动上门、亲自操作、主动示范、详细讲解的方式，对其进行现场指导，确保各单位文件材料能按照国家档案局第八号令要求齐全完整归档。尤其是对县内省属单位的档案，档案业务人员更是不辞辛苦、加班加点使他们顺利通过达标验收。一年来，共帮助基层单位整理归档文件材料达 1 万余件，有力地推动了基层档案室档案工作的健康发展。

【档案执法检查】 为进一步推动本县档案工作的开展，提高档案管理水平。2016 年，县档案局（馆）与县法制办、县政府办共同组成检查组开展档案执法大检查。对全县部分乡镇和县直 8 个科级单位进行了全面检查，并对已达省一、二、三级的公路段、检察院、交通局等单位进行了目标管理考核测评及打分。检查内容主要包括档案机构履行职责情况、档案信息化建设情况、档案工作管理体制情况、档案室保管条件、档案移交情况及贯彻落实国家档案局第八号令情况等方面。通过检查，对各单位的档案工作情况进行了摸底了解，并对差的单位下了责令改正通知书，要求限期整改。

（何艳波）

离退休干部管理与服务

【概述】 至 2016 年底，偏关县有离退休干部 1639 人，其中离休 31 人，退休 1608 人，地师级 2 人，县处级 23 人，中共党员 381 人，离退休班干部工委党支部 11 个。县委老干部局在县委、县政府的正确领导和上级主管部门的指导下，深入学习贯彻习近平总书记关于老干部工作的系列重要指示和中办国办发《关于进一步加强和改进离退休干部工作的意见》【2016】3 号文件精神，紧紧围绕凝聚和发挥广大离退休干部正能量，筑就“夕阳梦想”，推进老干部工作转型发展，各项工作都取得了较好成绩，达到预期了目标。

【党组织建设】 2016 年，加强离退休干部党支部思想政治建设，增强党组织活动的凝聚力和吸引力，使离退休干部党员始终处于党组织的教育管理服务之中。组织离退休干部党员认真学习党的基本理论、基本路线、基本纲领、基本经验，学习党章及党的基本知识；加强党员教育管理，严格党的组织生活，认真开展批评和自我批评；在离退休干部中开展“两学一做”学习教育，举办专题培训班11场次，共培训500多人次，认真学习贯彻党的各项政策理论，教育引导广大离退休干部党员始终牢记党员身份，始终坚定理想信念，始终严守政治纪律和政治规矩，始终保持对党忠诚的政治品格，自觉在政治上、思想上、行动上与中央、县委保持一致。在中国共产党成立95周年和红军长征胜利80周年来临之际，离退干工委组织离退休老同志开展“传承红色基因，唱响红色经典，弘扬时代主旋律”系列活动。(1)开展重温入党誓词活动。组织部分离退干党员佩戴党徽在党旗下重温入党誓词，牢记神圣使命，切实让党旗飘在党员心间，强化党在心中的地位，进一步增强政治意识、大局意识、核心意识和看齐意识。(2)开展知党史颂党恩活动。集中开展党史宣传教育，传播党史文化，铭记党的光辉历程，发挥党的优良作风。(3)开展学习近平总书记系列重要讲话精神专题党课活动。(4)举办老干部座谈会，邀请离退休干部代表，回顾党的光荣历史，畅谈偏关建设发展成就，让老同志讲偏关好故事、传播偏关好声音，为偏关经济社会发展增添正能量，营造全县开展为党的事业增添正能量活动氛围。(5)组织离退休干部在“七一”期间参加忻州市庆祝建党95周年党的知识竞赛活动，引导离退休干部学习领会党章党规，深刻学习习近平总书记系列讲话精神实质，提高党性党悟。(6)举办“纪念建党95周年长征胜利80周年”书法绘画现场创作会。(7)组织老干部艺术团举办迎“建党95周年红军长征胜利80周年”演唱会。

通过创新组织生活方式、组织党支部成员积极参加培训，引导老干部自我服务、自我教育、自我管理、加强离退休党支部建设，充分发挥党支部在老干部中的凝聚力和战斗力。基层党组织换届中，为各支部选配了党性强、威信高、身体好、经验丰富、乐于奉献的离退休干部党员担任党组织书记。4月19日，组织40多名老干部代表到河曲县，重点就离退休干部便民法律服务等方面进行学习交流，开阔了视野，提高了认识，增强了做好支部工作的信心。

离退干党支部基本上做到每月召开一次支委会，每季度召开一次支部大会，每年开展一次党员民主生活会，并结合各支部实际，定期不定期地组织老党员开展一些活动，以此丰富老同志的精神生活。“七一”期间，工委及各支部普遍开展了“六个一”系列活动。即迎七一忆往昔、看今朝话改革座谈会；重温一次入党誓词活动，召开一次专题组织生活会；开展一次学习习近平总书记系列重要讲话精神专题党课；迎“七一”演唱会；开展一次走访慰问互动。通过开展多种形式的组织活动，增强了老同志爱党、忧党、兴党、护党的情怀，使老同志思想认识凝集到全县中心工作上来。

【落实保障“两个”待遇】 2016年，全面落实离退休干部政治待遇。坚持按规定落实了离退休干部阅文、参观考察、通报情况、走访慰问、参加重要会议和重大活动等制度。3月份召开的县党代会、人代会和政协会，有30余位老干部参加。县委、县政府组织县处级老干部、各离干支部书记、部分县离休干部和退休干部代表参观了本县工农业重点工程，让老同志们身临其境，感受到偏关改革发展的变化。并组织召开座谈会，曲俊安县长向老干部通报了全县社会经济运行情况。坚持元旦春节和重大节日上门慰问、生病住院看望慰问、党员“七一”慰问。春节期间，由县委书记王源、县长曲俊安分别率领四大班子领导成员，分成六个小组对原担任正处实职的离退休干部进行了走访慰问，老干局组织人员慰问了全县各行业离退休干部1591人，慰问总金额达到49.09万余元。通过亲切走访慰问，送去了党和政府对离休老干部的关心与温暖。“七一”期间、红军长征胜利80周年之际，老干局走访慰问老干部30人次。慰问生病住院离退休干部31人次。

进一步落实保障离退休干部生活待遇。（1）不断提高离休干部“三个机制”运行水平。加强对“三个机制”运行情况的监督检查，积极与组织、财政、人社、卫生等部门协调配合，确保离休干部离休费按时足额发放、医疗费按规定实报实销。离退休干部医药费统筹标准超过了上级要求不低于6000元的标准，离休干部门诊费增加到3000元，退休干部门诊费增加到1560元。（2）做好离退休干部逝世后的丧葬等项工作。当年，为10名去世的离休干部敬献挽联和花圈，协助处理去世老干部的告别仪式，交代清现在政策，并向其家属进行慰问。对离休干部遗孀排查摸底，逐人逐户登门拜访，做到底数清楚。根据晋组通〔2014〕59号文件精神，企事业单位离休干部去世后的抚恤金、丧葬费及遗孀生活困难补助费及时发放到位。（3）强化服务，体现关怀。针对离休干部年龄大、身体差、个体需求不一样的特点，为更好地做好离休干部服务管理工作，为离休干部提供多样化、细致化、亲情化的服务，完善服务离休干部制度，实行包户到人，老干局工作人员、离退休干部党支部书记分组联系离休干部，明确责任、完善服务，做到家庭住址、身体状况、思想动态、生活现状“四必清”。落实“四必访”，即重大节日必访、生日诞辰必访、生病住院必访、家庭变故必访，让老同志感受到党的关怀和温暖。（4）完善特殊困难离退休干部帮扶机制。特殊困难帮扶遵循“以人为本、实事求是、专款专用、突出重点”的原则，对因患重大疾病、家庭发生重大变故造成生活困难的离退休干部，根据困难程度，对特殊困难离退休干部及离休干部遗孀一次性给予500—2000元的帮扶救助。

【搭建平台及活动开展】 2016年，围绕全县经济社会发展需要，聚焦“展示阳光心态、体验美好生活、畅谈发展变化”这一主题，结合老干部的身体状况、专业特长和兴趣爱好，积极探索务实管用的活动载体，为老干部发挥作用搭建平台。（1）依托居民办事处等机构，搭建社区服务平台。通过整合、改造、维修旧党校办公场所，建立矛盾调解、报刊阅览、棋牌和党员活动室，购置了活动器材。当年有三个支部的老干部和党员进入了社区，参与支部和社区活动。同时，利用社区资源，成立了老年合唱团，活跃了社区文化生活，使老同志在陶冶情操、追求幸福人生中彰显“老有所为，老有所乐”等方面的正能量。（2）坚持围绕中心、服务大局，组织引导老干部“动起来、火起来、活起来”重点组建了老干部“夕阳红”服务组织，分设6支夕阳红服务队，即农业科技服务队、宣传教育服务队、健康咨询服务队、法律咨询服务队、文体服务队和一帮一服务队。农业科技服务队围绕全县农业产业重点，与老干局精准扶贫工作结合，在所包村新关镇南沟村，深入田间地头、养殖场所，进行大棚种植、果树栽培、舍饲养殖等技术咨询、现场指导。宣传教育服务队，通过讲堂、报告会等形式，对全县中小学生进行爱国主义和理想信念教育，传承“红色基因”，培育“红色精神”。健康咨询服务队，重点为老干部和群众提供疾病预防、保健常识、膳食营养等方面的知识和服务。法律咨询服务队，立足构建和谐偏关、幸福偏关，维护社会稳定，提供法律宣传、咨询、援助，矛盾调处、老年人权益保障等服务。仅在东门社区为群众讲解了申请法律援助的有关事项，就群众现场提出的有关法律问题认真详细解答20多场次。文体服务队与老体协配合，开展唱响偏关、文艺下乡活动，指导广场舞蹈、门球等活动。老干部艺术团深入乡镇、社区开展送戏下乡20场次，紧紧围绕市县中心工作，宣传全县经济会议、人代会议主要精神，激发了广大群众同心同德共谋偏关发展的信心。一帮一服务队，以老干部支部为依托，开展“一帮一”结对子联系，加强老干部日常生活互帮互助和党的理论政策信息交流。

【自身建设】县委老干部局注重加强自身建设，工作中以深入开展“两学一做”学习教育为契机，以能力建设为主线，以作风建设为切入点，把学习教育的成果体现到一切为了老干部，一切依靠老干部的工作理念中，以敬爱至恭之心做好老干部工作。在全局干部职工中开展了打造“三种形象”活动。(1)树立可亲近的形象。针对当前离退休干部中足难出户的“室内型”老同志越来越多，“出不来、看不到、听不到”等现象，制定离休干部服务制度，实行包户到人，由局领导牵头，坚持每月必访，做到“四必清”，为离休干部提供多样化、细致化、亲情化的服务。(2)树立可依靠的形象。老干部局是老同志的“娘家”。因此，我们在工作中认真学习党的路线、方针、政策，增强了理论功底；认真学习新知识、新科技，提高科学文化素质；认真学习老干部工作的政策规定，提高了政策水平；同时，还了解和掌握一些医学、老年心理学，熟悉健身、棋牌、球类等方面的常识，从而组织开展适合老干部特点的文体活动。(3)树立可信任的形象。牢固树立全心全意为老干部服务的思想，想老干部之所想，急老干部之所急。全体老干部工作人员转变作风，细化服务，帮助解决老干部反映的一些实际问题。同时，积极探索新形势下做好老干部工作的新方法和新思路，加大老干部工作调研宣传力度。截至2016年底，在省、市《老干部工作信息》《山西老年》《忻州日报》《今日偏关》等刊物刊登各类稿件20篇。

（王涛）

机构编制

【概述】 2016年，偏关县机构编制工作坚持围绕中心、服务大局，以深入推进行政审批制度改革、政府职能转变和机构改革、事业单位分类改革、机构编制管理工作等任务为重点，按照上级机构编制管理工作的总体部署和要求，紧紧围绕年初制定的各项工作目标，狠抓落实，不断创新，机构编制工作取得新的成效。

【行政审批制度改革】 2016年，按照简政放权的总体要求，(1)完成政府部门权责清单公示工作。在上年完成含乡镇在内的49个部门的权力清单“三上三下”初步清理审核工作的基础上，按照县委办、政府办相关文件要求，制定了《偏关县审改办法制办关于完善政府工作部门行政职权事项征求意见工作方案》，出台了《偏关县行政审批制度改革工作领导组关于政府部门行政职权事项专家论证工作方案》，完成了征求意见和专家组论证及法制办法理审核等环节工作，最终形成县政府部门（含乡镇）权责清单，确定权力事项3406项，其中行政审批事项158项，行政处罚事项2298项，行政强制事项127项，行政征收事项32项，行政给付事项11项，行政检查事项182项，行政确认事项60项，行政奖励事项34

项，行政裁决事项7项，其他类事项497项。同时，按照依法行权、精简效能的原则，编制了政府权力事项对应的权力运行流程图和廉政风险防控图。并经县党政联席会一并通过，除乡镇139项外对30个部门的权责清单在县政府官网上全部向社会公示。按照市政府有关精神，相应制定了《偏关县政府部门权责清单动态管理办法》《偏关县关于深化行政审批制度改革加强事中事后监管的意见》，对因法律、法规修订等原因需要对权责清单进行调整的，及时对部门清单进行调整公布，并加强对行政审批事中事后的监管。（2）做好省市下放取消审批事项的落实和承接工作。《山西省人民政府关于落实国务院第一批取消62项中央指定地方实施行政审批事项的通知》和《忻州市人民政府关于承接省政府取消54项中央指定地方实施行政审批事项和调整一批行政权力事项的通知》下发后，在对省市文件认真梳理，征求相关部门、法制办法理审核的基础上，经县政府审议通过，出台了《偏关县人民政府关于承接省市政府取消54项中央指定地方实施行政审批事项和调整一批行政权力事项的通知》（偏政发〔2016〕2号），落实省市文件取消行政审批事项1项，承接行政权力事项1项，同时调整县本级权力清单目录10（取消2项，调整审批部门7项，调整为权力清单其他权力类1项）。在对省政府晋政发〔2016〕3号、晋政发〔2016〕17号、18号、晋政发〔2016〕19号文件的落实承接工作上，对各涉及部门下发了相应的征求意见表，要求各部门对照上述省市文件目录,结合本部门“权责清单”，对涉及的行政审批事项和中介服务事项提出处理意见，经过汇总梳理，分别以偏政〔2016〕12号和偏政发〔2016〕21号文件进行了落实和承接，承接项目57项，取消行政审批事项12项，清理规范中介服务事项26项（其中落实3号文件清理规范19项，落实19号文件清理规范7项）。（3）清理规范政府部门行政审批中介服务事项。在去年出台《偏关县人民政府办公室关于清理规范县政府部门行政审批中介服务的通知》进行部署的基础上，给各部门下发了《行政审批中介服务事项清理表》《保留表》等相关表格，要求各部门对照已公布的权力清单，对行政审批事项中涉及的中介服务事项，根据相关法律法规提出保留和清理意见并报县审改办，经过对各部门报回的中介服务事项对照其设定依据逐项审核，确定属于政府部门行政审批中介服务事项共42项，并通过政府网站进行了公布。（4）配合完成随机抽查重点事项清单位工作。按照忻州市《关于进一步推进“双随机一公开”工作加强事中事后监管的通知》精神，要求各部门对照本部门权责清单中法律法规规章规定的检查事项，提出本部门随机抽机事项清单并报县审改办，审改办对各部门报送的随机抽查事项清单进行审核汇总，全县共有法律法规规章规定的随机抽查事项245项，经政府法制办审查后，进行了公示。

【复核部门“三定”规定】 2016年，按照《偏关县“六权治本”规范权力运行实施方案》《中共偏关县委办公室关于依法复核部门“三定”方案的通知》精神，对各部门“三定”规定的职能职责、内设机构、人员编制和领导职数进行复核。重点是部门的职能职责，结合各部门出台的权责清单，依法确定部门职责，科学界定和规范权力，做好下放和取消的行政审批事项的承接工作，以及因行政体制改革对一些部门的编制和领导职数的调整，县法制办和编办正对已起草完成的部门“三定”规定进行全部审核后提请县委、县政府和编委审议印发。

【事业单位控编减编】 2016年，在去年落实《偏关县控编减编工作实施意见》的基础上，对《意见》进行了进一步的细化，同时结合事业单位分类改革及本县事业单位现状，对各级各类事业单位的职责履行情况及人员编制使用情况进行调研摸底，并通过认真梳理，对一些职责弱化的单位提出初步减编意见，征求相关单位及主管部门的意见后，经县编委会研究同意，对27个单位编制进行了核减，共减少事业编制81名，完成了控编减编2%的工作任务。

【事业单位超编人员消化】 多年来，一直把消化事业单位超编人员工作作为一项重点工作来抓，在空编单位的人员调配及招录中，首先考虑从超编单位人员中调整解决，经过几年的努力，截至 2016年底，全县超编事业单位人员消化基本完成，其中环境监察大队因改革冻结人员流动而未完成人员消化，黑豆埝电灌站因该单位为财政补助事业单位。医院和广播电视台均为财政补助事业单位，因专业相差甚远，未能完成人员消化工作。

【法人证的年度报告和换证】在事业单位法人证书和组织机构代码证“两证合一”的正式实施之年，年初组织相关业务人员认真学习上级有关文件精神，熟练掌握事业单位网上登记管理系统；通过开通咨询电话、QQ工作群及上门指导等多种方式，为各单位解决网上操作中遇到的各种困难；缩短审批时限，加快办结时效。在实际操作中严格对网上填报年度报告书和变更申请等材料的审查，对填报不符合要求、网上提交材料不齐全的、实际信息和法人证书上的登记信息不一致的均要求及时修改、补全、变更登记；对按规定报送2015年度事业单位年度报告的单位，经事业单位登记管理机关审查通过后，即更换新版《社会统一信用代码证书》，做到年报报送、代码赋码、证书换发三环节一次性完成，简化办事程序，方便事业单位办理。至3月底，登记事业单位157个，网上实际提交年度报告156个，证书废止1个，156年单位全部换发了新的《社会统一信用代码证书》，并按照事业单位年检和公示制度要求，提交合格公示报告的单位全部于6月底在县人民政府门户网站进行了公示。

【社会信用代码赋码】 2016年，按照上级有关精神，及时刻制“统一社会信用代码赋码专用章”，下发《关于做好机关、群众团体统一社会信用代码赋码工作的通知》，理清赋码发证的适用范围、申领条件、材料清单、填报要求、办理流程，主动与相关部门沟通联系，了解组织机构代码证的发证情况，摸清发放底数，做好衔接工作，确保工作按时、高效、稳妥推进。同时利用办公电话、QQ工作群等媒介加强对各部门的业务指导。到年底，已为县公安局、县编办等单位颁发了统一社会信用代码证书。

（杨凯）

信　访

【概述】2016年，在市委、市政府的坚强领导下，省、市信访部门的精心指导下，县委、县政府的正确领导和高度重视下，坚持以解决信访突出问题为重点，按照“有访必接、接访必处、处必有果”的信访工作总体思路，结合县情，围绕社会稳定大局，扎实做好了今年的信访推进工作。经过全县各级各部门的共同努力，案件办理群众满意度评价满意率达89%，全面实现了进京非正常上访为零、无赴省重复集体访的工作目标。

【矛盾纠纷排查】 2016年，在县信访接待大厅受理群众信访案件的同时，各乡镇、各单位经常性走村入户开展矛盾纠纷大排查活动，以“四讲四有”为抓手，全县上下加大矛盾纠纷排查力度，集中开展了矛盾纠纷大排查活动，共排查出潜在性的、倾向性的、苗头性的问题70件，牢牢掌握了工作的主动权。

【接待来访群众】 2016年，继续围绕“开门接访”和“带案下访”两条主线，扎实开展“领导干部大接访”活动。每日由一名副处级以上领导在县信访接待中心现场接待来访群众，必要时候组织相关部门带案下访，直接听取群众诉求，全年全县上访总量1260批次1713人次，其中集体访17批次480人次，个访1244批次1244人次，县领导信访批阅、批示件42件。通过领导干部开门接访、带案下访有效解决了大量矛盾纠纷，维护了群众合法权益，促进了社会和谐稳定，切实把矛盾纠纷化解在了基层，把上访群众吸附在了当地。

【推行社会力量、律师、媒体参与信访工作新机制】 2016年，积极动员“两代表一委员”、工、青、妇、工商联、知名法律人士、农村“五老”及社会人士等组成的社会力量积极参与到县领导干部每日接访工作中来，并逐案录入社会力量参与信访工作管理系统，案件录入率100%。同时积极引导律师和媒体参与到矛盾纠纷的调解之中，媒体记者全程参与信访接待和案件化解工作之中，充分发挥了律师执业专长和媒体的监督作用，引导上访群众通过合法途径表达利益诉求，预防和化解了大量的群众纠纷和社会矛盾，把疑难信访问题导入公众视野，推进信访积案的化解。通过律师和媒体参与信访工作，加大了公开、公正、公平化解信访事项的力度，增强了信访公信力，切实维护了信访群众的合法权益。

【专项治理工作】 2016年，按照全省“以群众举报乡村干部腐败为切入点集中解决群众信访诉求问题”专项治理工作方案要求，中央、省、市交办偏关县信访积案12件，通过领导包案、化解工作班子努力以及信访救助等方式，当年11件信访积案已全部化解，化解率达100%，1件涉法涉诉信访事项已转送政法部门办理。

【信访信息系统建设】 2016年，根据国家及省、市关于信访信息系统建设的工作部署，积极与省、市对接，各乡（镇）、县直各有关单位网上信访信息系统基本覆盖，实现信访事项“网下办理，网上流转”的群众信访事项办理程序；完成了开通手机信访、微信信访功能任务，并注册微信公众号，并于12月1日正式运行，方便信访群众通过网络平台对信访事项的跟踪、查询和评价。

【分类处理信访投诉请求清单工作】 2016年，根据省、市信访联席会议办公室安排部署，按照《偏关县通过法定途径分类处理信访投诉请求工作方案》的要求，县信访局牵头负责对全县通过法定途径分类处理信访投诉请求工作的开展，至年底，全县25家单位已全部完成并运行。同时加强宣传工作的贯彻和落实，利用广播、电视、报刊以及宣传手册等方式公开向社会发布，引导信访群众分类对照清单依法信访。通过对《清单》的宣传，不仅使依法分类信访在偏关县家喻户晓，深入人心，而且增强了全民的法律意识和法律素质，提高了各级领导干部依法办事的能力和水平，为信访工作的制度化、规范化、法制化建设奠定扎实基础。

（郝毅）

偏关县人民政府

综　述

【概述】 2016年，偏关县人民政府面对经济持续下行的困难局面和艰巨繁重的改革发展稳定任务，团结依靠全县人民，认真贯彻党的十八大和十八届三中、四中、五中、六中全会和习近平总书记系列重要讲话精神，按照省委“一个指引，两手硬”的重大思路和要求，全面落实市委“1661”发展战略，大力实施县委“1551”发展战略，抢抓历史机遇，加大攻坚力度，统筹推进稳增长、调结构、促改革、惠民生、防风险各项工作，全县经济社会保持稳中有进、稳中提质、稳中向好的良好发展态势。全年全县GDP完成25.5亿元，同比增长2.4%；规模以上工业增加值同比增长2.6%；社会消费品零售总额完成9.9亿元，同比增长5.7%；固定资产投资完成29亿元，同比增长9.8%；财政总收入1.85亿元，一般公共预算收入0.98亿元，同比分别降低38.2%和45.8%；城镇常住居民人均可支配收入19929元，同比增长6%；农村常住居民人均可支配收入6030元，同比增长7.3%。此外，各项约束性指标全部完成。

【自身建设】 2016年，坚持科学民主依法决策，严格按照法定权限和程序行使权力、履行职责，依法行政意识不断增强。自觉接受县人大及其常委会的法律监督、工作监督和县政协的民主监督，全年办理人大代表建议14件、政协委员提案46件。高度重视群众来信来访，县级领导干部全年共接待来访群众1260批次1713人次。扎实开展“两学一做”学习教育，持续加强政府系统党风廉政建设和作风建设，严格执行中央“八项规定”和国务院“约法三章”，持续狠刹“四风”，厉行勤俭节约，“三公”经费比上年下降47.49%，干部作风实现持续好转。“13710”电子督办系统全面联通并投入运行，全县政务环境不断优化，工作效能进一步提升。

社会管理

【社会事业发展】 2016年，着力惠及民生，推进社会事业。以脱贫攻坚统揽经济社会发展全局，全面落实脱贫政策，扎实开展社会保障四方面政策到村到户专项行动，全年累计落实政策资金1.27亿元。全年共退出贫困村35个、贫困户2000户、贫困人口5477人，脱贫攻坚实现首战首胜。不断加大教育基础设施建设力度，第三中学新建学生公寓楼全面竣工，第四中学教师周转宿舍进入装修阶段，学校办学条件明显改善。新招聘35名农村特岗教师，不断优化农村教师队伍结构。全面深化医疗体制改革，巩固完善基本药物制度，医疗保障和服务水平不断提高。全年实施的21个村卫生室全部建成并投入使用，基层医疗卫生环境得到进一步改善。坚持计生基本国策，贯彻落实全面二孩政策。加强非物质文化遗产保护，“踢鼓子秧歌”“炕围画”“三关泉醋”等4个项目获得市级非遗项目批复。成功举办第五届“全民健身”体育比赛和“唱响偏关”舞台艺术大赛，为人民群众提供了精彩的文化大餐。稳步提高社会保障水平，养老、医疗、失业、工伤、生育保险参保人数实现稳步增长。在财政十分困难的情况下，新一轮机关事业单位干部职工调资和公务员车补足额兑现，全年支出工资、保险经费4.9亿元。继续加强市政基础建设，全年累计完成市政投资1.45亿元。

【社会综合治理】 加强社会综合治理，不断加大社会风险评估、矛盾纠纷源头预防、重点人员管控等防风险工作力度，县、乡、村“三级调解中心”共调处各类纠纷340件，有效维护了社会安全稳定。开展“六网覆盖”工程，完善立体化社会治安防控体系，依法严密防范和惩治各类违法犯罪活动，全年共立刑事案件202起，破案90起，抓获各类犯罪嫌疑45余人。加大经济运行监测预警，有效防范和依法处置金融风险，打击各类非法集资行为，有力促进金融业和实体经济的健康发展。严格落实市委、市政府安全生产“4438”工作机制，进一步完善“四个体系”，严格“四项管理”，坚持“三项制度”，深入开展安全生产大检查专项整治，排查整改安全隐患问题1095条，全县安全生产形势实现持续好转。

经济管理

【产业结构调整】 2016年，围绕特色做文章，在巩固传统农业基础上，大力发展杂粮、干鲜果、设施蔬菜、畜牧业等特色产业。完成杂粮种植面积1.52亿平方米；建成无公害生产基地7个，认证无公害产品6个；推广种植藜麦、363葵花等新品种农作物333.34万平方米；瓜菜种植面积发展到666.67万平方米；羊饲养量达到76万只。成立偏关县首家涉农020县级运营中心，新建京东农村合作点20家，主要行政村电商服务点实现全覆盖。不断加大农田水利建设力度，完成水保治理面积3733.35万平方米，偏关县获得“山西省农田水利基本建设‘禹王杯’红旗县”荣誉称号。立足资源、产业和区位优势，在继续大力推进煤炭物流项目的基础上，积极发展火电和绿色能源产业。华电2×110万千瓦火电项目可研报告通过了电规总院审查；大唐5万千瓦风电项目实现并网发电；华能2万千瓦光电项目完成6000千瓦的建设任务；龙源5万千瓦风电项目建成进场道路22.87千米，升压站主体浇筑完工，累计组塔33基、浇筑33基，完成11组风机安装。坚持多元开发、点面开花的原则，全面加快旅游开发步伐，千方百计搞活文化旅游产业。老牛湾省级风景名胜区总体规划大纲已通过专家评审；万家寨、老牛湾传统村落保护开发工作全面展开，编制完成《老牛湾村、万家寨村传统村落保护与发展规划》；寺沟护宁寺景区观光码头基本建成；水泉红门口地下长城景区初步具备接待游客能力；4条旅游公路2条已经在发改部门备案，总里程41千米的老营至水泉的旅游公路已通过省交通厅评审。全县东线长城边塞游和西线黄河风情游旅游格局初步成型。

【“放管服”改革】 2016年，全面深化行政审批制度改革，全年共落实和承接省市下放、取消、调整行政审批事项57项。深入推进部门权力清单和责任清单的编制工作，政府31个涉权部门共计保留权力事项3406项。去年4月底，“两个清单”、权力运行流程图、风险防控图已全部公示。公共资源交易平台进行了场所初步规划设计，政务服务中心已建成303.8平方米的公共资源交易大厅和110平方米的评标、议标室。认真落实企业减负“60条”、工业“20条”政策，全年总计取消、停止或免征企业各种税费39项，暂停或缓缴企业税费11项，降低标准或限价收费6项，给予专项资金扶持和补贴21项，优化政府服务体系、搭建帮扶平台8项，为全县企业减轻负担5600多万元。开展干部入企服务，全年累计帮扶企业解决立项、土地、环评、施工、取水、用电等方面问题68项，解决企业各种矛盾纠纷126人次，破解企业难题39件，帮助企业融资2300多万元，为企业争取到风险补偿金700万元，争取到中小企业发展资金300万元。

【生态文明建设】 2016年，大力开展造林绿化，高标准完成5866.70万平方米营造林任务。扎实开展“铁腕治污”专项行动，环保6项约束性指标全面完成年度减排任务。全年城区二级以上天数达到346天，城区空气质量稳定达到国家二级标准。以“创卫”为载体，进一步完善市政基础设施建设，实施了古城大街改造、城北大街坡面治理、街巷硬化给排水改造及公共卫生间建设等一大批市政工程，全年累计完成市政投资1.45亿元。全面加强城市管理，集中开展城区秩序和环境综合整治，城乡居民人居环境得到进一步改善。

扶贫工作

【概述】 2016年，偏关县全面贯彻落实中共中央扶贫开发工作会议和《中共中央国务院关于打赢脱贫攻坚战的决定》精神，按照省委“一个指引、两手硬”重大思路要求以及治晋理政的总体方略，围绕脱贫攻坚总目标，科学制定“12895”脱贫攻坚策略，紧扣目标任务，建立工作措施，压实主体责任，强化监督落实，脱贫攻坚各项工作有序推进。

为了确保扶贫对象识别精准，一方面严格识别标准，明确“八不进”要求，协调公安、民政、金融、工商等部门开展信息核查，严防不符合标准的对象进入；另一方面严格识别程序，坚持群众公议公认，严格实行民主评议和“两公示一公告”制度，组织包村领导、驻村工作队和第一书记全程参与，最终结果由村支部书记、村委主任、第一书记和驻村工作队长4人签字确认。经过2016年两次建档立卡“回头看”专项行动及近期开展的扶贫对象动态调整，截至12月27日国家扶贫建档立卡系统显示偏关县贫困户9294户、贫困人口23966人（包含2014年脱贫人口1446户3625人、2015年脱贫人口1374户3563人和2016年脱贫人口2000户5477人）。为了确保贫困对象退出精准，制定了《偏关县贫困村退出核查方案》《偏关县贫困户退出核查方案》，明确了贫困退出标准、程序和核查办法。贫困村退出以贫困发生率为主要衡量标准，确保贫困发生率低于2%，且统筹考虑基础设施、基本公共服务、产业发展、集体经济收入等综合因素。贫困户退出主要衡量人均可支配收入，且确保实现“两不愁、三保障”。在贫困村、贫困人口退出工作中，严格执行“一公示一公告”流程，贫困退出规范有序。全年全县共退出贫困乡1个，贫困村35个，贫困户2000户，贫困人口5477人，截至年底，动态调整后全县未脱贫人口4701户12007人；返贫4户9人。对照2016年上级下达偏关县完成5000口贫困人口脱贫、29个贫困村出列，易地搬迁500口人以及产业扶贫投资完成1亿元等7方面指标，全年农村贫困人口脱贫完成5477口人，完成率109.5%；产业扶贫完成投资1.01亿元，完成率100%；千村万人就业培训304人，完成率101.3%；新型职业农民培育562人，完成率112%；干部驻村帮扶91个贫困村，完成率100%；教育扶贫实现全覆盖，完成率100%；易地搬迁556人，完成率111.2%。

【落实主体责任】 2016年，县委、县政府成立了由县委书记任第一组长、县长任组长，县委副书记任常务副组长、相关县级领导任副组长的县脱贫攻坚领导小组和县委书记任总政委、县长任总指挥，县委副书记任常务副总指挥的县脱贫攻坚总指挥部；10个乡镇也全部成立了相应的脱贫攻坚领导组和脱贫攻坚指挥部。全县自上而下严格制定作战计划，逐级签订责任书、立下军令状，把脱贫工作任务细化分解到人，形成层层负责、层层落实的工作局面。同时严格责任落实、问责，出台了《偏关县脱贫攻坚工作考核办法》，通过看责任落实、看帮扶成效、看作风转变“三看”，量化考核指标，奖优罚劣、奖勤罚懒，强化考核结果应用，充分激发和调动干部投身脱贫攻坚的主动性、积极性和创造性。为了确保到2018年全县贫困村全部出列，贫困人口全部脱贫，制定了《偏关县脱贫攻坚“十三五”规划》《偏关县2016年脱贫攻坚行动计划》，确定了2016年脱贫5000人、2017年脱贫7000人、2018年脱贫4779人的分年度目标，明确了脱贫的时间和任务。同时，充实加强扶贫队伍，为县扶贫开发中心调整增加了13名工作人员。开展后进支部整顿，调整农村党组织书记7人，调整班子成员4人，建立工作制度50余项，整顿软弱涣散党组织32个，同时为村两委主干每人每年增加了1020元岗位报酬，基层组织建设不断加强。强化村级集体经济发展，制定了《偏关县发展村集体经济实施意见》《发展村集体经济三年发展规划》，从资源开发、资产盘活、项目带动等方面探索村级集体经济发展途径和模式。2016年底，在2015年底的基础上，已完成99个村的集体经济“破零”任务，其中1万元以下的村53个，1—5万元村29个，5—10万元村17个。

【帮扶脱贫策略】 按照“五个一批”“六个精准”要求，坚持因村因户因人分类施策，通过引导贫困群众参与脱贫规划制定，明确发展生产、异地搬迁、生态补偿、发展教育、社会保障兜底等多项脱贫路径，多渠道促进贫困户增收脱贫。2016年，全县通过发展生产脱贫1222户3451人，易地扶贫搬迁脱贫86户304人，生态补偿脱贫215户615人，发展教育脱贫82户300人，社会保障兜底374户753人，其他21户54人。在脱贫政策落实方面，认真落实各项脱贫政策，扎实开展社会保障四方面政策到村到户专项行动。制定出台了《偏关县民政政策扶贫专项行动方案》《偏关县教育扶贫政策到户专项行动》《偏关县健康扶贫政策到户专项行动》等9项配套政策文件，各乡镇组织贫困户填写《偏关县脱贫攻坚帮扶政策措施到村到户到人到位登记表》，县脱贫指挥部认真开展政策落实督查工作，确保了每一项扶贫政策落实到村、落实到户、落实到人、落实到位，实现各项帮扶政策全覆盖。至年底，社会保障四方面政策基本落实到位。全县建档立卡贫困幼儿资助实现全覆盖，已发放资金14.35万元；义务教育阶段所有学生“两免一补”实现全覆盖，落实“一补”资金153.2万元、农村义务教育阶段寄宿生“营养餐”补助资金82.92万元；中职教育免学费实现全覆盖，86名在校中职学生全部享受免学费政策；普通高中建档立卡等家庭经济困难学生免学费实现全覆盖，共免除508名在校高中贫困学生学杂费20.32万元，发放助学金86.56万元；为2094名贫困大学生发放生源地信用助学贷款1312.7万元；为40名贫困家庭大学生新生入学资助3万元；完成81名贫困大学生和376人雨露计划资助任务，兑现教育帮扶资金115.7万元。免除贫困户在新农合定点医院普通门诊挂号费；为6367名55岁以上的贫困人口提供大病医疗补充保险11.4606万元。扶贫开发和低保两项制度有效衔接，实现“两线合一”，全县建档立卡贫困户中享受低保的1566户、1885人。377名建档立卡贫困户中的重度残疾人享受到了护理补贴。小杂粮、薯类、中药材三项农业特色种植特惠补贴政策资金293万元全部拨付到户。同时，省政府支持忻州脱贫的五项特殊政策摸底工作12月20日前全部结束，摸底情况已经上报。

【帮扶工作机制】 2016年，为推动脱贫工作的开展，相继成立了建档立卡工作领导组、光伏扶贫工作领导组，制定了《关于做好干部驻村帮扶工作的实施意见》《关于建立两包三到精准帮扶联动机制的意见》《脱贫攻坚“4433”工作法》，建立了单位包村、领导包带和工作队到村、党员干部到户、第一书记到岗的“两包三到”联动帮扶机制；在91个贫困村和20户以上贫困人口的非贫困村实施“挂图作战”，有效解决了“扶持谁”“谁来扶”“怎么扶”“怎么退”的问题。出台了《关于实行县乡村三级干部脱贫攻坚责任制的指导意见》，实行县级领导干部落实包乡帮户责任，县四大班子成员每人包一个乡（镇）的脱贫攻坚工作机制；县直单位领导干部落实包村帮户责任，县直单位主要领导与村“两委”干部共同承担脱贫攻坚主体责任，扶贫工作队长和第一书记落实领村帮户责任。全县91个贫困村和有贫困人口分布的非贫困村实现了107个单位包村、26名副处级领导包带、294名帮扶工作队员驻村、2333名党员干部到户、105名第一书记到岗驻村的干部帮扶全覆盖。同时严格对“第一书记”进行管理，结合工作表现和脱贫成效，共召回调整1名，通报批评1名，约谈5名。帮扶干部将县扶贫办收集汇总农业、教育、卫计、民政、住建等18个部门74大类、102项帮扶政策措施编印的《偏关县惠民政策选编》及时发放到贫困户手中，并根据每个贫困户享受政策情况制作了帮扶手册和帮扶政策牌，将帮扶政策牌摆放在贫困户家中，让贫困户对自己可以享受和已经享受的政策有了全面的了解掌握。为了全面检验精准扶贫成效，11月21日—11月27日，县脱贫指挥部从四大班子办公室、组织部、纪委、扶贫办等部门抽调人员组成10个满意度测评工作小组对今年脱贫的贫困村、贫困户进行了精准扶贫工作满意度测评。调查中共发放调查问卷2000余份，调查结果显示，贫困户对精准扶贫工作满意度在80%以上的占93.6%。

【帮扶资金使用】 2016年，为了有效整合使用各方面资金用于脱贫攻坚，县政府出台了《偏关县统筹整合财政资金实施精准扶贫的管理办法》，将可整合的资金全部整合用于精准扶贫。全县本级财政扶贫资金投入逐年增长，其中2014年投入489万元，2015年投入543万元，2016年投入615万元，2016年增幅环比2015年增长20%，扶贫资金投入总量和增幅实现双增长。县财政专门投入600万元风险补偿金，撬动金融机构发放扶贫贷款3000余万；为了确保针对贫困户实施的项目更加精准，提高资金使用效率，建立了项目审查专家库和项目验收专家库，负责对91个贫困村计划实施的项目进行一一审核，具体承担对贫困村退出所需资金项目进行可行性、必要性、投入度、预期效益等综合研判。全年用于35个村的脱贫资金6535.015万元，主要包括产业增收项目、道路建设、文化设施、村容村貌改善、农民培训、安全饮水等贫困村退出的必要项目。同时，扎实开展财政滞留资金专项行动。至2016年底，2015年及以前滞留结转的1709万元财政扶贫滞留资金，已全部拨付使用；2016年财政扶贫专项资金下达2681.27万元，已拨付2649.27万元，结余32万元，结余资金占2016年下达资金总量的1.2%。

【脱贫项目实施】 围绕2016年初制定的“12895”脱贫攻坚策略，在脱贫项目安排上，突出产业发展和移民搬迁两个重点，着力抓好小杂粮种植、健康养殖、光伏产业、乡村旅游等八大增收产业。易地搬迁工作，已将151户、556人集中安置到已建成的马家坡聚福苑移民小区，并为326名第一批搬迁人口发放815万元建房补助。整村搬迁（涉及2个村、27户、58口人）已完成搬迁协议签订工作，搬迁户可享受本省易地扶贫搬迁政策。光伏扶贫村级电站项目，2016年全县计划在8个村建设的2个4×100千瓦村级光伏扶贫联合电站到年底建成并可入网运营。年可带动392户贫困户、984人人均增收1326元。2个总装机38兆瓦集中地面式光伏扶贫电站已完成项目选址，落实了项目单位，通过积极争取，待光伏指标下达后即可组织实施。新一轮退耕还林工作，2016年上级下达本县1866.68万平方米退耕任务的地块已全部落实，涉及48个村、721户贫困户、1922口贫困人口，退耕协议已全部签订完毕，待上级补助资金到位后即可直补到户。此外，实施杂粮种植增收产业，全县建成以2个贫困村为主的优质莜麦基地133.33万平方米，以5个乡镇14个贫困村为主的优质谷子、糜黍示范基地666.67万平方米，以2个乡镇为主的“裕佳牌”无公害脱毒马铃薯基地266.67万平方米；实施健康养殖项目，为475户贫困户引调种公羊69只，能繁母羊2425只，购置铡草机245台；实施生态林业增收产业，从建档立卡贫困人口中择优选聘了302名生态护林员，全年管护补助费181.2万元，人均年增收6000元。计划组建脱贫攻坚扶贫造林专业合作社70个(已经扶贫办审核的78个，工商局注册的60个，已领到绿化资质的20个)，发展社员1400人，按80%贫困社员计算，可吸纳贫困人口1120人，按一带三计算，可脱贫3360人；实施乡村旅游增收产业，在5个乡镇12个贫困村实施的旅游扶贫项目正在全力推进，其中7个村已开始实施，另外5个村正在完善方案。

【资料数据管理】 为做好脱贫纸质资料留存和信息录入工作，2016年8月19日，县委、县政府组织各乡镇在尚峪乡召开现场会，就挂图作战、资料档案工作进行学习交流。11月份召开了脱贫攻坚信息平台录入专题培训会议，采用以会代训的方式对各乡镇相关业务人员共50余人进行集中业务培训，确保全面覆盖。同时，县脱贫攻坚领导小组办公室组织工作人员采取查阅系统、查看资料的方式，对全县10个乡镇的档案管理和线上录入工作进行专项督查，对发现的共性问题反馈各乡镇，要求全面查漏补缺。截至2016年底，各乡镇扶贫档案均落实专人保管，纸质档案齐备，存放有序；全国扶贫信息系统基础信息录入工作年底可全面完成，已录入的贫困村、贫苦户基础信息完整准确，做到了贫困底数、问题、对策、责任和任务“五清”。

（高瑞）

偏关县人民代表大会

综　述

【概述】 2016年，县人大常委会在中共偏关县委的坚强领导下，全面贯彻落实党的十八大、十八届三中、四中、五中、六中全会精神，深入学习贯彻习近平总书记系列重要讲话精神和治国理政新理念新思想新战略，紧紧围绕县委“1551”发展战略，认真履行宪法法律赋予的职责，全力推进县十六届人大一次会议确定的目标任务，为实现“十三五”规划良好开局，推动偏关县全面深化改革、加快脱贫攻坚、建设法治偏关，促进经济社会平稳健康发展做出了积极的贡献。全年依法召集人代会1次，举行常委会会议5次、主任会议16次，审议报告25项、议题13项，开展调查和视察21次、执法检查5次，依法任免国家机关工作人员47人次，做出决定、决议15项，督办代表建议意见14件，有效发挥了地方国家权力机关作用。对任命的国家工作人员首次组织了向宪法宣誓仪式，极大地增强了就职人员的宪法意识和自律意识。

【自身建设】 （1）加强思想政治建设。扎实开展“两学一做”学习教育，牢固树立“四个意识”，确保了人大工作始终与县委同心、与政府同为、与民心同向、与法律同行。坚持中心组理论学习、机关政治学习和常委会组成人员集中学法制度，认真组织学习有关法律法规，常委会组成人员的调研能力、审议能力和依法推动解决问题的能力得到进一步提高。（2）作风纪律建设得到加强。认真落实全面从严治党责任，进一步强化班子成员“一岗双责”意识，学习贯彻《准则》《条例》，严格执行中央八项规定和省、市、县委的有关要求，基本形成了风清气正、勇于担当、干事创业的人大政治生态。严格执行民主集中制原则，健全科学民主依法决策机制，凡属重大决策、重要干部任免、重大项目安排和大额资金使用事项集体决定。积极助力精准扶贫工作，全面落实单位包村、班子成员包带和工作队到村、党员干部到户、第一书记到岗的“两包三到”联动帮扶责任。常委会班子成员分包老营、天峰坪、万家寨、窑头等乡镇12个村脱贫攻坚任务，人大办公室结对帮扶窑头乡表干坡、响水、沙埝等3个村，机关15名党员干部职工与137户建档立卡贫困户群众结成帮扶对子，通过驻村入户与村民共谋发展之策，实实在在制定帮扶增收计划，共落实帮扶资金4万余元，解决生产和发展中遇到的实际问题60多件。（3）加强规章制度建设，先后修订完善了《常委会组成人员分工联系代表制度》《县人大常委会议事规则》《县人大常委会组成人员守则》《县公民旁听县人大常委会会议办法》等12项规章制度，形成了一套程序严密、制约有效、措施优化的制度体系，使常委会组成人员议事有规则、人大代表履职有要求、工作人员服务有标准，对巩固和拓宽常委会组成人员、人大代表与人民群众的联系渠道，规范常委会工作行为提供了制度支撑。

人大工作

【县乡两级换届】 2016年底，换届选举工作在县委的正确领导下，精心组织部署，广泛宣传发动，充分发扬民主，抓住关键环节，开展专题培训，严格监督指导，严肃换届纪律，共选举产生县人大代表141名、乡镇人大代表472名，并选举产生了新一届县乡两级人大、政府领导班子及县法、检两长，选举产生了本县出席忻州市第四届人民代表大会代表12名。与上届相比，一线工人、农民、专业技术人员和妇女代表比例提升，代表结构更趋合理。

【监督与调研工作】（1）加强对法治建设的监督。围绕全面推进依法治县，先后组织开展了《食品安全法》《土地管理法》等法律法规执法检查和《水污染防治法》《大气污染防治法》跟踪检查，督促解决执法中存在的突出问题。听取审议县法院关于量刑规范化工作情况报告，督促法院多措并举规范法官自由裁量权，推进解决“同案不同判”问题。听取审议县检察院关于依法开展预防职务犯罪工作情况报告，督促检察机关深入推进司法体制改革，服务和保障经济社会发展。相关责任部门认真落实整改，健全工作机制，推进“一府两院”依法行政和公正司法，国家机关工作人员依法办事能力明显提升。认真开展规范性文件备案审查工作，增强了对规范性文件法律法规的刚性约束。一年来接收县政府报送备案的规范性文件12件。认真落实常委会主任接访制度、副主任包案制度和信访督办接待制度，对群众反映强烈的问题和赴省进京上访的重点案件，实行重点督办，督促有关部门限期办理，消除社会不和谐因素。共受理群众来信来访126件（次），接待来访人员270余人次。（2）加强对计划和财政预算的监督。听取和审议了偏关县2016年国民经济和社会发展计划执行情况的报告和2016年财政预算执行情况报告，审查和批准了2016年1—9月份财政预算调整情况的报告。针对经济运行、社会发展及预决算中存在的问题，常委会从产业结构调整、工业经济运行、财源税源培植、惠民政策落实、税收征收管理，以及强化财政资金全口径监督和预算执行等方面提出了具体意见，县政府相关部门不断规范和完善了部门预算编制工作。（3）加强对民生事业的监督。先后组织代表委员对脱贫攻坚、农村危房改造、教育工作暨控掇保学、村卫生室建设、县城创卫等一系列民生工程、民生事业进行了专题调研视察，形成专项视察调研报告，为政府决策提供可行的依据；提出意见和建议23条，促使政府及有关部门进一步把好事办好、实事办实。针对群众普遍关注的大气污染问题，在听取关于《大气污染防治法》执行情况的报告后，提出了专题审议意见，促进了环境工作。

【代表活动】 2016年，常委会始终把代表工作放在突出位置，采取切实有效地措施，拓展思路，改进方法，努力为代表履职行权提供有力的支持和保障。丰富服务联系代表方式。换届后，及时组织开展了县十六届人大代表履职培训，邀请专家学者来讲授有关人大履职知识，常委会主要领导到会讲话，对代表提出希望和要求。坚持邀请县人大代表列席常委会会议，组织代表参加有关调研、执法检查、视察等活动，先后安排代表12人次参加县人民法院的庭审等活动。通过政府网站、召开政情通报会、寄送有关资料等形式，及时向代表传递常委会和“一府两院”工作的动态信息，解决好基层人大代表的学习、交流、履职和议事问题。注重议案、建议办理成效。继续坚持常委会领导牵头、各工委分口督办的“大督办”机制，加大督办力度。县第十六届人大一次会议期间，共收到代表提出的议案和建议14件。经人大主任会议研究决定将这14件议案、建议由常委会领导联系重点督办，提高了领办规格。在县人大第二次全委会议上，县政府领导和各相关部门对议案、建议意见的办理情况进行现场答复，得到了代表和群众的一致认可。一批事关教育发展、脱贫攻坚、城区交通改善、旅游产业发展等群众关心、代表关注的重点民生问题得到较好解决。代表对议案和建议办理工作作风满意率、效率满意率、结果满意率均达到95%以上。

中国人民政治协商会议偏关县委员会

综　述

【概述】 2016年，在中共偏关县委的领导下，县政协深入贯彻落实中共十八大、十八届三中、四中、五中、六中全会和习近平总书记系列重要讲话精神，牢牢把握团结和民主两大主题，紧紧围绕全县工作大局，充分发挥人民政协协商民主重要渠道作用，认真履行政治协商、民主监督、参政议政职能，为偏关经济社会发展做出了积极的贡献。

【自身建设】（1）打造学习型机关。在开展“两学一做”学习教育中，坚持把加强机关学习作为首要任务，把“学党章、学讲话、做合格党员”贯彻于学习始终；（2）打造协调型机关。注重搞好政协同党政部门之间、各民主党派之间和机关内部成员之间的协调联络，理顺各方面的关系，增进团结，形成共识，为政协工作开展创造了良好环境；（3）打造创新型机关。坚持工作机制创新，完善规章制度，进一步推进了政协机关工作的制度化、规范化和程序化建设。

【领导接访】 2016年，县政协领导一如既往地按照县委统一安排，依照具体接访日程的日期，积极开展领导接访工作，全年共接访40多次。通过与群众零距离接触，面对面交流，不但促进了信访问题的解决，而且增进了干群感情，密切了党群关系，为构建和谐偏关、小康偏关做出了积极的贡献。

委员活动

【提案办理】 2016年，九届一次会议共收到提案61件，经整理合并后共55件。为切实提高提案办理质量，增强提案办理实效。县政协提案委从中挑选了劳动就业、教育医疗、社会保障、环境保护、食品安全、交通出行五个方面的5件提案，经县政协主席会议研究确定为重点提案，并由分管提案副主席带队，县政协办公室和提案委负责督办，各承办单位认真办理提案，积极采纳建议，所有立案提案全部办理完毕，办复率达100%。同时，委员所提的建议在有关政策文件、重要规划和部门工作中得到了较好体现。

【调研视察】 2016年，县政协常委会按照“2016年政协工作的总体要求”，紧紧围绕影响全县经济社会发展的全局性、战略性问题以及人民群众普遍关心的热点难点问题，精选调研课题，抽调由民主党派、经企界委员组成的调研组，开展了专题调研。（1）围绕偏关县旅游文化产业发展，组织委员深入县旅游、文化等相关部门，对2016年底本县旅游文化产业发展、存在的滞后问题进行了深入、细致的了解，形成了《偏关县旅游文化产业发展前景》的调研报告。（2）对偏关县农业产业种植收入情况进行了调研，形成了《关于对偏关县农业产业种植收入情况的调研报告》，表明了种植收入状况及开发利用现状，指出了存在的突出问题。这两篇调研文章都报送了县委、县政府，为领导科学决策提供了有力的依据。

此外，在配合市政协调研上，县政协陪同市政协调研组深入乡镇，对偏关县的脱贫攻坚工作以及小微企业的发展进行了调研，并形成《偏关县民营企业发展概况》《偏关县脱贫攻坚工作的进展情况》二篇调研报告。

【反映社情民意】 充分发挥政协在反映社情民意中的“直通车”作用，进一步加强委员与群众的联系，鼓励委员积极反映群众关心关注的重要问题。将委员在各类履职活动中了解到的社情民意信息收集汇总，然后通过政协主席会议、常委会议的形式与相关单位沟通协商，推动落实；有些社情民意信息通过省市政协信息网进行了上报。一年来，在委员微信社情民意网络报送平台，共收到社情民意信息120余条，其中反映本县情况的信息80余条。向省市政协信息网报送的有30余条。

【民主监督】 2016年，积极参与党政机关组织的调查、检查、考核等活动，逐步改变以往特约监督员由部门自行聘任的方式，实行特约监督员由政协统一委派，推动特约监督工作由被动转向主动。全年组织委员参与各类民主监督活动30余人次，为政府重大工作的顺利推进，提供了良好的舆论基础和广泛的智力支持。

【参政议政】 2016年，围绕县委中心工作和事关全县经济社会发展的重大问题展开全会协商。九届一次会议期间，委员们在认真学习县委王源书记的讲话和政府工作报告之后，围绕县委、县政府提出的年度中心工作进行充分协商讨论。在小组讨论发言中，县委、县政府主要领导与委员进行面对面交流，委员们提出有关促进经济转型发展、群众创业增收、生态建设等方面的意见建议，得到了县委、县政府的高度重视。委员们在认真调研的基础上，针对如何进一步推进偏关县经济建设快速发展、进一步加强偏关县脱贫攻坚建设稳步推进、项目建设、产业发展、社会事业等事关经济社会发展的重大问题协商议政、建言献策，提出了多条具有重要参考价值的意见和建议。

【文史工作】 2016年，积极推进文化传承，挖掘、抢救、保护地方文化资料，有力地发挥文史资料“存史、资政、团结、育人”的独特作用。县政协文史委组织编纂的《偏关光影岁月》和《偏关志》已出版。《偏关文史》第三辑也已搜集整理完成，具备出版条件。在配合省、市政协文史工作方面，县政协文史委工作人员积极搜集所需相关资料，报送省政协，并受到了省政协的表扬。

【包村扶贫】 2016年，按照县委制定的《关于进一步做好干部下乡驻村包村和机关定点扶贫工作意见》的安排部署，县政协把实施精准扶贫、实现整体脱贫作为一项重大的政治任务，机关工作人员积极深入精准扶贫村，与贫困户结成结对帮扶，了解贫困户情况、登记贫困户信息。由秘书长到尚峪乡长安镇村担任第一书记，并带队进行包村扶贫，其间，帮助该村推广了高产地膜种植和优质种植技术，进而促进了粮食的增产增收，调动了群众科学种植的积极性。同时，投资78000元，帮助村委会整体维修了活动室。按照县脱贫攻坚领导小组关于开展“送温暖、献爱心”慰问活动的通知要求，元旦期间，由县政协主席带队，对长安镇的贫困户、五保户、低保户、长驻村60岁以上的困难群众进行了慰问，每人发放慰问品一袋大米、一袋白面，共慰问109人，约15000元。政协机关全体干部职工捐款3000元，对老党员和特困户进行了慰问，共慰问15户。

（刘贵明）

民主党派和工商联

中国民主建国会忻州市直属偏关支部

【概述】 中国民主建国会忻州市直属偏关支部第二届委员会于2013年1月经第二次会员大会选举产生。第二届委员会由3人组成，主委常建军，副主委刘效龙 、刘彩玲。

民建忻州市直偏关支部第二届委员会以改善结构，提高素质，增强活力，适应需要为目的，切实推动会的组织建设工作，有计划地稳步发展会员，努力改善会员队伍结构，2016年新发展会员两名(李冰彬、刘芳)。至2016年底，全县共有会员13人。会员工作涉及医疗、文史、社保、纪检、教育、个体工商业、基层等多个领域。

支部有9人为县政协委员，在2016年8月出席了政协偏关县第九届委员会，经选举有两人成为县政协常委，1人为市政协委员。

2016年民建忻州市直偏关支部被采纳的《偏关煤炭产业与环境保护》《偏关如何更好地实施人畜饮水解困》《送温暖，党外人士的政治引导》《群众生产生活用煤情况调研》等优秀提案和调研报告，得到了相关部门的重视。2016年支部被民建忻州市委授予反映社情民意工作先进集体荣誉奖。

【社会服务活动】 2016年，民建偏关支部组织了偏关县人民医院16位医务人员，在较为偏僻的水泉乡、老营镇开展了义诊活动，专家学者先后对200多名农民进行了问医诊断，并开出了相应处方，同时将带去的价值7000多元的10个品种非处方西药、中成药免费发放给有需要的农民朋友，并发放卫生保健知识宣传手册600余册。

(李彬彬)

民革偏关小组

【概述】 民革偏关小组共有党员8人。2016年到陈家营联校进行一对一帮扶，为17名学生发放2700多元的书包、学习用品。 (何建文)

工商联

【概述】 2016年，县工商联紧紧围绕县委、县政府的中心工作，积极开展“双学一跟”活动，改进工作作风，坚持工商联宗旨，强化服务意识，努力当好政府管理非公有制经济的助手，为推动偏关县非公有制经济的健康发展，为实现富民强县、建设和谐社会做出了一定的贡献。

【组织建设】 2016年，认真贯彻落实市委、市政府关于加强工商联工作的若干意见，积极加强组织建设。为了便于上级有关工商联的政策性文件及时有效地传达贯彻，将文件原文专门印发小册子发到广大民营企业家手中。并通过县工商联十届二次执委会和民营企业家座谈会对两个文件进行了学习和讨论，极大地鼓舞了偏关县民营企业做大做强的信心。注重质量发展会员，稳步壮大工商联队伍。在会员发展中按照不求数量、注重质量、成熟一个发展一个的原则，重点发展一批经济实力强、思想觉悟高、热爱工商联工作、热心社会公益事业的非公有制经济代表人士入会。从而提高了会员整体素质，有力地促进了工商联乃至社会各项事业的发展。

【宣传工作】 2016年，县工商联始终把宣传工作作为工商联工作的重要内容。利用各种渠道在会员中和非公有制经济人士中宣传中共十八大和习近平总书记系列重要讲话精神，宣传中央

16号文件和有关加强工商联工作的政策实施意见，由于宣传工作卓有成效地开展，偏关县工商联再次被市工商联评为宣传工作先进单位。

【参政议政】 2016年，县工商联积极组织引导工商联界别的人大代表、政协委员抓好学习，紧紧围绕经济建设这个中心，为党和政府当好参谋，为人民群众多谋利益，他们提出的一些议案、提案被县政府和有关部门采纳，为政府决策提供了可靠的依据。多次配合省、市、县人大、政协开展有关非公有制经济发展等专题调研，开展中小微企业发展现状专题问卷调查，并分别写出调查报告，报送上级和有关单位参考。

【履行商会职能】 2016年，县工商联始终把为会员服务放在日常工作的首位，不断探索为会员服务的新方式、新途径。积极协调与有关部门的关系，加强与其他县市工商联的联系，协调处理内外经济纠纷或侵权案件十数件，维护了会员的合法权益，优化了经济发展环境，赢得了会员的信赖。针对民企贷款难问题，及时和小额贷款公司联系，帮助他们解决资金问题，使之走规范、健康发展之路，有力地促进了偏关县非公有制经济的发展。针对偏关县民营企业管理水平不高，现代企业管理知识不多，企业缺乏竞争力的现状，邀请北大教授和燕园商学院的学员来本县与非公经济人士互动交流，共同学习，努力把企业做大做强，以此来带动其他民营企业发展，通过一系列的考察、学习、培训，使广大民营企业管理者开阔了眼界，增长了现代企业管理知识，也增强了做好、做大、做强企业的信心。

【推进脱贫攻坚】 2016年，根据县委、县政府单位包村干部包户的统一部署，县工商联驻陈家营乡黄家营村定点扶贫，结对帮扶36户贫困户，住村了解贫困原因和贫困户制订脱贫计划，完成了年初的脱贫计划。另外响应忻州市工商联“百企帮百村”号召，动员5家民营企业结对帮扶5个贫困村，通过产业帮扶、商贸帮扶、公益帮扶，共帮助41.5万元，为脱贫攻坚任务尽了力，做出了奉献。

（刘云程）

人民团体

偏关县总工会

【概述】 2016年,偏关县总工会在县委和市总工会的正确领导下，认真贯彻落实党的十八届三、四、五、六中全会和习近平总书记系列重要讲话精神，以市总一届十一次全委会议、全县经济工作会议精神和“素质提升年”活动为统领，深入开展“两学一做”学习教育实践活动，紧紧围绕转型跨越，服务全县中心工作、服务职工大局，主动履职，积极作为，常规工作迈上新的台阶，品牌工作赢得广泛赞誉，创新工作取得新的突破，为推动全县“双五”战略和加快偏关全面建成小康社会进程做出了积极贡献。

【理论学习】 2016年，县总工会把学习宣传贯彻党的十八届六中全会精神和习近平总书记系列重要讲话精神、省总工会十三大报告，作为全县各级工会和工会干部的首要政治任务。与学习宣传贯彻中央、省委、市委和县委党的群团工作会议精神结合起来，与贯彻落实县委和市总部署要求结合起来，与深化“两学一做”学习教育实践活动结合起来，着力建设知识型、技术型、创新型职工队伍和忠诚、干净、担当的工会干部队伍。通过集体学习、专题研讨等形式，学深悟透、融会贯通，自觉做到向党中央看齐，向党的理论和路线方针看齐。自觉把工会工作放在“四个全面”战略布局、决胜全面建成小康社会和偏关县经济工作目标任务中去思考、去把握，深入研究经济新常态下工会工作的特点规律，掌握职工队伍、劳动关系新变化，坚持工会组织和工会工作政治性、先进性和群众性，引导职工群众听党话、跟党走，切实担负起工会组织的政治责任。深刻理解县委“双五”发展战略，引导广大职工把思想和行动统一到县委决策部署上来，增强发展信心，凝聚发展力量，切实把县委和市总的各项决策部署、工作任务落到实处。

【基层工会工作】 2016年，县总工会把“素质提升年”活动作为工作的统领，把增强基层活力作为全部工作的基础，年初就成立了由县总工会主席任组长的“素质提升年”活动领导组，在方案制定、安排部署、分片包干、督促推进上抓早、抓实。以政治、思想、作风、业务素质和创新能力为重点，大力加强各级工会干部教育培训工作和实践锤炼，努力提升工会干部队伍的整体素质。切实增强工会工作政治性、先进性、群众性，培育工会干部忠诚、热爱党的工运事业。4月份县总对全县各乡镇、基层130名工会主席和社会化工会工作者进行了培训。帮助他们开阔视野、解放思想，提高整体素质和创新能力。强化干部责任意识，解决担当精神缺乏、不敢为、不会为等问题。尤其把工会专业人才队伍素质的提升摆在突出位置，注重社会化工会工作者、工资集体协商专职指导员、工会网络宣传员等工会专业人才队伍的培养，以及职工代表、职工文体骨干、工会会员大会代表和工会积极分子队伍的培养，全年共选送培训各类人员40多名，帮助他们提高履职能力和工作水平，更好地为工会工作服务、为职工群众服务。同时完善工会干部考核、奖惩制度，打造善学习、敢担当、能创新的工会干部队伍,激励工会干部争当职工群众“贴心人”。各乡镇（街道）、基层工会领导带头、全会动员、精心组织、强化责任、严格考核。通过培训教育，各级工会干部在“素质提升年”活动中，深入基层工会、车间班组、农民工输出地和聚集地、困难职工和劳模家庭，摸实情、找问题、解难题，用工作热情和亲和力拉近与职工群众的距离，用实实在在的“好处”增强工会的吸引力。同时努力加强基层工会规范化建设，强化基层工会服务功能，深入开展促进“双亮”、落实会员“四权”等活动，“双亮”活动覆盖面达80%以上；创建“六有”工会示范点2个，“六有”基层工会10个；“会员评家”等制度稳步推进，职工之家一体化建设等工作得到新推进；积极推动了“两新”组织（新产业、新业态）普遍建立工会组织，最大限度地把农民工、劳务工和流动性较强的职工组织到了工会中来。3月份“工会组建月”活动和“农民工入会专项行动”，全县新增工会组织10个，新增会员1105人，其中农民工会员850人，新增覆盖法人单位19个。截至2016年底，全县基层工会组织达到185个，涵盖法人单位871个，工会会员11970人，其中农民工会员3139人，职工入会率达到98%。

【劳动竞赛成果】 2016年，县总工会将“五小”竞赛活动作为各企事业单位工会全年工作的重点，精心组织，强力推进，在市场趋冷的形势下，组织广大职工踊跃投身于“双创”的热潮，形成了党委重视、行政支持、工会有为、职工积极参加的共赢局面。全县共有21家企事业单位、1600多名职工参加了“五小”竞赛活动，共推荐申报优秀成果14项。其中黄河万家寨水利枢纽有限公司电站管理员职工王卫刚研制的“消防探头拆装工具”获得了省级“五小”竞赛创新“成果奖”。其次，县总以职工职业道德建设为主题，开展了选树业绩突出、事迹感人的优秀班组、个人和“最美劳动者”；广泛开展了“劳模故事会”大宣讲活动；组织基层工会开展全领域、多层次的群众性技能比赛，建立职工创新能手、技术能手人才库，寻访“大国工匠”“三晋工匠”“偏关能人”，大力宣传他们的先进事迹。深入开展了劳动竞赛、创建劳模（职工）创新工作室活动，全县上下初步形成了劳模和技能人才示范引领，工会积极推动，广大职工学技术、比技能、搞创新的良好氛围。此外，在“五一”期间，县总为60多名省、部级劳模和劳模工作者进行了健康体检。推荐1名个人获得了省“五一劳动奖章”。推动全县经济技术工作迈上了新台阶。

【帮扶工作】 2016年，累计救助困难职工445人次，其中生活救助371人，发放帮扶资金57万元；“金秋助学”资助41户困难家庭学子，发放助学资金9.25万元；医疗救助33人，发放救助金11.55万元。第二次职工大病医疗互助筹集资金6万余元，5名大病职工获得了互助金补偿。同时高度关注农民工群体，继续开展“农民工有困难找工会，拿不到工资找工会”专项行动。强化日常监督检查，推动农民工工资发放制度、建筑工程工资保证金制度的落实，从制度上保障农民工劳动报酬权益。积极回应农民工期待，指导帮助农民工签订劳动合同，开展就业援助、法律援助、技能培训等，为农民工做好事、办实事、解难事。

【依法维权】 （1）抓好机制建设。依法推进企业普遍开展工资集体协商，促进职企双赢。6月份县总与县人社局等部门联合行动，组织开展“工资集体协商月”活动，形成声势，推动全县工资集体协商工作集中开展，全县共签订工资专项集体合同56份，覆盖企业56家，覆盖职工4300多人。（2）抓好民主管理。开展“厂务公开”“职代会”建制工作专项行动，实现了已建会公有制企业厂务公开、职代会建制全覆盖。同时引申“公开解难题、民主促发展”主题活动，开展年度“优秀职代会提案”“职代会提案落实先进单位”评选活动。（3）抓好劳动保护。落实工会劳动法律监督条例，做好群众性安全生产、劳动保护工作，努力维护和保障职工生命安全与身心健康权益。6月份与安监局联合组织了“安康杯”知识竞赛，参赛单位51家，参赛职工达7600多人。

【思想文化建设】 2016年，县总工会典型引领有亮点。以弘扬劳模精神、推进“双五”发展战略为主题，开展了劳模精神宣传活动，展示劳模风采。职工活动有特色，重点组织了全县“金融杯”职工乒乓球、比赛活动；组队参加忻州市职工乒乓球赛，获得了团体第七，男子单打个人第二的好成绩。文化建设有成果。抓好读书活动，提升职工文化素养。开展争当学习型职工读书系列活动，组织开展好各种读书活动，在广大职工中营造“多读书、读好书”的良好氛围，推动“职工书屋”建设，新建成职工书屋2个，为基层职工配备图书5000册。

【下乡扶贫】 2016年，按照县委、县政府的安排部署，积极做好机关驻村下乡精准脱贫定点帮扶工作。县总选配精干力量，组建工作队，深入营盘梁村开展调查研究、访贫问寒、做好事活动。通过制定脱贫规划，采取切实有效精准措施，实施精准投入、精准帮扶活动，切实帮助驻村做好事、兴实事、解难事，帮助困难群众解决实际问题。共为营盘梁村投资3.1万元，购买粮食加工设备2套，发放生活慰问品白面、大米150袋，推动营盘梁村2016年如期实现脱贫目标。

（范懿）

共青团偏关县委员会

【概述】 2016年，在县委和团市委的正确领导下，在各级部门的大力支持下，县团委在引领思想道德建设、服务社会经济建设、树立社会文明新风、引导青年成长成才、推进团建夯基固本等方面取得了显著成效，为全县共青团事业的长远发展奠定了坚实基础，全面提升了团的影响力、感召力、行动力，县共青团事业迈开了新步伐，走上了新台阶。

【青少年工作】 （1）深化思想教育，引导青少年健康成长。在青少年中广泛开展“我与祖国共奋进”“红领巾相约中国梦”“学党史、知党情、跟党走”“我的中国梦—奋斗的青春最美丽”等主题教育实践活动，进一步坚定了广大青少年对中国特色社会主义的道路自信、理论自信和制度自信。（2）注重典型激励，带动青少年积极进步。广泛开展“两红两优”“最美少年”“向上向善好青年”“乡村好青年”等评选表彰活动，充分挖掘身边的优秀青少年典型，促进各行各业优秀青少年模范的不断涌现。一年来，全县有2人获得青年五四奖章，3人获得农村青年致富带头人，3人获得优秀共青团员称号，他们成为广大青年学习的榜样和楷模。（3）搭建新媒体平台，拓展青年价值传播新途径。在原有微博、QQ群等媒体宣传阵地的基础上，开通“偏关青年”微信公共平台，用青年喜闻乐见的方式传播主流声音，通过资源共享、相互推荐等方式，将共青团微信、微博、QQ群紧密联系在一起，搭建“微信主导，微博、QQ群共推”的共青团新媒体互补平台，进一步强化了新媒体对青少年的宣传引导作用。

【服务经济建设】 （1）围绕农村青年能人、返乡创业青年、大学生村官、城镇失业青年开展就业创业培训，不断提升青年就业创业的能力。开展“订单式”职业技能培训、农村实用技能培训、青年职业农民培训等各类培训10余次300多人。（2）依托县“两新组织”启动创新引擎，“青年文明号”“青年突击队”促进行业提效，大力挖掘和培养适应经济转型发展需要的青年人才。(3)组织以“青年文明号”和各级团干为主的志愿者服务队在法律宣传、青春扶贫、创卫宣传、防艾禁毒、青春自护、消防安全等方面全面开展宣传教育工作10余场次，营造了良好的氛围，为全县深化平安建设、创建卫生县城起到了积极作用。

【基层团建】 2016年，新发展团员400名。积极组织各级团干部参加各级各类培训10人次，团干部整体素质得到明显提高。2人获得市级“优秀团干部”荣誉称号。

（胡小虎）

偏关县妇女联合会

【组织建设】 妇联改革开展以来，在县委的大力支持下，县、乡、村三级妇联按照《山西省妇联关于市、县、乡镇（街道）三级妇联选配兼职副主席的实施意见》《关于开展基层妇联组织建设工作的实施方案》的要求，精心组织、积极行动，圆满地完成了妇联改建工作。247个村的妇代会，5个社区居委会全部改建成妇联。执委增至1645个。10个乡镇相继召开了乡（镇）八届二次执委会，配备了兼职副主席，执委增至134个。纸质资料和影像资料留档保存。县级妇联改建按照《山西省妇联关于市、县、乡镇（街道）三级妇联选配兼职副主席的实施意见》中的选配范围、条件、程序和职数的要求，从不同战线上精选了政治素养高，业务能力强的3名优秀女性充实到我们妇联队伍中担任兼职副主席。有力地壮大了各级妇联队伍，加强了工作力量。

【下乡扶贫】 2016年，县妇联全体领导干部按照县委的统一安排，深入杨家山村和村民同吃同住，了解他们的生产、生活状况，摸清了所结对贫困户的具体贫困原因，结合偏关县扶贫政策，因地制宜地制定并实施了测土配方、政策兜底等扶贫帮扶措施，贫困户收入稳步提高。真正做到了真扶贫、扶真贫.秋后又及时为该村送去了价值3500元的一体化磨土豆机，有效地减轻了丰年妇女们磨面粉的负担。并响应国家对老年人的福利政策，为41个60岁以上的老年人照证件相并办理了老年证。在国家政策的帮助下，在全单位人员的努力下，年底该村35户贫困户、76人已稳定脱贫。县妇联也圆满完成了贫困村精准扶贫的任务。

【妇女之家】 2016年，县妇联利用妇联改建的契机，新建村级（社区）妇女之家示范点11个，其中5个沿河乡镇各2个，其他乡镇各1个，社区1个。统一挂了“妇女之家”牌匾，统一上墙了7项制度，包括组织机构、学习培训制度、信访接待制度、调研走访制度、妇联代表群众制度、妇女之家管理制度和活动制度，张贴了各具特色的妇女之家建设展板，努力打造成组织健全、有阵地、有牌子、有制度、有资料、有活动和妇女群众最信赖的温暖之家。

（董瑞玲）

军 事

中国人民解放军
偏关县人民武装部

【概述】中国人民解放军偏关人武部隶属于忻州军分区。人武部主要担负防区防卫任务，组织动员支前，协助地方人民政府组织人民防空，配合公安武警实施地方反恐、维稳、处突和安保警戒，以及支持地方抢险救灾和应对其他公共突发性灾害等。

2016年，在军分区党委和县委县政府的正确领导下，坚持以党的十八大精神为指导，全面贯彻政治建军、改革强军、依法治军战略思想，推动了人武部的全面建设。

【思想政治建设】 2016年，扎实开展“两学一做”和改革强军主题教育活动，不断加强党委班子建设，认真组织经常性思想教育，确保了听党话、跟党走的信念坚定、思想纯洁。

【军事行政管理】 2016年，坚持从基础训练抓起，扎实开展群众性岗位练兵活动，积极组织参加集训比武，全力做好战备应急工作，有效提升了遂行多样化军事任务能力。

在安全管理方面，认真组织安全教育，严格落实安全制度，突出抓好重点环节安全防控，确保了安全稳定。

【后勤保障】 2016 年，坚持以提高综合保障能力为目标，严格落实党委理财规定，不断加强营院的绿化、美化、亮化，增强了后勤管理工作的实效。

【双拥工作】 2016 年，精准开展扶贫工作，积极协调争取上级资金，开展产业扶贫，效果显著。协调地方单位，将符合条件的退伍军人全部安置到位。主动与学校、单位、企业等结对开展融合共建活动，到党校和中学进行国防教育授课、慰问复员老军人和老党员及困难户，树立了人民军队良好形象。

（陈艳永）

中国人民武装警察部队
山西省偏关县中队

【概述】中国人民武装警察部队偏关县中队（简称武警偏关县中队），于１９６８年成立。中队主要担负偏关县看守所看守任务。２０１６年以来，中队在支队大队两级党委的正确领导下，紧紧围绕支队“稳扎稳打、实干苦干、固本图强和保持清醒、补齐短板、再创先进”总体要求，紧盯“全面建设、全面进步”目标，结合中队实际提出了“精抓细建强根基，实战练兵砺虎气”的奋斗口号，坚持在部队建设基础上下功夫使长劲，狠抓经常性基础性工作落实来夯实创优底气，在部队训练执勤上下决心使恒劲，大抓G20实战练兵提升官兵精气神来提振争先士气，实现中队面子与里子的有机统一，扎实推进了年度各项工作落实，部队建设呈现蓬勃向上的良好发展态势。获得山西总队“基层建设先进中队”荣誉。

【支部班子建设】 2016 年，面对改革强军发展的要求，中队始终把建强战斗堡垒作为中队建设发展的开篇文章，以班子过硬带动部队过硬。（1）搭班子强素质，不断增强凝聚力、战斗力。面对部队建设的新情况、新问题，支部一班人能够始终保持清醒认识，立志打造学习型支部，每当习主席做出重要指示，每逢上级召开重要会议，中队都第一时间组织班子传达学习。年初以来，认真组织收看习主席“七一”重要讲话，纪念红军长征胜利80周年讲话和十八届六中全会，扎实开展“两学一做”活动，抓好学习讨论和承诺践诺，提升党性觉悟，树立政治意识、大局意识、核心意识和看齐意识。坚持班子成员互相搭台，明白只有搭台才能唱好戏，心怀私利心难齐。扎实运用民主生活会、按纲建队分析、班子成员大谈心等时机，统一思想，凝聚共识。遇到问题挑战，能形成集智攻关、勠力同心的顽强战斗力，面对日益复杂的挑战，能够形成持久的战斗力，着力在凝聚共识、聚焦能力、提升标准、精细落实和狠抓经常上下功夫，全面提升支部班子解决自身问题能力。（2）严格制度落实，充分发挥向心力、团结力。深刻认识“根本制度”“定海神针”的重大意义作用，深入开展民主集中制学习活动，严格落实七项组织生活制度，发挥党管党员作用，强化组织功能，最大限度的集中大家智慧，保证决策的合法性、科学性、公正性。一班人坚持把共同的事业作为最大的责任和追求，以中队利益、官兵共同利益为出发点，真正做到政治上信任不猜疑，思想上相通不闭锁，大事必过支部，遇事必先碰头，八小时外活动互相监督，始终团结一致，做到心往一块想，劲往一处使，勠力同心，齐头并进。同时，中队党支部还认真指导两个群众组织搞好组织建设，督促他们落实好有关制度，积极开展好各项活动，较好地发挥了参谋、助手和桥梁作用。（3）纯正部队风气，切实增强领导力、战斗力。中队支部一班人能够认真学习习主席关于加强党风廉政建设的一系列重要讲话精神，严格践行整风整改要求，处理敏感事务依法公平公正公开。在事关战士切身利益和敏感事物上，支部能规范组织程序，落实队务、财务公开。全年以来4人学技术、4人发展党员、2人预提士官集训和官兵休假等涉及官兵敏感问题，阳光操作，官兵普遍感到满意。同时积极开展队事共商活动，设立中队意见箱和民主公开栏，扩大官兵知情权、参与权，充分尊重官兵主体地位，引导官兵正确行使民主权利，激发官兵建队热情，营造一个风清气正、团结争先的良好环境。

【思想政治建设】 2016年，中队始终围绕思想上“绝对忠诚、绝对纯洁、绝对可靠”这一要求，着眼主题教育实效，拓展月课教育内容方式，严密组织开展配套活动，扎实做好一人一事思想工作，切实打牢官兵的思想根基，确保官兵自觉听党指挥、看齐追随。（1）扎实开展好“两项重大教育”，坚定信念。深入开展改革强军主题教育和“两学一做”活动，彻底清查清理涉郭徐周信息，认真组织开展“学习张楠精神，激发强军斗志”大讨论，引导官兵坚定政治信仰，自觉投身改革强军实践。在“两学一做”学习教育活动中，为中队每名党员印发学习资料，组织参加支队党员点赞会、手抄党章、“政治生日”送祝福、“心有所戒，方能行有所界”微党课和党章党史知识竞赛，重点将承诺践诺按照“体现先进性、自己能做到、群众看得见、组织好讲评、长期能坚持”的要求落实到位，使全体党员真正进入角色、接受监督、带动周边，进一步强化了践行党员身份的责任与担当。在主题教育活动中，深入开展了以学习十八届六中全会精神、习主席“七一”讲话精神、纪念红军长征胜利80周年讲话精神和三级党委扩大会议精神等主要内容的理论要点学习，组织开展了收看《百万大裁军》观后感、“我与改革同行”征文、主题演讲、板报比赛、“改革强军靠什么，我为改革做什么”大讨论等配合活动，既丰富了教育形式，又增强了教育效果，强化了官兵们听党话、跟党走的信念，官兵的政治素养得到进一步提高。(2)突出一人一事，稳定思想。结合部队各项工作头绪多、G20杭州峰会安保任务重、官兵执勤思想压力大等实际，中队扎实开展“五同三带头”活动，充分运用“住班上岗楼参加班务会”“三互”“双四一”“零报告”等有效载体，开展好“大谈心大家访大排查”，形成了“主官包干常负责、班长结对常帮带、战士情况常交流”的机制，充分发挥思想骨干作用，广泛开展谈心，要求干部骨干主动做到“工作紧时抽空谈、闲暇时间普遍谈、出现思想问题及时谈”，对中队伤病员、婚恋受挫和家庭困难人员进行重点帮带，指定专人做好深入细致的思想工作，及时有效地掌握了官兵思想脉搏，有针对性地做好了疏导化解工作。(3)突出文化育人，丰厚底蕴。在支队党委的关心关怀下，扩充了中队图书室图书326册，对中队台球桌进行了维修保养，配发了足球、篮球等文体器材。在此基础上，中队先后购买了跳绳、羽毛球拍、乒乓球拍、国际象棋、葫芦丝等，为各类活动开展提供了物质保障。通过军人委员会征集意见建议，党支部定活动方案，团支部抓具体实施，广泛开展文化活动。中队积极联系文广局，组织共建单位在八一建军节开展“文化进军营、警民大联欢”活动。利用党团活动和八小时以外时间在官兵中积极开展新“四有”革命军人大讨论、心理健康操学跳、党员点赞会、辩论赛、篮球争霸赛、“王者荣耀”电子竞技、“麦霸”等官兵喜闻乐见的活动，进一步提高了分析判断问题和自我调节情绪的能力，加强了思想文化素养，为个人的成长成才积蓄了能量。

【军事训练建设】 2016年，中队按照“思想政治非常过硬、专业素质非常过硬、战斗作风非常过硬”的要求，牢固树立战斗力标准，在战斗精神上做好深化，在实战训练上做好突破，在中心任务上做好巩固。(1)落实战备制度不放松，进一步强化安全意识。紧密结合当前国际国内形势和部队建设特点，针对“三场维稳战役”敏感期，及时开展了战备教育，强化了官兵的战备观念；尤其是针对友邻单位发生执勤事件和中队少数战士中心意识弱化的现象，及时开展“我的防线牢不牢”随机教育和“执勤就是战斗、哨位就是战场”大讨论，进一步正规了执勤秩序，强化了战备意识。(2)紧抓中心工作不放松，进一步正规执勤秩序。时刻把执勤工作放在中心位置，根据执勤八项制度，规范执勤秩序，深入开展“执勤八小”活动，狠抓“常见病”的治理，制定“网络查勤登记本”，对哨兵履职情况进行量化，坚持每日勤务讲评，每周在中队范围内评选三名执勤标兵，与本人评功评奖相挂钩，进一步激发了大家“执勤有为有位”的意识。在支队的执勤检查通报中表现较好，受到了支队长的表扬。(3)紧抓军事训练不放松，进一步提升打赢能力。中队坚持以G20为背景，大力开展“暑期百日强化大练兵”活动，围绕“能打仗、打胜仗”要求，牢固树立战斗队的思想，把“三不怕”精神注入训练场，逐个课目验收、每个人员过关。为进一步提高训练质量，营造浓厚训练氛围，中队主要发挥了“三头”作用：即抓好教头。中队坚持每周六组织骨干培训，主要针对训练中容易出现的问题，集中剖析，研究对策，进一步提高小教员的教学能力；干部带头。中队干部结合“五同三带头”活动要求坚持跟班作业，与战士一起摸爬滚打，营造了官兵同练的良好氛围；勇站排头。中队制定了军事训练奖惩措施，每周评选训练标兵和优胜班，并建立训练档案，与年底评功评奖相挂钩，大力培育官兵“训练有为、训练有位”的上进意识，涌现出一大批训练尖子，为中队军事训练蓄下了发展后劲。

【行政管理】 2016年，中队始终坚持依法从严治警的指导思想，正规“四个秩序”，确保部队安全稳定为目标。（1）运用条令法规抓规范。中队结合条令开展“学法规、用法规、守法规”活动、官兵基本养成良好的教育活动，观看《官兵日常养成行为规范》录像片，抓好条令法规学习。同时在中队积极开展向成武县中队学习活动，严格落实一日生活制度，按照作息时间把握时间节点，按照工作安排表规范活动实施，精细化管理部队秩序；结合“百日安全竞赛”、安全大检查等活动，进一步强化法规意识，组织安全训练，纠治安全隐患。（2）盯着重点问题抓整治。结合支队首长指示精神，深入开展“五涉”问题整治，突出人员管控、车辆运行、枪弹安全以及保密、训练受伤预防、季节性事故防范等重难点问题，通过日常教育引导、规章制度学习、法纪录像警示、安全常识普及、自查自摆剖析、限期整改落实等方式，做到真抓真改，常抓不懈。在“两官”问题上坚持教育管理从严；在“两手”规定上严格落实审批和使用制度；在“两车”问题上严把外出乘车关；在人员管理上，突出抓好了公勤人员、外出人员的管理，尤其是对探亲休假人员和轮休士官，落实好跟踪管理卡和家属电话联系制度，做到临走有交代，到家有电话，归队有反馈；在“涉钱”“涉色”上“从严把关、从快落实、从实整改”；在“涉密”问题上坚持人人有责事事保密；在安全大检查上，以兄弟单位事故案例为切入点，严格落实各项规定制度，防止各类问题的发生，落实建档销账制度。（3）突出安全抓经常。围绕八个方面安全基本工作规范的指示要求，主动作为，邀请监狱医生、巨化消防等做客中队讲堂，尤其对中暑、溺水、防火、防雷电等抓好教育训练，提高自身防范能力。注重载体作用发挥，开展集合抽一抽安全理论、会议学一学安全制度、课间讲一讲安全案例、交班挂一挂安全警示牌、每天纠一纠安全隐患等活动。搞好环境熏陶和物质保障，坚持软件硬件不落一件，在关键部位制作了安全警示标牌、保密警示语，对营区安防设施进行整改新建（二楼过道加装不锈钢护栏、二楼以上窗户加装窗槽卡扣），对中队所有电插头进行了检修，军械库安装空调、防暴开关，组织进行了点验，清缴了违规物品，在物防上奠定安全基础。制定《安全隐患挂账消耗表》，利用每周班务会，发动群众，集思广益，收集中队存在的安全隐患，并建立挂账消耗表，定人限期整改。

【后勤工作】 2016年，中队十分关注后勤建设，按照向管理要效益的后勤工作理念，管建并举，完善软硬件设施，努力提高中队后勤保障能力。（1）严格财经管控。严格执行部队的财经纪律，落实经济民主制度，坚持每月定期公布经费开支情况。以开展“伙食管理精细年”和“厉行节约、反对铺张浪费”活动为契机，在伙食调剂上督促炊事班征求好官兵意见建议，合理制定好周食谱表，广泛开展“节约一度电、一粒米、一张纸、一滴水”活动，引导官兵树立勤俭持家意识，狠抓奢侈浪费现象。积极与地方共建单位联系，争取建设经费。（2）加强后勤管理。严格落实支队要求，突出后勤变前勤，将后勤人员纳入中队统一管理，在内务标准、作风养成、落实一日生活制度上不搞特殊；坚持每天把好食物采购验收关，每周召开经济民主组会议，收集官兵伙食意见，每月对驻地菜场菜价进行比价，确实把每一个铜板用在改善官兵伙食质量的刀刃上。严格按照食物定量标准，落实早餐1126（1个鸡蛋、1杯牛奶、2样主食、6种菜）和正餐6211（6个菜、2样主食、1种汤、1种水果）的标准合理调剂伙食，使官兵对中队伙食满意。（3）规范武器装备管理。射击训练、考核增多，枪支动用频繁，严格落实各项制度，把兄弟单位涉枪涉弹问题当成“身边人身边事”，时时刻刻警醒，坚持主官主抓，亲力亲为。抓好静态枪弹管理，严格落实安全检查、“双人双锁”“五同”等制度，定期保养擦拭武器，及时安装武器库空调和维护保养除湿器。抓好动态枪弹管理，坚持定期更换执勤用枪，完善各类交接手续，保持武器装备完好率，确保武器装备始终处于良好的战备状态。(4)做好卫生防病工作。根据季节特点，中队及时开展卫生防病教育和传染病常识宣传，使官兵掌握预防各种疾病的基本常识。同时，加强了对饮食卫生的管理，严格食物验收，坚持食物留验，有效预防食物中毒事故。特别是在流感期间，中队及时进行营区消毒，做好物理防控，中队卫生员做到每日巡诊不漏一人，利用每日就寝后汇报工作时机，着重对中队人员的健康状况进行汇报，对生病战士及时治疗，确保了官兵健康。(5)积极搞好农副业生产。中队立足实际，大力发展农副业生产，带领广大官兵利用空余时间开荒种地，积极向驻地的菜农求助，向他们学方法，取经验，丰富了官兵“菜篮子”。年初以来，菜地共种植十余种农产品，长势喜人。通过一起生产劳动，广大官兵充分认识到，农副业生产可以缓解紧张的执勤训练压力，陶冶健康情操，锻炼自身意志品质，更重要的是增进了战友情谊。

(牛琳琳)

法　治

政法委与社会治安综合治理

【概述】 2016年，全县政法综治部门在县委、县政府的正确领导下，在市委政法委的精心指导下，认真学习贯彻党的十八大和十八届三中、四中、五中、六中全会精神，突出防控风险、坚持创新驱动、强化法治引领、注重强基固本，全力服务保障“1551”发展战略，深入推进平安偏关、法治偏关和过硬队伍建设，政法综治各项工作取得新的成效。

持续开展各种教育整顿活动，队伍建设进一步加强。全县政法机关深入开展了“两学一做”学习教育，不断开展纪律作风教育整顿，扎实推进党风廉政建设，广大政法干警的政治意识、大局意识、责任意识、服务意识、廉政意识以及执法能力和执法水平不断提高，工作作风明显改善。以改善民生为重点，严厉打击各种违法犯罪，有效化解社会矛盾，社会和谐稳定的局面进一步巩固。紧紧围绕全县工作大局，充分发挥政法部门职能作用，全力服务项目建设、脱贫攻坚，为偏关的改革发展稳定做出了积极贡献。

【严打整治活动】 2016年，深入开展以“打黑除恶”为重点的“六场硬仗”，增强了预防打击犯罪实效，提高了人民群众安全感。县公安局共立刑事案件184起，破案73起，其中破获抢劫案件5起，盗窃案件15起，诈骗案件10余起，命案1起；办理行政案件244起，其中涉赌行政案件27起，处罚违法人员91人，查处非法买卖烟花爆竹案件2起，行政拘留2人。县检察院批捕31件34人，提起公诉43件56人。县法院办理刑事案件111件，审结102件。县交警大队全年共查处各类道路交通违法行为25780例，行政拘留52人。消防大队检查社会单位959家次（其中错时检查社会单位37家次），发现火灾隐患1260处，督促整改火灾隐患1239处。

【强化公共服务】 2016年，政法各机关把满足人民群众对高品质公共服务的向往作为奋斗目标，努力提高公共服务质量和水平，为全县在项目建设、脱贫攻坚、开放发展等方面提供良好法律服务。县法院大力打造阳光司法，在法院微博和网页上及时公布审判工作动态，接受社会各界监督。全年发布审判动态36条，印发简报12期。县公安局进一步推进司法便民，户政、派出所等基层单位，积极立足工作实际，大力推进延时、一站式和随时办理的便民服务办法，共发放宣传资料520份，接待预约群众21人次。县检察院通过查办涉及支农惠农财政补贴、农村基础设施建设、农村社会事业等发生在群众身边，损害群众利益的职务犯罪案件，切实解决了老百姓身边的腐败问题，有效开展预防调查、预防建议、预防宣传、警示教育、行贿犯罪档案查询等工作，共接受行贿犯罪查询1090次2400人。县司法局为加大普法力度，举办农村“两委”干部和农民党员法制培训班，参加人数达270余人次。进一步提高法律援助工作水平，全年共办理法律援助案件61件。

【矛盾纠纷排查调处】 （1）各有关部门进一步完善了重点领域矛盾排查预警机制，对重点工程、项目和重大事项进行了社会治安和社会稳定风险评估，针对社会治安和社会稳定的新情况、新问题，及时做出相应的对策和措施，有效地防止了各类矛盾纠纷集中爆发。(2)充分发挥三级平台四级网络对矛盾纠纷排查调解的优势，完善了矛盾纠纷多元化调解体系建设，加强了诉调、检调、公调、访调对接。法院民事案件中以调解结案的达63件，调解率达到45.99%，努力实现案结事了人和。公安局交警大队共处理道路交通事故333起，通过人民调解委员会成功调解各类道路交通事故纠纷103起，没有因交通事故纠纷调处不及时而引发有影响的上访、缠访事件。司法局完善了“调访一体化”机制，以重点工程建设、农村土地承包、城市建设拆迁、拖欠农民工工资等当前突出影响稳定问题为重点，共排查各类矛盾纠纷206宗，调处成功201宗，成功率97.5%以上，其中6人以上的矛盾纠纷3宗，稳控13宗，实现无重大社会影响的恶性群体事件发生。(3)开展了进京非访集中清理专项活动，对可能引发进京非访的案件进行全面排查，对缠访、闹访的人员进行了稳控和化解。全年未发生进京非访案件。

【公共安全监管】 (1)切实加强重点人群服务管理。以“六类特殊人群”服务管理为重点，逐步建立政府、社会、家庭三位一体关怀帮扶体系，加强易肇事肇祸精神病人管控工作，共落实管控重性精神病人5人，落实管控疑似精神病人13人，落实管控责任到人。强化了社区矫正工作，全年累计接收社区矫正对象19人，社区矫正对象在册43人。查处办理涉毒行政案件35起，强制戒毒35人。完善了动态排查机制，对艾滋病患者、社会闲散青少年、刑释解教人员、涉疆少数民族人员全部建立服务管理体系，做到了暂无一人出现漏管失控现象。(2)强化重点行业、重点场所公共安全责任落实。从6月份开始到11月，开展社会治安风险隐患大排查大整治活动，围绕政治安全类、矛盾纠纷类、公共安全类、内部安全类等风险隐患开展排查整治，共排查出社会治安风险隐患111件，10月份已全部整治。公安局启用了人员密集场所及公交车的视频监控和安检设备，对危化、民爆用品加强了运输、使用环节的管理和跟踪记录，全年累计排查整治出租房屋110间，九小场所15次，寄递10家、物流企业8家，查获并销毁各类烟花爆竹2435个，有效防止了公共安全事件的发生。

【基层基础建设】 2016年，围绕“平安偏关”建设总体目标，各级综治部门创新多方参与机制，有效调动各方力量参与社会治理，社会治理水平不断提升。(1)基层综治组织机构建设得到全面推进。按照省综治委的要求，全面配齐了10个乡镇的专抓综治副职11名和综治专职干事共22名。基层综治办、综治工作信息中心、矛盾纠纷调解中心、社会管理服务中心(一办三中心)全部建设完成，并投入运行。在村(社区)继续强化了治保会、调委会、治安巡防队等，加强了(社区)社会治安综合治理组织建设，县交警大队在248个行政村建立了交通安全劝导站，协助交警调解事故纠纷11例、成功破获2起交通肇事逃逸案，真正在基层形成维护社会治安和社会稳定的合力。(2)群防群治队伍不断发展壮大。现已登记在册的专职队员46人兼职556人，继续大力发展人民调解员、综治信息员、治安协管员、平安志愿者等多种形式的群防群治队伍，积极地协助公安机关加强社会面控制，有效地预防和打击了各类现行违法犯罪行为。(3)基层平安建设有了新进展。全面延伸“六安联创”，从村、社区、医院、学校、企业等基层单位抓起，广泛深入开展平安村、平安学校、平安医院、平安企业等“多样化”的平安创建活动，根据时间和进度的安排全县已完成9个市级平安乡镇（居民办）的验收命名，剩余的2个乡镇已进行申报，等待上级验收、命名，通过巩固基层小平安促进全县大平安。

【司法体制改革】 2016年，按照上级要求，法检两院完成了人财物省统一上划。法院16个内设机构及37名中央政法专项编制统一上划至省高院；检察院34名中央政法专项编制统一上划至省检察院。同时完成了首批法官、检察官入额遴选。两院严格按照规定对报名的审判人员、检察人员进行了考试、考核，最终根据考试和考核综合成绩选拔出首批入额法官、检察官，并分别报送省法院、省检察院遴选委员会确认，法院报名人数13人，选出11人，检察院报名11人，选出9人。

【执法司法规范化建设】 2016年，政法机关进一步落实领导干部和内部人员干预司法的记录、通报和责任追究规定，坚持定期报告、责任倒查制度。检察院开展清理久押不决案件专项检查，对刑罚执行和监管活动中的违法情形提出纠正意见10件；加强对社区矫正的监督管理，切实预防托管、漏管、虚管情形的发生。采取定期不定期的检查方式，对社区矫正开展两次监督检查，为本县社区矫正的有序进行奠定了良好的基础，为推动全县平安建设做出了应有的贡献。

【法治宣传和舆情引导】 2016年，综治各成员单位深入基层积极开展综治宣传月、“6.26”禁毒宣传等活动，收到了良好的宣传效果。政法各部门广泛开展贴近群众、贴近生活、群众喜闻乐见的宣传活动，形成学法、守法、用法的浓厚氛围。尤其是司法局分别到各街道、各部门开展专题法制宣传教育活动49场（次），展出展板200余块，发放各类宣传资料1万余册，接待现场咨询400余人次。县委政法委制定了《关于进一步加强重大敏感事件舆论引导工作的意见》，政法各单位宣传主动作为、有声有色开展，开通官方微博、微信，增强与社会沟通的能力，制定了重大敏感事件的舆情监控、引导和应对方案，有力提升了应对和引导政法舆情的能力。

（关丽芹）

公　安

【概述】 2016年，偏关县公安局紧紧围绕打造“平安偏关、法制偏关”总目标，以开展“两学一做”活动为主线，抓住深化公安体制改革契机，以实施民生警务为主线，扎实推进“打黑除恶”“命案侦破”“利剑行动”及“民爆危险物品整治”等专项行动，坚持打主动仗、信息仗，统筹谋划，精心组织，顽强奋战，积极履行公安职责，有效地保障了全县社会治安大局持续稳定，为全县的转型发展、安全发展、和谐发展做出了新的贡献。一年来，全县没有发生恶性刑事案件和群死群伤的治安灾害事故、火灾事故和道路交通事故，社会治安形势继续保持了稳定的态势，人民群众安全感进一步增强。

【维护社会稳定】 2016年，县公安局把情报信息的搜集和研判工作放在各项工作的首位，紧紧围绕各个敏感时期、热点问题开展工作，密切注视境内外敌对势力、民族分裂势力、宗教极端势力以及邪教组织等渗透颠覆破坏活动的新动向。在获取深层次、预警性、有价值的情报信息方面狠下功夫。全年共搜集上报情报信息222条，其中国保情报信息100条、反邪教情报信息45条、反恐情报信息24条、维稳情报信息53条。组织开展社会稳定形势和情报信息分析研判5次，形成研判报告5份。多次组织民警针对宗教活动场所、重要敏感部位、涉恐重点目标等积极开展了不稳定因素的排查和化解工作，确保了全年没有发生涉恐、涉稳案件。开展反恐基础摸排21次，没有发现有涉恐嫌疑的重点人。对登记的宗教活动场所开展日常检查12次，登记备案佛教教职人员、基督教人员。对划定的涉恐一级重点目标1个、二级重点目标1个、三级重点目标33处开展反恐防恐督导检查10次，发现安全隐患8处，下达隐患整改通知8份。全力做好国保重点人、6类重点群体以及邪教重点人员的管控工作，实现了这些重点人员和群体的零上访。同时针对“6·4”敏感时期、十八届六中全会召开期间，可能影响社会稳定的突出问题开展了调研工作，形成上报了2份调研报告，防患未然，有力维护全县社会政治和谐稳定。此外，全面做好“春节”“元宵节”“两会”“高考”“五一”“十一”以及各级领导来偏调研指导等安全保卫工作，确保了万无一失。

【打击刑事犯罪】 2016年，根据全县治安实际，以严打盗抢骗等侵财犯罪为重点，先后开展“冬安利剑”“夏安利剑”“打黑除恶”“命案侦破”等一系列专项行动，全年共立刑事案件184起，破案73起，抓获各类犯罪嫌疑50余人，其中刑事拘留40人，逮捕30人，取保候审8人，移送起诉43人，监视居住1人。破获侵财类案件52起，其中破获抢劫案件6起、诈骗案件22起。破获现发命案1起，犯罪嫌疑人张国强、张文亮被刑事拘留。开展“打黑除恶”专项行动中，组织侦查刘裕东、花伟涉嫌恶势力犯罪团伙，2名主要团伙成员已经被采取刑事强制措施，破获贩毒案件1起、殴打他人案件1起、抢劫案件1起、故意损坏公私财物案件1起，及时地震慑了违法犯罪。同时圆满完成打掉王满厚恶势力犯罪团伙任务。全面开展“清网行动”，对涉偏的所有逃犯落实了“一对一”的侦查措施，先后抓获网上逃犯24人，其中抓获历年逃犯2人。全面开展严打经济违法犯罪活动，全年共立经济类犯罪案件6起，破案8起，抓获犯罪嫌疑人6人，其中刑拘3人，逮捕2人，取保2人，移送3人。正在侦办部督案件一起，涉案金额6000万元。收缴假币350元，警银收缴比达100%。确保大要案及影响严重的案件必破，集中重兵，全面展开破现案、挖积案、抓逃犯专项行动，先后于1月15日破获用砖头击打受害人头部系列暴力伤害受害人抢劫案件5起，河曲县刘家塔镇石城村籍犯罪嫌疑人刘某被抓获，被抢手机、银行卡及存折等物品全部被追回，及时消除了社会恐慌，严惩了犯罪活动；于1月25日破获2015年“2·09”特大盗窃爱心珠宝行金店案1起，山西浑源县籍犯罪嫌疑人穆某在朔州市朔城区被抓获，及时阻止了犯罪嫌疑人预备赴河曲实施盗窃金店案件1起；于5月11日破获董某系列盗窃案5起，严打了疯狂实施盗窃的犯罪势头；于7月初，经过近一个月艰苦侦查，成功侦破了系列盗窃案件10余起及破坏引黄工程电力设备案件一起，抓获犯罪嫌疑人高某、刘某、王某，极大震慑了犯罪活动，保护了群众财产安全；于7月28日，刑侦大队破获一起盗墓案，犯罪嫌疑人杨某、关某被成功抓获，追回被盗手镯、项链等金银首饰价值约1.5万元；于11月1日，通过近五个月的缜密侦查，在太原市阳曲县西凌井乡将网上逃犯杜某成功抓获，破获诈骗案件10余起，坚决打击了街面诈骗活动嚣张气焰，震慑了犯罪，教育了受骗者；于11月2日，巡警、刑侦大队联合出击，快速侦破了一起利用手机微信方式贩卖毒品案，犯罪嫌疑人刘某被刑事拘留；于12月8日，成功打掉一个吸贩毒窝点，一举将患有传染疾病、涉嫌贩毒的邢某当场抓获，同时还抓获吸毒成瘾成员2人，大大震慑了吸贩毒违法犯罪活动。

【社会治安整治】 2016年，围绕净化社会治安环境，确保各项中心工作顺利实施为目标，结合“三项战役”等行动，坚持“净化城区、严防两线（平万线、209国道）”的防控新思路，本着“周周清查、查管结合”的原则，明确重点，狠抓落实，集中优势兵力，对全县的治安重点场所和部位进行了拉网式的排查整治，累计出动警车1500台次，民警6000余人次。共办理行政案件244起，其中局裁139起、所裁90起。查处各类违法嫌疑人250余人，警告3人，罚款126人，行政拘留47人，行政拘留并处罚款45人，强戒18人。办理涉赌行政案件27起，处罚违法人员91人，其中罚款89人，行政拘留并处罚款2人。办理涉毒行政案件35起，处罚违法人员35人，其中罚款7人，行政拘留28人，强制隔离戒毒18人。开展缉枪治爆工作以来，发放宣传资料2000余份，接受群众主动上缴子弹67枚。公务用枪工作方面，对全县的5家枪支使用单位的枪支弹药进行安全检查，确保枪支弹药的保管、使用等各环节不出现安全隐患。积极开展打击整治“黄赌毒”专项行动，共组织宣传1次，发放宣传资料5000余份，促进整治工作顺利推进。对全县48家营业宾馆旅店实行严格动态管理，查处不按规定登记住宿旅客信息案件5起，处罚5人，罚款共计1000元。加强易肇事肇祸精神病人管控工作，共落实管控重性精神病人5人，落实管控疑似精神病人13人，落实管控责任到人。摸排“城中村”流动人口130人，排查整治110间出租房屋，对“城中村”九小场所大排查整治达15次。按照上级部门的工作要求，对全县的10家寄递、8家物流企业开展了摸排清理整顿工作。对全县22家内保重点单位开展执法检查，检查发现治安隐患15处，下达隐患整改通知书5份，督促整改隐患15处，确保各重点单位工作秩序正常。在全县范围内继续开展“护校安园”工作，累计投入警力550人次，警车150台次，发动群众参与巡逻值守154人次，切实维护了全县县中小学、幼儿园的教学秩序。年内通过劳务派遣公司新招聘辅警24名组成“PTU特警巡逻队”，全天24小时开展巡逻防控工作，有效地打压了城区违法犯罪活动，侵财类违法犯罪活动也大幅下降，受到县委、县政府和群众的一致好评。

【民爆物品管理】 2016年，县公安局对涉爆单位的运输、储存、使用民爆物品环节进行了不间断的安全大检查，严格督促落实民爆安全管理责任制，确保各项安全管理措施落实到位。本县尚无使用火工品涉爆企业，共有3个单位使用火工品已停止使用。烟花爆竹经营销售单位1家。全年共办理审批民爆物品购买证、运输证82个，各涉爆单位共使用炸药7790公斤，使用雷管2900发，导爆索50000米。办理审批烟花爆竹运输证1个，审批烟花爆竹1600箱。共组织开展了3次涉爆安全生产大检查，出动警力60人次，警车15辆次，发放宣传资料2000份。召开涉爆安全工作例会12次。民爆大队现场监督爆破15次，烟花爆竹储存和销售点进行公共安全巡查20次，共查处非法买卖烟花爆竹案件2起，行政拘留2人，查获并组织销毁各类烟花爆竹2435个。开展日常检查12次，出动警力24人次，出动警车12辆次，主要是利用测爆仪对废弃的火工品库，以及其工地生活区及周边出租房、废弃窑洞、仓库、村庄温室、花棚、车库、地下室等可能藏匿危险物品的场所、部位进行了逐一清查。

【户口管理】 2016年，县公安局在做好日常户口管理工作的同时，联合乡（镇）政府、人口计生、交通、住建、国土、信访等部门，加大对城中村、施工区等治安复杂场所的清查检查力度，探索建立户口管理长效性管理机制，确保做到底数清、情况明。组织巡警、交警、治安、刑警等警种，对小网吧、小旅馆等治安复杂场所，定期与不定期开展集中清查行动，严惩“黄赌毒”违法犯罪，加大惩治力度，震慑犯罪。偏关县辖区共有人口104628人，总户数46882户，其中城镇人口26378人，乡村人口78250。新出生人口896人，死亡390人，迁入630人，迁出809人。重点人口66人，全部在控。实有流动人口269人。在当年的户口整顿工作中，共删除重户61人，其中农村户口50个，城镇户口11个。根据上级户籍改革规定，共摸排无户人员128人，在政策的推动下解决无户人员上户问题128人。办理居住证90个，跨省异地发证29个，省内异地受理证件42个，挂失申报证件20个。办理准迁证53个。办理临时身份证1340个。登记流动人口159个。全面做好出入境管理工作，严格执行公安部关于按需申领护照、电子版护照启用工作的指示，全年共受理护照691个、港澳通行证412个、大陆证156个，共计1259个。坚持做到了边查边纠，边整边改，使常住人口登记表、居民户口簿、居民身份证、计算机存储的人口信息和居民本人实际情况一致。

【公安交通管理】 2016年，交警大队以塔梁大街为重点整治路段，以清理整顿乱停乱放、占道经营、超速行驶等违法行为为重点整治内容，开展了“城区交通环境秩序集中整顿”。按照“分段管理”的职责分工，加强对国省道和县乡公路的巡逻管控。共查处各类道路交通违法行为25780例，其中现场处罚12402例，行政拘留52人，非现场处罚13326例；检查登记大型客运车8920余辆次，检查大型货车63800辆次，有效维护了道路交通秩序的安全、畅通。共处理道路交通事故333起，死亡3人，受伤30人，直接经济损失110.67万元，四项指标同比稳中有降。充分发挥人民调解委员会的作用，全年成功调解各类道路交通事故纠纷103起，没有因交通事故纠纷调处不及时而引发有影响的上访、缠访事件。共办理新车注册609辆，机动车到期审验596辆，驾驶人到期换证1763个，驾驶人审验1245个，并进行了警示教育。同时，在县政府的支持下，协调教育部门，利用陈家营中学部分闲置教室经过整修改造，建设了机动车驾驶员科目一考试场，待验收使用。此外，加强“两站、两员”建设，进一步强化了农村道路交通安全管理工作。10个乡镇均成立了交管办，248个行政村都建立了交通安全劝导站，其中固定劝导站20个，分别建设了劝导岗亭，统一配备和完善了相关设施。按照每个行政村聘用一名交通协管员，每个固定劝导站由所属村协管员任站长、配备2名专职劝导员的要求，全县共聘用农村交通协管员248名，专职劝导员40名，并出台了具体考核办法。争取政府支持，落实专项资金50万元。加强交安宣传阵地建设，在各行政村设立固定宣传栏248个，刷写墙体标语260余条。交警大队建立了农村交通协管员及相关部门为成员的微信群，各行政村又在本村建立了微信群，全县农村群众覆盖率达60%以上，以此及时发布路况、咨信、交通突发事件等信息。共劝导交通违法2934次，提供各类路况警情信息810条，利用“大喇叭”微信、宣传挂图等开展交通安全宣传10000余次，协助交警调解事故纠纷11例、成功破获2起交通肇事逃逸案，有效提高了农村地区道路交通管理效果。

【消防工作】 2016年，消防大队有现役人员4人，专职队员15人，文职雇员5人，有消防车辆7辆，队伍建设得到了进一步加强。全年共接消防救援类警情17起，其中灭火救援10次，抢险救援7次，共抢救财产价值352万元。新建消火栓15个，有消火栓44个，消防水鹤2个，消火栓完好数42个，完好率95%，消防水鹤完好数2个，完好率100%。全县共建微型消防站4个。本年度，消防大队共争取经费380万元，其中业务经费140万元，工程款200万元，其他经费40万元。新增泡沫水罐联用消防车2辆，举高喷射消防车1辆，基础设施不断完善，执勤备战能力逐年增强，为保护人民群众生命财产安全提供了坚实硬件基础。全年，共出动消防监督检查人员2872人次，检查社会单位959家次（其中错时检查社会单位37家次），发现火灾隐患1260处，督促整改火灾隐患1239处，下发责令改正通知书491份，下发行政处罚决定书22份，临时查封9家，责令“三停”单位15家，罚款179000元，确保了全县消防安全。

【公安监管】 偏关县看守所实现连续24年安全无事故。2016年，共关押在押人员37人，月平均关押量18人，全年处理出所23人，投送监狱7人，刑满释放3人，取保候审13人，在依法收押、提审、会见、投送监狱过程中履行法定手续、严格按照程序办事，全年没有发生在押人员非正常死亡和脱逃事件。看守所向办案单位提供线索27条，破获刑事案件21起，行政拘留所全年共收拘74人。

【基层基础及信息化建设】 2016年，县公安局继续将人均公用经费列入财政预算并及时拨付，对重大案件、重要事项所需费用专款拨付，从机制上保证了公安公用经费的落实。建立“月结、月报销”的派出所经费保障机制。新换了派出所外观标识，重新粉刷了外墙，购置了办公桌椅、冰柜、锅灶等办公和生活用品，改造了派出所取暖设施，对派出所屋顶进行了全面维护，使得整体环境更为整洁。购置了执法记录仪、权力运行平台手机终端、单警装备，拿出专项资金提高派出所食堂、后勤服务人员工资待遇，解决了基层后顾之忧。在相关部门的大力支持下，全面完成县局新业务技术大楼主体工程建设及装修工作，已经具备搬迁条件。

以新业务技术用房建设为契机，大力加强信息化建设。投资300余万元的公安业务技术用房信息化建设工程已完成，配套的楼顶通信塔已经完工。同时，按照上级要求，积极争取政府支持，完成了《平安偏关建设5年规划(2016-2020年)》。全县视频监控建设已完成采点、设计等工作，正组织建设。一类监控探头任务80个，完成25个，完成率31.2%；二类监控探头任务100个，完成110个，完成率110%；三类监控探头任务200个，完成200个，完成率100%。

【队伍建设】 2016年，县公安局着力在培植和挖掘上做文章，千方百计关心民警工作生活、政治待遇和作风建设，不断推进队伍管理。(1)全面实施从优待警。继续实施了《从优待警十举措》，科学安排年休假制度，进一步调动民警的工作热情。(2)积极开展“两学一做”教育。组织党员民警认真撰写学习心得、调查研究，别开生面地开展各类问计、警民恳谈活动，坚决将活动引向深入。12月初，根据局党委研究，结合绩效考核管理情况，对14名人员进行轮岗调换，及时补充了基层警力。(3)全面强化警务作风建设。加强作风整顿，严格考勤、请销假制度，严格奖惩。深入开展“四项整治”活动，制定了方案，组织了“回头看”。开展了“把纪律挺在前面”专项整治工作、减轻110接处警工作负担专项治理，安装了督察系统语音盒，全面加强队伍的纪律管理。全年共展开现场督察80次，出动警力

300人次，对基层单位进行网上督察612个次. 对24辆制式警车、1辆晋O牌车全部按规定年检，确保依法依规使用。截至2016年底，110接处警平台共接各类警情3353起，其中有效警情1693起，刑事类警情133起，治安类警情861起，交通类警情558起，其他类（求助、举报、火灾）共计141起。指挥中心处置橙色预警数4条，黄色预警数30条，蓝色预警数304条，共接收预警数335条。上传省厅社会信息采集汇聚系统3113938条数据，身份证盘查核录仪采集上传3000条。

（宋泽峰）

检　察

【概述】 2016年，在县委和上级检察机关的正确领导下，在县人大及其常委会的有力监督下，偏关县人民检察院深入贯彻党的十八大、十八届三中、四中、五中、六中全会精神和习近平总书记系列重要讲话精神，坚持围绕中心、服务大局，依法忠实履行检察职能，不断加强队伍建设，稳步推进检察改革任务，各项检察工作取得了新进展。全年共依法批捕各类刑事犯罪35件38人，提起公诉48件65人。批捕公诉准确率均为100%，无一错案。在大力开展职务犯罪预防工作的同时，认真开展未成年人检察工作，构建了捕、诉、监、防一体化工作机制，加强对未成年犯罪嫌疑人的认知引导、心理矫正、行为纠偏。持续深入开展“法治进校园”巡讲活动，进一步健全完善检校合作普法长效机制，在偏关二中成立了未成年人关护基地。积极参与社会综合治理，妥善化解矛盾纠纷，深化涉法涉诉信访改革，严格贯彻信访条例，全面推行涉检信访“四要求”“七到位”和阳光接访“六项机制”，全年正、副检察长共接待来访群众60余人次，继续保持涉检进京赴省上访“零记录”的良好局面。

【预防职务犯罪】 2016年，县检察院全年共立查各类职务犯罪案件4件7人，包含贪污贿赂案3件6人，渎职侵权案1件1人。通过查办涉及支农惠农财政补贴、农村基础设施建设、农村社会事业等发生在群众身边，损害群众利益的职务犯罪案件，在彰显法治权威的同时也切实解决了老百姓身边的腐败问题，为全县在项目建设、脱贫攻坚、开放发展等方面提供良好法律服务。在查办案件过程中，坚持打击预防两手抓，深入贯彻省委“六权治本”要求，积极推动形成社会化大预防格局，有效开展预防调查、预防建议、预防宣传、警示教育、行贿犯罪档案查询等工作，全年共接受行贿犯罪查询1090次2400人。

【法律监督】 2016年，县检察院全面加强对诉讼活动的法律监督，主动适应以审判为中心的诉讼制度改革。刑事诉讼监督方面，纠正侦查活动违法7件次，立案监督1起，纠正审判活动违法6件次，纠正漏诉2件3人，刑事抗诉2件3人；刑事执行活动监督方面，监督纠正刑罚执行和监管活动中的违法行为5人次，监督纠正监外执行活动违法21人次；民事审判和行政诉讼监督方面，认真贯彻修改后民事诉讼法和行政诉讼法及高检院两个诉讼监督规则，积极转变监督理念，依法履行法律监督职责，综合运用抗诉、再审检察建议、检察建议等方式，对裁判结果、审判程序及执行活动实行全面监督，民事行政诉讼监督格局整体从以往偏重对裁判结果的单一监督格局，有效转变为裁判结果监督和审判人员违法行为监督、执行监督全面发展的多元化监督格局，全年对民事行政审判活动、执行活动违法行为提出检察建议36件，提出支持起诉意见27件，为弱势群体挽回损失30余万元。

【信息化建设】 2016年，县检察院不断加快科技强检的步伐，先后建成了标准化办案工作区、多功能视频会议室、核心机房、涉密机房、规范化档案室和视频接访室，顺利通过了涉密信息系统分级保护测评验收；全院干警在执法办案、办公办文、检务保障等方面不断加强应用推广，信息化建设新成果正在不断转化为维护司法公正、提升司法能力、深化司法公开的强大动力和重要支撑。

【检务公开】 2016年，扎实推进检务公开力度，设立多功能检务公开大厅，全面推行案件信息公开、诉讼权利义务告知和办案结果告知等制度。累计公布案件程序性信息120余条，重大案件信息7条，生效法律文书54份，提高了执法办案透明度。积极推行案件诉讼权利义务告知、办案结果告知和检察文书释法说理等制度，主动回应群众关注的热点。对当事人各方在案件事实、法律适用方面存在较大争议，或者在当地有较大社会影响的案件，检察机关拟不起诉，或申诉人不服检察机关处理决定的，探索实行公开审查。积极适应新媒体发展趋势，加强检察门户网站、检察微博微信等新媒体平台建设，打造偏关检察网络阵地，全方位保障人民群众的知情权、参与权和监督权。

【体制改革】 2016年，县检察院认真贯彻中央深入推进司法体制改革和深化监察体制改革大政方针，积极稳妥地推进检察改革。及时成立了以检察长为组长的改革领导小组，通过召开院党组会、动员会、工作座谈会等方式多方位反复学习政策，吃透改革精神，使我院全体检察人员做到了从政治上认识改革、从思想上认同改革、从行动上积极参与改革。司改方面，扎实推进本县院检察人员分类管理改革，根据司法体制改革人员机构编制上划有关要求，对全院人员机构编制情况进行了调查摸底，适时建立台账；对全院16名检察官职务进行了套改，11月初根据省司改办统一部署，经过精心组织、严格选拔、科学考核，最终将遴选出的9名拟入额检察官人选层报省检察官遴选委员会审核确认通过，如期保质保量完成了检察官遴选工作的同时也不断强化了办案责任意识，有效提高了办案质量和效率；并配合省、市院做好了检察官单独职务序列等级评定及薪酬制度改革等基础性工作，进一步为检察官履职提供了坚实保障。监察体制改革方面，在监察体制改革试点工作小组的领导下，不断加强与县纪委的协作配合，多次召开座谈会，主动作为，在11月底前就及时会同组织、人事部门对反贪、反渎、预防三内设机构人员、编制进行了认真细致的摸底核对，摸清了每个涉改人员情况，并对拟转隶人员进行政策宣讲和答疑解惑；同时认真做好拟转隶人员情况报告、案件办理统计、线索清理、拟划转装备登记造册、制定预案等划转各项准备工作，确保监察体制改革整体工作有序推进、稳妥落地。

【服务扶贫攻坚】 按照县委、县政府以全面脱贫为统揽的“12991”发展战略，及时制定实施方案，全力服务扶贫攻坚工作：（1）理清思路，精准定位。依托“一村一警”“第一书记”两大平台，全院干警多次走乡入户，对真正的贫困户建档立卡，确保贫困人口“一人不漏档、入档零差错”，对所包的105户贫困户档案、帮扶措施等资料全部建立；（2）突出重点，精准监督。充分履行预防检察职能，以“阳光百姓工程”开展为契机，对本地扶贫资金名称、政策依据、补贴标准进行了全面梳理，摸清了底数，加大了对扶贫政策资金“最后一千米”的法律监督，实现了扶贫资金的可知、可监、可控、可防、可查“五位一体”的同步监督体系；（3）立足职能，精准服务。通过“权力不可任性”专项座谈，先后对国土局、水利局、农委、民政局等涉及扶贫资金、项目的部门开展了警示教育活动，引入了职务犯罪预警机制，着重加强工程建设领域职务犯罪分析，提出有效地预防措施，从源头上遏制和减少职务犯罪的发生。

【队伍建设】2016年，县检察院深入开展“两学一做”学习教育，努力践行“五个过硬”标准，紧扣“六大纪律”，深化“四个着力”，不断加强班子建设，从严落实“两个责任”，加强制度建设，严格贯彻民主集中制原则，始终坚持“严管就是厚爱，队伍不出问题就是对干警最大的负责”的理念，狠抓党风廉政建设，坚决杜绝违法违纪的发生。认真落实全面从严治党要求，从严治检不动摇，扎实开展“把纪律挺在前面”专项活动，坚持问题导向，加强督促检查，以持之以恒的纠风态度保证了全院干警的廉洁自律，树立了风清气正的良好检察形象。 组织开展“检察开放日”“检察官进校园”“举报宣传周”等主题活动，加强和人大代表、政协委员、群众代表等社会各界人士的联络，广泛听取改进检察工作的意见建议，自觉接受监督，开展专项整治，狠抓整改落实，严格规范了司法行为。大力开展检察人员业务技能培训及岗位练兵活动，组织业务骨干和新入职人员先后赴忻州、太原、长治、榆次等地参加业务、初任、司法考试等培训40余人次。积极组织干警参加上级检察机关组织的征文、业务竞赛等活动，通过个人自学、集中学习等形式，组织业务学习讨论30多次，有效提升了检察人员业务水平。坚持从优待检，逐步提升检务保障水平。在全额保障人员经费的基础上，全面改善了供暖系统，定期组织干警进行了体检。坚持“文化育检”，建立了集书籍阅览、网络查阅、小组讨论等多功能的小型图书馆，着力使检察文化成为推进检察工作、检察业务深化的不竭动力，厚植检察工作得以蓬勃发展的文化土壤，为“规范司法行为、提升司法公信”发挥了重要作用。

（贾秦保）

审 判

【概述】 2016年，偏关县人民法院在县委的坚强领导下，在县人大及其常委会的有力监督和县政府、县政协及社会各界的关心支持下，全面贯彻党的十八大和十八届三中、四中、五中、六中全会精神，深入学习习近平总书记系列重要讲话精神，按照县十六届人大第一次会议提出的要求，紧紧围绕全县“1551”发展战略，坚持“司法为民、公正司法”工作主线，全面实施“围绕一个中心，突出六个重点，破解两大难题，实现三个提升”的工作部署，各项工作均取得新进展。全年共办理各类案件615件，审执结584件，结案率达94.96%，位居全市第二、全省前列，超过省高院85%目标近10个百分点，受到省高院及市中院的充分肯定。

【刑事审判】 2016年，县法院以维护社会稳定为己任，依法惩治刑事犯罪。共办理刑事案件111件，审结107件，审结率达96.4%。从严惩治故意伤害、敲诈勒索、盗窃抢劫、诈骗等危害人民群众生命和财产安全的犯罪，对涉案的126名犯罪嫌疑人依法予以惩处，为全县人民营造了安全稳定的生活环境。同时，坚持“教育、感化、挽救”的方针，对情节轻微、社会危害不大的36名犯罪嫌疑人判处缓刑或免于处罚，做到宽严相济、罚当其罪，最大限度地减少了社会对抗。

【民事审判】县法院依法审理民事案件，积极服务保障民生，努力化解社会矛盾。共办理民事案件373件，审结351件，审结率达94.1%，同比提高15.8%。其中审结民间借贷、金融借款、商品房买卖、合同纠纷等案件108件，依法保障了市场经济的良好运行；审结婚姻、继承、抚养纠纷等案件125件，有效规范了社会秩序，法院服务民生、调节社会矛盾的功能得到进一步彰显。

【行政审判】 县法院认真贯彻新修改的《行政诉讼法》，依法保障行政相对人合法权益，以行政审判督促行政机关依法行政。共办理行政案件9件，审结9件，审结率达100%。

【执行工作】 2016年，针对一直以来严重影响法院和法律权威、群众反映强烈的执行难问题，县法院多措并举，多管齐下，全面加强执行工作，一大批执行案件得到了有效执结，执行结案率大幅提升。共受理执行申请案件56件，执结51件，执结率达91.07%，同比提高32.56%，执结标的额共232.49万元，给付执行申请人220.87万元，给付率达95%。法院执行工作被市中院考核为“一类”。

充分发挥查控信息平台作用。全面启用了执行信息查控系统，及时掌握被执行人财产信息，积极采取冻结划扣措施，共获取案件信息700余条，查控涉案标的50余万元，极大地维护了案件胜诉人的合法权益。

严格执行失信被执行人“黑名单”制度。共发布失信被执行人黑名单49人次，与银行、电信、民航、火车站等相关部门建立联动工作机制，严格限制其办理相关业务和个人奢侈消费，让失信被执行人“一处失信、处处受限”，促使23名被执行人主动履行了生效判决，败诉者自觉履行法律责任的局面逐步形成。

依法打击拒不执行行为。对于拒不执行的“老赖”当事人，依法加大打击力度，共实施司法拘留7人，其中2人在采取强制措施时主动与执行申请人达成和解协议，1人在司法拘留期间其家属与执行申请人达成和解协议，其余4人均在拘留后履行了判决，多起久拖不决的执行难题得到解决，法律权威得到了有力维护。加强执行信息化建设。为进一步强化执行工作的信息化手段，切实从根本上解决“执行难”问题，按照最高院、省高院和市中院的部署要求，在县财政的大力支持下，投入专项资金70万元筹建了执行指挥中心，已完成安装调试，启用后将依托信息化有力推动“执行难”问题的解决。

【防控风险服务】 2016年，县法院认真落实忻州市中级人民法院《关于“防控风险、服务发展”的指导意见》，充分运用法治方式防控风险、服务发展，找准法院工作与县委、县政府中心工作的结合点，做到部署工作、处理问题、审理案件都从大局考虑，使法院各项工作紧紧围绕大局、服从服务大局。充分考虑审判、执行工作可能产生的连锁反应和社会影响，依法行使审判职权，切实为全县全面脱贫、全面小康和经济健康稳步发展创造了安全稳定的社会环境、公平正义的法治环境、优质高效的服务环境。

【平安偏关建设】 2016年，县法院按照县委创建平安偏关的总体部署和工作要求，立足法院工作实际，在打击预防犯罪、化解社会矛盾、加强治安防范等方面主动作为，特别是充分发挥法院调节社会矛盾的功能，积极推动矛盾纠纷多元化解机制的形成，整合检察、公安、司法、妇联、保险等多方调解资源，牵头组建了司法调解组织，初步形成了借力发力的“偏关模式”，得到了市中院的充分肯定，并确定在全市基层法院进行推广。2016年共受理各类矛盾纠纷118件，调处化解116件，调解成功率达到98.3%。

【司法体制改革】 2016年，县法院按照省高院和县司法体制改革领导组的安排部署，扎实稳妥地推进司法体制改革各项工作，取得了阶段性成果。（1）完成了首批入额法官遴选。认真组织实施了人员分类管理的第一项任务，即首批入额法官遴选工作，经过公平公正公开的考核考试程序，从符合遴选条件的审判人员中遴选出了12名入额法官，已经省法官遴选委员会批准确认，遴选过程中未引发任何矛盾，实现了平稳过渡。（2）完成了人员机构编制省统一上划准备工作。根据司改有关精神，在县委组织部、县人事局、县编办的大力协助下，完成了法院机构、编制、人员的前期摸底和审核工作，14个内设机构、38个政法专项编制、5个工勤编制，以及37名实有在编人员的统一上划方案已经省高院批准，上划工作正在实施之中。（3）完成了司法责任制改革筹备工作。认真落实最高院、省高院《法院系统关于健全完善司法责任制的实施意见》，围绕“让审理者裁判，让裁判者负责”的改革目标，初步制定了《偏关县法院关于健全完善司法责任制的实施办法》，从审判团队重组、专业法官委员会建设、审判运行机制建设、错案责任追究等方面进行了积极探索，并结合本院实际，形成了一整套做法，为下一步改革任务的完成奠定了良好的基础。

【司法便民利民】 2016年，县法院高度关注人民群众多元司法需求，坚持司法为民、公正司法基本原则，深化拓展司法便民利民举措，推进阳光司法，切实做到让人民群众在每一个司法案件中都感受到公平正义。（1）强化诉讼服务，提升服务能力水平。贯彻执行立案登记制，简化立案程序，方便群众诉讼；规范诉讼窗口工作程序，开展导诉分流、诉前调解、案件信息查询、法律援助等服务，提升了诉讼服务窗口提供庭审以外的全部诉讼和非诉讼服务能力，真正做到了让群众少跑路，减轻了群众诉累。（2）强化司法公开，让正义以看得见的方式实现。全面启动了审判流程公开、裁判文书公开、执行信息公开、庭审公开“四大平台”，逐步构建起了开放、动态、透明、便民的阳光司法机制，不断拓展了人民群众的知情权、参与权和监督权，以公开促进了公正。2016年，全院共上网公开了各类裁判文书286份，在法院网站发布审判执行动态350余条，群众能够及时了解到相关案件信息。（3）强化诉求解决，提升了群众对司法公正的满意度。坚持“以人为本、构建和谐”的要求，积极妥善处理群众的来信来访，共接待群众来信来访110件次，答复110人次，答复率为100%。对生活困难，符合条件的当事人减免缓交诉讼费16案23人，共45万余元，确保了弱势群体能够打得起官司。

【参与脱贫攻坚】 2016年，县法院认真落实县委、县政府脱贫攻坚工作部署，积极主动开展扶贫工作。成立了扶贫工作领导组，派出一名副院长担任扶贫工作队长，两名干警担任第一书记兼驻村扶贫工作队员，全院党员干部全部深入所包村开展结对帮扶工作。根据教儿埝和阴窝沟2个村的实际情况，因地制宜制定了帮扶计划，帮助制定了脱贫工作规划，对52个贫困户进行了慰问，圆满完成了年度扶贫工作任务。

【队伍建设】 2016年，以建设忠诚、干净、担当的法院队伍为目标，县法院全面从严治院，加强学习教育，干警的理想信念、政治觉悟、理论修养、业务能力和廉洁自律意识明显增强。（1）加强思想政治建设。把思想政治建设放在队伍建设的首位，确保全体干警牢固树立“四个意识”，确保法院工作时刻沿着正确的政治方向前进。扎实开展“人民法官为人民”“两学一做”等专题教育实践活动，制定并实施了法院常态化学习机制，通过固定学习时间、精心设计学习内容、创新学习形式，让班子成员带头讲党课，全体干警参与授课，有效激发了干警学习的主动性和兴趣，干警的政治觉悟和理论素养在潜移默化中不断加强。（2）加强司法能力建设。组织审判人员参加省市法院举办的业务培训65人次，组织法警参加技能培训16人次，组织刑庭干警赴北京、青海、黑龙江等地法院进行了实地观摩学习，干警执法司法能力显著提升。坚持“走出去、引进来”的治院方针，院党组先后赴太原、晋中、长治三市的5个全国、全省先进法院进行了学习考察，对照先进，查找差距，积极改进，进一步健全完善了审判业务、日常工作各环节的标准、流程和制度，各项工作逐步步入规范有序的运行轨道。（3）狠抓党风廉政建设。认真贯彻执行《关于新形势下党内政治生活的若干准则》《中国共产党党内监督条例》和法院系统“十五条禁令”，全面落实“一岗双责”，加强廉洁司法教育和警示教育，确保了干警公正廉洁司法，能够守住底线、不越红线。2016年，法院干警没有发生一起违法违纪案事件。为进一步转变工作作风，提高工作效率，持续开展了“纪律作风、环境卫生、警容警貌”专项整治活动，全院整体形象得到明显改善。

（周园龙）

司法行政

【概述】2016年，偏关县司法局继续围绕全县改革、发展、稳定的大局，强化便民惠民、公正司法理念，发挥法制宣传、法律服务和法律保障职能作用，新建法律服务大厅、开通偏关县司法局公众号，打造便民服务窗口，在社会矛盾化解方面主动服务大局，在社会管理创新方面坚持深化改革，在公正廉洁执法方面严格管理队伍，为法治偏关建设提供了优质高效的法律服务环境。

【普法工作】 2016年是“七五”普法的启动之年。为实现新形势下普法教育工作的新目标、新要求，提升普法教育的针对性和实效性，偏关县司法局认真谋划“七五”普法工作，5月上旬集中时间，集中精力，深入到部门、镇、村进行调研，广泛征求意见，进行周密准备，编制了全县“七五”普法规划。

以“法律广场”活动为平台，加快“七五”普法活动进程。利用正月十五、“二月二”传统古会，组织公证、律师、基层法律服务所、各街道司法所及县民政、信访等单位人员，在塔梁政府广场和文化广场分别举办了2016年法律宣传活动，共散发宣传资料（单）20000余份，解答法律咨询600余人次。

继续深化法律进农村活动。为加大农村普法力度，以农村干部和党员骨干为重点，深入推进送法进农村。上半年，立足县委组织部农村“领头雁”两委干部培训活动平台，在县委党校会议大厅举办农村“两委”干部和农民党员法制培训班，参加人数达270余人次。同时，依托农村大集，大力开展农村法律大集活动。6月5日，以为维护农村稳定为主题，深入新关镇、窑头乡、水泉乡等20余个村举办法律大集活动，设立流动法律宣传台，共发放“农民工法律知识手册”“土地承包法知识手册”2000余册，大力宣传宪法。在12.4国家宪法日暨法制宣传日活动期间，在文化广场举办大型活动，县妇联、县团委、县公安局、县放范办、县统计局等单位参加了我局组织的活动，现场发放各类宣传资料10000余份，接待现场咨询400余人次。并为群众解答法律问题100余个。

【基层工作】 1.人民调解工作。按照县政法委的安排，司法局积极开展社会治安风险隐患大排查大整治，促进矛盾纠纷排查调处工作再上台阶。2016年，继续以“人民调解促和谐”活动为载体，不断完善“调访一体化”机制，不断整合辖区调解信访力量，力争实现“大调访、大调解、大稳控、大安全”。以重点工程建设、农村土地承包、城市建设拆迁、拖欠农民工工资等当前突出影响稳定问题为重点，坚持边排查、边调处。制作流动调解桌，下沉到乡、村进行调解，共排查各类矛盾纠纷206宗，调处成功201宗，民间纠纷调解率达到100%，成功率97.5%以上，其中6人以上的矛盾纠纷3宗，稳控13宗，实现无重大社会影响的恶性群体事件发生。

2.社会矫正监管。立足夯实矫正工作基础，年初司法局在全局司法工作会议与各司法所签订了“社区矫正工作责任状”，落实监管责任，为各司法所配备了笔记本电脑，社区矫正对象全部录入矫正管理平台，实行网上动态管理。2016年，司法局组织人员下村慰问特困矫正对象17人，为他们送去被褥和毛毯，使他们能安心接受社区矫正。累计接收社区矫正对象19人，在册社区矫正对象达44人。

3.稳控排查特殊人群。县司法局制订工作方案，做出具体部署，充分发挥各基层司法所、矫正小组成员和社区矫正志愿者等组织人员作用，严密掌控本辖区内社区矫正人员和重点管控的刑释解教人员的异常情绪和动向，发现问题及时层层上报，及早做好风险评估，科学制定处置预案，妥善采取应对措施，使问题解决在萌芽状态，防患于未然；针对社区矫正人员、刑释解教人员“两类”特殊人群中可能采取极端方式表达个人意见或诉求、造成恶劣社会影响等问题，结合本县新城扩建工程的征地拆迁等不稳定因素，组织各基层司法所开展拉网式排查，全面防控，做到不留死角、不留漏洞。

【法律服务】 （1）加大法律援助。为有效维护弱势群体的合法权益，县法律援助中心对法律援助案件受理进行认真审查，并根据实际合理分流，使全县法律援助受援人大幅攀升。2016年，县法律援助中心共审查批准并办理法律援助案件61件，免费代写法律文书65份，解答法律咨询705余人次。（2）“148”专线服务成效显著。为及时向广大群众和社会组织提供便捷、高效的法律服务，在实行办公室电话咨询的基础上，主动推行“148”法律服务专线，全年为广大市民解答法律咨询达252人次，接待来访85人次。

【公证工作】 2016年，县司法局从规范办证程序着手，严格按申请—受理—审查—出证—归档的程序操作，不准随意简化程序。以司法所作为宣传公证和获取公证信息的载体，大力开发农村市场，努力拓展为农业、农村和农民提供公证法律服务的领域，狠抓政治业务学习，组织全体公证人员积极投身公证队伍教育规范树形象活动，努力提高公证队伍的整体素质，全年公证处共办结各类公证事项41件，业务收费0.9万余元。

【自身建设】 2016年，县司法局积极开展“两学一做”学习教育，坚决贯彻落实中央八项规定，采取措施改进工作作风，尤其领导干部带头学习、带头改进工作作风，带头解决实际问题，严格自查自律。压缩会议，不必开的会议坚决不开。建立政风行风监督工作机制，积极发挥社会监督平台的作用，及时了解党员领导干部个全体干警的作风方面存在的问题。规范和完善公务车使用管理办法，杜绝公车私用。同时加强监督检查，对发现的问题及时整改和查处，绝不姑息迁就。

（张峰俊）

经济管理与监督

经济发展和改革

【概述】 2016年，面对经济持续下行的困难局面和艰巨繁重的改革发展稳定任务，县发改局坚持稳中求进工作总基调，以习近平总书记系列重要讲话精神为指导，按照省委“一个指引，两手硬”的重大思路和要求，全面落实市委“1661”发展战略，抢抓历史机遇，加大攻坚力度，大力实施县委“1551”发展战略，统筹推进稳增长、调结构、促改革、惠民生、防风险各项工作，迎难而上，砥砺前行，推动全县经济社会持续健康发展。全县经济社会发展实现稳中有进、稳中提质、稳中向好，“十三五”实现了良好开局。

【经济运行】 2016年，全县GDP同比增长2.4%；固定资产投资同比增长9.8%；规模以上工业增加值同比增长2.6%；社会消费品零售总额同比增长5.7%；县财政总收入完成1.85亿元，同比下降38%，公共财政预算收入完成0.98亿元，同比下降45.8%；城镇常住居民人均可支配收入同比增长6%；农村常住居民人均可支配收入同比增长7.3%。经济运行总体平稳、稳中向好，但由于偏关县经济长期缺乏大的项目支撑、要素支撑、动能支撑，特别是财政收支矛盾、工业结构单一的问题很难从根本上缓解，因此部分指标出现下降，全县经济难以实现跳跃式增长，完成上述指标也需要付出很大努力，下行压力仍然较大。

【项目建设】 1.重点工程“六位一体”推进顺利 （1）项目储备。2016年，偏关县储备项目59个，动态投资总额420.4亿元，完成年度任务222亿元的189.4%。（2）项目签约。签约项目10个，投资总额159亿元，完成年度任务74亿元的214.8%。（3）项目落地。落地项目86个，总投资额56.9亿元，完成率132.3%。（4）项目开工。新开工项目59个，投资总额37.82亿元，完成年度任务36亿元的105.05%。（5）项目建设。省市重点工程完成投资28.83亿元。其中，省重点工程完成投资4.53亿元;市重点工程完成投资24.3亿元。（6）项目投产。投产项目73个，投资额44.41亿元，完成年度目标任务43亿元的103.28%。

2.项目建设亮点纷呈 （1）能源产业项目积极推进。借助周边县市均属产煤县和准朔铁路过境的区位优势，全县煤炭“洗选、储售、运销”“三大运行体系”和“保障水电、扩大风电、新上光电、推进火电”的电力“四大产业”顺利推进。7座煤炭铁路专用线项目，3个已开工，2个已拿到铁路准入，其余2个正在推进前期工作；5个煤炭洗选项目，3个已投产，1个已完工，1个正在建设；8个储售煤企业已全部投入运营。已签约的5个风电项目、21个光电项目，正在推进落地工作。新建大唐5万千瓦风电项目已并网发电，华能2万千瓦光电项目已完成6000千瓦的建设任务并实现并网发电，龙源5万千瓦风电项目已完成进场道路22.87千米，升压站主体浇筑完工，累计组塔42基、浇筑42基，风机基础开挖31基，清坑30基。（2）旅游产业项目不断丰富。深入挖掘偏关得天独厚的旅游资源和悠久厚重的历史文化，以“黄河风情游”和“长城边塞游”东西两条线路为建设主线，按照“54212”旅游工作总思路，精心打造特色旅游品牌，提升文化旅游产业，促进了“一核一带一线”旅游大格局的形成，形成县域经济新的增长极。老牛湾、乾坤湾、万家寨水利枢纽、红门口“地下长城”、护宁寺5大景区建设全面推进；老营至丫角山、丫角山至水泉、水泉至明灯山、关河口至火烧埝4条旅游公路建设，2条已列入市重点工程，其中老营至丫角山“长城一号”旅游公路已开工建设；柏杨岭、青杨岭2个国家级森林公园和12个乡村旅游度假区正在积极推进；寺沟西口水陆码头已建成，老牛湾客运码头项目已开工；水泉红门口“地下长城”景区建设基本完成，预计2016年底可全面开放。

【以工代赈】 2016年，由省发改委共批复偏关县以工代赈2个项目，总投资547万元，2016年底已到位资金448万元。其中：（1）万家寨镇王罗咀至井儿上乡村道路工程：总投资195.8万元。建设内容为：新建四级道路4.1千米，路基宽为6米，路面宽为5米。工程于2016年12月5日由万家寨镇人民政府完成招标工作，施工单位为山西华宏建设工程有限公司，工程于2016年12月13日启动实施，2016年底已完成路基工程2.5千米。（2）万家寨镇滑石至井儿上乡村道路工程：总投资351.5万元。建设内容为：新建四级道路5.3千米，路基宽为6米，路面宽为5米。工程于2016年12月5日由万家寨镇人民政府完成招标工作，施工单位为山西华宏建设工程有限公司，工程于2016年12月13日启动实施，2016年底已完成路基工程3千米。（3）2015年前所有以工代赈项目于2016年12月前全部竣工并验收合格，所有项目资金已全部拨付实施单位，无滞留资金。

【煤电循环经济产业集聚带（区）建设】 偏关县煤电循环经济产业集聚带（区），以山西华电偏关2×1100兆瓦煤电项目为主体，以山西华电偏关2×1100兆瓦煤电和山西焦煤正兴、正仁煤业为骨干，依托偏关县及周边地区丰富的煤炭资源优势，通过“大集团引领、大项目支撑、园区化承载”的方式，实施煤就地转化和外销，形成具有循环经济发展理念的煤基多联产业格局，发展建设高水平煤电产业集聚园区，力争实现煤炭资源利用效率的最大化，变资源优势为经济优势。集聚区总规划面积32平方千米，以华电偏关电厂为中心的核心园区用地面积0.8平方千米，沿准朔铁路、平万线的辐射区面积为31.平方千米。辐射区主要覆盖平万线及准朔铁路沿线的煤炭生产、加工、储运销售等项目企业。园区的产业定位为，以煤炭行业为基础，包括煤的生产、洗选加工、储运、销售等；电力行业为主体，同时引进电厂煤矸石及粉煤灰综合利用等新材料项目。

【综改工作】 2016年，偏关县认真贯彻落实党的十八届三中全会精神，把握稳中求进和改革创新总要求，以解决转型综改试验区建设存在的问题为导向，以政策引导和体制机制创新为内容，以县委、县政府确定的中心工作为重点，努力破解重点领域、关键环节体制机制改革难题，转型综改各项工作取得了应有成效。

【技术培训】 2016年11月22日，偏关县教育科技局邀请山西省农科院和山西农业大学的相关专家来到老营乡为大家讲解设施农业大棚种植的相关知识，并进行了实地指导，壮了大农民科技培训体系，逐步实现“培养新农民，服务新农村”的目标。

【不动产登记】 2015年11月设立偏关县不动产登记局及偏关县不动产登记中心。2016年上半年，初步具备发证条件，具体工作包括：（1）办公场所筹建完毕，按照便民利民的原则，设立导询台和统一登记窗口，偏关县不动产登记中心受理场所为原招待所一楼；（2）办公设备配备到位，满足正常工作需求；（3）软件安装调试完成，具备受理及发证条件；（4）人员调配到位，并到代县参加培训，学习交流工作经验，掌握相关业务知识；（5）不动产登记中心正式挂牌，开始接待办事群众。

2016年6至12月，开始受理不动产登记申请并颁发统一证书，具体工作包括：（1）制定不动产登记中心规章制度，将不动产登记工作规范化、程序化，严明工作职责和工作纪律；（2）组织相关人员到太谷不动产登记中心参观学习，交流经验，规范发证流程；（3）制定不动产统一登记的业务办理章程，建立健全“首问负责”“限时办结”服务等配套措施；（4）开始进行资料整合，为进一步开展不动产登记工作做准备工作；（5）开始受理并颁发统一证书，截至2016年12月5日，中心共计颁发不动产登记证明40份，不动产权证书2本；（6）信息平台开始筹建，正在进行招标工作；（7）完成地籍子区划分和宗地统一代码编制工作，已经将成果提交市局。

【行政审批】 2016年，全面清理和出台政府部门权责清单工作作为今年重点工作，制定了《偏关县审改办法制办关于完善政府工作部门行政职权事项征求意见工作方案》、出台了《偏关县行政审批制度改革工作领导组关于政府部门行政职权事项专家论证工作方案》。同时法制办就法理依据进行了合法性审查，最终形成县政府部门（含乡镇）权责清单，确定权力事项3406项，其中行政审批事项158项，行政处罚事项2298项，行政强制事项127项，行政征收事项32项，行政给付事项11项，行政检查事项182项，行政确认事项60项，行政奖励事项34项，行政裁决事项7项，其他类事项497项，并于2016年3月31日在党政联席会全面通过，4月份（除乡镇139项外）30个部门的权责清单在县政府官网上全部向社会公示。同时编制了政府权力事项对应的权力运行流程图和廉政风险防控图，并于4月份在政府官网上与部门权责事项同步公示。在政府部门权责清单位公布的同时，对县政府行政审批事项目录同步公布。还制定了相应的《动态管理办法》《事中事后监管意见》，对因法律、法规修订等原因需要对权责清单进行调整的，及时对部门清单进行调整公布，并加强对行政审批事中事后的监管。

【供销合作社综合改革】 2016年是供销合作社系统综合改革的关键年。偏关县供销合作社联合社在推进服务体系、经营体系、管理机制等方面取得新的突破，掌握了供销社综合改革的主动权，发挥了供销合作社在为农服务中的主导作用。

【生态文明体制改革】 2016年，制定了《偏关县环境监管网格划分实施方案》，全面推行环境保护网格化管理，坚持党政同责、依法行政、权责一致、齐抓共管的原则，进一步强化了县、乡政府环境监管责任，明确了县直各有关部门在环境监管执法中的职责，着力构建“政府负责、部门监管、公众监督、企业自律”的环境保护长效机制，建立健全了环境保护责任体系。

【“两学一做”主题教育活动】 2016年，按照县委关于“两学一做”动员会及相关文件的要求，县发改局对“两学一做”学习教育活动高度重视，将它作为工作中的一件大事，深入学习贯彻习近平总书记系列重要讲话精神，推动全面从严治党向基层延伸，巩固拓展党的群众路线教育实践活动和“三严三实”专题教育成果，进一步解决党员队伍在思想、组织、作风、纪律等方面存在的问题。

（高吉珍）

国有资产监督管理

【概述】 为了进一步加强国有资产监督管

理，防止国有资产流失，经县政府研究决定于2011年6月16日成立偏关县人民政府国有资产监督管理领导小组，组长由县长王源兼任，副组长由县委常委、常务副县长王映中兼任。领导组下设办公室，办公室设在县财政局，具体负责国有资产监督管理日常工作，办公室主任由县财政局局长张锐兼任，副主任由资产经营管理公司经理郭锋兼任。国有资产监督管理局属县财政局下属，股级建制单位，具体负责全县行政、企事业单位国有资产管理，县国有资产监督管理领导组对全县的国有资产履行出资人职责，统一监管。县国有资产监督管理局是具体负责国有资产管理工作的职能部门，对全县国有资产实行综合管理。县资产经营管理公司为国有资本营运实体，负责国有资产管理的日常事务及落实具体监督管理措施。

【运行情况】 2012年，根据县委、县政府会议精神对县农委（种子公司）、县畜牧局、县供销联合社、县城镇集体工业联合社，县工会等闲置的原办公场所土地、房产等资产进行了评估，为县委、县政府决策提供了可靠的依据。2014年在全县范围内对所有行政、事业单位、国有企业进行了一次清产核资，历时大半年，对闲置、报废的国有资产对收缴超标的资产等进行了处置、报废、公开拍卖等处理，做到对各单位国有资产账表相符、账实相符、底清数明。2016年公开拍卖位于偏关县鼓楼街原城镇集体工业联合社的临街房产进行了公开拍卖，对县畜牧局羊种厂、屠宰厂、县粮油中心的新关粮食储备库、老营粮食储备库、粮油配送中心进行了改制、接管，并使之在县国资局的监管下正常运行。

【党风廉政建设】强化党组织的政治功能，持续推进“两学一做”学习教育常态化、制度化，持续开展维护核心见诸行动主题教育活动。净化每个党员目标，强化每个党员言行，凝聚每个党员的力量，深入开展政风行风建设，每个党员公开向党组织做出承诺，努力构建惩防并举的反腐倡廉体系，不断引深党风廉政建设和反腐败工作，认真落实一把手负总责的领导体制和工作运行机制。

（赫志敏）

市场和质量监督管理

【概述】 2016年，县市场和质量监督管理局在县委、县政府及上级部门的领导和支持下，围绕全县中心工作，扎实开展“两学一做”学习教育，落实“两个责任”，认真履行市场监管职能，全力抓好各项工作，切实服务地方经济发展，做出了应有贡献，取得了明显成效。

【商事登记制度改革】 自2015年10月1日开始，实行“三证合一、一照一码”登记制度，企业由工商行政管理部门核发工商营业执照、质量技术监督管理部门核发组织机构代码证、税务部门核发税务登记证改为一次申请、由工商行政管理部门核发一个加载法人和其他组织统一社会信用代码的营业执照，2016年开始将企业的社保登记证、统计证的号码统一到社会信用代码中、实现了五证合一。县市场和质量监督管理局通过政府网站、电视台进行宣传公告，营造了良好的工作氛围，积极推进登记工作。到2016年底，共核发一照一码执照438户（其中内资111户，私营企业327户，新办私营企业66户），占企业总数的80%以上。落实“先照后证”登记改革、注册资本登记制度改革及放宽市场主体住所（经营场所）登记条件措施，严格按国家规定，除暂不实行认缴制企业，全面实行认缴登记；实施网上注册登记，简化注销登记程序，缩短注销时间。当年新增企业占企业总数30%以上，个体户数较上年增长50%。严格贯彻落实企业年报制度。采取电视台公告、政府网站宣传、电话通知、上门催办等措施，组织进行业务培训，加快了年报进度，保证了年报质量，2015年度企业年报率为96.30%，排名全市第三。从2014年12月底起，将企业注册监管工作全部搬到了县政务服务中心，实行窗口化办公、网上审批，提高了办事效率。根据县委“六权治本”工作部署和《偏关县完善政府工作部门行政职权目录和权力清单制度的实施方案》的要求，经认真梳理确认，县市场和质量监督管理局行政职权473项，行政许可类13项，行政处罚376项，行政强制31项，行政征收0项，行政裁决2项，行政确认1项，行政给付0项，行政奖励4项，行政检查29项，其他权力17项。

【反垄断和反不正当竞争执法】 2016年，深入开展打击“傍名牌”不正当竞争行为专项执法行动，以辖区大超市、各类批发市场和商业繁华街道为重点整治区域，重点查处假冒仿冒国内外知名电器、建材、汽配、家具等“傍名牌”不正当竞争行为。共出动执法人员68人次，出动执法车辆23台次，检查各类经营主体123户次，走访企业6户次，没收三无产品105件价值1.5万元。积极配合相关部门坚决查缴政治性非法出版物，坚决清除淫秽色情等文化垃圾，坚决打击各类侵权盗版，保护知识产权，努力维护社会稳定和国家安全。出动执法人员35人次，出动执法车辆9台次，检查音像制品经营户4户、图书经销商5户、复印门店8户，没收非法出版物2000余本，价值2万余元。加强禁毒宣传、市场监督管理工作，配合有关部门开展禁毒知识大型宣传教育活动1次，分发禁毒宣传资料1000份，悬挂横幅5条，张贴标语40份。 扎实开展治理公用企业限制竞争行为工作。共出动执法人员20人次、执法车辆10台次，依法对本县供电、供水、供气、专营专卖等垄断公用企业和具有独占地位经营主体进行了专项执法检查，共检查各类公用企业和具有独占地位经营主体6户（次）。经检查，尚未发现上述公用企业和具有独占地位经营主体存在限制竞争行为违法行为。深入开展治理商业贿赂专项工作。共出动执法人员60人次，执法车辆21台次，依法对辖区范围内可能存在商业贿赂的各类经营主体进行了摸底调查工作，共检查各类经营主体63户次，尚未发现经营主体存在商业贿赂违法行为。认真做好行政执法与刑事司法衔接工作。主动与县公安机关、人民检察院等相关单位建立协调工作机制、联合办案机制。按规定的程序、内容、时间及时向同级司法机关移送涉嫌犯罪案件，杜绝不按规定或不及时移交涉嫌犯罪案件、以罚代刑等违法行为的发生，履职规范好行政执法与刑事司法衔接工作。

【广告管理】 2016年，出台了《偏关县市场和质量监督管理局整治虚假违法广告部际联席会议工作制度》，每季度召开联席会议，与县电视台积极配合，做好涉及广告的日常监督管理工作。并加大案件查办力度，积极查处重大典型违法广告案件，全年办理广告案件1件，罚款5000元。在加强广告市场监督检查的同时，组织开展了新《广告法》宣传培训，并指导广告经营、发布者建立和完善广告审查制度，督促广告经营、发布者履行发布前审查的法定义务。按照上级要求，按时上报了虚假违法广告整治工作总结、相关统计报表、案件和其他有关信息情况，广告监管工作得到了市工商局肯定。

【市场监管】 2016年，加强创建诚信市场活动。经摸底登记，偏关县共有市场5户，正在培育和推介一个省级诚信市场，并按照诚信市场标准，积极引导和敦促市场开办者，健全和完善各项制度，发出了倡议书，与各类市场主体签订

《安全生产协议》。积极落实市政府农资打假专项工作，开展了以肥料、农膜、农机具为重点的农资打假专项整治行动；结合全县的农时节令，对全县11户农资经营单位进行了巡查，并签订了责任状；开展流通环节肥料、农膜质量专项抽检工作，未发现不合格产品。深入开展汽车、成品油、旅游市场监管。对这三类市场的基本情况组织人员认真摸底排查，并登记造册，结合偏关县实际，开展了各类专项整治行动。经查，有6家加油站的柴油不合格，及时进行了处理。“二月二”传统古会期间，共出动执法人员235人次、执行车辆55台次，加强市场监管，确保了古会期间市场繁荣稳定，营造了欢乐祥和的传统古会期间市场环境。针对偏关县多年来一直“以街为市”的脏、乱、差现象，与市容管理中心配合在城区范围内开展了为期45天的市容环境和市场集中整治，把所有分散的户外摊点安排到了指定的市场中；对违章建筑进行了拆除；对违规占道车辆采取劝离、处罚等措施进行了清理；四对区域内主要街道、公共场所擅自设置的户外广告牌匾进行了全面清理。通过整治，市容环境和市场发生明显变化变化，街道清洁整齐，市场秩序井然有序。

【信用监管】 2016年，加强市场主体信用监管，大力推进诚实、自律、守信、互信的社会信用环境建设。(1)推进社会信用体系建设。以完善社会信用体系为基础，市场主体信用信息公示平台为依托，整合信用信息资源，大力完善市场主体信用信息基础数据库，积极推进各领域信用信息互通、共享和公开，推动企业信用体系建设实现率先突破。(2)推进“双随机一公开”工作，加强事中事后监管。按照上级有关要求，及时建立并公示了本县市场和质量监督管理部门的“一单、两库、一细则”(随机抽查事项清单、市场主体名录库、执法检查人员名录库、随机抽查工作细则)。(3)完善失信惩戒机制。企业的信用记录根据企业在一定期限内遵守工商行政管理法规情况自动实现晋级或者降级。按照“谁登记，谁录入；谁检查，谁录入；谁处罚，谁录入”的原则进行数据收集、整理和录入，逐户建档，建立准确、翔实的企业信用信息档案。建立健全负面信息披露制度和失信“黑名单”制度，对严重失信企业列入“黑名单”，形成“一处失信、处处受限”，促进市场秩序和社会生活秩序的改善。(4)深入开展“守合同重信用”企业活动。对本辖区所有“守重”单位进行摸底清理，并建立起“守重”企业信息卡；并依据规定符合培育“守重”条件的企业，并及时上报市主管部门。加强合同监管，当年按规定程序办理了两户企业动产抵押物登记，都做到了准确无误。大力宣传合同法规，积极开展合同咨询和合同争议调解工作，全年接待咨询15人次，并积极推行合同示范文本。

【打击侵权和假冒伪劣工作】 2016年，认真贯彻上级有关文件精神，积极开展打击侵犯知识产权和制售假冒伪劣商品专项行动。行动中执法人员采取措施，强化责任，加大市场巡查力度，对经营户进行拉网式检查。同时开展了多种形式的宣传活动，散发宣传资料5000余份，张贴标语100余条。共出动执法车辆40台次，执法人员70人次，检查经营主体150余户。在引申“打商标侵权，保知识产权”集中行动的基础上，重点展开了“保护注册商标专用权”专项整治行动，共出动检查人员50人次，执法车辆11余车次，检查经营户120余户。深入企业、农户，进行商标知识宣传与指导。采取口头讲解、发放资料等形式，加大商标法律法规、保护知识产权的宣传，引导企业树立商标意识，对使用未注册商标的，鼓励业主积极申请注册商标，以获得法律保护；对企业使用注册商标的，扩大商标的知名度，增强商品的市场竞争力，共深入企业20余户，农户10户，引导企业正确使用商标3件。在4月26日世界知识产权日宣传活动中，采取利用大众传媒和发放宣传资料等形式，发放宣传资料2000余份。大力宣传市场经济环境下商标的重要地位、商标专用权的取得和保护、办理注册商标的条件和申请程序等内容，受到企业和社会各界的好评。

【整治传销规范直销工作】 2016年，按照“属地管理”原则，县市场和质量监督管理局加强了对辖区特别是人员聚集区、外来务工集中区和城乡接合部的监控，加强了与相关部门的联系和协作，做到联防联控联查，及时掌握传销活动动态，建立快速打击传销活动联动机制，充分发挥联防联控联查的作用，及时发现、彻底清除辖区的传销活动。在辖区范围内深入开展集中排查摸底行动，共出动执法人员105人次，执法车辆36台（次），对出租民房进行调查，与公安、政府等部门配合走访群众500余人，走访学校、企业、专业合作社25家，调查出租房38家。重点调查是否有假借“连锁销售”等名义和形式的传销活动；是否有无正当职业的外地人三五成群聚集开会、学习活动的情况；是否有以介绍工作、从事经营活动等名义诱骗返乡农民工参与传销的违法行为，通过排查，没有在全县境内发现传销活动。着力加大宣传力度，在各乡镇、村居社区人员聚集的地方设置了宣传栏15（台），展出了板报18幅，悬挂了标语、横幅60张（条），散发了宣传资料3000多份，深刻揭露传销活动的欺骗性和违法犯罪本质，增强了群众的防范意识，做到了把传销活动的特征、违法性、危害性、国家打击传销的法律法规知识进社区、进乡村、进企业、进学校、进市场、进车站。由于周边县市都在开展打击传销工作，为防止传销人员向偏关县转移，加大巡查力度，有针对性地开展打击传销工作，对出租房屋集中的地段进行有针对性的巡查监控。每周巡查不少于2次，共计出动巡查人员260人次，执法车辆50台(次)。

【食品安全监管】 2016，以网格化监管为手段，加强食品安全日常监管。将全县“四品一械”监管企业，按照“城乡一体、全域覆盖”的要求，以划分的5个监管网格为基础，以“四化”监管为手段，对辖区内的食品监管单位合理划分风险等级和检查的时间频次，不留盲区、不留死角地开展了食品安全日常检查。开展食品安全隐患排查治理活动。对食品中非法添加非食用物质，超范围超限量使用食品添加剂，食品中污染物、农药残留、致病菌超标，食品掺杂掺假以及食品标签不规范等影响食品安全的突出问题，通过日常监管、监督抽检、案件查处等方式，开展了集中整治。组织开展了餐饮服务食品安全监管“明厨亮灶”工作。以加强和创新餐饮服务食品安全社会管理为核心，以鼓励餐饮服务单位积极打造“透明厨房、阳光操作”为措施，按照“试点先行，重点突破，因地制宜，逐步推进”的原则，促使餐饮服务提供者守法经营、诚信经营，保障公众饮食安全。经过执法人员现场指导、餐饮单位投入改造，全县已有7家餐饮单位按要求达到了“明厨亮灶”要求。突出重点，以专项整治促进市场规范。监管部门以元旦、春节、端午节、五一、六一、中秋、国庆等重要节日为契机，以小学毕业考试、中考、高考等为重要时段，以城区、城乡接合部、人群聚居区、学校周边食品药品经营门市为重点区域，对与人民群众身体健康和生命安全息息相关的肉类、饮品、保健品、奶制品、儿童食品药品等重点行业，先后开展了各类专项检查，共出动执法人员1380人次、车辆240台次，检查食品药品监管单位653户次，立案30件，罚款15.5万元。同时，完成省委主要领导调研、中考、高考等次重大活动食品安全保障任务5次。其间，组织执法人员事前介入，进驻饭店全程跟踪监督检查，从原料购进、食品加工、添加剂使用和饭菜留样等重点环节严格把关，保证了全县各项重大活动的餐饮食品安全。

【保健食品和化妆品安全监管】 2016年，保健食品、化妆品日常监管与山西省食品药品安全信息化监管平台结合起来，加强了保化品经营企业的"动态"监管，及时掌握经营企业产品的购销情况，防止不合格产品流入市场，保证保化品的质量安全。同时开展了美容美发经营使用单位化妆品质量安全状况调研和保化品"冬季行动"专项行动两项主要工作。通过调研40家美容美发经营使用单位化妆品质量安全，了解了辖区化妆品安全现状，并张贴了《关于<美容美发单位化妆品经营须知>的公告》50余份，完成《偏关县化妆品质量安全状况调研报告》1篇并上报市局，通过此次调研，摸清了偏关县化妆品经营企业安全状况，为有效地规范偏关县的化妆品市场，维护了消费者的合法权益，开展化妆品安全监管打下了良好的基础。积极开展食品药品安全监管"冬季行动"，重点检查了经营单位产品宣传是否虚假、夸大功效，索证索票、进货查验和台账制度的建立执行等情况，累计检查保化品经营企业46家次。

【药品和医疗器械安全日常监管】 2016年，组织开展药品流通环节日常监督检查，查处无证经营或未通过GSP认证继续经营药品、企业购销回收药品和挂靠、走票、执业药师不在岗、处方药不凭处方销售等违法违规行为，排查风险隐患，规范了企业经营行为。开展非法疫苗检查，从3月23日开始，县市场和质量监督管理局对全县疫苗接种单位及疾控中心进行全面检查，至4月17日，共检查23家，检查未发现有使用过期疫苗的行为。根据市食药监管局文件精神，及时开展了打击购销"回收"药品专项整治行动，共检查药品经营使用单位49家。 开展了高风险医疗器械的监督检查、医疗机构无菌和植入类医疗器械质量监督检查、开展避孕套和隐形眼镜专项整治、注射用透明质酸钠监督检查，严厉打击医疗器械违法违规行为。

【特种设备安全监管】 2016，开展重要时段的专项检查，彻底排查了"两会""五一"等重大活动期间及节假日时期特种设备安全隐患。开展特种设备专项整治工作，进行了"安全生产大检查行动""锅炉攻坚战""电梯大会战""'六打六治'特种设备专项整治""天然气充装行为专项整治"等专项行动；（3）督促帮助特种设备使用单位安全管理档案的建设工作；（4）全面落实"三大战役"、气瓶专项治理等工作任务，重点对本辖区内的老旧电梯、老旧管道开展安全大检查。（5）深入开展以锅炉攻坚战、气瓶整治"回头看"为重点的特种设备紧急排查及取缔专项行动。（6）加强监督检查力度，发现问题及时责令整改。严格落实各项管理制度，严格检查特种设备的安全运行情况，对存在的问题，及时下达安全监察指令书，并跟踪督促整改，现已全部整改。对全县24户特种设备使用单位不留空格、不留死角全部进行检查，累计出动执法人员100人次，检查特种设备500台次。

【企业计量管理】 2016年，协助企业加强计量管理，对全县在用的台秤、天平、加油机等计量器具加强了管理并进行周期检定，全年累计检定计量器具1000多件。

【无证无照综合治理】 2016年，根据市工商局在全市工商系统查处无照经营行为，促进市场主体规范发展的部署要求，成立专项整治领导组，制定了实施方案，进行了广泛宣传，开展了排查整治。按照要求，逐片推进、细致查验，特别是对涉及安全生产、校园周边商贩、餐饮、食品经营等经营户进行了认真检查，共出动执法人员560人次，出动执法车辆150多车次，排查各类市场主体2142户，排查出无照经营市场主体458户，发出限期办理责令整改通知书289户。整治期间，办理营业执照368户，变更规范市场主体18户，取缔无照经营37户，全县有照率达95%。通过整治引导登记了一些经营户，规范了一批有关部门抄告的许可证注销的经营户，有效遏制了无照经营行为，震慑了非法经营者。

【消费维权】 2016年，在“3.15”宣传活动期间，大力宣传新《消费者权益保护法》，宣传前对工作人员进行了一次集中培训，活动中发放3000多份宣传资料。认真落实国家工商总局《流通领域商品质量抽查检验办法》《工商行政管理部门处理消费者投诉办法》《侵害消费者权益行为处罚办法》，积极创新消费领域的维权方式，全面推进消费维权工作的效能建设，不断提升消费维权工作水平。进一步推进12315行政执法体系“四个平台”建设，切实加强12315中心电话接通率、消费者满意率等指标的量化考核，不断推进12315中心制度化和规范化建设，全年累计接受申诉、投诉12次、调解12次，调解率100%。积极开展消费者维权服务站“五进”工作。在6家重点企业和易发生消费纠纷的商场、超市先行建立12315消费维权服务站。开展了重点领域消费维权工作：（1）强化服务领域消费维权，重点查处误导消费虚假宣传，不公平的合同格式条款。（2）强化热点问题消费维权，以各类重点商品的售后服务、三包承诺不落实，以及电信服务、通信服务、金融服务、餐饮服务、装饰装修、美容美发、家政服务等为重点，突出开展群众反应强烈的热点问题消费维权工作，及时化解经营者与消费者的矛盾，提升了消费维权效能，全年累计调解消费纠纷5次。（3）强化旅游景点服务消费维权。重点查处旅游市场的欺诈行为，收取不合法服务费，消费者不知情收费，销售假冒伪劣纪念品、商品等违法行为，严厉查处无照经营和超范围经营违法行为，特别是对游客众多、人口密集的区域加大了检查整治力度，全年旅游市场稳定、无投诉纠纷工作。

【安全生产监管】 2016年，全面落实安全生产目标任务。成立了安全生产工作领导小组，制定了“安全生产管理工作实施方案”，明确分工，严格责任，为做好安全生产工作提供了有力的制度保障。加强企业登记管理工作，严把市场准入关，消除安全隐患，从源头上遏制了事故的发生。开展安全生产大检查专项行动。为消除重大火灾隐患提供合法市场主体保障，围绕现有企业、个体户的证照是否合法有效，是否存在重大火灾隐患，以清理整顿大型农贸、商贸市场为重点，突出对各市场内摊点挤占消防通道、私拉乱接电线、使用大功率电器、违章用火用电、“三合一”现象等进行了排查整治。全年组织各所对辖区内危险化学品经营企业、烟花爆竹、非煤矿山企业专项检查30次，出动执法人员110余人次，执法车辆40余次。共检查各类企业85户，非煤矿山企业及储售煤场5户，危险化学品生产经营户6家，网吧6家，加油站10户。同时，在年初按照政府安排，对无前后置的企业、个体户和食品经营户全部纳入我局的监管范围做到全覆盖，按照“4438”工作机制，认真履职，做到安全生产痕迹化，监管责任网格化，实现了“八个零”工作目标。

【网络监管平台建设】 2016年，县市场和质量监督管理局各股室、基层所都设立专职网络监管员，配备了电脑、宽带接入等硬件设施，组织参加了省、市网络监管系统举办的业务培训，学习了涉及网络监管的法律、法规及案例分析等，网络监管工作有序开展。利用电视、网络等媒体，并深入企业广泛宣传了《网络交易管理办法》《山西省工商局网络经营者电子标识申请管理办法》等。网络监管人员对主体数据信息及时进行了更新、录入、完善，对原有数据进行了清理、甄别、踢补，确保了数据质量。就成员单位认领和数据录入工作由政府发文，召开了两次协调会、一次通报会，为主体数据库建设奠定了良好的基础。全面推行电子标识链接工作，打击非法主体网站。积极开展电子标识的审核、发放、链接。把打击冒用合法市场主体设立网站从事欺诈经营的违法行为作为重中之重、常抓不懈。加强网络商品交易、服务监督管理，积极开展网络交易监管专项行动，建立了网上和实地双线检查工作机制，并加强对第三方交易平台、团购网站及网络商品交易经营者的监督管理，加大对网上虚假宣传、商标侵权、销售假冒伪劣商品等严重违法行为的查处力度。加强对网络交易平台、重点团购网站履行义务的监督检查，指导其建立健全网络商品提供者主体身份备案、商品信息监督、消费权益维护等自律制度，完成了大型农副产品交易平台一户建设，拓宽了农副产品网络经营，推动了农村电商的发展。

【帮扶活动】 2016年，在集中帮扶“六个一批” 专项活动中，县市场和质量监督管理局组织人员上门服务企业累计145户次。10月18日举办了声势浩大的“光彩服务日”帮扶活动，活动以“精准帮扶、回馈社会”为主题，以“为民、利民、便民”为指导，坚持“优质服务、优惠服务、义务服务”的基本要求，广大会员为了感谢党恩、回报社会，以实际行动对老人、病人进行慰问并提供帮助：年近七旬的老会员李顺旺为偏关县光荣院免费提供40把马扎小凳；个体户理发师段焕荣为光荣院36名孤寡老人进行了理发、刮脸、洗脸；个体户门诊刘贵文大夫对光荣院的所有孤寡老人进行了义诊；个体户尤新华开展了家电维修便民活动；个体户花六仁举办了摩托维修便民活动；个体户李强为抗战老兵照相并给每人冲洗了照片等。

【非公企业党建】 2016年，开展党组织集中组建工作，推进“两个”全覆盖。非公工委对今年新发展的62户非公企业制作认领单，按管辖地责任到了所、责任到了人，及时将所属党员全部纳入了党小组；在党建工作薄弱的5户非公企业中新培养入党积极分子10名，新发展党员1名；通过查找薄弱环节，夯实创建基础，使党的工作覆盖每一户企业、党的政策传递到了每一户企业，有效地提升了党组织和党的工作的覆盖率，组织覆盖率达75%。从9月下旬开始，在全县开展了非公企业党的组织和工作覆盖专项行动，共排查企业349户，剔除“僵尸”“空壳”“影子”企业58户，在党员流失的支部，派驻市场局党员36人，使党组织全部覆盖非公企业，与此同时，建立健全了非公企业党组织台账、党建指导员台账、党费台账。

以抓素能提升和完善制度为内容，在非公企业中开展了支部书记和党建指导员“两支队伍”培训工作。全年非公工委共培训支部书记35人。参加省委党校全省非公企业党委书记“两学一做”联合培训班1名。参加全市非公经济组织党组织书记示范培训5名。峰宏鑫金属回收有限公司党支部书记郑志峰还被推荐成为2016年县党代表。

按照市非公工委开展“党员先锋行”主体实践活动的部署要求，以设立党员责任区、党员先锋岗、党员经营户和“亮身份、亮职责、亮承诺”为主要内容，在非公企业中开展了“立足岗位做贡献、服务发展当先锋”活动，活动中结合企业特点，重点从督促每个党支部制订发挥“两个作用”年度计划入手，明确每年为企业、为职工、为党员所办的实事，作为考核两个作用发挥的参照目标，并从正面进行奖励引导，在企业中开展了“优秀基层党组织”和优秀党员评选活动，从而提升党组织的凝聚力和影响力。

探索完善非公有制经济组织服务管理体制机制。把选优配强党组织书记作为首要任务，着力加强基层党组织带头人队伍建设，把发挥党员先锋模范作用作为工作常态，着力加强党员队伍教育管理，做好服务职工群众这一核心工作；加强非公企业党组织思想政治建设，组织非公企业党员深入学习党章党规、习近平总书记系列重要讲话精神和十八届六中全会精神，提高党员思想素质；按照“六有标准”，继续做好非公企业党员活动室建设工作，努力实现党建阵地标准化建设、党建示范点建设；加强非公企业党组织领导班子建设和党员队伍建设，进一步壮大党的基层力量，为实现非公企业健康发展提供组织保障。

（冯强）

审计监督

【概述】 2016年，偏关县审计局共审计单位32个，固定资产投资审计89项，查出各类违法金额737.41万元。管理不规范金额1956.11万元。上缴财政 25.25万元。核减工程投资754.17万元。主要对全县2015年度财政预算执行情况、全县保障性安居工程跟踪县审计局、县委统战部、县编办、县财政局、县发改局、县住建局、县民政局、县交通局、县卫计局、县教育局、县司法局、县农委、县水利局、县委党校；县扶贫开发办、县畜牧中心、县三中、县人民医院、县物价局、县收费局及10个乡镇等29个单位的主要领导人任期经济责任审计、审计署统一组织的稳增长促改革调结构惠民生防风险政策措施落实情况跟踪审计、赴河曲县对2012-2015年财政扶贫专项资金审计调查和保障性安居工程跟踪交叉审计，完成89项政府投资建设项目工程竣工决算审计，核减工程投资754.17万元。

（卢建斌）

农 业

综 述

【概述】 2016年，农业工作在县委、县政府的正确领导下，在上级职能部门的大力支持下，在县各部门的通力协调下，全县广大干部职工群众共同努力，以党的十八大精神为指针，全面贯彻省、市、县农业工作会议精神，牢固把握改革、发展、稳定的大局，坚持科学发展观，以人为本，按照“优化结构增效益、拓展市场创品牌”的发展模式，以优化产业结构为抓手，以农民增收、农业增效为目标，以科技创新为动力，以完善农业技术服务体系为保障，加快现代农业步伐，克服自然灾害频繁发生的不利影响，较好地完成了年度农业工作目标任务，全年农业经济健康运行，农民收入稳步增加。

【农产品质量安全】 2016年，农产品质量安全监测中心项目建设现已全部完成，化验室土建工程、装修工程建设全部竣工，仪器采购省统一招标采购已完成，明年化验室可投入使用。今年偏关县建成无公害生产基地7个，其中5个无公害生产企业已获得了无公害认证，认证产品数为6个，同时采取现场巡查、手机定位等方式，完善了网格化系统监管工作。对全县12家农资经销单位和5个乡镇的蔬菜生产基地进行了全面的排查，有效地提升了偏关县农产品的知名度及市场竞争力。同时开展“农产品质量安全”整治专项活动，加大监管、监测力度，维护农产品安全生产。并在全县范围开展假农药、假种子、剧毒农药的检查收缴工作，积极开展农用物资市场专项治理工作。

【农村土地承包经营权确权登记颁证】 2016年，偏关县农村土地承包经营权确权登记颁证工作任务是10个乡镇248个行政村，涉及家庭承包农户26056户，计划涉及耕地面积3.76亿平方米（国土二调面积包括园地）。按照各阶段任务完成情况如下：（1）调查阶段。截至2016年累计已调查面积3.69亿平方米，占应调查总面积的98%。（2）公示阶段。截至2016年累计已公示面积1.14亿平方米，占应调查总面积的30.4%。（3）登记阶段。截至2016年底还正在进行调查、公示，签订（完善）了部分合同，同时建立健全登记簿。（4）信息化建设完成情况。系统机房现已按要求完成机房内部装修，接入了数据专线，制定了保密制度。硬件设备安装完成，准备进行软件平台建设。2016年农村土地承包经营权确权登记颁证，全县耕地面积3.76亿平方米，辖10个乡镇，248个行政村，443个村小组，农业人口9.5万人，家庭承包农户总数26056户。

【农村人居环境】 根据省、市改善农村人居环境工作总体部署，结合偏关县实际，制订了偏关县2016年改善农村人居环境行动计划。全县改善农村人居环境计划投资9872万元。完成投资9872万元，完成率100%。申报建设了万家寨镇老牛湾村省级美丽宜居示范村和水泉乡水泉村、天峰坪镇寺沟村两个市级美丽宜居示范村。并对2015年老营村省级美丽宜居示范村建设进行了验收和资金拨付。

种 植

【概述】 2016年，种植业生产坚持“稳粮、扩经”的发展战略，以市场为导向，加快产业结构调整的步伐；提高农业精准技术和主推技术的到位率，加大科技创新力度，提高科技在农业经济中的贡献率。

【果蔬业】 2016年，紧紧围绕“质量为先”这个核心，以发展反季节蔬菜和仁用杏为重点，加强对日光温室蔬菜质量的管理；积极开展蔬菜无公害生产的发展和认证。努力实现果蔬业生态效益、经济效益和社会效益的有机结合。在实施蔬菜和果业提质增效上到2016年底为止全县仁用杏、白水大杏共发展面积2000.01万平方米。

【一村一品及农业产业化】（1）2016年度偏关县实施了一村一品专业村建设10个（2）农业产业化龙头企业及农业专业合作社，全年农产品加工销售收入目标任务3.72亿元。（3）全县农业专业合作组织今年新注册16个，累计注册了305个。

【产业振兴】 2016年，全县建设地膜面积5333.36万平方米，其中：地膜覆盖谷子2666.68万平方米、地膜覆盖玉米2666.68万平方米。同时实施粮食高产创建面积800.00万平方米（玉米333.34万平方米、谷子333.34万平方米、油料133.33万平方米）。

【农技推广】 2016年，基层农技推广体系改革与建设按照公开、公平、公正原则，重新选出有真才实学的技术指导员90名，进行培训指导。经首席专家和县级专家组遴选出900个科技示范户，最终确定玉米、马铃薯、谷子、养羊四个主导产业，一个技术指导员包10户进行技术培训和指导。同时建立了3个农业重点示范基地和7个普通示范基地，试验示范面积9.00万平方米。新型职业农民培育：教育培训任务320人。

（王云斌）

养殖

【概述】 2016年，偏关县畜牧业以规模健康养殖为着力点，走规模化、集约化、现代化养殖的路子，遵循“强化基础、稳定数量、提升质量、打造品牌、突出效益”的原则，突破性地推进以羊为主的草食畜养殖业，稳定发展猪、牛、鸡生产，积极推进畜禽服务体系建设、畜禽良种繁育、动物疫病防控、畜产品质量安全监管和畜禽污染治理五项保障工程建设，着力构建现代畜牧业产业体系，努力打造成具有优质肉、奶、蛋综合生产能力的畜牧业生产大县，全县畜牧业有了新的发展。大畜饲养量达到2.1084万头，完成计划的100.4%，其中牛饲养量达到1.3244万头（存栏0.6785万头，出栏0.6459万头），完成计划的102.3%；羊饲养量达到76.0981万只（存栏44.8763万只，出栏31.2218万只），完成计划的108.7%；猪饲养量达到6.0508万头（存栏2.0423万头，出栏4.0085万头），完成计划的100.8%；家禽（鸡）饲养量达到38.1977万只（存栏21.0538万只，出栏17.1439万只），完成计划的100.5%。肉类总产为1.113万千克，完成计划的101.2%；禽蛋产量为581千克，完成计划的116.2%；毛产量为457千克，完成计划的103.9%；绒产量为73千克，完成计划的146.0%。

【规模养殖】 2016年，借全省振兴畜牧业、打造雁门关生态畜牧经济区、市政府出台《关于进一步加快畜牧业发展的意见》这一有利契机，认真实施《偏关县2013年—2020年羊产业发展规划》《偏关县人民政府关于促进羊产业发展的若干意见》，按照“有羊、有料、有场、有科技”和“良繁是基础、牧草是保障、加工是纽带、营销是龙头”的发展路径，狠抓规模健康养殖，打造羊产业大县、强县。全年建设标准化养殖小区6个，建设标准化规模养殖场7个，发展规模养羊户3876户，羊饲养量达76余万只，全部超额完成计划任务。

【品种改良】 2016年，进一步完善县、乡两级畜禽繁育推广体系，加强种畜禽场建设，做好养殖场（区）种畜禽的合理配置，全面提高良种覆盖率。全县引调羊20000多只，绒山羊改良9.78万只，绵羊改良15.47万只。继续巩固县级种羊场，完善户级羊良种扩繁场，羊的良种覆盖率达到49%以上。推广三元优种猪1.93万头。

【科技宣传推广】 2016年，通过办培训班、创办简报、电视讲座、发放宣传资料等多种形式，积极推广畜牧业系列实用技术。（1）加大推广肉牛、肉羊、瘦肉型猪的优质配套高产技术；（2）快速育肥技术；（3）舍饲养殖配套技术；（4）程序免疫技术；（5）畜禽驱虫技术；（6）配合饲料应用技术；（7）秸秆科学加工，优质牧草种植技术；（8）冷配输精技术；（9）畜产品加工保鲜技术。一年共发放自编手册《二十四节气与偏关畜牧生产》《狂犬病症状和预防》《肉类消费警示》等传单6000余份，发放《养羊业实用技术手册》《肉羊良种繁殖技术手册》《养羊技术指导》等资料十余种7000余册。到村入户200人次，电视讲座6次，举办养羊培训5次，通过培训，提高了养殖户对舍饲养殖的认识。

【饲草饲料开发】 2016年，依托雁门关生态畜牧经济区、京津风沙源治理项目，狠抓人工种草，推进饲草、饲料开发，同时搞好草地改良工作，确保有充足的饲草资源。年内人工种草434.60万平方米(多年生牧草300.00万平方米，当年生牧草134.60万平方米)，完成计划的130.4%；粮改饲334.14万平方米，完成计划的100.2%；改良天然草地2022.21万平方米，完成计划的101.1%。大力推广青贮窖和秸秆粉碎加工利用技术，秸秆粉碎加工利用率达75.6%以上。

【龙头企业建设】 2016年，偏关县祥农饲料有限公司是一家与山西农业大学合作研究开发生态舍饲养殖配套技术，为农户舍饲养羊提供系列饲料产品、舍饲育肥羊技术培训等服务的民营科技型企业。年内为其贴息8万元，以扩大生产能力，一年来共计推广系列饲料1400多千克，为养殖户发展奠定了坚实基础。

山西投资集团在偏关县楼沟乡东寨村投资建设的种羊场和肉羊育肥项目，温州宇宙集团在本县投资建设的恒兴食品有限公司项目正在积极推进。

【畜禽疫病防控和畜产品质量安全】 2016年，建立了县、乡、村三级行政和技术人员及村级防疫员包乡、包村、包场、包户的分片包干责任制。在重大动物疫病防控和畜产品安全工作上，（1)深入开展了动物重大疫病防控工作，坚持“五强制、两强化”措施，加大对重大动物疫病防控力度，确保没有重大动物疫情发生；（2）实行了100%的产地检疫制度和对肉、蛋、奶的定期抽检制度，保证畜产品质量安全；（3）加大了对饲料、兽药的整治和监管力度，确保畜牧业健康发展；（4）完成了全年防疫打硬仗的工作，搞好动物疫病预防和检测工作，使猪、牛、羊、鸡的应免动物的免疫密度均达到了100%，抗体检测合格率在70%以上，耳标佩戴率达到100%，确保了畜牧业生产的安全。年内无重大疫情和畜产品安全事故，经市交叉检查全部合格。

（郑晓媛）

农业机械

【概述】 2016年，偏关农业机械化工作紧紧围绕省、市、县工作目标责任制计划和县委、县政府主导产业发展，科学管理，优质服务，扎实推进，农机化事业呈现出持续、稳定、健康发展的良好态势，各项任务指标圆满完成，为加快农业增效、农民增收做出了新的贡献。全县农业机械总动力达到16.56万千瓦，完成目标任务的100%；拖拉机保有量达到3659台，配套农机具达到6299台；完成机耕面积1.87亿平方米，机播面积1.77亿平方米，机收作业面积1.13亿平方米，耕、播、收均完成目标任务的100%。全年农机安全生产继续保持平稳状态，农机生产安全无事故。

【农机购置补贴】 2016年，本县购机补贴工作继续以各项强农惠农政策为依托，以提升县域机械化水平薄弱环节为突破点，合理规划补贴机型，同时在补贴工作开展中突出抓好广泛宣传补贴政策、严格执行购机补贴各项制度与程序、强化补贴产品质量监管三方面的工作。年内共完成国家补贴资金91.206万元，补贴购置各类机具339台（件），扶持农户285户，超额完成目标任务，进一步加强了农机装备建设。

【农机技术推广】 2016年，加强农机推广项目工程建设，突出抓好玉米、马铃薯、小杂粮等主要粮食作物全过程机械化作业跨越式发展，从而达到农机重点工程建设水平和农机生产效益双提升。全县玉米机播面积完成6000.03万平方米，机收3333.35万平方米，其中玉米生产全程机械化作业面积完成3333.35万平方米；马铃薯机播面积4666.69万平方米，机收面积3666.69万平方米，其中马铃薯生产全程机械化作业面积完成3666.69万平方米；小杂粮机播面积完成6666.67万平方米，机收面积4333.36万平方米。在实用农机具推广中，重点对谷物机械化作业机具进行了推广示范，全年共推广新机具6个类型119台。同时，继续加大对机械化农产品加工工程建设工作力度，通过购置补贴机具与厂房建设引导，扶持万家寨镇老牛湾村粮食加工点1处。

【农机执法监管】 2016年，继续坚持“安全第一，预防为主，综合治理”的思路，逐步完善“政府牵头、农机主抓、部门协作”的农机安全监管机制，加大依法监管力度，努力实现农机管理规范化、法制化。深入开展农机安全生产大检查和专项整治，全面落实农机安全生产责任制，切实加强了农机安全源头管理，充分保障农机安全作业。截至12月底，累计进行农机安全大检查40次，发放安全隐患整改通知书44份，检审机车180台次，新注册登记拖拉机150台，全年无重特大农机事故发生。

在农机监督管理体系建设工作方面，继续加大了依法管理力度，（1）积极开展“3.15”农机化质量宣传活动；（2）加强了对农机经销企业的监督管理。会同工商、质检部门开展了农机打假专项治理行动，进行了市场大检查，打假扶优；（3）加大了对农机服务组织的监管及服务力度，对农机专业合作社，农机经销、维修网点进行了规范整顿，对不达标的农机维修网点和农机专业合作社进行了注销。至年底，全县建档农机服务组织共计11个，其中农机专业合作社5个，农机维修网点5个，农机经销企业1个。（4）加强农机项目监管工作，在各农机项目申报、实施、验收等工作开展中严格按照省、市要求，保证资金及时到位，有效监督项目实施进程。

【农机科技服务】 2016年，充分利用古会、集会、设立咨询服务台、发放宣传资料等方式向广大农民群众宣传农机惠农政策和农机科技知识，全年共发放各类农机宣传资料50000余份。组织技术人员积极开展科技下乡服务活动，服务农业生产的各个环节，年内举办农机具、农机作业演示2次，培训农机操作人员60人。

（黄改梅）

林 业

【概述】 2016年，偏关县林业工作以党的十八大及十八届三中、四中全会精神为指导，认真贯彻落实中央和省市林业工作会议精神，围绕“以脱贫攻坚统揽经济社会发展全局”主题，充分发挥林业在生态脱贫攻坚中的重要作用，全面落实林业精准扶贫“五个一批”工作，造林绿化取得新的进展。全县造林5910.10万平方米任务全部完成，其中：天保封山育林1133.34万平方米；退耕还林成果巩固工程1073.34万平方米；京津风沙源治理人工造林1800.01万平方米（完成人工造林1466.67万平方米，封山育林333.34万平方米）；国家巩固退耕还林干果经济林666.67万平方米；退化林分改造866.67万平方米；脆弱区结余资金造林86.67万平方米；植被恢复83.40万平方米；森林抚育200.00万平方米。此外，完成县级干果经济林抚育1566.67万平方米，补植补造20.88万株，完成补植补造1392.01万平方米、修剪、喷药、施肥等。零星四旁植树48万株，育苗333.34万平方米。

【森林管护】 2016年，针对今年气候干旱、森林火险等级居高不下的实际，为确保林木资源安全，县林业局制订应急预案、采取果断措施、实行属地管理、严格控制火源。春防期间，县有线广播电视开办了护林防火专题节目；出动宣传车辆，在抓好经常性的护林防火宣传、推进县、乡、村（林场）森林防火管护工作责任制和县直机关干部包点下乡抓管护的同时，重新组建专职护林队伍，实行群众联防联护与专业队伍管护相结合方法。多方筹集林木管护资金，通过公开竞聘方式，重新选拔护林员660多名，其中生态护林员302名，组建了专业护林队伍。推行以人划定管护区域，明确管护责任，签订管护合同，以季考核，奖罚严明。从实施情况看，管护责任明确，人员到岗，措施到位，体系健全，解决了过去护林员管理松散、职责不清、战斗力不强的问题，有效地保障了林木资源的安全，实现了全年无森林火灾及重大毁林事件发生的目标。

【宣传工作】 2016年，县委、县政府召开了春季植树造林动员会，主要领导做了动员报告。在植树造林期间，县有线电视台播放林业生态建设专题片，开办新闻专题节目，展示全县造林绿化成果和先进经验，通报造林绿化进度。普及群众喜闻乐见的绿化知识，广泛动员全民关注林业建设、投身绿化偏关的实践。县林业局组织干部职工在“植树节”和“二月二”“清明节”期间出动宣传车，张贴标语，散发传单，现场咨询等丰富多彩的方式宣传林业政策、法律法规，现场解决人民群众关心的热点、难点问题，深受广大人民群众的欢迎。通过大宣传、大发动，营造了造林绿化良好氛围，在广大人民群众心目中形成共识，更加坚定了生态立县理念，人人都自觉投身到绿化偏关大潮中，共同建设绿色文明新偏关。

【管理机制】 2016年，继续坚持群众造林与专业队造林相结合的组织形式，形成推进林业生态建设的长效机制。对于造林绿化重点项目，采取“政府出标、社会竞标、工队承包”的管理机制，由施工单位包建包管、包栽保活、三年结算。坚持机关干部义务植树劳动，全员参加，人人动手、绿化美化。对于乡镇群众造林，重点要抓好农户对退耕地的补植补种工作，巩固还林成果，结合农村集体林权制度改革，因地制宜开展形式多样的造林绿化活动，坚持“谁造谁有，长期不变”；并鼓励社会团体、干部、个户承包荒山造林，兴办园林、苗圃，发展绿色产业，政府给予政策上的倾斜和资金上的扶持。在管护上，新建管护站一处，重新选聘了护林员，组建了专业护林队伍，为巩固造林绿化成果、塑造秀美山川提供了有力保障。

【绿化投入】 2016年，争取林业各项投资。在花好用好国家林业专项资金的同时，继续实行原有造林绿化资金倾斜政策，采取政府配套、单位帮扶、群众投劳的方法，不断加大林业生态建设投资力度。与此同时，积极探索非公有制林业发展，争取吸纳更多的社会资金投入林业生态建设。通过建立多渠道、全方位的投入机制，保障了造林绿化资金及时足额到位，从而推动全县林业生态建设顺利进行。

【技术服务】 2016年，偏关县气候干旱、水源匮乏，植树造林取得预期效果难度大。多年的实践证明，抓好植树造林必须因地制宜，坚持科学种植，在苗木成活保存上狠下功夫，特别是要严把设计关、整地关、种苗关和栽植管护质量关。县林业局在各项林业工程实施过程中切实履行监管职责，加强规划设计，完善技术服务，突出规模发展，优化苗木设计，打造精品工程。组织技术人员在各乡镇组织开展林业实用技术培训，推广抗旱造林技术，实行局领导包片，选聘专业技术人员蹲点指导，适时解决苗木干旱缺水和病虫害防治等问题，保障年度植树造林切实收到成效。

（马晃）

水　利

【概述】 2016年，在县委、县政府的领导下，在上级部门的督导下，偏关县水利局全体职工以高度负责的精神，只争朝夕的状态和求真务实的作风，大力弘扬团结、诚实、实干、高效的水利精神进一步解放思想、开拓进取、扎实推进、团结拼搏、奋发努力，全面完成2016年水利工作任务。

【目标完成情况】 完成水保治理面积3733.35万平方米，其中乔木1400.01万平方米、灌木986.67万平方米、种草93.33万平方米，封山育林586.67万平方米，其他保土耕作666.67万平方米；计划下达40.00万平方米，投资48万元的膜下滴灌工程，现土建已全部完成；2016年抗旱应急水源工程总投资1460万元，陈家营、楼沟两个乡镇四处工程都已全部完工；小水网配套工程马家山调蓄水库现已完成勘测，进入可研报告编制阶段；新关镇、万家寨镇、陈家营乡、楼沟乡、尚峪乡、窑头乡、天峰坪镇10眼“一村一井”配套工程现已全部完成，已经通水；偏关县山洪灾害非工程措施建设项目，一期已于4月底 进行了全面竣工验收，二期项目于9月份完成了合同验收；2014 年中央投资2883万元的关河河道治理工程，现在一二标段已完工，三四标段已完成76%。明年汛前工程全部完成后进行竣工验收。2015年度京津风沙源项目计划小流域治理25平方千米，水源节水工程计划20处，总投资1110万元，现已全部完成；征收水资源费45万元。

【防汛抗旱】 2016年，根据气候特点防汛抗旱指挥部立足于防大汛、抢大险、救大灾，从4月17日至25日对全县已建成103座治沟骨干工程小型水利工程及河道设障进行一次汛前大检查，将发现的1处隐患问题及时进行处理，决不留下隐患。5月26日召开了防汛会，会上县防汛指挥部防汛各成员单位签订了防汛责任书，将防汛责任层层落实到人，同时要求防汛重点单位要编制切实可行的防汛预案，储备大量的防汛物资，组织强有力的抢险队伍并进行了防御性洪水防撤、抢险演练。有效地做好了突发性洪水防御工作。虽然今年遭遇了罕见的内涝灾害，但没出现人员伤亡事故的发生。

【水保监督】 2016年，宣传《水土保持法》力度不断加大，利用多种媒体，宣传新的《水土保持法》，征收补偿费83.02多万元，返还治理工程两处。

【党风廉政建设】 2016年，认真开展党的群众路线教育实践活动，学习习近平总书记的系列讲话精神，全面落实党风廉政建设主体责任，制定了党风廉政、工程建设、财务管理、工作纪律等方面的制度，进一步完善了惩防体系建设。坚持把纪律和规矩放在前面，认真履行“一岗双责”，严格按照“六权治本”工作要求，制定了权力运行流程图和廉政风险防控图，进一步完善了水利项目审批、实施等关键环节监督约束机制。严格执行“八项规定，反对四风”，开展了办公用房清退、公务用车清理和 改革，进一步强化了工作纪律。

（张雁琴）

工商业

经济和信息化产业

【概述】偏关县经济和信息化局是县人民政府的组成部门，正科级建制的行政单位，与商务局为一套人员两块牌子，现有编制17人，机关下设：①经贸综合执法队，副科级建制，编制8人（事业），②投资促进中心，股级建制，编制2人（差额事业）。机关内设办公室、工信科、商贸科、财务室，现位于县城南门外黄河大街，独立办公，占地面积500平方米。

主要职责是提出本县新型工业化发展战略与工作思路和举措，协调解决全县新型工业化进程中的各种问题，拟定并组织实施工业和信息化的发展规划，推进产业结构调整和优化升级，推进经济发展方式与增长方式转变，节能降耗和淘汰落后产能；贯彻执行国家产业政策，把握产业准入关，支持企业开发和投资新建符合国家产业结构和宏观调控的产品及项目；组织、监控、分析县域经济运行，监测分析经济运行态势，预测预警和信息指导，协调解决经济运行中的重大问题并提出政策和建议。

负责紧急状态下重要物资的生产组织及煤、电、油、气保障工作，负责全县电力运行协调调度及电力行政执法监督工作；提出工业和信息化固定资产投资规模及方向，国家对口部门用于工业和信息化财政性建设或扶持资金安排的初审意见并组织申报，按规定权限审批，核准工业和信息化企业技术改造类项目并组织实施；承担原材料、装备制造、消费品工业和电力行业管理工作；统筹推进全县信息化工作，承担无线电管理及网络安全相关信息安全；负责工业和信息化领域的经济技术对外交流协作；工业产业示范基地、工业园区、信息产业园区的宏观指导、发展、协调和综合管理工作；负责经济类、工程类职称评定和上报及新墙体材料的开发生产组织以及国有企业转制、改组等工作。

贯彻执行国家内外贸易和经济合作的发展战略、方针、政策，执行省市内外贸易、外商投资，对外投资和对外合作地方性法规、政策措施，研究组织区域经济合作方式、现代流通方式的发展趋势和流通体制改革并提出意见；贯彻执行国家进出口商品加工贸易管理办法和进出口管理技术目录；拟定促进本县外贸增长方式转变的政策措施；组织实施重要工业品、原材料、重要农产品进出口总量计划；指导本县贸易促进活动和外贸促进体系建设；牵头推进服务贸易发展并开展相关工作；执行外商投资政策，依法初审上报外商投资企业的设立及变更事项；依法监督检查外商投资企业执行法律、法规、规章、合同章程的情况并协调解决有关部门问题，指导外商投资上报审批工作，指导和管理全县招商引资投资促进及进出口工作；负责对外经济合作工作；负责推进流通产业结构调整，指导流通企业政策，商贸服务业和社区商业发展；推进流通标准化物流配送，电子商务等现代流通方式的发展；负责拟定全县贸易发展规划，促进城乡市场发展和商业体系建设工作，推进农村市场体系建设；规范和整顿市场经济秩序，推动商务领域信用建设，建立市场诚信公共服务平台；对酒类、畜禽等定点屠宰、成品油市场等流通企业进行监督管理。承担组织实施主要消费品市场调控和重要生产资料流通管理的责任，负责建立市场供应应急管理机制，监测分析市场运行、进行预测预警和信息引导。

【国有企业改制】偏关县原有国有工业企业13户，分别是：铁厂、电厂、水泥厂、中药厂、印刷厂、磁窑沟煤矿、化肥厂、兴化铁厂、塑编厂、乳酸厂、橡胶厂、机械厂、马连湾磺厂。从2003年开始改制，分别采取破产、资源整合、资产重组等方式。截至2016年底，全县国有企业都已改制完毕，企业职工均已进行了身份置换和经济补偿。

【工业经济】

(1) 主要经济指标。偏关县工业受市场经济下行、产能过剩、产品价格下跌、市场需求严重不足等因素影响，全县工业企业一直爬坡过坎、负重前行 。特别是本县工业经济总量份额较大的黄河万家寨水电站，同样由于上游来水量及网上电力需求两方面严重不足，生产销售出现总体下滑。但面对工业经济下行压力依然较大的严峻形势，本县主动适应经济发展新常态，坚持问题导向，精准聚焦企业，发挥政府部门职能作用，转变干部作风，强化发展意识和服务意识，发挥企业主体作用，调动企业积极性，促进企业创新驱动和转型发展。通过“干部入企帮扶服务”活动，全力巩固经济低位企稳回升态势，促进全县工业稳定运行。全年全县规模以上工业总产值可完成69500万元，较上年增长-10%；实现工业增加值32600万元，较上年增长3%；万元GDP能耗降幅完成3.3%；工业固体废弃物综合利用率完成66%；工业新兴产业投资比重完成45%，非煤产业增加值比重可完成96%。

(2) 工业项目。按照年初确定的项目建设计划，大唐偏关清洁能源有限公司50MW风力发电项目全面建成投产；偏关县宏矩大磨坊有限公司小杂粮加工项目也已完成全部投资，形成规模生产能力；华能偏关风力发电有限公司20兆瓦光伏发电项目，已有6兆瓦规模并网运行；山西龙源风力发电有限公司 50兆瓦风电项目，投资完成过半，预计2017年建成投产。

(3) 企业节能。在上级经信部门的指导和帮助下，完成节约能源法培训、节能宣传活动以及企业能源管理人员业务培训，并为确保全县节能目标任务的顺利完成，认真开展节能降耗的统计、监测、和考核工作，及时发现并解决节能工作中的新情况、新问题，节能办会同统计部门定期对相关责任单位进行督促检查、指导与考核，并结合国家对高耗能行业结构调整意见，严格高耗能项目市场准入标准，从严控制高耗能、高污染项目。对固定资产投资项目审批备案前严格实行节能评估和审核工作，加大高耗能企业、高耗能产品生产总量及用电实施“双控”措施，确保全年能耗指标任务圆满完成。

(4) 信息化工程。信息化基础设施建设是推进信息化建设的支撑，今年以来，通信企业着力建立信息化基础设施体系，使信息化水平迈上了一个新台阶。特别是加快建设信息传输通道，实现光纤到户、进居民小区，宽带城域网核心交换能力均有扩展，通信能力城乡覆盖面有很大增加。

截至2016年底，全县互联网宽带用户达11386户，其中：2016年累计新增用户 4701 户；4G用户达53845户，其中：2016年累计新增 6386户；电信网络已覆盖240个行政村，2016年新建通信基站29个，新增信号覆盖55个村。同时信息化、智能化在全县各行业各领域的应用也得以广泛开展。

(5) 安全维稳工作。按照年初全县安全生产会议及安委办的安排部署，遵照“管行业必须管安全，管业务必须管安全，管生产必须管安全”的要求，全面制定监管检查执法计划，落实监管责任人，责任单位，重点在全面落实党政同责，一岗双责、齐抓共管上下功夫，真正把安全生产监管责任落在实处，全年共出动执法检查163 人次，对负有监管职责的企业全覆盖无死角地检查，共检查发现安全隐患76条，已整改 76 条，整改率达 100%，得到市、县安全督查组对我局安全工作的认可和肯定，实现了全年安全生产无事故的良好成绩。同时注重企业下岗职工的来信来访工作，特别是企业下岗职工困难多，问题较为复杂，我们高度重视，加大稳控力度，积极调处信访事件，把问题和矛盾解决在萌芽状态，为全县经济建设创造安全稳定的发展环境。

【商务经济】

（1）主要经济指标完成情况

①社零总额较去年稳中有升。全县实现社会消费品零售总额 9.6 亿元，同比增长 6%。

②外贸工作压力很大，出口欠佳。本年度全县外贸出口额指标一直没有取得实绩，究其原因，主要是因为县域内外销对路产品缺乏和原有出口企业因规模小，产品单一，原料运输成本等使得企业亏损严重。

（2）商务重点工作完成情况

①多措并举做好限上社会消费品零售额统计工作。

制定切实措施，增加入统数量。积极会同相关部门，采取多种措施，加大摸排力度，努力增加纳入统计的限额以上企业数量，加强与统计部门联系协作，对全县较大的商贸流通企业进行排查，将符合条件的纳入统计范围。2016 年，全县新增限额以上企业 3 家，全面完成市局年初下达的目标任务。加强部门联系，提高统计效率。为提高统计效率，促进企业统计工作健康有序发展，确保统计数据及时、准确，加强与统计部门沟通联系，及时对全县社会消费品零售总额统计工作进行通报。对部分积极性不高的入统企业，利用各种方式，讲明政策、谈清情况，解除企业后顾之忧，督促企业做好限上社会消费品零售额统计报送工作，达到“以谈促统”效果。为认真做好限额以上商贸企业统计工作，加大统计人员培训力度，切实提高企业统计水平。

②夯实基础，市场运行监测工作日趋完善。

一方面狠抓市场运行监测工作，通过不断优化、调整和扩大监测样本范围，使得我县市场监测体系进一步完善。同时狠抓监测样本企业上报数据质量，着力提高样本企业报送信息的及时率，准确率。

③真抓实干，商务综合执法工作再上新台阶。2016 年，商务综合执法大队按照年初制定的工作方案，以开展党的群众路线教育实践活动为契机，不断改进工作作风，提高执法水平。从制定各项管理制度入手，基本形成责权准确、行为规范、监管到位、保障有力、商务执法工作体系。全年共出动执法人员 380 人次，其中：成品油检查 86 起、酒类流通检查 76 起，下达责令改正 48 份。

加强内部制度管理，强化纪律作风建设。年初，完善制定了各项规章制度，包括：学习制度、民主生活会制度、廉政工作制度、日常工作制度、财务制度、考勤制度和奖惩制度等，从各个方面对工作人员行为规范进行了划线，做到学习有笔记，工作有计划，行为有规范，形成执法文明、廉洁规范、健康有序的工作运行机制。

加强执法理论学习，促进执法水平提高。2016 年，对全体执法工作人员进行执法理论培训学习，采取集中学习、专题辅导与自学相结合的方法，在每周的集体学习中开展了安全检查、市场稽查等的集中学习，内容包括：酒类流通、成品油经营、再生资源回收、报废汽车回收、洗染业、美容美发业、家政服务业、典当、零售商促销、特许等行业执法监管的法律法规，同时利用网络查询，下载等方式开展业务技巧自学，9月23日，局5名市场稽查人员参加了市商务局组织的商务综合执法培训，极大地提高执法人员的业务素质和办案技能。

强化日常执法监管，净化消费环境。2016年，商务执法大队围绕喝上“放心酒”、用好“放心油”为工作重点，开展日常执法巡查，对全县酒类批零、成品油经营进行日常执法检查。酒类流通监管方面，从下半年开始，在市局的安排部署下，开展为期半年的酒类流通溯源专项整治工作，重点检查各大超市、酒类批零及餐饮业的酒类经营是否按照《酒类流通管理条例》规定进行合法经营。今年与24户酒类批发经营企业签订了《偏关县酒类流通溯源责任承诺书》，完成全年酒类食品安全网格化监管任务；在成品油经营执法监管工作中，重点检查已被取缔、关停是否仍在从事成品油经营行为，全面规范了成品油经营市场，通过严厉打击并查处非法经营加油站（点）、流动加油车，查处无证无照、证照不全、以次充好等违法违规行为，规范商务流通领域市场秩序和经营行为，净化消费环境，保障消费者合法权益，提升商务综合执法形象。

通过拓展执法领域，着力在单用途商业预付卡、家政服务、家电维修、旧电器电子市场、零售商促销、零售商供应商公平交易等新领域推进了商务综合行政执法。

④常抓不懈，扎实做好安全生产工作

以“强化红线意识，促进安全发展”为主题，不断强化目标管理，认真履行工作职责，保持了安全形势持续稳定。

2016年，商务局结合重大节假日和不同季节特点，根据不同时期安全工作重点，定期不定期组织开展单位自查和重点抽查，对易发生安全隐患环节进行查重点排查，绝不放过任何一处原有安全隐患的整改情况，有效地消除了各种安全隐患，确保了一方平安。全县商贸行业安全生产形势稳定，实现零事故目标。通过大力宣传，有计划、有组织地开展了“安全生产月”活动， 6月19日组织人员于县城步行街开展“安全生产月”咨询日活动，接待咨询群众350余人，散发宣传单5500余份。进一步强化广大干部和全体员工的安全生产意识，实现了本系统安全生产的和谐发展。按照市、县统一部署安排，牵头开展了全县车用燃油专项整治和取缔非法加油点专项整治工作，发现并整改隐患问题9条，出动车辆33台次，执法人员60余人。

⑤其他商务方面

在县域电子商务发展方面，积极推动省级电子商务平台“乐村淘”入驻偏关，帮助促成“偏关县乐村淘电子商务有限公司”加盟，打造农村村级体验店5家，涉及小杂粮、食醋、羔羊、反季节蔬菜、黄河鱼虾等特色农副产品网上购销对接，逐步创新特色产品网销模式，形成政府搭台，企业唱戏，农民收益的联动机制。另一个县级电子商务平台“偏关县塞北仓电子商务有限公司”也正式上线，11月20日已为全县30家体验店举办电子商务开班培训。

在酒类和成品油行业管理有序规范。一是市酒类协会成立以来，通过协会章程和行规行约的实施，维护了企业的根本利益和行业的整体形象，促进了市场的规范运作和有序发展，行业自律的作用明显加强。二是认真编制了《偏关县商贸流通十三五规划》和《偏关县成品油零售体系“十三五”发展规划》。

在牵头打击侵权假冒工作方面，组织县法制办、公检法、农业、林业、科技、文广体局、市场和质量监督管理局等单位参加了市局组织的“两法衔接”信息共享平台应用实操培训，各相关单位已经登录并正确使用该联网系统，提高了行政执法与刑事司法衔接率，经过全县双打成员单位的共同努力，全年顺利完成了市级双打目标考核任务。此外，应省商务厅要求，编制了《2015年偏关县商务年鉴》。

【党风廉政建设】 按照党风廉政建设“两个责任”的部署和会议精神，本局制定了落实党风廉政建设“两个责任”的具体举措，并提出了四项具体措施，

扎实开展“两学一做”学习教育，利用每周三集中学习、干部在线学习、专家教授辅导和“共产党员”微信平台等，丰富干部职工理论知识、提高干部职工思想觉悟、规范干部职工行动自觉。

按照党风廉政建设文件要求，对照责任分工一把手与班子成员层层签订目标责任书，严格落实“一岗双责”责任制，将党风廉政建设工作任务进一步逐项分解。

坚持简政放权、放管结合、优化服务，制定完善《偏关县经信局关于进一步深化廉政风险防控管理工作实施方案》，进一步明确风险防控管理工作的指导思想、程序、范围、内容、对象和具体要求。

2016年，经信局坚持“抓作风就是抓发展”的工作思路，强化干部作风建设，促进党员干部转形象、强素质、提效能，激活机关内部活力，使各项工作强力推进。对原有机关制度进行了完善修订，建立健全了《学习制度》《考勤制度》《工作纪律和会议纪律制度》等。把作风建设推向深入、将作风改到深处，让作风建设永远在路上。

（李俊峰）

城镇集体工业联合社

【概述】 2016年，城联社认真学习习近平总书记系列重要讲话精神和“两学一做”教育活动。在县委、县政府和市城镇集体工业联合社的正确领导下，偏关县城镇集体工业联社以党的十八大、十八届四中、五中、六中全会精神为指引，以科学发展为主题，以学习习近平总书记系列重要讲话精神为抓手，紧紧围绕全县工作重点，结合城联社实际，做好了信访、扶贫、党建等工作，全面推进机关党风、行风建设。认真履行了城联社的行业管理职能，开拓进取，扎实有力推进了城联社系统各项工作的开展，保持了城联社系统经济的发展和职工队伍的稳定。经过全体干部职工的共同努力，保证了城联社总体平稳，运行正常，确保了安全稳定，不断推进城联社学习与工作的深入开展。

（吕怀旺）

煤炭工业服务中心

【概述】 偏关县煤炭工业服务中心成立于1987年，原名偏关县煤炭工业管理局。2001年变更为偏关县煤炭工业服务中心，编制18人，下设科室：中心办公室6人。中心纠察队6人。信息监控中心6人；2011年编制人数精简为12人，下设两个科室中心办公室6人和中心纠察队6人；

2016年是国民经济“十三五”规划开局之年，县委．县政府以科学发展观为指导，摆脱煤炭市场滞销带来的煤矿关闭的巨大冲击，保持了煤炭储售业．煤炭洗选业．煤炭物流业，平稳发展。坚持“安全发展”的科学理念，认真贯彻“安全第一，预防为主，综合治理”的方针，加强了对偏关县煤炭经营企业的管理，有力地推动了各项工作任务的顺利进行，促进了偏关县煤炭工业安全生产状况的稳定好转。

2016年主要煤炭企业的生存发展状况如下：

偏关县吉泰洗煤有限公司原煤购入量7688千克，销售量80千克，上缴税金1万元。

偏关县锦鑫洗煤有限公司2016年购入原煤22.7万千克，销售量18万千克，上缴税金3.4万元。

山西煤销集团忻州公司偏关大阳湾煤炭物流园区，2016年困难前所未有，只能保本微利。

偏关县泰鑫煤业有限公司，2016年困难前所未有，只能保本微利。

偏关县广盛恒洗煤有限公司，原煤购入量2.9万千克，销售量7456千克，上缴税金8.4万元。在企业经营困难中做出了最大努力。

山西焦煤集团正兴煤业有限公司，2015年因执行“去产能”政策关闭后，短时期复产无望。

（董志军）

电力工业

【概述】 截至2016年底，偏关电网共有35千伏及以上变电站3座，主变压器6台，总容量43200千伏安；35千伏及以上输电线路6条，总长度81.543千米。电网网供最大负荷3.3万千瓦，网供电量3.37亿千瓦时。

【电网建设】 2016年，国网偏关县供电公司以高度的政治责任感，积极主动完成超（特）高压工程的属地协调工作。2015年开工建设的蒙西—天津南1000千伏交流特高压工程和配套的平鲁—五寨500千伏输电工程，路经偏关县共约100千米、铁塔282基，在工程进度紧、征拆难度大的情况下，积极奔走，全力协调，至年底，两项国家重点工程协调工作已基本完成，受到省市公司的充分肯定。结合风电、光伏发电项目开发等情况，滚动修订公司“十三五”电网发展规划，科学推进电网布点。正确处理“安全、质量、进度”的关系，确保各项工程安全有序推进。2016年光伏扶贫项目共新建及改造小石洼等低压台区5个，安装配变5台/600千伏安，新建及改造10千伏线路9.7千米，改造低压线路4.8千米。农网改造升级工程共新增配变3台，容量1890千伏安，新建及改造10千伏线路64.8千米，低压线路1.2千米。电网网架的不断加强，使县域供电可靠性得到了大幅提升。

【电力安全生产】 2016年，县供电公司全面落实安全责任制，认真落实“两长到位”要求，常态开展安全隐患大排查，全年排查隐患46条，整改率100%，不断强化电力设备运维巡检，春检、秋检对4条35千伏线路及110千伏偏巡线、35千伏方城、万家寨站、黑豆埝、10千伏窑头开闭所进行清扫、缺陷处理。持续加大高危客户安全管理力度。狠抓应急管理，健全完善各类应急预案，扎实开展安全管理专项自查活动和安全性评价工作，常抓交通、消防、信息等安全管理，圆满完成了“两节”“两会”、高、中考等重大活动的保电任务，截至11月底，安全记录实现12308天，创历史新高。

【经营管理】 2016年，以降损增效为主线，全方位夯实基础管理。建立了采集成功率提升常态化管控机制，实现了计量班把控数据，各供电所配合处理的跨部门协同机制，实现了采集成功率的跨越式提升。截至11月底，低压月均采集成功率99.6%，专变月均采集成功率99.53%，线损率20%以上台区占比24.46%，线损计算异常台区占比13.3%。全面完成营配贯通工作，高压建模率、高压一致率、低压建模率及公变对应率均完成100%。全面提升服务水平，着力强化故障报修执行到位，坚持以客户为导向，优化服务流程，拓展缴费方式，完善规章制度，提高客户服务效率，把“你用电、我用心”落到实处，有效降低了客户投诉率。完成窑头供电所四星级供电所创建工作，扎实开展“反窃电、降线损”专项行动，结合公司实际，重新修订了线损管理考核办法，公司领导分片包干，率队狠抓窃电行为，加大惩处力度，推动公司线损管理工作步入良性发展的轨道。

至12月底，1至11月份售电量完成5607.3万千瓦H，完成计划指标9000万千瓦时的62.3%，较上年同期的8334.28万千瓦时，减少了2726.98万千瓦时；1至11月份综合线损率完成15.72%，较上年同期的10.63%升高了5.09个百分点，较计划指标上升2.72个百分点；截至11月底平均电价完成546.31元/千千瓦时，较上年同期的578.9元/千千瓦时降低了32.59元/千千瓦时；电费回收率100%，应收电费余额为零（包括万家寨引黄电费）；业扩报装受理居民1260户、非居民207户，高压新装7户，共计新装容量6918千瓦，均按业扩时限要求内完成，业扩工程过程无三指定行为发生。

【脱贫帮扶】 2016年度，县供电公司全力服务新农村建设，加大力度，配合能监办、省公司全面开展四个对口村的光伏扶贫、特色养殖、农副加工等脱贫帮扶工作，共计帮扶261户714人。

（刘文明）

供销合作

【概述】 2016年，偏关县供销合作社联合社紧紧围绕服务“三农”的办社宗旨，以密切与农民群众的利益联系为核心，逐一破解供销社多年来积累的深层次的矛盾和难题，在推进服务体系、经营体系、管理机制等方面取得新的突破，掌握了供销社综合改革的主动权，发挥了供销合作社在为农服务中的主导作用。

【基层供销社改造】 2016年，按照“空白抓重建、薄弱抓改造、较强抓提升”的总体思路，积极引导，继续加快基层供销社的改造，着力提升服务能力，扩大辐射功能和服务半径。在广泛深入调查研究的基础上，确定把陈家营供销社作为基层社改造的重点，进一步完善基础设施，扩大服务功能，提升服务水平。投资5万元，改造陈家营供销社经营场所100平方米，拆除原有晾台，维修院墙，粉刷墙壁，改造已经全面完成。改造后的陈家营供销社，农副产品购销和农资供应业务进一步增强，同时建设电子商务乡村体验店，实现农产品进城和工业品下乡双向流通，线上线下融合发展的新格局，进一步扩大经营范围，提升服务水平。

【专业合作社发展】 2016年，县供销合作社把大力发展农民专业合作社作为提高农民组织化程度，解决农民卖难问题，帮助农民增加深入的有效途径来抓，围绕当地主导产业和特色产品积极发展各类专业合作社，在参与农业产业化经营、助农增收方面发挥着越来越重要的作用。偏关县永宏养羊专业合作社是带动当地养羊业发展、促进农民增收的典型专业社。近年来，受畜产品市场严重影响，永宏养羊专业合作社经营中出现了前所未有的困难，产品销售渠道不畅，经营效益不高，产业带动性不强。县供销合作社积极指导服务，积极探索专业社发展的新机制，通过多种渠道积极解决资金缺乏的问题，进一步完善内部经营管理机制，积极筹措资金5.1万元，购进种养100只，投资2万元，购进寒泽三代绵羊50只，投入资金3万元，购进饲料玉米1.75万千克，养殖规模达到400只，不断扩大了养殖规模，强化了内部经营管理，经营效益逐步有所回升，示范带动作用进一步凸显。

【便民店提档升级】 从2006年开始，供销社按照“小超市、大连锁，小网店、大网络”的发展战略，整合、改造系统内外经营网点资源，与社会力量合作，以多元化投资、多元化改造形式加快发展农村便民店。县供销合作社把加强农村便民连锁店经营管理作为完善农村流通网络的重点，围绕功能提升、规范管理，加强指导和服务，为农村便民连锁店更换标牌、完善管理制度，协调指导农村便民连锁店扩大经营服务范围，提升农村便民连锁店的服务功能，扎实推进“多网融合、多品并网、一网多用、一店多能”经营模式，筑牢为农服务经营网络终端和基础，提升完善村农便民连锁店。偏关县西沟村便民店积极争取，已经与邮政储蓄银行协作，开展金融服务，极大地方便了群众，形成了集日用品、副食、蔬菜、金融服务为一体的新型农村便民店。并加盟“农芯乐”村级服务站，努力构建工业品下乡、农产品进城、农民就地触网的农村流通新格局，发挥农村便民店在搞活农村流通、拉动农村消费中的独特优势。

【电商服务中心建设】 2016年，县供销合作社贯彻市社的部署，结合全县脱贫攻坚计划的实施，按照“培育一个市场主体、搭建一个服务平台、实施 一项改造工程、营造一个生态环境 ”的总思路，积极推进电商服务中心建设，进一步创新供销合作社经营服务体系，全力打造“网上供销合作社”，着力增强供销合作社为农服务的能力。已经登记注册成立了独立合法公司--偏关县塞北仓电子商务有限公司，作为县级电商、物流服务中心和运营主体，依托“农芯乐”平台，发挥在县域范围内的组织管理、宣传策划、业务推广等作用，主要承担协调上级平台、指导下级运营、组织农产品进城、推广地域农特优品牌、开设村级服务站、开设物流分拣中心、开展供销大集、开发县域电商等业务职能，并在人员、设备、办公场所等硬件设施上提供必要的保障。电子商务运营中心得到县委、县政府的高度重视，为电商运营解决了场地问题。9月中旬，专门邀请山西省供销社“农芯乐”电子商城工作人员，对偏关县县级电子商务运营中心项目进行了全面规划设计，偏关县塞北仓电子商务有限公司已经和山西省供销社“农芯乐”电子商务平台签订了加盟协议书，11月份举办了农村电商培训和，已有三户企业入住“农芯乐”商城，加盟体验店达到30户，已于11月底上线运行。

【创办惠农服务中心】 2016年，水泉供销社努力适应综合改革的新形势，坚持以为农服务为宗旨，充分发挥供销社的传统优势和经营阵地，把拓宽服务领域、创办惠农服务中心，坚持经营性、代理性、公益性服务相结合，积大地改善了农民的生产生活条件，实现经济效益和社会效益双丰收。（1）完善基础，强化服务，打造综合服务平台。在全面完成基础设施改造的基础上，不断创新服务模式，完善服务体系，扩大服务领域，创建了水泉惠农服务中心，形成集日用消费品、农资供应、农副产品收购、煤炭供应销售、农村金融服务、家电维修、网上代买代卖、庄稼医院、充值缴费、收发快递等为一体的综合服务平台，为社农村基层提供了全方位的优质服务，最大限度地满足了农村生产生活需求。(2)科技先行，助农增收，巩固为农服务基础。惠农服务中心始终奉行“农业丰收、科技先行”的理念，积极加大科技知识宣传，动员种粮大户开展试验示范，深入田间地头，指导农民合理施用化肥，发挥了科技的优势，让农民看到了科技带来的实实在在的成效。2016年向农民供应化肥等农资5000千克，销售收入达到1200万元，创下了历史新高，真正达到了农商双赢的效果。（3）诚信为本，取信于民，架起为农服务的桥梁。惠农服务站坚持诚信经营，坚持微利经营或让利经营，在农民资金困难时，采取以粮换肥和赊销的办法，方便农民、惠及农民。在农副产品收购中推行寄存经营的办法，即定时间、定价格把农民收晒好的粮食寄存，根据市场情况择机出售以销售的最高价格与农民结算，最大限度地维护了农民的利益。（4）网络经营、惠及农民，拓宽为农服务的阵地。惠农服务中心在农产品购销中，充分利用现代网络流通技术，采取直接联系港口和终端客户，减少流通环节，以优惠的价格、诚信服务吸引顾客，最大限度地让利于民，让农民得到真正的实惠，开启了农副产品营销的新局面。（5）适应形势、强农富农，增强为农服务的活力。惠农服务中心积极探索谋求新的发展空间，在广泛调研的基础上，初步确立了以粮食深加工为龙头，通过原粮加工转化增值，最大限度地提高粮食利润空间，不断增强农民抵御风险的能力的总体思路，拓宽综合服务社的服务领域，为更好地服务三农增添新的活力。

【新建新型庄稼医院】 2016年，为进一步拓宽为农服务的领域，提高基层社的核心竞争力，推动基层社向综合服务转型，水泉供销社充分利用自身的资源和品牌优势，精心组织，认真规划，积极整合基层社的现有资源，严格建设标准，依托忻州市农业生产资料公司农药农械分公司新建的庄稼医院正式投入运营，为农民群众提供农业生产服务。庄稼医院坚持“一三四五”的发展要求，即坚持一个宗旨，在服务“三农”中求发展；发挥三种功能，实现农资配送、农业种植、庄稼医院“三位一体”；强化四结合服务，实现农业技术咨询与农作物病虫害防治相结合，农业科普知识宣传与农资产品信息推广相结合，种植指导与庄稼医院日常服务相结合，兴办庄稼医院与科技服务相结合；做到门店标识、商品陈设、服务工作、质量承诺、明码标价“五规范”。庄稼医院选择实力强、意愿强的种植大户作为合作伙伴，做好庄稼医院经营和服务对接，引导农民科学测土配方施肥、用药，降低农业生产成本，提升科技咨询服务的及时性、针对性和有效性，提高庄稼医院的经济效益和社会效益，力求解决科技兴农“最后一千米”问题，努力使新型庄稼医院成为科技服务手段最多、覆盖面最广、服务内容最丰富的“乡村保姆”。

【惠农服务站建设】 2016年，县供销合作社积极引导和服务与惠农服务站建设，先后水泉、陈家营、老营建成3个惠农服务站。水泉惠农服务站对基层经营服务网点实施信息化改造，抢占农村电子商务的终端市场和前沿阵地不断拓宽服务领域，形成集日用消费品、农资供应、农副产品收购、煤炭供应销售、农村金融服务、家电维修、庄稼医院等为一体的综合服务站，同时对基层经营服务网点实施信息化改造，抢占农村电子商务的终端市场和前沿阵地，充实经营服务内容，开设了“农芯乐”村级体验店，增加网上代买代卖充值缴费、收发快递等为一体的综合服务平台。陈家营惠农服务站经过全面改造后，面貌焕然一新，新增营业面积100平方米，在提供便民超市、农资代销、农副产品购销等传统服务的基础上，开设了“农芯乐”村级体验店，增加了充值缴费、代买百货、代卖农产、收发快递等业务，为群众提供了良好服务。同时规划新上粮食加工项目，实现农副产品的就地转化增值。老营惠农服务站投资2万余元，经过再次改造维修，进一步完善了服务功能，在继续巩固日用品、副食品、农资销售的同时，开设了“农芯乐”村级体验店，走电子商务服务了路子，增加网上代买农耕用具、家电、服装、日用品等商品，网上代售农特产品、民俗工艺品等产品，网上电信缴费、快递收发、就诊预约、车票预订等新型服务功能。

【探索土地托管模式】 2016年，县供销合作社经过积极探索，创建了土地托管的新模式。即在坚持联产承包责任制、农民土地使用权、农民经营主体、农民受益主体四个不变的前提下，在农民自愿的基础上，供销社以农民专业合作社的形式，根据市场需求信息，引导农民调整种植结构，提供农业科技服务，农民专业社集中采购种子、化肥、农药等各种农资商品，从企业直接到农户，减少流通环节，降低农业生产成本，并且协助销售或订单回收农产品，农户负责种子、化肥、农药、水电等全部农资投入，形成了劳务服务、农资供应、农产品购销、科技服务、土地托管五位一体的综合服务运作新模式。2016年，偏关县龙海农牧专业合作社托管10.00万平方米，偏关县福海农产品销售专业合作社托管26.67万平方米，偏关县天峰谷子加工专业合作社托管66.67万平方米，偏关县庆丰小杂粮深加工粮油购销专业合作社托管40.00万平方米，偏关县现代小杂粮专业合作社托管66.67万平方米，偏关县茂源农牧专业合作社托管20.00万平方米，偏关县茂盛源农产品购销专业合作社托管33.33万平方米。托管面积总共达到近266.67万平方米，土地托管日益走向规模化。

（李俊平）

粮 食

【概述】 2016年，粮食局在县委、县政府的正确领导大力支持和帮助下，在上级业务部门的正确指导下，严格执行国家粮食工作的各项政策，以全面完成市政府粮食工作责任目标考核为主线，严格执行中央提出的八项规定，深入开展“两学一做”学习教育活动，认真贯彻落实党的十九大精神，强化宗旨意识，加强作风建设，求真务实，转变作风，锐意进取，各项工作取得了明显成效。

【粮食购销】 认真贯彻落实省、市、县粮食调控措施，2016年全县粮食供应充足，价格稳定，进一步修订了粮食应急预案，巩固了机构、人员，明确职责、分工，以及应急供应网点，并按县安监部门的统一要求，进行了应急实战演练。

1至12月份各类粮食收购1570万斤，完成全年指标任务的121%，销售2630万斤，完成全年指标任务的131%，产销衔接调入粮食1440万斤，完成全年指标任务的103%。

【杂粮产业发展】 偏关县粮食企业改革较为彻底，企业政策性经营贷款全部挂账。新组建的购销企业，因基础差，条件落后，经营资金短缺，导致发展动力不足。几年来，全局上下一心，转变观念，创新思路，围绕“三农”抓服务，调整杂粮种植结构，引进优质品种，提升杂粮品质，大力开发杂粮产品，借助网络信息，产品展销会、洽谈会等多种平台，抓住偏关县杂粮豆的优势积极参加省、市组织的五台山杂粮豆展销会、订货会以及省市举办的粮食宣传活动。大力培植粮食经纪人，及时发布粮食价格、市场信息，积极引导粮食收购、加工企业做大做强，有效地扩大了杂粮知名度，增加了销售，提高了农民收入，推动了农村经济发展。一年来，全局积极招商引资，想方设法引进一批粮食、肉类加工企业，并建议政府对前来偏关县投资办厂的小杂粮深加工企业和肉畜产品加工企业给予税收、土地优惠和资金扶持。

【仓储建设】1. 建立健全各项保粮制度。以“安全”为主线把保粮安全与生产安全有机结合起来，粮情监测勤，隐患处理快，尽管储粮条件差，但全局的保管人员凭多年来的经验，对粮食事业的热爱，工作的责任心、事业心，较好地完成了任务。

2. 今年在雨季来临之前，对储粮的安全度夏度汛，专门成立了领导组召集相关人员，做了全面检查，及时排除隐患，确保了粮库工作安全。

3. 偏关县2015年储备粮轮换出售后，因新关储备库龙岗寺省文物局维修施工，政府要求待龙岗寺施工结束后，再进行轮换收购。今年春季，单位对上漏下潮的库房进行了必要的整理和修缮，做好了储备粮收购准备工作，并圆满完成了储粮的安全入库。

【市场监管】 2016年，在粮食市场监管工作中，采用教育引导和加强监管相结合的措施，利用电视媒体、二月二传统古会散发材料等形式，帮助广大经营户了解政策，规范经营，提高守法自觉性。特别是在今年食品安全周活动中，充分准备，制作条幅，印制储粮知识手册，组织人员到文化广场、县政府广场散发宣传资料，在安全生产七进活动中进小区、进社区、进村庄、进企业、到学校进行了广泛的宣传教育活动，既展示了粮食工作人员的良好形象又通过宣传党的政策，使广大市民了解了新时期粮食工作的重大意义。另一方面，加大监管力度，对全县经营户建立档案，以区域划分，明确监管人员，明确职责，明确企业，实现网络化监管，发现苗头和倾向及时预警，确保了粮油质量安全无事故。

【队伍建设】 2016年，在管理工作中，严格执行《机关工作制度》，认真落实中央制定的“八项”规定，精心组织“两学一做”学习教育活动和党的十九大贯彻落实学习活动，进一步增强了广大党员干部全心全意为人民服务的使命感和责任感，强化了宗旨意识，做到了思想上、认识上和行动上与党中央保持高度一致，机关作风建设取得明显的成效。

1. 全单位上下树立了过紧日子的思想，尽最大努力减少费用支出，杜绝胡支乱花，做到办事公开、公平、公正，把有限的资金用于解决职工的工资问题，以工作作风、党风廉政建设、粮食文化建设为抓手，全面提升行业素质与形象，提高队伍素质，全面提升行政管理和企业经营管理水平，为粮食工作的健康发展创造良好的环境。

2. 扎实开展驻村帮扶工作，进一步密切党群干群关系，在精准扶贫上下功夫，充分发挥单位的优势，为驻村制订发展规划，逐步解决关系到群众生产、生活的重大基础性问题和群众想办又办不成、办不好的事情，体现了县委、县政府对农业、农村、农民问题的关心和支持，把党对“三农”工作的方针、政策落到实处。

3. 努力抓好放心粮油工程建设，放心粮油工程是党中央、国务院关于社会主义新农村建设构建和谐社会，加强粮食质量安全等系列重大问题和国家发改委等六部门关于推进国有粮食企业改革和发展的有关精神，结合全省实际，提出的重大举措，近年来，单位重点抓了放心粮油的网络管理，严格各项制度，明确购销合同、发票等制度，严格监管，责任到人，确保了粮油质量，也从未发生地沟油流入偏关县，造成粮油食品安全事故等现象。

（吕万裕）

烟草专卖

【概述】 2016年，偏关县烟草公司（营销部）认真贯彻落实省局 “五路纵深突破”的工作精神，市局（公司）“三个千方百计、三个坚定不移”的工作部署，以“两学一做”学习教育为动力，以卷烟营销、市场监管、降本增效“三大战役”为抓手，全体干部职工千方百计、攻坚克难、加压冲刺、奋力追赶，采取全员包片区、保市场、促销量，取得了较为满意的成绩。

【主要经济指标完成情况】 2016 年，卷烟销量完成 3230.53 箱，完成全年 3780 箱的 85.5%。同比去年 3891.19 箱减少 660.66 箱，降幅 16.98%。批发条均价 88.64 元，低于年度目标条均价 7.36 元，同比去年 94.76 元减少 3.33 元。卷烟销售收入 7158.82 万元，同比减少 2059.72 万元，上缴税金 410 万元。行业重点骨干品牌销售 2200.21 箱，销售额 6130.4 万元，品牌集中度 68.11%。各价类卷烟销量：一类烟 341.69 箱，占总销量 10.58%；二类烟 329.98 箱，占总销量的 10.21%；三类烟 1227.95 箱，占总销量的 38.01%；四类烟 881.56 箱，占总销量的 27.29%；五类烟 445.52 箱，占总销量的 13.79%；无价类烟 3.84 箱占总销量的 0.12%。

【卷烟营销】 根据 2015 年实际销量及 2016 年市局下达的目标任务，结合客户经营规模、销售能力、卷烟结构，按季度分线路测算客户经理辖区销量、结构权重，按月按周量化细化分解到客户经理辖区，保证每周多完成一点点，最大限度地把市场资源用足、占领市场，决不给非渠道烟留一条空间。紧盯销售目标及进度，加强二类烟、细支烟的培育，把对其的培育作为开拓市场的增长点和结构提升的潜力点，抓住每一户、每一条的销售机会，有针对性地进行品牌培育和上量、上价，实施卷烟日销售跟踪汇报制、周例会制，让全员互相了解近期销售工作情况，互相取经，把营销工作的技巧和热情推向新的台阶和高潮。将县域分三个片区，实行领导包片带队，股室包线、“全员”包户，每周在订货前走访客户一遍，宣传货源投放策略，指导客户订货，精准采集客户需求，对个别采集不到的及时通过 qq 群、微信的方式进行传达。同时与营销中心沟通，保证客户对货源需求的满足。订货后客户经理密切关注客户动销情况、库存情况，对滞销品牌积极帮助客户面向消费者推荐和客户间调剂，进一步盘活卷烟资金。避免客户遗忘订货、资金不足订不上货等情况的发生。

【专卖管理】

1.加大检查力度，提高守法经营率。以全市“百日歼灭战”活动为契机和动力，积极开展全员“下基层、上市场、稳销量、要效益”的卷烟市场集中清理整顿，领导带队分组入户，细查到小包，关注本市外地码库存，对销售大户重点了解卷烟流量、流向、价格，从源头上堵住无证户的供货渠道，加大对无证户的调查力度，共摸排到无证户 38 户，转化 19 户，取缔 5 户。现无证户 14 户，其中：有照无证 4 户，无照无证 7 户，库存十条以下 3 户。同时建立无证户管理机制，及时掌握无证户的新动向，对符合办证条件做工作给予办证，不符合办证的切断其供货上线，让其自动放弃经营卷烟，为稳销量起到了保驾护航的作用。

2.关注重点客户，加大检查频率。强化专卖管理，认真落实向卷烟打假打私和治理非法流通要市场、要销量、要效益。打破常规作息时间，密切关注对销售大户、有过违规行为的卷烟零售户、排查出的异常预警户、名烟名酒店、一月不订货的客户及停业户的监管，建立重点违规户名单，重点违规户一周检查两次，专人小组实施监控，精准实施打击，创造了良好的卷烟市场环境。

3.加强部门联合执法，严厉打击违法行为。

加强公安、工商、交警、运管等执法部门的联系沟通，利用早、午、晚等非工作日以及错时、错位工作法，加大对重点区域、路段、重点客户的监控力度，把查处案值2万元以上的涉烟案件作为重点目标，加强对高速路段、毗邻省市界、物流快递、电商、微信等的监控，要求市场监管员每周至少提供一条涉烟案件线索，严厉打击假、私、非等违法卷烟行为。截至2016年底，共查处违法案件33起（8起简易案件），其中真烟24起（8起简易案件），假烟9起；查获卷烟3.5365万支，其中真烟2.166万支，假烟1.3705万支。完成全年立案查处40起的62.5%；案件生成23周，完成全年案件生成周目标32周的71.88%；完成个案涉案金额目标案件3起。虽然成果较小，但检查监管覆盖面广，严厉打击了涉烟违法分子的嚣张气焰，净化了本地市场，营造了良好的市场环境。

4.加强后续监管，依法实施许可。严格按照《行政许可法》和《烟草专卖许可证管理办法》，受理行政许可申请，热情接待每一位申请人，在许可证办理上严格使用移动平台功能，加大对许可证新办、延续等的实地核查力度，将许可证延续办结时限缩短至3个工作日内，提高了工作效率。截至2016年底延续许可证149户，新办35户，注销37户，总持证户332户。

5.严守专卖底线，抓好经营规范。组织学习国烟专〔2016〕6号文件、晋烟专内〔2016〕1号文件及市局（公司）的有关部署要求，让全员认识到违规经营行为破坏的是行业现行的卷烟销售模式、管理体制、专卖制度；认识到国家局、省局对严格规范经营的坚定决心、对违规经营处理的坚决态度。内管部门狠抓真烟非法流通治理，开展了真烟案件码段抄录与录入培训，通过信息系统逐日开展监测，掌握真烟外流趋势，针对营销活动中的一些倾向敢于监管、敢于发声，截至2016年底，累计向营销部门下发整改通知书3份，意见建议8份，质询函3份，使各项规范性要求得到了较好的落实，切实提升了业务人员规范经营主体责任和内管人员的监管责任。

【队伍建设】 2016年，明确了班子分工，将年度工作目标任务进行层层细化分解，逐级签订目标任务责任书，形成一把手牵头总负责，分管领导紧密协作具体负责，各股室配合主抓落实，人人头上有指标、有压力的责任分担机制，确保各项目标任务能按进度完成。结合个人需求及工作实际，加大员工职业技能鉴定工作力度，动员符合职业技能鉴定条件的人员申报职业技能鉴定，提高了干部职工队伍的业务能力和综合素质。

【纪律建设】 2016年，以“学党章党规、学系列讲话，做合格党员”的“两学一做”学习教育为动力，开展了党组织关系排查，党费收缴情况自查， 2008年4月至2015年共补缴党费4.16万元。积极参加了全市系统“两学一做”知识竞赛，获得了“一等奖”。开展了讲政治、有信念，讲规矩、有纪律，讲道德、有品行，讲奉献、有作为的四个专题学习讨论，全体党员写出心得24篇。强化工作纪律，完善了签到制度和中途查岗制度，党员干部带头自觉执行，杜绝了迟到、早退，串岗、脱岗等不规范行为发生。

（张彬）

石油购销

【概述】 2016年，按照省、市公司总体工作部署，结合公司实际情况，在市公司的正确领导下，公司员工团结和谐，奋力拼搏，再鼓干劲，逐步完成市公司下达的各项任务和目标。继续保持着偏关石油分公司安全经营无事故的良好局面。进一步完善加油站各项考核机制，建立健全各项管理制度和办法，切实加强督查检查，加大隐患治理整改力度，强化加油站经营管理，全面深入开展“比学赶帮超”和“优质服务”活动，经营管理各项工作有序开展。

【指标完成情况】1至12月份，公司累计实现成品油销售量4785千克，完成市公司下达的全年目标销售量6000千克的80%。

1至12月份IC卡累计售卡387张，完成市公司下达的全年目标售卡量700张的55.29%；累计充值金额为705.7万元。

1至12月份，公司非油品销售额完成39682元，完成市公司下达的全年目标销售量87000元的 38.50 %

【日常工作】 2016年，紧紧抓住内蒙古途径偏关至朔州这条运煤线，以及神河高速建设正式上马开工的机遇，大做文章，做大举措。首先优质服务长效机制的有效应运，很好地维护了公司中石化品质品牌形象。进入四月份，“优质服务月”活动和 “比学赶帮超”活动在全公司轰轰烈烈地展开。活动开展以来，公司上下层层动员、广泛发动、齐抓共管，积极贯彻落实活动精神，认真开展活动各项工作，加油站服务环境进一步改善，加油站服务质量大幅度提升，广大员工特别能吃苦、特别能战斗的精神风貌得以彰显，优质服务的良好氛围初步形成。

【安全建设】 2016年，坚持组织员工学习《加油站管理规范》《加油站安全管理规定》，将市公司下发的《固化我要安全》等文件、通知及时传达给每位员工，层层签订责任书，安排各站责任心强、警惕性高的员工担任安全员，一级抓一级，实现安全生产人人有责，为杜绝员工对抓安全的厌战情绪，防止突发事件发生，公司今年在健全安全应急预警机制的同时，出台了《公司加油站在岗人员重点部位全天巡检制度》，要求加油站在岗人员昼夜巡查不少于五次，白天三次，夜间两次，查看有无异常情况和迹象，包括防抢防盗，自然灾害和人为因素等，并将每班检查结果记录在册，做到了检查时间和责任人清晰可查，落到实处，杜绝了一切事故发生。同时大力倡导安全服务理念，向安全违规行为宣战。广大员工安全意识普遍提高，在营业场所吸烟、打手机、不熄火加油等各类安全违规行为得以遏制，包括《卸油十步法》《销售企业安全禁令》等在内的各项安全管理制度在各加油站得到严格执行，为顾客营造了安全的消费环境。

（范江波）

住建　环保

住房保障和城乡建设

【概述】 2016年，偏关县住房保障和城乡建设管理局紧紧围绕住房保障和城乡发展这条主线，全面推进住房保障和城乡建设管理工作，较好地完成了年度工作目标任务，为偏关经济社会发展做出了积极的贡献。

全力推进重点工程建设，大力改善人居环境质量，全面提升城市建设和管理水平，继续加大市政基础设施建设力度，着力提升城市形象，城乡居民住房条件明显改善，城市市容市貌明显改观。

【城乡建设规划】 （1）从2016年开始实施乡村规划，每年二乡二村，“十三五”期间达到乡、镇、村全覆盖。（2）开始实施2016—2030年规划修编工作。（3）开始实施建成区3.2平方千米、规划区24.5平方千米控规编制工作，控规覆盖率13%。（4）2016年城市违法建筑治理，共下发停工通知书28份，拆除通知书6份。

【房地产市场】 2016年，为了稳定新建商品房市场，积极消化新建商品住房库存，培育存量住房市场，县住建局认真落实新建商品住房网签全覆盖，商品住房买卖合同用于商品房预抵押、商品住房公积金贷款和商业贷款，缓解了购房户的资金压力；积极引导开发企业适当降低房价，有力地拉动了商品住房化库存工作，促进存量住房交易量增长。全年房地产开发项目有7个，总建筑面积18.06万平方米，总套数为1678套，完成投资0.5787亿元。完成目标任务的193%。完成了对全县房地产开发企业和物业企业的动态考核。同时，积极培育住房租赁市场，不断提升人居住房水平，实现城区困难群众“住有所居”的工作目标，做到了居民住有所居。

【住房保障】 2016年，保障性住房建设方面，保障性安居工程续建保障性住房1330套，完成投资4624万元；新开工建设棚户区改造798户（其中实施货币安置400户，综合整治398户），完成投资5677万元。续建、新建共完成投资10301万元。城镇低收入家庭租赁住房补贴发放方面，按照规定程序严格进行把关审核，2016年发放租赁补贴户数为981户，共发放补贴金额103.3万元，已全部打卡发放到户。物业管理方面，按照《山西省物业管理条例》《忻州市物业管理评定标准》的规定，实施了对住宅小区物业的日常监管。

【市政基础设施建设】 2016年，新开工建设城区古城大街道路建设工程，万府道路建设工程，鑫园小区道路给排水建设工程，文笔大街道路改造工程，文笔大街北段排水改造工程，供热公司后居民住宅小区道路硬化工程，二道街道路、利民街东支巷硬化工程，卫生局宿舍东小路硬化、排水、公共卫生间建设工程，体育场道路改造及公共卫生间建设工程，凌霄路建设工程，马梁至马家坡移民村道路排水改造工程等一大批市政工程。共完成城区新建和改造城市道路9千米，人均城市道路面积达到0.6万平方米。新建城市供气管网5千米，新建和改造城市供水管网3千米，新增污水配套管网5千米，雨水管网9千米。全年市政工程完成投资1.4492亿元。

【城区内坡面治理】 围绕县城创建国家卫生县城综合整治方案，结合县城东高西低的地理环境，优先改善居民的人居环境。2016年共完成坡面整治工程5处，总投资2629.89万元，分别是：利民街北坡治理工程，将台坪居民区坡面治理工程，新花园居民坡面治理工程，马家坡移民村坡面治理工程，城北大街坡面治理工程。

【城区防汛】 2016年，实施应急抢险工程19项，总投资710万元。分别是：县城马梁桥头水毁抢险加固工程，黄河大街东侧挡土石墙水毁重砌工程，南河排水箱涵清淤泥工程，玉皇路通往杨家山村道路排水应急抢险工程，南园石油公司道路应急抢险工程，府街西侧挡土墙应急建设工程，文笔大街北段水毁应急加固工程，第一热源厂东侧挡土墙及排水改造工程，毛织厂路口排水箱涵抢修及路面硬化工程，县医院西侧道路挡土墙水毁建设工程，县城西山护城楼道路、排水渠等水毁建设工程，县城入口保障房边坡水毁抢险工程，龙华西街道路抢险工程，城北大街边坡水毁建设工程，壮巷街大坡挡墙水毁应急抢险工程。各项工程全面竣工，保证了居民出行及车辆行驶的道路安全。

【城市供水】 2016年，自来水公司强化内部管理，保障用水安全生产，新建和改造供水管网9.5千米，城区供水率达到99.1%，保证了市民生产生活用水。

【城市排水管网建设】 2016年，为了彻底解决居民区内排水管网不畅、污水横流的现象，本着服务群众的原则，根据年初计划，完成了总长为5.953千米12项排水管网敷设工程。分别是：府街、城北大街排水改造工程，实验小学至教委宿舍区排水改造工程，马梁至马家坡移民村排水改造工程，鑫园居民住宅小区排水改造、贺家湾过河排污箱涵工程等。

【城区停车场建设】 2016年，经过住建部门实地勘察，在旧城区建设两个停车场，增设停车位200余个，分别是：农委院停车场综合改造工程，投资180万元；文化广场停车场建设工程，投资28.47万元。利民街建设了占地600多平方米的多功能广场一处，工程投资为11.6万元。三项工程都已竣工并投入使用，有效缓解了旧城区交通堵塞的问题。

【集贸市场建设】 2016年，根据创建国家卫生县城总体部署，结合城区实际情况，在人口密集区建设两个农贸市场，其中太府农贸市场建设工程，投资112.67万元，已完工并投入使用；文笔大街集贸市场建设工程，投资59.61万元，未完待建。

【城市亮化】（1）对县城3座牌楼进行了亮化维修，工程投资37.3万元；（2）购置并安装了80盏太阳能路灯，现已投入使用。同时对过去城区所有高压钠灯进行改造，更换为节能型LED灯。

【城区公厕建设与垃圾处理】 2016年，新建高标准的公共卫生间12座。生活垃圾处理场和垃圾中转站运行正常，生活垃圾无害化处理率100%；全年共处理生活垃圾21496千克，达到日处理垃圾58.8千克，处理污泥646千克，处理率达100%，处理渗滤液4100立方米，处理方式全部运往污水厂指定地点；参加省市专业培训11人次。

【城市污水处理】 2016年，县城污水处理厂狠抓人员教育、技术提标和安全生产，使各项指标运行正常。污水处理率达到95.1%以上，再生水利用率达到25%。

【城市绿化】 2016年，塔梁公园栽植万寿菊、串串红、牵头花、翠菊2413平方米，垃圾场栽植油松14400平方米，文化广场栽植乔木、攀缘植物112株、草花104平方米，行道树补植乔木113株，色带、花卉绿化2926平方米，同时加大了县城周边山体绿化。城区绿化覆盖率达到35.95%，比2015年的33.95%提高了两个百分点。

【历史建筑保护维修】 2016年，投资132

万元，对县城操场街、方家巷、东门街、所坡街等8处历史文化街区传统院落建筑进行了保护维修，为传承古城历史文化及研究传统居住空间模式方面体现出良好的科学价值。

【城市管理】 2016年，为了保持整洁的卫生环境和市场秩序，环卫中心建立了落实责任与检查相结合的长效机制，与各单位、各片区签订责任书102份，形成一级对一级负责，一级抓一级的管理责任，并将之纳入年度目标责任制考核内容。环卫中心领导和职工亲自深入到整治现场，及时了解环境卫生整治进展情况，亲自检查督促，现场评比打分，并将结果上墙逐月公示。将职工的工资与绩效考核挂钩，形成了用制度管人，按绩效考核的良好运行机制。

环卫中心承担着城区36条段，近4.38平方千米的道路和15个公厕的清洁工作。清洁范围扩大到北至利民街庄王、油坊头村，南至外环线罗汉坪入口窑头、岳家村并直达马家坡移民新村和窑子上村，东接马梁村，西连西沟村，新接收城中村和城乡接合部共涉及2个乡镇的9个村庄，2个移民新村，3个廉租房小区。管理中实行在“管”字上促长效，在“净”字上抓落实。环卫保洁员每天早5点—8点普扫一遍路面，上午8时到晚上9时进行全天候保洁。主大街清扫保洁达100%，小街小巷达90%，垃圾清运做到日产日清，压缩运转达100%。

坚持改革创新，实行中心主管与商户自管相结合的经营管理模式，全面理顺和规范了市场秩序，对环卫秩序最差的太虎坡和南门外广场，集中力量进行集中整治。11月份，以强有力的手段，开展了声势浩大的冬季“百日行动”攻坚战，经过集中“治乱”“治脏”“治违”整顿后，使游商归店，车辆归位，杂物入箱，广告上栏，解决了多年来占街为市，堵塞交通，影响市容的老大难问题。

加大宣传力度，形成舆论氛围。利用广告、电视专栏和“今日偏关”报刊等多种形式大力宣传市容环卫工作中的“最美环卫工”“关爱环卫工的好人好事”，使广大市民对环卫工作加深了认识，环境卫生意识逐步提升，由观望转变为理解、支持，并自觉参与。10月份以来，共张贴广告、通知等200多份，发放宣传资料1000多份，电视专栏节目4期，省、市、县报刊宣传8篇，出动广播喇叭宣传车辆60辆次，起到了潜移默化的作用。

加强城中村环卫管理，集中时间，集中力量对新接收的城中村和城乡接合部脏、乱、差进行了为期一个月的清理整治，消灭城区垃圾死角。环卫人员加班加点对陈旧垃圾、臭水沟、下水道进行昼夜清除。投入车辆、机械160余辆次，投入人力120人次，清理占街占道、乱堆乱放建筑垃圾、杂物40余处，共清除陈旧垃圾5000余千克。

此外，环卫中心本着“加强行业管理、强化行业综治”的原则，进一步加大了各项工作力度，按照省、市有关文件精神和目标责任的要求，积极推进城市综合执法体制改革，制定出台了《偏关县开展城市执法体制改革改进城市管理推进方案》。

【村镇建设】 2016年，积极开展美丽宜居清洁新农村创建工作，对万家寨老牛湾村、新关镇西沟村进行了国家级示范村、示范镇的申报。全面实施乡村清洁工程，创建乡村清洁达标村90个，完善了农村垃圾收运处理体系。为了加大卫生环境建设力度，按照省、市相关要求落实乡村清洁工程配套资金136万元，2016年底全县环卫监管员48人，环卫保洁员372人，配备清运车辆426辆，新建垃圾中转站1座，垃圾填埋场1座，制定了相应的设备管理制度。共清理“四堆”12000余处，清理积存垃圾20000余千克，粉刷墙面20000余平方米。完成了农村垃圾治理专项规划编制工作。

农村危房改造任务为867户顺利实施，采取以乡、村、民政部门为主，住建局督查指导的方式，认真落实，已全部分解到户。按照《偏关县2016年农村危房改造实施方案》规定，建档立卡贫困户392户，其中：低保户106户，农村分散供养特困人员17人，贫困残疾人家庭52户，特困户合计为175户，使农村危房改造和扶贫工作有机结合，有力地推动了全县的扶贫工作。

【建筑业改革发展】 2016年，严格执行发包许可和施工许可制度，认真梳理审批事项，规范有关表格和办事明白卡。加强行业运行监测。加强企业管理开展动态考核初审工作，推动建筑业产值同比增长8.2%，增加值同比增长7.2%。建筑业统计数据上报率达到100%。强化市场监管并严格执行市场执法检查制度。年内共受理工程报建6项，颁发许可证6个，深入工地现场执法检查34次，发现隐患问题立即下发整改通知24个，并督促企业逐一整改，处罚信息报送率达100%。

当年本县房屋和市政基础建设工程应招标12项，全部实行了公开招标，已经完成公开招标程序的8项，正在进行公开招标程序的4项。

【建设科技和标准定额】 2016年，加强推广新建筑太阳能系统应用，可再生能源比例达到42%。严格执行绿色建筑标准执行力度，报名参加绿色建筑标准学习，大力推动绿色节能建筑建设力度，在建工程节能检测覆盖率100%。在标准定额方面，开展工程造价咨询企业动态考核工作，按时完成并上报指导企业执行国家标准、省工程造价统计制度，上报率100%。

【安全生产和质量管理】 2016年，安全质检工作以加强建设工程质量、安全监控为重点，坚持“安全第一，预防为主”的方针，紧密结合实际，围绕建筑工程质量安全目标责任，实现了建设工程质量达标，安全生产零事故的目标。

深入开展工程质量治理两年行动，严格执行质量终身负责制。实行质量安全巡查制度，加强建设工程质量安全管理。将每一个工程项目都分解到每一个监管人员身上，要求每个星期都进行施工现场安全检查，将检查情况汇总，集中进行复查，共下发隐患通知书12份，整改率95%，加强了企业主体责任，层层签订安全责任状，全面落实安全监管责任。“两书一牌一档”执行率100%。

突出重点，开展安全生产专项检查。认真开展起重机械脚手架支撑体系倒塌专项整治和城镇燃气安全整治、临时用电、模板支撑等作为重点进行专项检查，全面开展建筑施工和市政运营安全生产大检查，全面深入排查治理各类安全隐患。要求施工单位建立安全档案，安全隐患台账，并在醒目位置公示，对危险源进行评估，风险预控。切实消除隐患，安全事故达到预控目的。市政公用行业重特大安全事故发生起数为零。监管在建工程项目2项，受监督率达100%；竣工验收项目2项，合格率100%；工程质量监督覆盖率、竣工验收合格率100%。施工图审备案率100%。

【转型综改和行业规划】 2016年，围绕全县“十三五”总体规划和工作目标，结合部门实际，编制了《偏关县住房和城乡建设事业“十三五”规划》，编制了《天然气布点规划》《县城棚户区改造规划》《城市排水防涝规划》《老牛湾村传统村落保护与发展规划》《万家寨村保护与发展规划》等行业规划。同时，参与和完成了全县2016年综改试验计划涉及的工作和2016年深化改革的相关工作。

【法治建设】 2016年，县住建局以“七五”普法为契机，积极推进本部门法制建设。健全法律顾问，严格按照法定权限和法定程序行使权力、履行职责。在建设执法过程中严格使用《山西省住房和城乡建设行政执法文书格式》，执法文书使用规范，执法案卷评查合格。坚持每周二、五上午集中学习例会制度，学习习总书记系列重要讲话，党的十八届四中、五中、六中全会精神和时事、法律法规。全年参加业务知识、普法培训30多次，培训率达100%，考试合格率100%。完成执法人员资格评审、考试27人，考试合格率达到100%。通过学、讲、看，进一步提高了住建执法人员的法制意识，规范了执法行为。政务大厅加强便民服务，实行了法定限时办结制，积极推进行政复议规范化建设。

（赵世平）

环境保护

【概述】 2016年，偏关县环境保护工作以生态文明建设为统领，以改善环境质量为目标，紧紧围绕省、市、县三级政府和上级环保部门确定的各项环保年度目标任务，全面开展了环境保护大检查等多个环保专项行动，强化环境执法监管，下大力气狠抓大气污染防治、水污染防治、污染减排、项目管理、环境整治、能力建设、环保宣传，有力地促进了全县环境质量和环保基础设施的改善，较好地完成了全年大气污染防治和各项环保年度目标任务。

【大气污染治理】 2016年，进一步贯彻《大气污染防治法》，积极推进全县大气污染防治十个方面29项工作的落实，对全县的生活面污染源、锅炉污染和建筑施工扬尘污染、道路扬尘污染及机动车尾气污染等问题进行了集中综合整治。对城区范围内的燃煤锅炉下达了拆除改造清零通知，取缔了城区范围内的3台燃煤锅炉，对难以接入集中供暖和集中供暖区域外的分散燃煤锅炉全部改用生物质燃料和型煤；对露天烧烤的21个燃煤炉灶全部改用油、电、气等清洁燃料。对城区内10家建筑施工企业逐一进行排查，加强建筑工地扬尘污染监管和防治，建成区内的建筑工地严禁敞开作业，必须设置足够高度的硬质围挡，采取洒水、覆盖等防尘措施，主体结构施工外脚手架密闭网全封闭；建筑物拆除必须边拆除、边洒水、边清运渣土，暂时不能清运出场的，采取覆盖防尘措施，确保施工工地内外环境整洁。加强道路运输车辆扬尘污染和机动车尾气污染监管，严厉查处砂石、土方、煤炭和垃圾运输车辆沿途泄漏抛撒行为，途经县城的散装运输车辆全部加盖了苫布；加大机动车尾气环保合格标志执法检查力度，严厉查处无尾气环保合格标志车辆上路行驶，淘汰污染严重的黄标车38辆，对全县4150辆机动车进行了年检，年检合格率达到92%。17个加油站全部完成了油气回收治理任务，对全县的油品市场进行了全面检查，严厉打击了非法销售行为，通过油品质量升级，推动了绿色低碳发展。此外，进一步加大城区集中供热覆盖面积，当年城区居民个户接入供暖101户，沿街个体工商户门店接入供暖72户，新增供热面积6.5万平方米，供热计量改造达到1.95万平方米，供热普及率达到93%。完成了城市高污染燃料禁燃区划定和调整工作，禁燃区面积达到了城市建成区面积的90%；加强了秸秆禁烧和综合利用管理，全县没有发生一起焚烧秸秆的现象。在加快推进清洁能源建设中，山西晋西北天然气有限公司已建成一个加气站，进城入户和管道铺设正在建设中；

龙源新建5万千瓦风电项目完成建设并网发电，华能公司新增光伏发电2万千瓦已全部建成；晋电化有限公司的清洁生产审核工作已全部完成；各工业企业的污染防治设施均进行了改造和完善，实现了稳定达标排放。在冬季取暖期前，对全县新有煤炭市场进行了清理整顿，取缔了劣质煤经销点，民用散煤全部供应含硫低于1%，灰分低于16%的优质煤，大幅降低了燃煤污染。同时，积极推进城市重污染天气预警系统建设，建立和完善了空气自动监测质量管理体系，采取部门联动、联防、联控，企业停产、限产，建筑施工企业全部停工等措施，把污染降到了最低程度。通过采取各项综合治理措施，城区大气环境质量明显改善。截至12月20日，城区二级以上天数达340天，P米2.5和P米10年均浓度分别较去年下降10%和8.1%，城区环境空气质量稳定达到国家二级标准。

【治污减排】 2016年，制定年度减排计划，落实部门责任和联动机制，狠抓了工程减排、结构减排、管理减排，推动了减排工作的全面完成。（1）强化管理减排。坚持实行向企业派驻监管员制度，抽调精兵强将包企业，把监管责任落实到人，健全和完善了定期和不定期的巡查制度，增加现场执法监察频次，相关企业按照有关规定进行了整改，有效控制了企业故意偷排偷放和违法违规的行为。各企业也相应建立了各项环保制度，并配备了专职环保人员，完善了环保设施运行台账，管理人员和操作人员持证率达到50%，在线监控仪器的管理和操作人员的持证率达到90%，同时严格执行排污总量控制和置换制度，削减存量，控制新增量，企业持证排污，排污许可证持证率达到100%。从而确保了全县工业企业污染防治实施的稳定运行和规范化管理。（2）强化结构减排。拆除了美洁荣、福德园小区的2台锅炉，新增居民和沿街门店个体工商户接入供暖173户，淘汰黄标车车辆38辆。（3）狠抓工程减排。污水处理厂投资750万元实施提标改造工程，增加脱氮、除磷工艺，出水水质达到一级A标准，并安装了在线监测设施与省市联网运行。新建的3个住宅小区投入使用后污水并入城区污水管网，污水处理厂通过扩大污水收集率，减少了COD和氨氮的排放，完成了热力公司的5台120蒸千克采暖锅炉进行脱硫除尘改造，更换布袋除尘器800余条，并安装了在线监测设施。对全县3家规模化养鸡场在污染治理上采用干清粪和农业综合利用的方式，按标准要求建成了污染防治设施；畜禽养殖污染物治理率达到100%，实现了达标排放。大乘电冶公司投资1700万元对脱硫除尘设施进行了升级改造，将原石灰粉脱硫改造为炉内加喷氧化钙粉脱硫，将原有的静电除尘系统改造为静电加布袋除尘系统，同时完成了清洁生产审核工程任务，达到了国家新的排放标准；广盛恒洗煤厂、泰鑫洗煤厂、吉泰洗煤厂、冯盛砖厂分别安装了脱硫除尘和喷淋设施，建设了挡风抑尘网，购买了高压洒水车。通过采取上述几方面措施，本年度全县二氧化硫、氮氧化物、烟尘、粉尘排放量分别较去年下降6%、5.4%、4%、4.7%，化学需氧量和氨氮排放量分别较去年下降 1%和1.5%。以上六项约束性考核指标均已完成市政府下达的年度减排任务。

【水污染治理】 2016年，县政府制定出台了《偏关县水污染防治工作方案》《偏关县2016年水污染防治行动计划》，明确了各乡镇和有关部门水污染防治工作职责分工目标任务和措施要求，按照网格化管理的要求，形成了政府主导部门联动综合施治的水环境综合整治监管休系。逐步建立了“区域全覆盖、管理全过程”的饮用水源地环境安全监督管理保障体制，统一编制了《偏关县饮用水源地保护区划分技术报告》和《偏关县乡镇集中式饮用水源地保护区划分技术报告》。全县共划分一级饮用水保护区 8 处，二级饮用水保护区 6 处。在县城集中式饮用水源地安装了在线监控，对水厂取水口高位水塔进行 24 小时全天候监管，并在饮用水源保护区的边界设立明确的界桩、界牌和道路警示牌，进一步强化了对饮用水源保护区的有效管理。出台了《偏关县饮用水源地环境污染突发事故应急预案》，建立健全部门联动执法机制，保障饮用水安全。进一步落实水环境监管措施，加强了重点区域、重点行业的监督管理，定期组织开展饮用水安全保障工作联合专项执法检查，对影响饮用水源地水质安全的敏感区域实行重点检查，经过排查，一二级保护区内无排污口，未审批在水源保护区内的任何建设项目，县城集中式饮用水源地水质全部达标。全面实施农村饮用水“一村一井”工程，农村饮水条件得到了明显改善，全县农村饮水安全人口增加到 9.13 万人，占总人口数的 81.5%，确保了饮用水的安全。加强污水处理厂的运行监管和提标改造建设。为确保污水厂的正常运行，进一步规范运行管理制度，在污水进出口安装了在线监测系统，并与省市联网运行，同时定期不定期地开展专项执法监督检查，确保了污水处理厂各项设施稳定运行，达标排放。城区生活污水收集率达到 85%以上，污水处理率达 95.2%，污泥含水率在 75%以下，通过提标改造出水水质达到一级 A 标准。强化对涉水企业水污染防治监管工作。对全县涉水企业进行了逐一排查，定期不定期地开展日常监督监测等工作，不断加大监管力度，对有偷排、偷放等违法排污现象，进行严厉打击。截至 2016 年底，偏关县仅有两家涉水企业，山西益生元生物科技有限公司，去年对自建的污水处理站进行了全面改造，达到了排放标准；焦煤集团正兴煤业公司矿井废水经自建的污水处理厂处理后，用于厂区绿化及道路、煤堆喷淋用水，两个企业的生活污水全部进入县城污水管网。此外，当年争取到上级投资 400 万元，对城中村及城周边 10 个村的生活污水进行集中治理，并入县城污水管网，有效地解决了农村生活污水随意倾倒的现象。同时对关河县城段的河道进行了集中综合治理，清除河道垃圾 10 万余千克，消除了黑臭水体、地表水偏关河断面水质达标。

【环境整治】 2016 年，加大城区环境卫生整治力度。结合县城创卫工作，全县投入城乡环境卫生清洁工程资金 4000 多万元用于治理城乡环境和添置环卫机械设施，新建了垃圾中转站。全县累计有 3 万人（次）参加了城乡环境卫生清洁活动，出动运输车辆 2000 台（次），洒水车 120 台（次），清除各种垃圾 2.8 万千克，疏通和改造排污管道近万米，清除城乡接合部、城中村积存垃圾 50 处，检查施工场地 65 次。此外，结合县城创卫工作，对县城出入口、县城主、次大街实施了集中综合整治，铺设沥青路面、人行道、排水管、整理了电缆、安装了路灯、实施绿化。城区脏乱差现象得到了有效整治，城区环境面貌发生了明显变化。

大力实施农村清洁工程。以新农村建设为重点，带动农村环境卫生根本好转，动员干部群众对农村环境卫生进行了大规模的整治。各行政村配备了保洁员，购置了环卫车辆，新建了垃圾收集点，硬化了街道、户道，实施了亮化工程。大力实施农村饮水工程和改水、改厕工程，老营镇创建国家卫生乡镇通过了复验。推广配方施肥，开展土壤污染防治，减少化肥、农药使用量，加强农田废旧地膜收集管理，加强秸秆禁烧和管理工作，制定了县乡村三级秸秆禁烧责任制度，从而有效控制了农村面源污染。

大力开展农村环境综合监测。着力解决农村大气、水、土壤监管中的盲区，由县环境监测站按季度对老营镇、万家寨镇、天峰坪镇开展了农村环境空气质量监测，委托太原市华普检测技术有限公司按季度对此三镇的饮用水和土壤进行监测，从各个监测点位的监测结果看各项指标均在标准值范围内，农村环境质量显著改善。

【建设项目管理】 2016年，认真贯彻落实《环评法》《建设项目管理条例》，及时开展了全面清理整改环境违法建设项目的专项行动，对全县“十二五”以来的建设项目进行了全面的摸底排查，对违法建设项目按照有关规定分门别类地进行了全面清理和整改，全县共有25个违法违规建设项目，对久试不验的22个项目验收21个，关停淘汰1个，对3个未批先建的项目审批2个，关停1个，全面完成了清改任务。特别是对新建项目从源头把关，加强管理，做到了提前介入，全过程管理，全程服务。对不符合产业政策污染严重的项目、未取得环境影响评价的项目、选址布局不合理的项目、对饮用水源地保护区的项目、排污总量已超过控制的项目、生态破坏严重或尚未完成生态恢复任务的新增污染项目一律不予审批，相关部门不得核准和备案，不得发放施工和规划许可证，对建设项目“三同时”不落实的，一律不得投入试生产；对未取得环评手续违规在建的项目，责令停止建设。对一个选址不合理的项目进行了否决，对两个在建的项目进行了处罚，限期补办了环保手续，对一个违规建设项目进行了查封，限期拆除，从而有效地从源头上控制了新的污染源产生。与此同时，狠抓环保优质服务，不断提升服务质量，着力提高项目审批效率，进一步服务企业推进项目建设，当年审批的15个新建项目、21个竣工验收项目全部按要求进入政务大厅，网上作业，阳光审批，做到了“零推诿”的服务方式、“零距离”的服务事项、“零积压”的服务质量、“零差错”的服务标准。

【环保专项行动】 2016年，先后开展了大气污染防治、环境保护大检查、整治违法排污保障群众健康环保、全面清理整改环境保护违法建设项目、铁腕斩污等多项专项行动，制定了各个专项行动实施方案，成立了以分管副县长为组长，相关部门负责人为成员的专项行动领导组，明确了各成员单位的职责和任务分工，实行部门联动，严厉打击各种环境违法行为。活动期间，共出动执法人员1220人次，检查排查各类企业23户，检查全县范围内各类燃煤锅炉（茶浴炉）及营业性炉灶37户，危险废物储存企业5户，医疗辐射使用单位3户，下达检查整改意见书52份，下达限期整改通知15份。同时对未批先建的寺沟码头项目、老牛湾旅游项目进行了处罚，并限期补办了环评手续，对在生石料厂没有任何环保手续进行了查封，限期进行了拆除，对两个污染防治设施不健全的石料厂进行了经济处罚、停产整改。

【辐射环境监管】 2016年，组织开展了涉及核与辐射的执法检查，完善了辐射环境质量监控网络和辐射应急体系，开展了危险废物专项执法检查，落实了危险废物收集、贮存、处置、转移等各项管理制度。通过开展各个环保专项行动，各企业制定了整改方案，按期完成了整改任务，并建立健全了环境监管长效机制，做到了查处到位、整改到位，消除了环境安全隐患，促进了企业落实环境保护主体责任，从而有效地打击了各类环境违规违法行为，维护了人民群众的环境权益，保护和改善了全县的生态环境。此外，开展了环境污染矛盾纠纷“大起底、大排查、大化解”专项行动，认真受理群众环境信访举报与投诉，确保“12369”环保热线24小时畅通，对各类环境信访问题认真受理，严肃查办，妥善化解，切实维护群众知情权和监督权，切实解决关系群众生活的环境问题。全年共处理各类信访投诉3件，结案3件，结案率100%。

【环境监管体系】 2016年，全面推行环境保护网格化管理，坚持党政同责、依法行政、权责一致、齐抓共管的原则，进一步强化了县、乡政府和行政村三级环境监管责任。全县共划分为三级网格，县政府为一级网格，各乡镇政府和居委会为二级网格，各行政村（街道）为三级网格。各级网格按照定区域、定人员、定职责、定任务、定奖惩的“五定”要求做到了网格边界清晰、责任主体明确、目标任务具体的环境监管体系。做到了“横向到边、纵向到底”的网格化环境监管体系和环境保护目标管理考核机制，实现对各自环境监管区域内“全方位、全覆盖、无缝隙”的管理。明确了县直各有关部门在环境监管执法中的职责，着力构建“政府负责、部门监管、公众监督、企业自律”的环境保护长效机制，建立健全了环境保护责任体系。

【环保法规宣传】 2016年，加大对新《环保法》的宣传力度，邀请市环保局的专家对全县各企业主要负责人和环保人员进行了新《环境保护法》和“两高”司法解释的学习培训，并借助6月5日世界环境日、法治宣传日等节日和文化广场电子屏以及深入乡村开展多种形式的宣传活动，共印发环保法律法规等宣传资料3万余份。通过宣传活动，进一步增强了公民的环保意识、生态意识，强化了企业执行环保的法律法规的自觉性。

【自身能力建设】 2016年，不断提高环境监测能力，在其原有能力和仪器装备水平基础上，根据监测和监察工作需要，按照填平补齐原则，配齐基本监测设备、监测人员及业务用房，保障能力建设经费，以达到国家标准化建设要求。环境监察大队二级标准化建设三年复核工作通过省级验收，环境监测站按国家标准化建设要求已完成建设任务，通过省厅三级标准化建设验收。确保了监测和监察工作的正常开展，县城环境空气质量监测由3项扩展为6项，建立和完善了PM2.5自动监测质量管理体系，加强了与气象部门的沟通会商，每天公布环境空气质量状况，并向省、市传输，为有效预防和应对重污染天气奠定了良好基础。在省市开展的环境执法大练兵专项活动中，执法人员严把证据点、定性点、处理点、程序点，准确引用法律条文，新办案件被省市评为优质案件，同时加强环境应急能力建设，每年开展一次环境应急演练，制定完善了各类应急预案，为有效应对处置各类环境污染突发事件奠定了基础，环保自身能力建设得到了加强。

（杨建文）

交 通

综 述

【概述】 2016年，偏关县交通局认真贯彻落实党的十八届三中、四中、五中、六中全会精神，抓安全、构和谐、促发展，全县交通事业出现了转型跨越发展。按照省、市、县交通运输工作会议的安排部署，大胆改革、锐意进取、坚持以交通基础设施建设和养护管理工作为重点，扎实进行县乡干线公路项目建设和农村交通运输基础建设，突出抓好交通运输行业科学管理、综合治理、依法行政，努力推进构建保障农村公路发展环境和新农村建设协调发展，着力实施交通运输各项工作的全面协调发展，较好地完成了全年各项目标任务指标，为经济全面转型发展、跨越式发展创造了良好的交通运输环境。

工作目标完成情况

【省国道建设】 2016年，偏关县长城旅游公路（长城1号公路），路线全长38.2千米，投资1.8亿元，市发改局、市交通局已上报省发改局、省交通厅，工可现已完成。

【县乡公路建设】 2016年，农村窄路面改造工程两批46.7千米，路基拓宽工作全面展开。

南堡子至迤西为三级公路，全长37千米，投资6600万元，初步设计已经编制完成，已上报省交通厅。

生命防护工程县乡道路15条需处置隐患里程21千米，现正在施工，可望下月初完成。

县乡道路养护完成：

（1）10条县道油路补坑9670平方米，处理翻浆沉陷1800平方米。（2）开挖边沟19千米，砂化油路补坑8500平方米。（3）装警示标志12个。（4）万老线安装钢护栏1000米。（5）恢复水毁边沟648米，处理塌方1845立方米，恢复水毁路基28处/3252立方米，装载机清理沿线建筑垃圾18台班。（6）完成涵洞恢复2道，增设挡土墙66立方米，砼路面1628平方米，恢复挡土墙2处/52立方米。

养护大中修油路补坑、罩面已完成，县道水毁恢复全部完成，乡村水毁现已完成70%，因气候原因，明年开春继续完善。日常养护按部就班的开展着（类似防滑料、融雪剂都已备齐）。

【码头建设】 2016年，老牛湾客运码头前期工作取得实质性进展。完成了土地征用，电力设施输送，防凌度汛方案省级批复。因万家寨库区水位上涨，致使水工部分无法作业，其他设施的建设正在同步建设中。投资800万元完成了寺沟客运码头建设主体工程已经完工。正在决算、验收。黄河老牛湾至龙口航运建设工程正进行测量工程的招投标。

（白雪峰）

邮政 电信

邮 政

【概述】 2016年，公司认真贯彻省、市分公司的工作部署，以“一体两翼”为经营发展战略和打造“三大新增长极”的实施路径为重心，分公司全体员工齐心协力、团结奋战，发扬求真务实、干事创业、埋头苦干的工作作风，强化党建工作、加强企业管理、深化金融转型、邮速合体改革、加强队伍建设、强化基础工作、提高服务质量，较好地完成了2016年各项工作任务。在基础管理、企业文化、职工职业规划等方面都取得了明显的成效。

【业务经营情况】截至2016年12月31日，完成收入1160.58万元，其中金融收入946.21万元，函件收入5.73万元，集邮收入34.27万元，电子商务收入55.84万元，报刊收入61.98万元，寄递业务收入31.13万元，分销收入24.88万元，机要收入0.06万元，其他收入0.49万元。

【企业文化建设】 2016年，公司加大职工思想教育，提高职工业务素质。开展丰厚多彩的文体活动和劳动竞赛，完备局内各项硬件设施，积极开展各种培训和学习资料的订阅，形成一种积极向上的良好学习氛围，使企业有活力，员工有精神、有品位。从服务上努力提高服务质量和服务水平，把服务工作重点放在营投业务，营业重点放在代理金融类和邮务类的服务用语和专业技能的提高上，投递重点放在按时按址投送和礼貌服务及统一着装方面。在做好营投窗口各项服务工作的同时，在分公司开展优质服务和相互支撑服务，理顺前后台服务程序，使分公司服务环节流畅。

【风险管控】 2016年，进一步建立健全企业安全生产责任制和各项规章制度，企业内部安全生产机构真实负起责任，制定相应考核方法，针对薄弱环节采取时常检验、时常督促，增强内部维护；继续开展安全隐患排查治理，结合安全两个标杆管理，认真落实安全生产责任制，加强制度执行，强化宣传教育；认真执行各项保卫规章制度的同时，提高防备和处理突发事件的能力，做好预案演练工作，保卫人员要提高警惕性并按章执勤，对资产防护落实到人，不发生资金和枪支案件。继续抓好防火安全工作，杜绝重大火灾事故，抓好邮政生产场地和营业场所的火险隐患的整改和安全用电规定。确保消防、邮件、资金、人身安全，确保企业和谐稳定发展，杜绝了交通事故和人身伤亡事故。

【维稳综治活动】 2016年，公司组织了专门力量，认真梳理、筛选了当前存在的不稳定因素和情况。认真开展了法制宣传教育。利用开会、培训、板报等多种形式宣传学法、知法、用法的重要性和必要性。坚持集中学习制，组织学习国家相关的法律法规，组织广大干部职工学习了《邮政法》《合同法》《社会治安综合治理条例》等法律法规，组织大家积极学习有关社会稳定的文件精神。及时了解单位员工的思想情况、学习情况、工作情况和工作动态，积极深入基层一线听取员工意见及时抓好矛盾纠纷排查调处和社会治安问题排查整治工作。

【营销体系建设】 2016年，提高对营销体系建设重要性、紧迫性的认识，提高营销工作在企业中的地位，营造尊重营销、热爱营销的价值取向和文化氛围。其次建立利益导向激励机制，通过提高营销人员的经济待遇和政治待遇，引导优秀人才向营销岗位流动。组织营销培训，提高营销人员素质，尤其是项目策划和营销实战能力。

（刘培智）

电 信

【概述】 中国电信偏关县分公司于2002年10月成立，负责中国电信在偏关县的网络投资与建设、市场经营、网络运行维护等工作。2008年10月，正式承接运营CD米A业务，推出天翼互联网手机，由此迈入全业务时代。现有在职人员14人，其中总经理1人，总经理助理1人，劳务员工12人。

2016年，作为综合信息服务提供商，中国电信偏关分公司贯彻企业发展战略，秉承让客户尽情享受信息新生活的企业使命，追求企业价值和客户价值共同成长的经营理念，延续“用户至上，用心服务”的服务理念，以安全畅通的网络、健康环保的产品、方便快捷的服务，为偏关国民经济信息化建设提供强有力的通信支撑和综合信息服务，并在不断总结的基础上持续健康发展。

【市场经营】 投资驱动，宽带提量增收。2016年累计交付FTTH端口3400个，新增覆盖住户5000余户，端口能力翻了将近一倍，交付后加强现场营销活动组织的频次，宽带业务量从下半年开始逐月递增，四季度平均每月达到100户以上，固网增收明显。

【实体渠道建设】 2016年6月，新开业太虎坡电信营业厅，在核心商业中心新开业中国电信标准四级营业厅，结束了偏关县城内一个营业厅的历史。7月，新开业塔梁街专营店，接应新汽车站附近住宅小区的业务。商圈积极拓展店面，截至2016年底，办理电信业务实体渠道达到7家。业务网络形成规模，引领行业市场发展，业务收入节节攀升。

【企业管理】 2016年初，对公司组织架构重新划分，对四级单元进行划小承包，明确各级人员的权责利，极大地激发了员工的积极性，充分释放了组织活力、市场活力和人员活力，为今后公司发展奠定了基础。

【荣誉称号】 2016年5月，被共青团山西省委和省人社厅授予“五四红旗团支部”。

（苗根茂）

联 通

【概述】 中国联通偏关县分公司于2008年10月由原联通和网通合并成立，全称为中国联合网络通信有限公司偏关县分公司。主要经营国内、国际各类固定电信网络设施，包括本地无线环路，基于电信网络的语音、数据、图像及多媒体通信与信息服务，经营与通信及信息业务相关的系统集成、技术开发、技术服务、信息咨询、通信设备销售、经营集团公司授权批准的区域性通信业务。分公司机构基本设置为“一部三中心”，即综合部，建维中心（含设备维护中心、接入网维护中心），公众客户运营中心 （含城市营销服务中心2个、农村营销服务中心2个、自有营业厅、渠道管理中心），集商客户运营中心。共有人员58人，其中正式员工23人，劳务派遣员工14人，紧密型外包员工21人。设总经理1人，副总经理1人。

2016年，偏关联通继续坚持以加快发展不动摇，结合通信市场突破目标，及时把握市场变化趋势，研究市场经营策略，组织制定切实可行的市场经营计划、方案并组织实施，大力推进“精品网络”“精心服务”“精细化管理”，业务经营迈上了新的台阶，网络建设取得了新突破，通信服务能力进一步增强。

【通信能力及用户规模】 截至2016年底，

全县宽带FTTH宽带覆盖127个行政村，覆盖率50%。移动网2G覆盖191个，3G覆盖164个，4G覆盖12个。移动网物理站**113**个，其中2G基站104个，3G基站76个，4G基站34个，接入网机房13个。截至2017年3月，公司移动用户达16645户，宽带用户达6827户。

【经营效益】 2016年，通信服务收入累计完成1379万元，完成年计划1450万元的95.1%，其中ICT完成6.1万元。同比增量22万元。移动用户累计发展4685户，其中4G用户发展4416户，累计净增-437户。宽带用户累计发展2373户，完成年计划的77.7%，出账累计净增655户，全市排名第四。智慧沃家累计发展1006户，完成年计划24.1%。收入份额占比 33.5 %，全市排名第六；移动市场份额25.8%，排名第三；宽带用户市场份额59.8%，排名第二。

【企业管理】 2016年，积极响应上级的号召，深入开展各项经营活动，确定了“拓宽渠道、做大通信”的发展目标，以提升通信质量为抓手，深化通信改革，狠抓常规管理，推进有效拓展；以开展创新业务转型发展，进一步转变工作作风，提升创业服务水平；同时，为增进交流，组织骨干员工赴兄弟公司学习考察，借鉴吸收先进的通信工作经验，看先进找差距，主动加压，提升动力，促进工作的提高。 面对各运营商激烈竞争的新形势，公司以客户感知为导向，将逐步提升网络质量作为工作重点，通过客户发现网络盲点来布局建设投入以及优化工程的安排，通过扩充基站数量，优化网络信号等，进一步强化了自身网络竞争优势。加大渠道建设及运营力度，进一步引导渠道，增强信心，真诚合作，真正将大众市场做活把牢，同时引入渠道淘汰机制，优化渠道的整体素质及对公司的忠诚度。

（贺学维）

移　动

【概述】 中国移动通信集团山西有限公司偏关县分公司（简称“偏关移动”）于1999年9月1日成立，主要经营移动话音、数据、IP电话和基于移动通信业务的各类增值业务。公司下设综合部、市场中心、集客中心、网络中心等四个职能部室，拥有两个自办营业厅、5个专卖店以及6个社会合作手机卖场。共有人员30名，其中正副经理各1名，合同制员工25名，劳务派遣制员工3名。

偏关移动成立以来，秉持“客户为根，服务为本”的理念，按照中国移动山西公司坚决落实“两个毫不犹豫”的指导方针，加快服务转型，倡导客户体验，积极打造星级专属服务，营造放心消费环境，提升客户归属感，构建客户导向的卓越服务体系，始终保持了服务的领先优势。2016年，在社会各界的大力支持下，偏关移动在客户份额、网络建设、渠道布局、客户服务、社会责任等方面取得了较好的成绩，至年底，公司移动客户规模达4.5万户，宽带用户4000余户。依托高速的4G网络，推出了丰富的产品应用、差异化的优质服务，让偏关人民“生活更丰富、工作更生动、人生更精彩”，努力实现着“移动改变生活”的美好愿景。

【客户份额】 2016年，新增用户6300户，新增客户份额到达46.40%，全年客户净增1139户，净增份额90.17%；4G净增客户数完成14502户，4G客户累计到达26583户；4G客户渗透率完成挑战目标60.82%； 4G客户流失率完成基本目标4.9%；宽带用户到达3384，市场份额超30%，全年宽带净增1169户。

【网络建设】 2016年，偏关移动拥有覆盖更广、质量更优的网络资源，在同行业处于领先水平，全年4G宏站建设开通15个，微站开通5个，室分4个，完成铁塔公司基站以及电费移交85个，全年拆除IP机房17个(降低电费租赁费)，巡检整改问题光缆27条；专线维护量达到338条，其中17条在2016年进行了PON网改造；宽带全年建设完成43个PON小区，新增端口5948个，全年改造PON用户617户，PON用户占比达到65%。

【渠道管理】 2016年，社会核心渠道达到11家，包含5个专营店、4个社会专营卖场、2个进厅卖场，承担了偏关分公司60%的业务发展量，通过渠道布局旨在进一步扩大网点覆盖，为偏关老百姓提供更便捷的业务服务；及时传达酬金激励政策，通过周例会、电话、微信群等多种途径向专营店、卖场负责人及时传达；每周至少2次到专营店、卖场现场指导解决一线问题，对于业务完成较差的渠道，及时发现问题并进行督促、帮扶；活动前，通过微信朋友圈转发、全渠道统一制作条幅、手绘海报，迅速形成活动氛围。

【客户服务】 （1）感知强化。利用市公司下发的调查问卷、星级服务海报等，在营业厅全方位开展移动优势服务宣传；同时，要求营业一线人员在为客户办理业务后，多说一句话（在业务闲时），向客户传达“十分”满意的理念，强化客户在调查时打高分。（2）窗口服务常态提升。及时按照公司的服务质量检测内容及扣分标准进行专项培训，厅经理、渠道经理按照考核标准每月定期到各渠道复查、督导，加强各渠道营业人员常态标准化服务；重点对感知度评价1分客户进行修复，要求对应营业员要一对一回访并向我反馈用户感知度低的真正原因，在电话中介绍近期业务、服务及营销活动情况，提升客户感知。（3）妥善、高效处理客户申诉问题。偏关固数投诉量大，加上维护单位内部人员结构问题，投诉处理效率一直不高，为此，召集召开专项会议，从维护人员分组到“投诉、LAN改PON、宽带安装”等三项重要工作的开展，要求县公司维护人员介入维护单位过程管理，把控投诉处理各个环节，尤其对宽带安装投诉问题，加强工队人员管理，确保派单后及时处理，现场与用户沟通满意度。

【社会贡献】 2016年，偏关移动按照集团公司、省公司统一部署，与民政部门在偏关宾馆协同开展了中国移动爱“心”行动，对贫困先心病儿童进行筛查及救助；积极响应县委、县政府扶贫帮困政策，于9月7日组织开展了“扶危济困、扶弱助贫”慈善募捐活动，为公司定点帮扶的两个贫困村筹得3000元善款；在3·15消费者权益日、5·17电信日等重要节日，在县太虎坡广场、东沟营业厅开展主题宣传活动，县公司领导与客户面对面，为客户答疑解惑，力求为客户提供更优质的业务服务质量。

（武晓峰）

财政　税务

财　政

【概述】2016年，偏关财政面对异常严峻的收支形势，把握“稳中求进”的工作总基调，认真贯彻《预算法》，坚持“依法理财、依法行政”，全力以赴保稳定，财政管理不断加强，民生不断得到改善，财政运行总体平稳，有力保障了全县经济向好发展、社会和谐稳定。全县财政总收入完成1.8亿元，为年度计划的58.1%，较上年同比降低38.2%。一般预算收入完成0.98亿元，占全年预算的51.6%，较上年同比减少45.8%。一般公共预算支出100824万元，占调整预算数115360万元的91.41%，较上年同比降低4.38%。支出进度正常，有效保障了全县重点支出和机关事业单位正常运转的需要，较好地实现了工作目标。

【财政收入】2016年，偏关财政以组织收入、加强征管为中心，加大执法力度，积极开辟新税源，加大清欠力度，对当年税收做到应收尽收。加强对重点行业、重点户的管理，减少了税收流失，使财政收入得到稳步的增长，财政收入质量有所提高。同时加强非税收入管理，坚决执行预算外资金“收支两条线”管理规定，清理列收列支，增强政府宏观调控能力，以弥补预算内资金不足。全县财政总收入完成18527万元，其中：一般公共预算收入完成9804万元，占52.92%；上划中央收入完成5807万元，占31.34%；上划省级收入完成1970万元，占10.63%；上划市级收入完成946万元，占5.11%。按征收系统划分：国税完成7224万元，占总收入的38.99%；地税完成7969万元，占总收入的43.01%；财政完成3334万元，占总收入的18%，非税收入中机遇性收入大幅减少，导致偏关县财政收入同比下降幅度较大。分税种看，主体税种增收缓慢仍是总收入增长乏力的主要原因。增值税、企业所得税、个人所得税、营业税、城市维护建设税五项税种共计完成8692万元，比年初计划18514万元，减收9822万元，比上年同期减收6609万元。行政性收费收入、专项收入、罚没收入等非税性收入完成3334万元，占公共财政预算收入的34.01%，为年度计划11199万元的29.77%，减收7865万元；较上年同期降低69.43%，短收7571万元。

【财政支出】2016年，偏关财政始终坚持“优化支出结构，保障重点领域”的原则，合理安排支出预算，全县一般公共预算支出累计执行100824万元。坚持厉行节约，勤俭办事业，严控并大力压缩一般性行政支出，腾出更多资金用于保障和改善民生。同时，既尽力而为又量力而行，注重民生政策的公平性和可持续性，不断加大民生领域投入力度。支持教育事业均衡发展。不断加大教育基础设施建设力度，城乡学校办学条件明显改善，教师工资、经费得以保障。支持文体旅游事业蓬勃发展。加强非物质文化遗产保护，成功举办第五届“全民健身”体育比赛和“唱响偏关”舞台艺术大赛，千方百计搞活文化旅游产业，全面加快旅游开发步伐。支持社保体系加快健全。稳步提高社会保障水平，养老、医疗、失业、工伤、生育保险参保人数实现稳步增长。在财政十分困难的情况下，筹措资金3000多万元确保新一轮机关事业单位干部职工调资和公务员车补足额兑现，全年支出工资、保险经费4.9亿元。支持医疗卫生事业健康发展。全面深化医疗体制改革，巩固完善基本药物制度，医疗保障和服务水平不断提高。当年实施的21个村卫生室全部建成并投入使用，基层医疗卫生环境得到进一步改善。支持城乡统筹协调发展。围绕特色做文章，在巩固传统农业基础上，大力发展杂粮、干鲜果、设施蔬菜、畜牧业等特色产业，取得新的成效。以脱贫攻坚统揽经济社会发展全局，全面落实脱贫政策，扎实开展社会保障四方面政策到村到户专项行动，全年累计落实政策资金1.27亿元。支持人与环境和谐发展。统筹推进生态文明建设，林业支出增加近一倍，环保6项约束性指标全面完成年度减排任务。全年城区二级以上天数达到346天，城区空气质量稳定达到国家二级标准。以“创卫”为载体，进一步完善市政基础建设，全年累计完成市政投资1.45亿元。支持社会综合治理“六网覆盖”工程等项目建设，完善立体化社会治安防控体系，为维护社会安全稳定提供了有力保障。

【财政监督】 2016年，坚持加强财政监督与深化财政管理制度改革相结合，加大财政监督管理力度，坚持依法行政，提高财政管理水平。全面落实政府预决算公开和“三公”经费公开工作，细化公开内容，推行阳光财政，预算编制体系不断完善。继续加强预算执行的监督，重点是建立大额专项资金的审批程序和规范零星预算追加的审批管理。对一切财政支出，特别是重点支出，实行从核定预算、拨付资金、到安排使用的全过程监督，追踪到底，凡擅自挤占、挪用或损失浪费的，追究有关负责人的责任。强化预算约束，非经法定程序不得做出预算调整，不更改预算支出安排。没有预算的支出项目，非经县人大常委会批准调整预算，一律不予追加支出。进一步深化国库集中支付改革，规范财政专户资金银行专户管理，每月认真开展财政国库、专户收支统计工作，确保了财政资金安全、规范、有效运行。积极探索国有资产监督管理新模式，引入社会中介机构对全县预算单位资产进行清查，不断提升监管服务水平，确保了国有资产底清数明，不流失。深入开展会计信息质量检查，加强了会计诚信教育和依法建账等基础工作，组织了“一法一例”执法情况检查，对重点单位进行了检查。加强会计人员的管理和培训，举办农村财会人员培训5期，对全县315名农村会计人员和行政管理人员进行了《预算法》《会计法》《行政单位会计制度》等培训，使基层财务管理水平进一步提升。

【收费管理】 2016年，偏关县收费局继续履行规范各类收费行为，实现非税收入资金“收支两条线”管理，达到政府基金应收尽收，实现财政资金的有效管理和使用的职责，按照国家、省、市关于减费降税一系列文件精神，不断落实推进，特别是对涉企收费项目及时清理，共计取消各类项目90项，为企业减费让利达4500万元，有力地扶持了实体经济的健康发展。对各项各类应收规费和资金按照有文件规定严格执行，仍然做到了应收尽收，全年共计完成非税收入13674万元，比去年同期的19235万元减少了5561万元，财政专户资金收入8220万元，为全县财政资金的有效管理和合理使用做出了应有贡献。同时为源头防腐治乱，规范执法行为，发挥了重要作用。

【队伍建设】 2016年，偏关县财政局和收费管理局强化思想政治教育，进一步提高财政队伍的政治素质；加大业务知识培训力度，努力提高干部职工业务素质；不断更新和完善各项规章制度，规范财政工作行为；深入开展党风廉政建设和反腐败一把手工程，从源头上防范和治理腐败现象；深入开展创先争优活动，切实转变干部作风，为完成各项财政工作提供坚强有力的组织保证。同时强化服务意识，抓好单位定点扶贫工作，为精准扶贫做出了贡献。

（许新元）

国家税务

【概述】偏关县国家税务局自1994年成立以来，紧紧围绕“服务科学发展、共建和谐税收”的主题，以组织税收收入为中心，深入推进依法行政，积极推行税收征管改革，不断加强税收信息化建设，大力加强干部队伍建设，国税工作取得了全面发展，为全县的经济社会建设提供了坚实的财力保障。截至2016年底，县国税局内设9个职能股室、1个派出机构（万家寨税务分局）、1个直属机构(稽查局)、1个事业单位（信息中心）。共有在职干部职工51名。负责征收管理的各类纳税人共886户。

2016年，县国税局坚持以组织收入为中心，以改革创新为主线，以开展“两学一做”教育活动为契机，在加强经济税源调查和税收预测分析基础上，坚持依法治税，优化纳税服务，强化征管措施，突出抓好组织收入工作，制定并实施各项税收工作规划，有力推动了各项税收工作的顺利进行。全年共组织各项税收收入12343万元。共入库税款7939万元，其中，增值税完成7140万元，增收923万元，企业所得税完成238万元，比去年同期减收3985万元，车购税完成561万元，比去年同期减收42万元。

【“营改增”改革】2016年，加强组织领导，健全工作机制。在“偏关县国税地税体制改革与合作规范领导小组”领导下，统筹全县营改增改革试点工作，成立偏关县国家税务局推进营改增改革试点工作组，负责全县国税系统营改增改革试点工作的具体组织实施，并制定了《偏关县国家税务局全面推开营改增改革试点工作实施方案》，分解落实工作任务，与地税局合作部署推进各项征管准备工作，协调相关部门推进改革工作，组织试点改革宣传动员和内外培训，研究解决改革试点工作中出现的问题，使试点改革工作平稳运行。在全面推进“营改增”的关键节点、关键环节召开了专题会议在会上分析解决前阶段工作的突出问题和主要矛盾，并对下阶段工作进行部署；根据任务分解表规划，任务分解到岗，责任到人，确保工作落实到位。

夯实征管数据，强化技术保障。积极与县地税局开展移交纳税人资料数据工作，主动做好接收、整理、补采及确认工作；同时对金税三期、电子申报综合征管等软件进行调试，确保能顺利开出发票。

突出培训宣传，筹备应急预案。组织单位干部职工学习了“营改增”的最新业务知识，并对纳税人进行培训，制定统一的宣传信息，增进纳税人的认同；针对可能出现的紧急情，如：系统死机、群体聚集、诉求表达等方面的情况，建立了应急处理预案，以便妥善处理紧急情况。

【小型微利税收优惠政策落实】2016年，根据国家税务总局和省市国税关于贯彻落实小微企业税收优惠政策加强薄弱环节整改工作的通知精神，县国税局对2014年以来的小微企业税收优惠政策贯彻落实情况进行全面梳理总结，对照政策规定及总局、省局历次的工作部署和整改要求，税政、法规、征管、纳服等部门通力协作，对小微企业税收优惠政策落实情况进行了全面自查整改。

【税收管理】2016年，持续开展“便民办税年”活动。(1)简化升级程序，实现畅通发行。为了简化纳税人增值税发票升级版发行程序，县国税局将税控设备发行等下放到办税服务厅，一人即可完成从防伪税控档案登记、授权信息录入到税控设备发行的全部工作，纳税人无须多头跑路，在办税服务厅一站式办理从票种核定到发票领用的全部事宜，大大缩短初次发票领用时间。

（2）应用“互联网+”，保障便捷办税。办税服务厅在实现“一窗式”办（受）理业务的基础上，积极打造“网上税务局”，搭建“窗口办税、网上办税、自助办税”三位一体多元办税服务架构，为纳税人提供全天候的办税服务，全面提升办税效率。非双定户小规模纳税人网上申报率达到100%；个体纳税人网上申报率100%；手机“e税客”推行330户，到12月底将达到40%，通过推广多元化申报工作，将纳税申报从办税服务厅解脱出来，减轻纳税人负担，降低纳税人办税成本。

【深化国地税合作】 2016年，县国税局在推进国地税合作的基础上，不断创新合作形式、拓宽合作领域，全力打造国地税合作“综合体”，实现国税、地税、纳税人的多方共赢。（1）加强联合执法，全面推行强化在税务稽查、纳税评估、税源管理等方面的深度合作。（2）拓展互联网+思维，加大国地税联合平台的应用，推进国地税合作智能化。（3）协同开展风险应对，减少纳税人负担，提高工作效率。共同对国地税共管户、大型集团企业、省局重点税源企业开展联合风险应对。（4）要加强宣传，利用报刊、电视、广播、微信平台拓宽联合办税宣传渠道。在严格落实《规范（2.0版）》的同时，立足偏关纳税服务和税收征管实际，不断探索创新合作方式方法，推动国地税合作纵深发展。深入推进联合办税，建立国地税联合办税大厅，推行国地税业务通办，真正实现“来到一个窗、办完两家事”。深化税务稽查合作，从确定对象、同时进户做起，统一执法尺度和政策依据，确保税收执法公平公正。通过完善机制和优化流程，实现优势互补，形成工作合力，切实提升服务、管理和执法水平，最大限度规范税务人，最大限度服务纳税人，使国地税合作效应实现“1+1＞2”。

（刘占春）

地方税务

【概述】 截至2016年，内设机构7个（办公室、人事教育股、计划会计股、征管科技股、税政股、信息股、监察室），直属单位3个（稽查局、直属一分局、直属二分局，均为副科级），派出机构5个（第一税务所、第二税务所、万家寨税务所为副科级，新关税务所、陈家营税务所为股所级）。在岗正式干部职工60人，其中公务员55人、工人5人，临时工12人。设局长1人，副局长3人，纪检组长1人。

多年来，县地税局深入贯彻落实省局“1437”工作思路，紧紧围绕市局“统筹抓好三项重点，推进五个协调发展，服务我市全面小康”的工作思路和县委、县政府 “12991”发展战略，凝心聚力，砥砺奋进，各项工作进展良好，地税收入年年超计划完成。2016年，市局下达县局调整后税收任务7700万元，全局累计实现收入8740.89万元，完成计划的117.61%，同比下降11.76%，减收1164.60万元。其中，税收收入累计完成7969.02万元，占计划的107.23%，比上年减收877.73万元，同比减少9.92%。完成省公共预算收入6400.56万元，占全年计划106.68%，同比下降1091.29万元；市公共预算收入5326.2万元，占全年计划105.47%；县公共预算收入完成4789万元，占全年计划107.60%。2014年至2016年，县地税局连续三年被市局授予“优秀班子”“目标责任制优秀单位”。

【税收征管】 2016年，夯实税收征管基础，提高征管效率。深入实地调查，清理整顿澄清了管户情况，加强税源监控，堵塞征管漏洞，提高征管质量；以纳税人转入非正常户与注销户作为重点，强化对注销户的监控，严把非正常户与注销户的审批核查关，统一注销登记的流程、内容、手续、时限，并纳入常规管理，不定期地对注销户进行核查，有效地防止了少数人利用注销登记逃避纳税义务现象发生。

推进税收风险管理，提升征管质效。积极开展各类风险的扫描、推送和应对，对省局和市局下发的风险任务认真执行反馈，同时推动税费风险、财产行为税风险，大企业、重点企业、非居民税收管理风险及日常征管风险管理工作，认真做好数据采集、比对分析、执行反馈，提高征管绩效、组织税收收入提供了有力的支撑。

“营改增”顺利过渡，深化国税地税合作。将“营改增”259户管户名单及纳税人基础信息表移交县国税局。组织开展了营业税专项清查工作，对管户进行比对排查，加强欠税清缴，积极协调工程款结算，尽量做到应收尽收，最大限度地维护“营改增”的公平性，并成功实现增值税代开代征业务。成立了国税地税联合办税大厅，积极推进对黑名单等管户的联合管理、联合惩戒。

加强沟通协调，形成协作护税网。与县国土局、住建局建立了协作机制，并有政府相关文件的支持，能够及时传递信息、资料，在纳税人办理“国有土地使用证”或者“房屋产权证”时，一律实行“先税后证”制度，保障了契、耕“两税”的征收管理，进一步加强了偏关县的房地产税收征管工作。

【纳税服务】 2016年，多措并举，做好税收宣传工作。与国税局联合在县城的南门广场进行了街头宣传活动，活动中共接受咨询200人次，散发宣传单3000余份、宣传册500余本。举办了8期纳税人学堂，为纳税人讲解纳税信用评价等多项内容，共发放宣传册500本、宣传资料1000多份，接受咨询600多次。同时加大新媒体的税收宣传力度，充分利用微博、微信公众号等媒体定期更新最新税收政策、申报方式变动等信息，方便纳税人及时了解和办理相关业务。落实“两个减负”和办税公开，纳税服务得到优化。开展了纳税服务需求调查，根据纳税人提出的各项意见和建议，积极探索提升服务层次的方法途径，初步形成了以信息化为支撑、多元化的纳税服务体系。认真落实纳税服务规范2.2与征管规范1.0要求，并对多数事项实施了免填单服务，从而使办税流程、服务内容、服务标准、服务责任进一步优化和规范，纳税人满意度进一步增强。进企入户，切实为企业解困。各类人员共进户563户次，详细了解企业生产经营情况，解决税企双方网上申报、电子扣税、财务报表填制等16个实际问题，为企业带去“订制”优惠政策打下了基础。

【税收稽查】 1995年，偏关县地税局成立了县地税局稽查局，主要工作职能是负责组织贯彻税务稽查规章制度，制定具体实施办法，在所辖区内接受举报和负责办理重大的偷、逃、骗税等税务违法案件的立案、调查处理和案件移交工作。

从1995年至2017年，历经韩三虎、姜秉权、张志强、胡林、郇小军、尤春波六任稽查局长，现配备稽查人员10人，下设综合股、检查股、审理股、执行股等职能股室。

县地税局稽查局成立后，按照“加强征管、清理欠税、堵塞漏洞、惩治腐败”的方针和“稽查要全查、深查，实现查一户、清一户及检查一个行业、规范一个行业”的要求，开展各种专项检查整治活动，严肃查处各种涉税违法案件。近5年来，全县共查处案件49件，补罚收入2194多万元，努力实现“让守信者一路畅通，让失信者寸步难行”。

【素质提升】 2016年，偏关地税局始终坚持以科学理论武装人，以社会主义核心价值观教育人，严格理论学习制度，围绕中央重大决策及省市县各级党委和全省地税系统各项重要会议精神，坚持中心组集体学习、干部职工日常学习制度，深入开展“两学一做”学习教育，加强党员干部思想教育，突出党的政治理论、重大方针政策的学习，促进干部队伍理想信仰更加坚定，服务科学发展思路更加清晰，加快发展的责任更加明确。继续深化“三基”工程苦练基本功活动，以大学习大练兵大比武活动为抓手，切实加强干部教育培训工作。制定了《偏关县地税局2016年干部教育培训计划》，按照突出重点、分层实施、分步推进的原则，重点加强税务干部队伍业务素质建设。结合偏关县“三创”工作，深入开展了“学雷锋树新风活动”“道德领域突出问题专项教育治理活动”“道德讲堂”“礼貌待人诚实守信活动”“网络文明传播志愿者活动”“传承好家风好家训”活动。特别是通过“诵读经典家训，培育文明家风”道德讲堂，诵读《朱子家训》《范氏家训》《曾国藩家书》等名篇佳句、上台讲述家风故事等形式，传承家风文化，汲取经典精髓，启迪思想、塑造心灵，培养心智，大力提升道德素养，使广大干部职工将良好的习惯自觉地践行在日常生活中。同时，注重人文关怀，增进思想沟通，加强文明建设，丰富活动载体，增强了团队的凝聚力。

（许军峰）

金 融

中国人民银行偏关县支行

【概述】中国人民银行偏关县支行为基层央行，主要负责县内的经理国库、现金调拨、联行结算等业务和内部控制管理等工作。自2008年内设部门和岗位优化整合后，内设综合业务部、金融管理部、综合办公室、纪检监察审计室。截至2016年，全行正式干部职工21人，其中，行长1人，副行长1人，纪检组长兼总稽核1人，科员及其他18人。

2016年，人行偏关县支行以中心支行党委确定的“五型机关”建设为目标，紧密结合县域和支行实际，围绕金融服务实体经济的本质要求，努力拓宽融资渠道，切实改进金融服务，着力维护金融稳定，扎实推进金融精准扶贫工作，不断强化金融管理，为推动全县经济金融提质增效升级和持续健康发展提供了基层央行正能量。

【货币政策落实】发挥窗口指导作用。及时引导辖内金融机构围绕地方的经济发展战略，认真贯彻实施稳健的货币政策，调整和优化信贷结构，积极增加信贷有效投入。引导金融机构加大对本县重点产业、小微企业及“三农”的信贷扶持力度。截至2016年11月末，辖区各项存款余额474504万元,较年初增长42384万元增长9.81%;各项贷款余额112085万元，较年初下降1751万元，下降1.54%。下降的主要原因是偏关县重点企业少，重点产业规模小。有效信贷需求不足；不符合信贷支持对象；金融机构信贷产品创新不足，符合县域经济发展特征的信贷产品较少；整体信用环境不良。

有效运用货币政策工具。及时做好扶贫再贷款的审批、发放，引导农村信用社加大对“三农”尤其是农村贫困户的支持力度。年内支行积极帮助县农村信用联社向中支申请扶贫再贷款2000万，并于12月上旬全部发放到位。扶贫资金发放模式主要有两种，即农业产业链模式，此类贷款共涉及涉农企业2户金额590万元；小额信用贷款模式，共涉及建档立卡贫困户390户金额1410万元。

狠抓金融精准扶贫，打赢脱贫攻坚战。（1）建立了扶贫开发金融服务工作联动协调机制。成立了偏关县金融扶贫开发服务领导小组，建立了县政府主管，人民银行牵头，财政、扶贫、银监等部门共同参与的扶贫开发金融服务联动协调工作机制。加强政策互动、工作联动和信息共享，形成了分工协作、合力攻坚的金融扶贫格局；积极协调当地政府、企业和银行搭建三方协作平台，定期开展工作交流，促进了扶贫项目与金融服务的有效对接。（2）制定了金融扶贫“十三五”规划和年度实施计划。组织辖内金融机构在调研摸底的基础上制定了“十三五”期间金融扶贫工作规划和《关于拓宽融资渠道，助推脱贫攻坚工作的实施意见》;与扶贫办等有关政府机构建立了贫困户基础信息和扶贫开发项目库信息共享机制，促进扶贫开发和金融精准扶贫工作真正落地到户。（3）引导金融资源向贫困人口聚集。将建档立卡和信用体系有效对接，提高金融服务精准度，大力发展扶贫小额信贷、创业担保贷款、扶贫贴息贷款等金融产品，加大对贫困区人口直接或间接参与后续产业发展的支持。年内，本县建档立卡贫困户9867户，贫困人口25472人；引导金融机构积极尝试开展“两权”抵押贷款工作，在贷款利率、期限、额度、担保、风险控制等方面加大创新支持力度，简化贷款管理流程，扎实推进“两权”抵押贷款业务，切实满足农户等农业经营主体对金融服务的有效需求；建立金融扶贫专项考核机制，以扶贫成效为导向，加强对金融机构扶贫工作的考核。(4)加强金融知识的宣传和普及。广泛利用广播电视、宣传资料等渠道，多层面、广角度长期有效普及金融基础知识，建成“金融知识普及示范点”1个；开展金融风险宣传教育，增强边远山区贫困人口金融风险的防范意识，引导其根据自身风险承受能力和金融产品风险特征理性投资与消费。(5)督促“抓降”工作取得成效。引导辖内地方法人金融机构落实贷款责任，维护金融债权。及时掌握、通报、督促辖内各金融机构的不良贷款清收工作，积极为贷款银行全面把握客户的贷款状况提供有效信息。截至2016年11月末，县农村信用社不良贷款下降9.61个百分点。(6)重视存款准备金管理，加强日常监管。及时传达上级行存款准备金调整通知，先后两次下调了地方法人金融机构存款准备金率，县信用社执行财政性存款按100%上缴，一般性存款按9%的存款准备金率上缴。至11月末，该社一般存款余额为13.12亿元，缴存人民银行准备金存款1.4899亿元，确保了存款准备金足额上缴；配合中心支行检查组对本县地方法人金融机构存款准备金现场检查，对发现的情况及时予以现场解决；按季上报存款准备金报告，核对缴存项目，分析存款准备金缴存和管理情况。

【维护金融稳定】 2016年，健全金融稳定工作协作机制，加强金融风险防范监测警示。面对经济下行压力加大，地方法人金融风险日益突出的实际，根据中心支行年初金融稳定工作要点要求，成立了由县政府分管金融工作的副县长任组长，县政府金融办、人民银行和银监办事处主要领导任副组长，县公安局、检察院、法院、工商行政管理局、商务局等部门负责人为的地方金融稳定工作协调领导组，并在县人行金融管理部下设办公室，具体负责协调各成员单位，做好日常风险监测和预警，处理应对突发性风险事件。利用山西省金融风险监测平台，支行坚持按季录入相关资料、数据，全年机构录入率达100%，报表录入率达100%，实现了双百目标。同时充分利用已有监测数据，做好对金融机构的风险提示工作，2016年1月和12月份，以书面形式两次向高风险农村信用社进行了风险提示，达到了警示和防范的目的。

积极主动参加真实性和稳健性评估工作。6月份，忻州中支对偏关农村信用联社开展了稳健性现场评估，支行积极主动予以配，做好现场评估工作。评估采取随机抽样的方法，对表内外资产分类逐笔进行核对；对负债业务进行全面检查。通过为期一周的现场评估，及大地促进了该金融机构业务操作的规范化，为本县农村信用联社持续稳健合规经营，提升资产质量指明了方向。

认真做好存款保险相关工作，推动各项政策规定落到实处。按月上报《存款保险基础数据》报表，认真做好核算保费交纳基数工作；积极参加人总行存款保险远程培训，完成全部学时，重点关注地方法人风险评级相关内容，为评级工作的开展做好充分准备；按季上报存款保险信息，做到有的放矢。保质保量完成2016年上半年地方法人金融机构保费交纳任务，上缴保费191989.53元。及时整理2015年度和2016年上半年存款保险工作档案。积极参加中心支行组织的存款保险评级工作，按时上报了风险评估报告。顺利启用了存款保险业务系统，及时准确上报了相关报表。

深入开展调查研究，提高研究成果的实际应用。配合中心支行就基层人民银行在落实存款保险制度中的现状、问题、建议等进行了深入探讨和研究。选择有本地特色的其他题材的调查项目，结合区域金融风险实际，自主上报了《地方法人金融机构改制前不良资产处置行为亟待规范》的调查报告。

【金融管理服务】 2016年，积极推进支付结算管理和建设。以普惠金融理念引领扶贫开发金融服务，全面开展农村金融综合服务站建设，通过摸底调研、召开推进会、现场督促、加强考核等措施，着力推进服务站建站工作。全年建成农村金融综合服务站169个，实现了有条件行政村全覆盖的目标。不断加强人民币账户管理，至11月末办理单位银行结算账户开立245户，变更188户，撤销82户。各金融机构年检账户已占应检账户的86%。

加强国库管理。大力拓展国库直接支付业务，拓展直接支付范围，强化国库服务民生功能，全面推广应用国库电子化缴税业务，提高税款入库效率。至11月末，办理预算收入34583笔金额21543万元，办理财政拨款11993笔金额94166万元。完善退库管理办法、操作规程，简化审批环节和流程，至11月末办理预算收入退库74笔金额1356万元。强化国库资金监督管理，确保国库资金安全，办理更正业务20笔金额432万元，审查拒付不合规拨款5笔金额130万元。

推进反洗钱工作。年初召开金融机构反洗钱工作会议，对全年反洗钱工作进行全面部署，对相关业务人员开展培训。开展反洗钱工作非现场监管考评，对考评情况在全辖范围内进行通报，并向其上级单位进行抄报，促进各单位反洗钱工作的顺利开展。

加强征信管理工作，进一步推进信用体系建设。积极做好信用报告查询工作，至2016年11月，共办理个人信用报告查询 640份，企业5份。加大征信宣传力度， 6月份，开展了“征信宣传月”活动，共发放宣传资料7000余份，接受群众咨询200余次，现场解答群众提问40余条，有力地促进了个人征信知识的普及和个人信用意识的提高。

加强人民币管理，净化人民币流通市场。（1）加大反假货币宣传工作力度，3月份，会同辖内金融机构进行了大规模的反假宣传活动，9月份与县公安局联合进行了人民币反假宣传。宣传期间，在街道口和广场设立了工作台，摆放了宣传牌匾，并利用政府广场大型电子屏、各银行业金融机构LED屏、电视媒体等多种形式向广大人民群众宣传反假货币知识，让反假货币深入人心，融入人民群众的生活中，累计发放人民币反假知识宣传资料14000多份，为群众答疑解惑200余人次。（2）加大人民币收付的检查力度。支行组成突击检查小组，分别对县农村信用联社和县邮政储蓄银行的5个营业网点进行了人民币收付业务和反假货币业务的检查。通过检查，强化了基层金融机构人员的假币收缴责任意识和无偿兑换残缺污损人民币的服务意识。

加强金融消费权益保护。紧密结合偏关实际，细化金融消费权益保护工作的检查和评价制度，健全金融消费者权益保护工作机制，完善职责范围内金融消费纠纷的处置机制。在“3·15”期间支行联合县市场和质量监督管理局以“权利、责任、风险”为宣传主题，组织开展了形式多样的“3.15金融消费者权益日”宣传活动。9月份，开展了金融消费者维权暨“金融知识普及月”活动，共印制发放七种宣传册20000余份，内容涉及金融理财、征信知识、人民币防伪、结算知识、银行卡安全使用、银行卡防诈骗、居民消费维权渠道、信用记录查询途径以及投诉渠道和建议等，通过设立咨询台、深入社区、深入农村、播放投影仪、大型电子屏、县有线电视台等多种形式进行宣传，深化了金融普法教育和金融知识宣传工作，提升了群众的信用意识、防范观念和维权理念。

强化信息调研工作，切实提升信息反馈能力。把调研信息工作作为掌握实情、分析问题、促进工作的有效手段,下达调研信息考核任务,在完成各个阶段专题调研课题的基础上,激发全员全方位、多渠道反映经济、金融运行信息及工作动态的热情。按照工作到哪里、信息触角就延伸到哪里的要求,紧扣金融工作做好提炼和总结,力求调研信息工作取得良好成效。至 11 月末,被中支信息网采用各类信息、动态、调研 22 篇。

【内控风险防范】 2016 年，支行完善了职工考勤制度、工作业绩考核制度，修订了计算机安全管理制度、保密工作管理制度，为充分发挥制度的制约、监督和保障作用提供依据。对各项制度，及时组织全行干部职工认真学习，做到“人人知晓、人人牢记”，营造用制度管权、按制度办事、靠制度管人的良好状态。

强化岗位风险防控。支行各部门严格按制度要求，积极做好 “岗位（廉政）风险监督管理系统”的信息录入、运行、监测等工作，纪检监察部门做好监督检查，进一步强化风险监测和内控建设，规范业务操作，从而达到防范风险的目的。（1)健全风险防控机制,提升岗位风险防控水平。依据总行《岗位（廉政）风险防控管理暂行办法》和《人民银行忻州市中心支行岗位（廉政）风险防控管理实施细则》要求，支行把风险防范制度建设作为工作重点，围绕重点岗位和关键环节，健全防范制度，细化防控措施，针对日常管理和监督中存在的薄弱环节，积极推进制度创新，通过健全完善规范权力运行的制度体系，努力消除制度漏洞与缺陷；通过建立预警处置、动态管理和检查评估等风险防控的工作机制，促进岗位风险防控工作的常态化、规范化。（2）把握“三点、三性”，加强风险防范。瞄准“切入点”，注重“针对性”。以思想隐患为切入点，随时了解掌握岗位职工思想动态、家庭情况变化，开展思想动态分析，及时发现带有倾向性、苗头性的思想动态。加强思想教育和引导，通过准确把握职工思想脉搏，增强思想教育的针对性。对存在的思想问题，既敢于“碰硬”，又善于疏导，把出发点和落脚点放在化解矛盾、解决问题上，有效防范岗位风险隐患。围绕“中心点”，注重“主导性”。以中心工作为主线，以岗位风险防控为根本，渗透至各项业务工作的关键环节。注重抓好部门负责人作为“第一责任人”的主导性，时刻绷紧岗位风险这根弦。通过定期组织部门岗位人员学习相关制度，增强制度约束力；通过开展监督检查，形成部门自我修复、自我检查的意识；通过给岗位人员压担子、教方法，增强岗位风险防控意识，避免风险认识、执行力、自查自纠出现疲态。抓住“落脚点”，注重“主动性”。以分析岗位风险防控工作中的潜在风险为关键，坚持把岗位风险防控分析的对象转化为日常风险防控的主体，增强工作主动性，抓好流程控制。将不发生岗位风险隐患和案件事故作为落脚点，构建岗位风险防控的长效机制。

充分发挥内审的监督作用。根据市中心支行“2016 年内审工作要点”的要求，县支行对执行八项规定情况进行了自查，对内控制度执行情况进行了两次专项审计，对安全保卫工作进行了自选审计和后续审计。同时，积极配合完成了上级行对我支行国库、征信、保卫、科技部门的检查工作。

（刘林才）

中国农业发展银行偏关支行

【概述】 中国农业发展银行偏关县支行于1996年12月成立，内设人事办公室、计划信贷部、财务会计部，现有在编员工11名。主要承担全县支持“三农”及新农村建设，粮油政策性、准政策性信贷业务，以及农业产业化龙头企业、农村基础设施建设等信贷业务。建行以来，通过不断提高管理水平，改善信贷资产质量，集中推进基层党组织规范化建设，全面落实科学发展观，拓展业务有效发展。广泛开展精神文明建设活动，业务经营和精神文明建设取得了明显成效，为偏关的经济发展、市场稳定农民增收做出了积极贡献。

2016年，支行坚持以服务“三农”为已任，以科学发展观为指导，全面贯彻省、市分支行行长会议精神，认真落实市分行提出的各项工作措施和要求，紧紧抓住“快发展、降不良、严管理、强队伍”四项重点工作，努力提高经营管理和经营服务水平。截至12月底，各项贷款余额为5198万元，各项存款余额为2195万元，日均存款余额3695万元，较上年同期下降1978万元，减幅34%，完成市行下达任务的81.5%，贷款利息综合收回率达91.6%，中间业务收入1.4万元，其中代理保险业务手续费收入0.8万元，全年账面利润亏损147万元，较上年减少282万元，减少209%。

【落实信贷项目】 2016年，为争取贷款项目的早日落地，落实信贷支农目标，县支行在摸底选项，选优客户方面做了大量工作，行领导多次主动与县政府、发改局、农业水利部门接触座谈，加强与有关部门沟通合作，千方百计做好项目落实对接。至年底，已在农发行建档立卡的贷款项目5个，拟贷款总额达1.2亿元，选定《偏关县关河引水灌溉生态工程项目》《偏关县移民新村建设项目》《偏关县县区棚户区改造综合整治项目》作为2016年支行拟支持的中长期贷款项目。并与县政府签订了备忘录。对符合农发行支持的建设项目做到提前介入，积极培育，及时跟进。

【组织营销存款】 2016年，县支行继续把组织存款工作放在业务经营的首位，认真落实市分行“加强存款组织，向经营负责要效益”的方针，积极制订措施、出台方案、深挖潜力，着力开拓市场营销存款的增长点，建立奖励机制、组织存款竞赛活动，营造存款营销合力，提振全体员工营销存款的积极性。狠抓“两个落实”，即落实存款营销目标和任务，落实工作措施，做到“三个紧盯”，即营业部柜台紧盯企业单位存款账户的资金活动，掌握资金的流向；支行领导紧盯政府落地建设项目的各项信息；信贷部门客户经理紧盯政府项目设施单位的资金来源和选行开户情况。获取信息一经落实，主动上门与设施项目方开展存款营销项目对接，做好开户服务工作。全年共营销存款1900万元，其中，准朔铁路工程900万元，财政退耕还林460万元，农机补贴专项资金53万元。

【金融服务脱贫】 2016年，县支行紧紧围绕总行服务脱贫攻坚的总体目标，因地制宜，积极开展金融服务脱贫工作，狠抓落实到位，为服务偏关县脱贫攻坚提供有力的保障。为此，支行党支部牢固树立政策意识、大局意识、核心意识，把服务脱贫攻坚为重大政治任务扛在肩上，统筹支行各个部门围绕服务脱贫攻坚积极工作，落实各项工作要求，（1）成立了金融扶贫业务部，并对外挂牌，选优信贷干部3名，做好支行信贷服务脱贫攻坚的具体工作。（2）加强责任落实。行长、信贷员把服务脱贫攻坚做为主责主业，深入一线开展调研，积极推动扶贫信贷产品创新，研究相关管理制度，推动工作不断深化。（3）加强机制保障。支行把信贷资源都优先投入金融扶贫，财务资源、人力资源优先向脱贫攻坚倾斜，优先配置。（4）加强基础管理。支行领导把贯彻习近平总书记新时期扶贫开发重大战略思想纳入全行“两学一做”学习教育，在服务脱贫攻坚中进一步转变工作作风，严明纪律，争做好党员。（5）加强宣传交流，为服务脱贫攻坚营造良好氛围。支行领导主动与县委、县政府领导沟通汇报工作，了解县情扶贫项目落地情况，积极利用各种会议场合，主动介绍宣传农发行服务脱贫攻坚的信贷政策和支持扶贫服务项目，带领信贷人员深入农村，深入基层乡镇，主动了解农村脱贫工作进展情况和具体扶贫项目做到早日对接。截至 2016 年底，已在我行建档立卡的扶贫项目 5 个，其中：易地扶贫搬迁项目 1 个，棚户区改造综合整治项目 1 个，水利贷款项目 1 个，农村路网改造项目 1 个，（差一个）拟贷款总额达 1.2 亿元，棚户区改造综合整治项目 7000 万元贷款已完成审批程序，争取 2017 年初出贷， 2016 年支持自营续贷项目 2 个，支持为民马铃薯储藏经济合作社贷款 240 万元，支持山西益生园生物科技有限责任公司贷款余额达 1500 元。

（斛渝胜）

中国农业银行偏关县支行

【概述】 2016年，偏关支行在市行党委的正确领导下，在全体员工的共同努力下，克服了经济环境差，对公业务持续下滑，拓展业务空间小的客观不利因素，创造性地开展了工作，建立了以效益为中心、以发展业务为目标，以开展‘两学一做’教育活动为抓手，以“定任务、活机制、严管理、树形象、拓领域、求发展”为经营的主旋律；以“风险控制为前提、综合营销为主题、员工教育机制创新、党风廉政建设”为动力。以建立绩效考核为动力的长效机制，圆满完成了市行党委在不同阶段安排部署的各项工作。从而使业务经营呈现出健康、持续、快速发展的良好氛围。

【机构建设】 2016年，全行员工人人出力、勤于工作、乐于奉献、敬业实干，为农行发展献计献策，真正打破了干多干少一个样的被动局面，使做工作奉献大的员工得到了较好的回报；员工的工资待遇大幅提高，为业务发展创造了良好的环境，参加县人行、县工会举办的第一届“金融杯”乒乓球比赛获得团体冠军，为全行赢得了荣誉，赢得了士气，展示了良好的精神风貌。

【党建工作】 2016年，农行党委始终坚持把学习习总书记《关于加强党风廉政建设系列》的重要论述以及上级行落实党风廉政建设“两个主体责任”制度作为抓党建的重要内容，通过举办党课形式，对全体党员进行党课知识辅导，收到很好的效果。今年12月份组织党员在总行远程教育网上参加了总行党建即《中国共产党廉洁自律准则》《党章》知识考试，全行党员及格率达100%。党建工作的具体做法：（1）领导带头示范，自觉履行“一岗双责”。（2）党委坚持以身作则，自觉履行“两个主体责任”。认真开展‘三亮四比三评’党员示范岗专题教育活动，严格执行中央“八项规定”，推动党风廉政建设常态化、长效化。（3）支行党委定期组织召开党建专题民主生活会，通过开展批评与自我批评，分析排查了在实际工作中存在“四风”方面的突出问题，并及时研究制定了整改措施，能现场整改现场整改。（4）领导班子成员带头深入客户和一线员工家里，联系实际，调查研究。真诚倾听一线员工和客户的意见和建议，着力解决困难员工最关心、最现实的利益问题，2016年行党委共帮扶特困党员15人次，慰问住院员工8人次。

【内控管理】 2016年，内控管理得到进一步加强。整改各类检查问题12个，整改率达100%，网点服务水平不断提升，2016年一、二、三季度在省行神秘人暗访中成绩名列前茅。

【存款】 截至2016年底，各项存款余额81353万元，其中：储蓄存款余额62410万元，较年初净增4436万元；对公存款余额18943万元，较年初下降1254万元；各项存款日均余额84950万元，较年初净增4502万元，完成市行下达任务指标的98%。其中：个人日均存款余额61086万元，较年初净增4766万元；对公存款日均余额23864万元，比年初下降264万元，增量份额居同业第二。

【贷款】 截至2016年底，年底各项贷款余额18348万元。其中：公司类贷款余额1.6056亿元，个人贷款余额2292万元，（个人助业贷款401万元，住房贷款余额666万元，个人消费贷款226万元，贴现贷款930万元），小额农户贷款余额69万元，（累放478万元，收409万元）。

【中间业务收入】 2016年，实现中间业务收入156万元，较同期增加18万元，居同业第一。

【数量类指标】 （1）营销惠农卡26817张，（2）营销POS机52部，其中成功营销回B米P商户1户。（3）布放三农服务转账电话120部，（4）新增有效社保卡3.7万张，获得全市激活社保卡排名第二的好成绩。(5)营销签订三农代理协议22户，其中有效使用账户15户，并获得全市代理“三农”业务排名第一的好成绩。（6）新开单位结算账户28户，其中：成功营销回准朔铁路分局基本账户，账户余额1500万元，偏关移民搬迁房基本账户，账户余额2500万元，偏关县棚户区改造账户、代收农村养老保险、农村医疗保险账户，扶贫开发中心基本账户等300万元以上账户9个。

【经营利润】 2016年，实现经营利润733万元，完成市行下达拨备后任务536万元的136.5%，较同期多完成213万元。

（温彦军）

中国建设银行偏关县支行

【概述】 中国建设银行偏关县支行现有人员27人，其中党员15人，下辖支行营业室和偏关大街支行。2016年，偏关支行在上级行和分行各部门的有力指导和配合下，以维护财政集中支付，发展代工业务为抓手，大力拓展个人有效客户；以全县新上项目为营销重点，发展小企业、个体户为补充，促进对公新开户增长；以“助保贷”为突破口，努力增加贷款发放，全行上下团结一致，拼市场、上份额、防风险、保安全、促发展，确保了“当地新增单产占比第一”“市场份额提升”的年度工作目标的顺利实现。截至2016年底，全口径存款时点余额106296万元，比年初新增7809万元，新增占比71.05%，位居同业第一。一般性存款余额占比由年初的55.63%增长到56.65%。对公存款时点余额26765万元，较年初新增283万元，新增占比-29.14%，位居同业第一。对公存款余额占比由年初的56.73%增长到58.56%。储蓄存款时点余额79531万元，较年初新增7526万元，新增占比62.91%。储蓄存款余额占比由年初的55.41%增长到56.03%，位居同业第一。日均新增9182万元，完成年度计划的229.55%，当地同业占比第一。全行实现中间业务收入195万元，比去年新增5万元，当地同业占比55.56%。

【对公客户】 2016年初，支行对本年度县招商局重点项目进行了全面摸排，并对其实施的可能性进行了评估，确定了本行重点账户营销目标，与县财政局、人社局、招商局建立良好的协作关系，先后成功营销偏关县机关养老保险中心年金收入户、支出户、养老保险收入户。其次是以开展“助保贷”为契机，与县中小企业局合作，将全县优质中小企业基本结算户迁至本行，公账户的开立取得可喜成绩。本年度，支行对公账户净新增61户，计划完成率135.56%，系统排名第六。对公结算产品也保持了良好的发展势头，单位结算卡签约75户，对公网络系统19户，自助回单柜签约97户，企业短信通48户。

【个人客户】 2016年，支行继续以发展代工业务为抓手，大力拓展有效个人客户，推进全方位营销。利用财政集中支付平台，保持与县财政局良好的合作关系，代工人数新增593人，月代发工资额新增240余万元。随着代工业务的发展，本行个人有效客户群体迅速壮大，对私客户总数达到36622户，其中有资产客户26093户，0元至1000元客户9939户，1000元至10000元客户6611户，1万元至5万元客户5532户，5万元至20万元客户3122户，20万元至50万元客户719户，50万元300万元客户168户，500万元至1000万元客户1户，1000万元以上客户1户。折算后有效客户数25449户，个人有效客户新增5217户。客户整体质量大大提高，VIP客户新增116户，其中私人银行客户新增1户，财富客户新增1户，资产总量由年初的25186万元，上升至27399.8万元，新增2213.8万元。

【信贷业务】 2016年，根据忻州市政府和二级分行“助保贷”业务全覆盖的指示，支行多次与县人民政府、县中小企业局沟通协调，组建“资金池”，对中小企事业局推荐的38户中小企业进行认真评估、筛选，对3户付合贷款条件的小企业发放贷款400万元，利用本行代工客户群体大的优势，对优质机构类代工户开展“随薪贷”业务，对29个代工户进行集体授信，授信人户达1560人，发放个人贷款14笔，贷款额129万元。

【电子银行业务】 2016年，快速发展电子银行业务，使分流率进一步提高。（1）继续利用支行地处晋陕蒙公路交界路段，过往车辆多的优势，加大代缴高速公路罚款网银客户群的营销，逐步使客户接受本行个人网银代缴高速公路罚款；（2）利用本行庞大的代工客户群，提高手机银行、个人短信通签约覆盖率。（3）在加大支行内部员工电子银行业务知识的普及力度的同时，加大网银用户指导力度，增强售后服务工作。营销人员、维护人员上门服务，提高了网银、手机银行成活率和使用率。当年个人网银有效客户新增1903户；手机银行有效客户新增2299户；短信银行新增1579户；微信用银行新增471户。全年移动金融柜面替代率56.7%。

【信用卡营销】 2016年，支行把信用卡发卡营销，作为工作中的又一亮点来抓。在分行信用卡“买单制”激励政策基础上，根据实际情况，制定了信用卡计件办法，按月兑现，最大限度地调动和激发广大员工的积极性和创造性。在日常营销工作中，倡导员工坚持做到“三勤”，即耳勤，及时捕捉客户需求信息；嘴勤，通过宣传介绍，让客户了解知悉本行信用卡产品；腿勤，走出去变坐等客户上门为主动上门营销。按照营销的需要，组建营销团队，发挥群体效应。对预审批系统推荐客户，坚持“不放过一个营销机会，不遗漏一个营销目标”。首先由柜员营销，柜员营销不成功，及时推荐给客户经理和大堂经理营销，客户经理和大堂经理营销失败，利用全行员工在社会上方方面面的关系，寻找突破口，然后跟进营销，确保营销目标的实现。同时，积极改善用卡环境。通过信用卡营销团队的大力营销，今年在本县各大商场、旅游景点签约安装POS机41台，大大满足了信用卡用户的消费需求，系统排名第一。经过一年的努力，全年信用卡总计发卡406张。其中，烟草卡 58张，账单分期112笔，金额34万元。ETC新增409个。

【维护金融消费者合法权益】 2016年，支行积极参与县人民银行、银监办事处组织的反洗钱和反假币宣传活动；多次组织“金融知识下乡，进农村、进厂矿、进社区、进学校”活动，发放宣传资料3000多份，接受群众咨询200多人次；规范代工、代发养老金个人账户收费，对1650户代工账户、5200多户代发养老金账户进行集中审查、免收费维护，大大提高了本行的社会信誉度。

【廉洁从业与安全防范】（1）积极落实党风廉政建设和案防工作责任制。支行行长与全行员工签订了《案防安保工作目标责任书》《反腐倡廉目标责任书》《风险防控工作责任书》《廉洁合规从业承诺书》，与信贷人员签订了《信贷人员廉洁从业承诺书》。（2）深入开展“正风肃纪、勤业守廉”活动，进一步规范党员领导干部从业行为，切实增强了自律意识，谨守从业底线，做到清正廉洁，树立良好形象，为广大员工做出榜样。（3）持续加强员工教育，强化员工从业行为管理。坚持“每周一讲”等案防学习教育，提升员工的合规从业意识，坚持每月一次的案防风险例会和每季度一次的案防联席会，分析和研究解决案件防控和风险防范工作中的问题，时时紧盯支行的案防工作轨迹和员工的合规从业行为，确保有问题能早发现、早处置，使支行各项工作始终运行在健康轨道。（4）实时开展员工行为排查和谈话活动，加强员工行为动态管理。先后组织开展了员工是否在外兼职和员工账户管理排查活动，及时了解了员工动态行为；支行行长和纪检特派员分别与员工进行了“廉洁从业和案防工作”主题谈话，通过警示、提醒，进一步规范了员工的从业行为。（5）加强安全保卫工作，创建平安建行。重点加强了“营业场所一日安全操作规程”和“营业场所安全员每日安全检查作业指导规定”的执行检查力度，做好营业前、营业期间、营业终了的安全检查；坚持行长每月进行一次和分管行长每半月进行一次安全检查，对存在的安全隐患进行及时整改；加强对现金出纳、票据传递等要害岗位相互制衡的同时，对从业人员的思想情绪、家庭关系、社会交往、经济往来、遵章守纪等情况要定期或不定期地进行动态排查，做到抓早抓小，防微杜渐；支行应急小分队成员，全天24小时通信畅通，应对突发情况反映敏捷，进一步提升了防范针对自助设备犯罪的处置能力。

（胡文斌）

偏关县农村信用合作联社

【概述】 2016年，在省、市联社和偏关县委、县政府的坚强领导下，在监管部门的科学监管下，偏关联社党委班子团结和带领全县农村信用社，紧紧围绕省联社提出的“十大工程”，全面推进体制机制改革，全面引申“转型提质”，全面提升服务水平，全面防控案件和各类风险，全面加强系统党建工作，靠发展立社，靠改革兴社，靠管理强社，靠服务优社，靠创新活社，靠合规治社，全方位提升偏关县农信社综合管理水平和盈利能力，更加有力地推动县域经济发展。

【业务指标完成情况】 截至2016年底，资本充足率-15.66%，较年初的-14.26%下降1.4个百分点；不良贷款占比31.92%，较年初增加了3.38个百分点；贷款损失准备充足率72.7%，较年初的65.23%增加了7.47百分点；拨备覆盖率36.87 %，较年初32.17%增加了4.7个百分点；

拨贷比为11.76%。截至2016年底，监管评级为6A级。

【对接精准扶贫】 2016末，偏关联社金融精准扶贫贷款1250户，余额9063.2万元，本年累放5004.12万元。其中个人精准扶贫贷款1246户，7563.2万元，本年累放4414.12万元；单位精准扶贫贷款4户，余额1490万元，本年累放590万元。

建档立卡贫困户贷款615户余额3676.7万元，当年累计投放2560.68万元，其中扶贫小额信贷389户余额1351.94万元，当年累放719.25万元。

偏关县政府招商引资企业河北瑞隆光伏发电有限公司，对偏关县建档立卡贫困户进行扶贫工作，采用为贫困户安装光伏发电设备，由贫困户在我社进行贷款70%，光伏公司垫资30%，县扶贫办进行全额贴息。县联社已与扶贫办及瑞隆公司签署三方合作协议，此项目正在进行中，实施后我社预计将发放扶贫贷款5000户，金额8400万元。

【信贷客户调查】 2016年以来，县联社坚持以防控信贷风险，提高信贷质量为原则，始终把贷前调查放在工作的第一位。全年共完成对辖内企业和个人共12户客户的贷前调查及评级授信的调查工作，发放贷款金额共计5160万元。其中，小微企业客户的评级、授信及贷前调查2户，贷款金额590万元（包括山西益生元生物科技有限责任公司贷款450万元，偏关县稷昌盛粮贸有限公司贷款140万元）；个人客户贷前调查10户，贷款金额4570万元。

【金融支农】 截至2016年11月末，偏关县农信社各项贷款余额85608万元，涉农贷款余额达到61970万元，占各项贷款的72.39%。结合全县实际，县联社进行了深入的调查了解，通过大力支持优质涉农龙头企业，形成了龙头带动基地，基地带动农户的农业产业链条。山西益生元生物科技有限公司在起步、壮大、技改的每一个阶段，都得到了农村信用社的大力扶持，先后获得信贷资金750多万元。2016年底，该公司已发展成为集科研、生产、销售于一体的涉农龙头企业，达到菊芋种植面积3333.35万平方米，年生产能力5000千克菊粉高新技术产业化企业，带动周边种植农户500余户，解决农村剩余劳动力2000余人。

【四个支持重点】 2016年，重点支持农业现代化精神、重点支持小微企业发展、重点支持扶贫攻坚、重点支持城乡居民增收。县联社积极加大贷款投放力度，在巩固存量的基础上，努力解决“三农”和小微企业“融资难、融资贵”的问题；（1）通过不断创新，更好更灵活地满足客户需求；（2）完善结算渠道，为县域和农村地区提供普惠金融服务；（3）搭建平台，形成高效支持“三农”和小微企业发展合力。2016年，县联社继续支持做大做强以小杂粮、设施农业、经济林、舍饲养殖、农产品加工等为主的特色现代农业，重点扶持了四个50户和三个涉农企业，即：在老营、陈家营沿河一带，重点支持50户农户发展蔬菜大棚等设施农业项目；在楼沟、天峰坪、水泉等种植基地，重点支持50户农户发展种植“张杂谷子”项目；在万家寨老牛湾、陈家营油房头及窑头、水泉百草坪三个示范基地，重点支持50户农户发展种植“白水大杏”项目；在南堡子山一带，重点支持50户农户发展设施养羊项目；同时，支持“百企千村产业扶贫工程”企业两个，支持县域重点项目小杂粮加工企业一个。截至2016年11月底，全辖累计投放支农贷款总量38721万元，农户小额信用贷款5661户，余额达到28901万元。重点支持农业龙头企业2户，贷款余额590万元，企业贷款农户数8200人。重点支持农民专业合作社4个，合作社社员贷款余额65万元，带动农户数316人。重点支持基地园区5个，贷款余额总计538万元，获得贷款农户数150人。支持一村一品专业村21个，贷款余额526万元。

【不良贷款清理】2016年，偏关县联社通过出不良贷款清收考核办法、职工认领不良贷款考核办法、依法清收、公职人员不良贷款考核办法等一系列措施，共清收不良贷款2130.88万元，其中清理存量不良贷款786.34万元，清理新增不良贷款1344.54万元。

【队伍建设】2016年，教育培训工作紧紧围绕县联社中心工作任务，以提高员工队伍整体素质、促进农信社转型提质，努力培养造就一支讲奉献、有本领、重品行的高素质员工队伍为目标，精心组织实施全县农信社员工贯彻落实“两学一做”学习教育活动和农信社系统业务知识教育培训。突出柜面业务操作、信贷业务、财务会计、电子银行等培训，全年共完成各类培训12期，381人（次）；其中：完成“两学一做”学习教育2期40人（次），警示教育1期125人（次），案防工作培训1期14人次，安全保卫1期14人（次），信贷业务培训2期66人（次），财务培训2期86人（次），电子银行业务培训2期24人（次），新员工培训1期12人（次），完成和超额完成年初培训计划。

（温彪）

中国邮政储蓄银行股份责任有限公司偏关县支行

【概述】根据国务院金融体制改革的总体安排，在改革原有邮政储蓄管理体制基础上，中国邮政储蓄银行有限责任公司正式成立。中国邮政储蓄银行有限责任公司偏关县支行于2008年6月5日挂牌成立，隶属于中国邮政储蓄银行忻州市分行。主要业务有：个人储蓄、汇兑、绿卡、信用卡、“商易通”“绿卡通卡”、联名卡及代收付、代理保险、代销基金、理财、国债等的个人零售业务，以小额质押贷款、小额信用贷款、个人商务贷款、二手房贷款、个人消费贷款等为主的贷款业务，以对公存款、对公贷款、对公结算、对公理财为主的公司业务，打造了包括网上银行、手机银行、电话银行、电视银行、微博银行、微信银行和易信银行在内的电子金融服务网络。到2016年拥有支行营业部、后大街支行2个自营网点，邮政代理网点5个，离行自助银行1处，内设综合管理部、三农金融部、公司业务部3个部门，共有员工32人，其中正式员工29人，劳务派遣员工3人。配备行领导2人，内设部门经理4人。

2016年，邮储银行偏关县支行在县委、县政府和市行党委的正确领导下，始终以“为最广大的城乡居民和小微企业提供金融服务为己任，坚持服务三农、服务社区、服务小微企业的市场定位”，坚持扎根农村、服务农业，贴近农民。加大对三农的金融支持力度，积极填补偏关县农村地区金融服务的空白，努力促进农村经济的发展。以“前台转型、中台强基、后台管理机制创新”为主抓手，坚持“二次创业、三年规划、打造四大利润中心”的战略目标，紧紧围绕“能力提升年”活动，着力推动全员整体能力提升，推动企业合规运营、稳健发展，取得新的成效。2016年度获得市行“资金安全杯”一等奖、“先进党支部”，获得“偏关县五一劳动奖状”。

【经营业绩】 1.收入完成情况。2016年累计完成收入943.10万元，完成年收入目标的93.10%；利润完成412.96万元，完成计划的89.39%，人均利润12.51万元；储蓄业务完成收入641.52万元，公司业务完成收入64.17万元，信贷业务完成收入143.57万元，中间业务完成收入93.84万元。

2.业务量完成情况。（1）储蓄业务：2016年储蓄余额55012.46万元，较年初新增3104.97万元，完成计划的110.89%，增幅为5.98%，市场占有率为14.17%。（2）公司业务：2016年我行公司业务户数61户，存款余额3851.79万元，市场占有率为6.30%。（3）信贷业务：2016年贷款结余2975.59万元。（4）其他业务：销售理财产品9755.75万元；代理保险1123.53万元；个人网银本年累计新增980户，手机银行本年累计新增1327户；发放金卡208张，白金卡46张，钻石卡8张；信用卡发卡656张。

（郭立新）

中国人民财产保险股份有限公司偏关县支公司

【概述】 中国人民财产保险股份有限公司（PICC，简称中国人保财险）的前身是中国人民保险公司，成立于1949年10月20日。1985年5月9日，中国人民保险公司偏关县支公司正式成立，1997年1月，财产保险与人寿保险分设，原中国人民保险公司偏关县支公司更名为中保财产保险有限公司偏关县支公司，2003年4月，经重组改制，又更名为中国人民财产保险股份有限公司偏关县支公司，至2016年，有员工14人，其中正式员工10人，其他员工4人，设经理1人，副经理1人。公司下设四个机构，分别为经理室、综合部、直销业务部、营销业务部。主要经营财产损失保险、责任保险、信用保险、农业保险等财产保险业务。多年来，人保财险偏关县支公司牢记“人民保险，服务人民”的历史使命，积极履行政治、经济和社会责任，为当地经济建设发挥了不可替代的作用。公司荣获中国人民财产保险股份有限公司2016年度全国百强“标杆区县支公司”称号，全省仅四家公司入围。

【业务成果】 2016年，县支公司按照分公司总体工作要求，围绕“紧扣一条主线，狠抓两个重点，突出四个关键，深化七大工程，实现四个确保”的工作部署，对标市场，务实进取，全体员工共同努力，在县域市场整体低迷中收获了可喜成果，截至年底，共实现保费收入2028.78万元，增速达64.57%，再创历史新高，其中车险保费1346.45万元，增速81.36%；非车险保费682.23万元，增速39.14%；农险保费71.32万元，增速174.26%。市场份额72.88%，持续为过半偏关人民提供保险保障服务。累计支付赔款1230.26万元。

【保险服务】 2016年，公司紧抓服务这个客户关注的焦点，强化服务意识，改进服务措施，为客户提供最优的保险服务，支付赔款的落实，保障了人民财产安全，维护了社会稳定。针对保监局“综合治理车险理赔难”的问题，在分公司的指导下，制定了自己的案件处理体系，5000以下案件不涉及人伤、物损案件3小时内结案，万元以内当天结案，对大案要案持续跟踪，指导客户进行理赔。在对客户服务上，力争做到主动、迅速，急客户之所急，想客户之所想，对总、分公司提出的增值服务 “一站式”“五个一”“人伤闪赔”等项目坚决执行，切实让客户体验到公司的真诚服务，成功树立本地服务口碑，实现保费、服务双市场标杆地位。

【自身建设】 2016年，公司十分重视抓管理，提效能。（1）加强思想教育。始终把对党员干部的思想教育放在工作的首位，做到学习有制度、有计划、有记录，通过学习，进一步端正和提高了党员干部的思想和认识，增强了政治敏锐性，并定期召开民主生活会，建立民主、团结、积极、向上的干部队伍。(2) 加强人员培训。为了提高业务人员的服务水平，通过多种方式培养和使用现有人才，集中培训与个别培训相结合，理论培训与实际操作相结合，通过教育培训，充分地调动了员工的积极性和创造性，为公司完成各项任务打下了坚实的思想和人才基础。

（范俊生）

中国人寿保险股份有限公司偏关县支公司

【概述】 1997 年 1 月，中保人寿保险有限公司偏关县营业部挂牌成立，1999 年 4 月，更名为中国人寿保险公司偏关县支公司，2003 年 8 月，重组改制更名为中国人寿保险股份有限公司偏关县支公司，主要经营人寿保险、意外伤害保险和健康保险业务。2016 年，公司贯彻“重价值、强队伍、优结构、稳增长”的指导思想，以支持地方经济发展、服务广大人民群众为宗旨，面对县域经济及市场竞争的严峻形势，坚持“强化对标、聚焦突破”不动摇的经营策略，采取有效措施，创造性地开展各渠道工作，取得了新的成效。

【业务实绩】 2016 年底，截至 2016 年底共实现保费收入 2096.34 万元，同比增长 37.35%。个险渠道：期缴保费收入 331.74 万元，同比增长 161.3%，十年期缴 117.67 万元，同比增长 64.94%。银保渠道：实现新单保费 943.83 万元，同比增长 156.67%，其中实现期缴 35.98 万元，同比增长 47.27%。团险渠道：团险短险保费完成 66 万元，同时新增接收 2015、2016 年城镇职工、城乡居民大额疾病案件 395 件。1 至 9 月份理赔个险短险赔付 142494.83 元、31 件，团险 43743.71 元、49 件，长期寿险 390125.58 元、15 件，医保赔付 30000 元、15 件；保全股份受理 2401 件，集团 1602 件；收付费 2828 笔；契约长险 301 件，短险 34 件。

【客户服务】 公司以构建客户服务体系为切入点，始终坚持诚信为本、稳健经营的原则，树立了“领导为员工服务、内勤为外勤服务、全员为客户服务”的服务宗旨，坚持“客户第一”的思想，急客户所急，想客户所想，全心全意为客户服务。2016 年，为 57 名大学生村官办理了人身意外险和大病医疗保险，每人保额近 30 万；为 498 户近 1500 人计生家庭承保了国寿计划生育家庭人身意外伤害保险；为近 2000 名中、小学、幼儿园学生承保了学生险，为下一代的健康和茁壮成长撑起了保护伞；为 446 位执法人员、385 人平安志愿者的人身安全和意外风险保驾护航；为近 1000 位老年人抵御银铃风险；为许多老百姓办理农村惠农小额保险；为偏关县广大贷款客户因意外导致还不起贷款解决后顾之忧；与各银行代理网点合作共赢，有效地分散业务风险，依法合规经营；为千家万户送去保险保障、送去爱心、送去温暖、送去人生理财规划，为全县经济发展及社会稳定起到了积极的作用。

【廉政建设】 2016 年，公司注重加强党风廉政建设，引领全体员工增强事业心、责任感，端正态度，严以律己，改进工作作风，认真履行职责。组织员工认真学习政治理论、政策法规，培育增强政治敏感力和廉政意识。面对保险市场竞争的日趋激烈和复杂的形势，认真贯彻落实上级公司纪检监察、内控合规、销售督查工作会议精神，以群众路线教育、“三严三实”专项教育为统领，以风险管控为核心，以监管法规为依据，规范管控流程，健全风险防范机制，为公司业务超常发展保驾护航。认真贯彻落实《中国共产党员领导干部廉洁从政若干准则》，要求党员干部恪守“务实、高效、廉洁”的理念，进一步加强自身建设，切实增强执行力，加大“懒、散、庸”的治理力度，带头执行各项廉政规定，清清白白做人、踏踏实实做事，坚决抵制和反对吃喝风、玩乐风、攀比风，树立阳光廉洁公司形象。同时按照市公司要求，严格落实党风廉政建设责任制，加强法纪教育，增强广大员工遵纪守法、合规经营的自觉性，坚持民主监督和重大事项集体决策制度，增强内控能力，有效防范和化解风险。

（刘继业）

中国人寿财产保险股份有限公司偏关县支公司

【概述】 2016 年是公司贯彻“重价值、强队伍、优结构、稳增长”经营管理体制改革和发展的一年，在省、市公司强有力的领导下，结合偏关县 2016 年经济工作会议精神，紧紧围绕金融促进经济发展的各项措施。公司为支持地方经济发展，面对现有的县域经济及市场竞争的严峻形势，紧紧围绕“强化对标、聚焦突破”不动摇的经营策略，立足本职，勇挑重担，创造性地开展各渠道工作，取得了一定的成绩。

【目标完成情况】 截至 2016 年底，偏关支公司共实现保费 2096.34 万元，同比增长 37.35%。个险渠道：期交保费实现 331.74 万元，同比增长 161.3%，十年期交 117.67 万元，同比增长 64.94%。银保渠道：实现新单保费 943.83 万元，同比增长 156.67%，其中实现期缴 35.98 万元，同比增长 47.27%，新组建一支 13 人的理财队伍。团险渠道：团险短险保费完成 66 万元，同时，新增接收 2015、2016 年城镇职工、2015、2016 年城乡居民大额疾病案件 395 件。1 至 9 月份理赔个险短险赔付 142494.83 元，31 件、团险 43743.71 元，49 件、长期寿险 390125.58 元，15 件、医保赔付 30000 元，15 件；保全股份受理 2401 件，集团 1602 件；收付费 2828 笔；契约长险 301 件，短险 34 件。其中为 57 名大学生村官办理了人身意外险和大病医疗保险，每人保额近 30 万；为 498 户近 1500 人计生家庭承保了国寿计划生育家庭人身意外伤害保险；为近 2000 名中、小学、幼儿园学生承保了学生险，为下一代的健康和茁壮成长撑起了保护伞；为全县近 446 位执法人员、385 人平安志愿者的人身安全和意外风险保驾护航；为全县近 1000 位老年人抵御银铃风险；为许多老百姓办理农村惠农小额保险；为偏关县广大贷款客户因意外导致还不起贷款解决后顾之忧；与各银行代理网点合作共赢，有效地分散业务风险，依法合规经营；为偏关县千家万户送去保险保障、送去爱心、送去温暖、送去人生理财规划，为偏关县经济发展及社会稳定起到了积极的作用。

【风险管控】 2016 年，公司在完善管理机制，强化执行力的严格要求下，将积极地贯彻落实党的路线、方针、政策及上级公司业务指导思想和各项中心工作，全心全意为人民服务。作为《财富》世界 500 强企业的保险公司，将继续为更多的家庭、个人、企业、单位、团体量身定制，以此更好地规避风险、规划人生，以充实每个家庭对子女教育、婚嫁、就业，及自身养老、疾病医疗、家庭意外等方面的保险需求，在风雨来临之前，送给他们一份保障，以满足客户未来对于风险的需求。

【廉洁自律】 2016 年，加强党风廉政建设，认真履行职责，带领公司全体员工增强事业心、责任感，端正态度、严守工作作风，遵守岗位职责，营造和谐、奋进的工作氛围。偏关公司全体员工充分利用各种会议形式，组织全体员工积极学习国家政治理论，培养的政治敏感力和廉政意识。面对保险市场竞争的日趋激烈和复杂的今天，公司认真贯彻落实上级公司纪检监察、内控合规、销售督查工作会议精神，以群众路线教育、“三严三实”专项教育为统领，以风险管控为核心，以监管法规为依据，规范管控流程，健全风险防范机制，为公司业务超常发展保驾护航。认真贯彻落实《中国共产党员领导干部廉洁从政若干准则》，要求广大党员恪守“务实、高效、廉洁”的理念，进一步加强自身建设，切实增强执行力，加大“懒、散、庸”的治理力度，带头执行各项廉政规定，清清白白做人、踏踏实实做事，坚决抵制和反对吃喝风、玩乐风、攀比风，树立阳光廉洁公司形象。同时按照市公司要求，严格落实党风廉政建设责任制，加强法纪法规教育，增强广大员工遵纪守法、合规经营的自觉性，坚持民主监督和重大事项集体决策制度，增强内控能力，有效防范和化解风险。

（郝利文）

旅 游

综 述

【概述】 近年来，偏关县委、县政府在推进全县经济社会发展中，坚持“旅游活县”战略，紧紧依托全国少有的长城、古堡等古军事防御体系，地道等近代地下防空作战体系，黄河、长城、黄土丘陵地貌自然风景等资源，坚持多元开发、点面开花的原则，全面加快旅游开发步伐，重点对老牛湾—乾坤湾—黄河水利枢纽—护宁寺—红门口地下长城“五大景区”进行布局规划和建设，进一步营造旅游事业发展的新起点、新繁荣。老牛湾村被财政部、文化部、住建部三部委评为山西唯一的3A级中国传统古村落。老牛湾景区被省政府批准为省级风景名胜区。老牛湾申请3A级景区评审工作正在积极推进。乾坤湾“一区八景”工程全面完工，并正式向游客开放。寺沟护宁寺“黄河风情游”景区一期工程已完工，二期工程正在规划推进。水泉红门口“地下长城”景区完成地道修复1650米，地上配套的水泉营古道、古牌楼、古戏台等建设已完成，红门口水泉营历史文化展、晋北地区民俗展和广场雕塑已全部竣工，即将向游客开放。旅游事业日臻完善，东线长城边塞游和西线黄河风情游旅游格局初步成型。旅游产业进入了一个健康快速发展的新期。

2016年，在偏关县委、县政府和市外事侨务旅游局的坚强领导下，忻州市老牛湾风景区管理中心（偏关县旅游服务中心）紧紧围绕旅游业提档升级、品牌打造、项目招商引资等任务，有条不紊地推进各项工作，按序时进度较好地完成了各项目标。全年共计接待游客119.7万人次，同比增长16%，实现旅游总收入13.17亿元，同比增长15%，实现了旅游工作的新跃升。

【景区（点）体制机制改革】 为进一步加强景区开发建设，进而实现旅游活县、旅游强县、旅游富县的目标，2016年11月22日市外事侨务旅游局局长杨松树深入偏关县护宁寺，寺沟长城、红门口地下长城景区实地调研，就偏关县文化旅游产业如何规划、宣传以及招商引资尤其是加快景区体制机制改革和创新上提出了针对性和指导性意见。2016年11月8日，县委、县政府专门召开党政联席会议，认真学习了省委、省政府景区体制机制改革创新文件精神，并结合本县旅游发展实际，研究制定了《偏关县景区（景点）体制机制改革创新实施方案》，明确了目标任务、时间进度、改革措施和工作要求。通过改革创新，推进“一景一策”。

旅游开发

【旅游规划】 2016年，老牛湾省级风景名胜区总体规划召开总规大纲征求意见座谈会，规划单位听取了各方面意见和建议，总体规划大纲已通过专家评审。

【旅游项目招商】 2016年，老牛湾风景区旅游开发项目、黄河·长城边塞风情游护宁寺景区开发项目、红门口地下长城旅游景区建设项目、偏关县关河口民宿度假村开发建设项目、偏关县老营堡—丫角山长城旅游景区开发建设项目、偏关县“长城·黄河”旅游公路建设项目已报市政府，进行网上招商。

【旅游项目建设】 2016年，黄河大峡谷景区项目建设进展顺利；水泉红门口地下长城景区南门剑楼已完成招标工作，展厅布置已完成验收，景区游客服务中心建设工作顺利推进；新建了寺沟护宁寺景区2座、改建老牛湾景区1座旅游厕所，完成了2016年旅游厕所建设任务，推动了全县“旅游厕所革命”，提升了旅游公共服务功能；老营至丫角山、丫角山至水泉的旅游公路已列入省政府道路投资计划，总里程38千米。

日常业务

【旅游宣传】 2016年，聘请内蒙古大自然影视公司拍摄了时长30分钟的偏关县旅游形象宣传片。9月，与黄河电视台合作制作了助力乡村旅游之石头博物馆老牛湾村、水泉村8000米“地下长城”、黄河长城在寺沟村并行等电视节目对偏关县文旅产业发展情况进行了专题报道。10月17日，与忻州电视台《关注》栏目合作制作了《偏关黄河风情游》《偏关长城边塞游》两期节目，充分展示了偏关县独特的黄河、长城特色旅游资源。12月13日，参加了由市政府组织的“心灵之舟、挺近广州”旅游推介会。

【旅游扶贫】 2016年，县旅游服务中心扎实开展乡村旅游扶贫工作，采取“精准识别、入户调查、建档立卡”等措施，以白龙殿、南场村等7个贫困村为重点，通过规划指导、结对帮扶等方式，帮助群众发展乡村旅游、致富增收，设计单位已完成项目设计，基础设施建设工作已全面开工。选派白龙殿、水泉村相关人员参加了省旅游局组织的乡村旅游重点村培训。

【旅游安全】 2016年，完善了游客高峰期和突发灾情、恶劣气候等特殊情况安全处置应急预案，加强了安全演练。完善和维护了景区危险地带、游览游乐服务、特殊旅游项目安全防护设施。对景区所有的安全警示标志、标识进行检查整改，确保了齐全、醒目、规范。着力抓好旅游市场专项整治工作，为游客创建优良旅游环境。通过全面摸底，对涉旅单位经营主体资格进行了重新审查，保证了经营主体资格的合法性；完善了“443”体系，明确了监管责任及企业主体责任，要求旅行社、景点等旅游企业明确具体的监管单位和责任人，建立监管档案，确保旅游市场整治到位；与旅游联合执法领导组成员单位建立了信息通报制度、联合执法工作制度、联席会议制度，旅游联合执法机制的建立，进一步推进旅游经营者守法经营、文明经商。

（王瑞）

教科文体

教　育

【概述】 2016年，在县委、县政府的正确领导和大力支持下，偏关县认真贯彻落实国家、省市《中长期教育改革和发展规划纲要》，按照“严管理、抓常规、重落实、促提升”的工作思路，紧紧围绕教育质量和学校安全两大主题，坚持改革与创新，推动了全县教育健康稳定发展。

【党风廉政建设】 2016年，从严管理学校收费工作，从严查处源于教育内部的乱收费行为，树立良好形象。制定出台了《偏关县教育系统资金管理使用情况监督检查工作实施方案》，用一个月的时间在全县各学校开展了民生资金管理使用情况专项检查，确保资金使用规范；严格执行财务会计制度，强化学校财务管理，提高经费使用效益；建立完善固定资产明细账，明确专人负责，将固定资产管理重点纳入考核管理；结合师德师风建设，认真开展廉政建设宣传警示教育活动，建立廉政风险防控管理机制，推动全县教科系统的党风廉政建设工作，创造了良好的育人环境；完善党风廉政建设制度，推进党风廉政建设工作制度化进程。层层落实党风廉政建设责任制，将党风廉政建设任务落实到人。

【中考、高考】 2016年，中、高考工作得到了县委、县政府领导和各成员单位的高度重视。在县招委的统一领导下，保密、监控、培训、监考严格规范，经过各单位的共同努力，高考、中考工作圆满完成，达到了平安考试、诚信考试的预期目标。偏关县今年高考考生950人，二本B类以上总达线103人，其中文史3人，艺文10人；理工79人，艺理7人，体理4人。特别值得一提的是应届生表现突出，大量中考分数低且底子薄的同学在高考中超常发挥，取得了优异的成绩。为了表彰偏关中学在高中教育中做出的努力，县委、县政府决定落实高考优质生达线奖100万元。偏关县今年中考考生共有973人，圆满完成了体育考试、信息技术考试和理化实验操作考试。全部实行网上报名、网上填报志愿、网上录取，确保了考试的公平公正。考取忻州一中42人，其中偏关二中40人、老营中学、偏关四中各1人。考取忻州十中19人、忻州附中22人、忻州实验中学26人、忻州一中新校区9人。考试成绩600分以上优生75人。

【校舍建设】 2016年，为高中、初中、小学三个学段的学校各配备了一个录播教室，新建的第三中学学生公寓楼已竣工，第四中学的教师周转宿舍进入装修阶段。按照县创卫工作要求，启动了水冲厕所建设工程，第二小学的水冲厕所已投入使用。天峰坪镇幼儿园主体工程已完工。偏关中学大门及道路硬化工程正在施工。

【教育扶贫】 2016年，教育扶贫承担着“阻断贫困代际传递”的重要使命。全县精准扶贫工作部署之后，我局高度重视，及时召开会议，精心安排部署，成立了以局长任组长的教育扶贫工作领导小组。制定了《偏关县教育扶贫行动方案》《偏关县2016年教育扶贫行动计划》，明确教育精准扶贫的时间表和路线图，将扶贫责任落实到具体人员、帮扶政策落实到具体学生。明确了教育局扶贫工作队长、教科局派出的“第一书记”工作职责。不断完善教育扶贫措施，积极开展进乡村、进学校、进家庭“三进”活动。全局下乡工作队员就教育扶贫工作进行了专题调研，进一步摸清了全县教育特别是贫困山区学校办学情况，提高了教育扶贫实效。局领导班子成员先后

5次深入柏林峁等所包贫困村，了解实际情况，与万家镇党委政府交换意见，共同规划精准扶贫项目，与村党员干部、群众座谈，把实施教育扶贫与精准扶贫工作有机统一。印制《教育惠民政策宣传资料》500份，广泛宣传教育扶贫政策。将扶贫户基本情况和下乡扶贫队员情况公开，实现挂图作战，涉及教育扶贫政策，全部以《家长告知单》和家长签字的《回执单》形式让学生家长明白其子女所享受的教育扶贫政策，提升其获得感，教育扶贫工作先后接受了国务院和省级专项检查。充分发挥教育扶贫在推进精准扶贫、精准脱贫中的基础性、先导性、可持续性、根本性作用。

（尤永宽）

偏关中学校

【概述】 2016年，偏关中学校在县委、县政府和上级教育行政部门的正确领导和支持下，以邓小平理论、“三个代表”重要思想、科学发展观和十八届五中六中全会精神为指导，以“办人民满意学校”为宗旨，学校教职员工辛勤付出，全校师生共同努力，各项工作都取得了较好成绩，学校的办学水平和办学层次得到了进一步提升，得到了上级领导的肯定和家长、社会的认同。

【班子建设】 2016年，学校高度重视支部工作，每次重要工作部署、重大活动，重要制度制定都要在支部大会上讨论通过。支部经常组织全体党员集中学习，把思想统一到党支部工作和学校工作上来。充分发挥了党员的先锋模范作用和基层党组织的战斗堡垒作用。学校班子成员有敬业精神、争先精神、创新精神；有诚心意识危机意识。班子成员做到了在以下方面：（1）严于律己带头树正气；（2）善管理不断学习，工作有针对性方法性策略性；（3）确立服务意识；把工作的精力集中到服务的对象上来；把工作的成效体现在育人上来。认真落实廉政目标责任制，主要领导负总责，其他同志按照分工，各自抓好职责范围内的党风廉政建设，坚持集体领导与个人分工负责相结合，层层抓落实，形成了齐抓共管的良好格局。学校将廉政建设作为对全体中层干部的业绩评定、奖励惩处、评优晋级的重要依据。力求达到让教职工满意、家长满意、学生满意。

【德育工作】 学校本着教书育人、管理育人、服务育人的宗旨，以师为本，以生为本，不断开拓德育新思路，提高学校德育整体水平。

1.逐步健全了德育网络。学校建立了以校长为首的德育领导小组，强化了以班主任为主体的德育队伍，聘请了法制副校长，努力构建了由学校、家庭和社区组成的一体化德育网络，初步形成了多方参与、齐抓共管的德育格局。

2.认真制订了德育工作计划，广泛开展以爱国主义教育、人格教育和行为规范教育为主线的德育教育活动，把丰富多彩的活动作为德育的有效载体，活动形式多样、丰富多彩，富有成效。课间放歌国文诵读经典、课前唱歌激励誓词活动、3月份高考班百日誓师大会，5月份毕业典礼，9月份开学典礼，11月份中华魂读书演讲比赛等。培育学校先进文化，提升学校文化品位。

3.加强了班级文化建设。教室的每一堵墙、每一个角落都成为育人的阵地，许多班级布置得整洁明丽、精巧细腻、富有个性，赏心悦目，成为形成良好班风的载体和平台。学校组织进行了评比。

4.促进校园德育环境建设。着力建设一支坚强有力的以班主任为主体、其他科任老师、学校员工的德育管理队伍。本学期继续实行了行政领导、值班教师不定时检查制度，做到随时、随地、随人、随事地对学生进行教育。

5.深入开展教育扶贫工作，本学期向建档立卡贫困户等在校子女508人退回全部学费，对上级扶贫资金全部按时足额发放。学校全年共资助贫困学生近1200名。

6.加强校园文化的导向作用，把德育功能有机地融入校园文化建设。教学区悬挂哲理漫画、经典教育、名校风采等文化内容的牌匾，在校园的醒目位置悬挂节日或主题活动标语，及时更换宣传橱窗、标语牌等，让校园的每一处都发挥育人的功能。2016年顺利通过省级文明单位验收。

【教学工作】 1.加强教师队伍建设。组织教师外出学习。定期选派骨干教师参加省级、市级的培训，组织高考班教师参加高考备考研讨会，假期参加了网络继续教育培训。

2.新教师的充实，增强了学校的活力。2016年学校招聘4人，充实紧缺科目实力。

3.实行新老教师师徒结对拜师活动，加快成长步伐；开展课堂教学大赛，老中青同台竞技，一批教坛新锐脱颖而出，壮大了优秀教师群体，促进教师素质和水平的整体提高。

4.细化常规管理、优化课堂教学。制定了教学常规要求和各科作业教案标准，对教师的备课、上课、作业布置与批改、辅导等教学环节进行了明确的规定。对教师教案学生作业盖章检查，对教师上课每节必查。

5.强化教研组建设，推进教研活动。以研究教材、学习新课标，优化教学过程为主要内容，认真进行学科教研活动，开展组内听评课活动，使我校教研活动特色越来越显明。

6.狠抓高考班教学工作。实行一系列管理制度和奖惩制度，充分调动教师的工作积极性。实行灵活机动的课时安排，实行高考班周六拉练考试制度，高一高二冲刺队周六强化制度。以考代练，以考代讲，以考促学。加强考试的反馈力度，定期召开协调会和分析会。2016年高考再创佳绩，总达线103人，稳居忻州市前列，特别是应届生文理达线31人，难能可贵。为此县委、县政府重奖全校100万元。

【设施建设】 2016年，学校新大门工程即将竣工，清心气派的新大门展现在全校师生面前，学校操场景观墙和校园硬化工程正在积极组织实施阶段。随着工程的进行，学校面貌将焕然一新。

【管理工作】 1.将全校卫生区按照图示进行划分，责任到班，责任到人，并且每日进行检查评比，节假日及各类考试期间安排专人进行卫生打扫。教室、宿舍、餐厅等学生聚集场所定期消毒，防止传染病的发生。

2.开展丰富多彩的文化体育活动以丰富学生的校园生活。如春季综合运动会、10千米徒步越野活动、拔河比赛、班级篮球赛、高一新生军训、毕业晚会、新年师生联欢晚会等，给学生搭建了充分展示自我的平台让每名学生感受到自我价值。

3.坚持早晨激情跑操活动，锻炼了体质，磨炼了意志。并达到了国家每天锻炼1小时的标准。

4.把安全教育工作作为学校工作的重点内容，坚持常抓不懈。学校每学期开学都与教师签订了安全教育责任状。学校、值日教师对学校安全工作进行定时检查，做好记录，作为考核班级的重要内容。

5.全校制定落实安全防范措施、门卫制度和巡逻制度，维护学校治安环境；定期排查安全隐患，把不安全苗头消灭在萌芽状态。

6.学校通过班主任例会、教职工大会、主题班会、专题讲座等形式对师生进法制安全教育。

7.进行全校师生紧急疏散演练。增强了安全防范意识、提高了逃生自救能力。

8. 加强了对学生公寓楼的管理，确保学生在校安全有序，高效的学习和生活。内务管理严谨有序，实行夜班值勤制度，做到文明、卫生、安全。

9. 一年来学校没有发生任何安全事故。教职员工各自在工作岗位上能认真履行职责，没有违反工作要求、操作规程；学校没有发生任何流行病疫情；依照有关法律法规，一年来没有发生应当由学校承担责任的任何安全事故。整个学校步入安全、有序、和谐、高效的运行轨道。

（张鑫）

偏关二中

【概述】 2016 年，偏关二中坚持“以生为本”的办学方向，坚持以提高教学质量为中心，树立“尊重教师、关爱学生、精细管理、追求发展”的教学思想。在打造高效课堂，提升教学质量，改善办学条件，推进校园文化建设，完善管理体系等方面，做了大量扎实有效地工作。

【队伍建设】（1）利用学期初的教师动员大会，学期中的每周例会倡导教师爱岗敬业、尽职尽责，使每位教职工都能与二中同进退、共荣辱；在请销假方面学校严格按照教科局文件精神，杜绝在编不在岗现象，严格教师请假制度。（2）加强教职工的思想教育力度，结合“两学一做”学习教育活动，认真检查，严格落实责任制，全校召开了关于“铸师魂、修师德、树师表”为主题的师德师风动员会暨承诺书签字仪式，会上强调坚决不允许任何教职工以任何理由向学生乱收费，坚决制止教师搞有偿家教，坚决制止教师向学生推销教辅书等乱收费行为，一经发现，将根据上级有关文件、《义务教育法》和学校的有关规定严肃处理，绝不姑息。 树立学校良好教育形象，为学生、家长、社会做实事，办好人民满意的教育。

【教学管理】 1. 深化教学改革，继续推行高效课堂教学模式。以课堂为主阵地，充分利用小组合作的学习模式，尽可能地把课堂变成学生激扬知识的舞台。教会学生学习，教会学生合作，教会学生探究，教会学生展示，向课堂教学要质量，对全体教师进行更有力的教学评价，努力提高教师的课堂教学水平。

2. 大力开展集体教研活动，搞活教研教改：（1）集体听评课按计划有序进行，活动后，除中心发言人外，全体听课人员都积极参与、发表见解、并做记录，使得活动次次有效果、人人有收获。本学期语、数、外三科教师按照教务处安排，在录播室进行了录课，此举有效地促进了教研活动的开展，也促进了教师业务素质的提高。（2）开展了校际交流，实现互通有无，互相借鉴，促进了教师教学技能的提高。期中考试我校与忻州六中、实验中学、附中、北方中学等兄弟校进行了联考，通过横向、纵向的对比，使得教师的教学工作有了奋进的目标。（3）积极配合教科局，做好国培。（4）学校注册开通了“教学资源库”，极大地方便了教师备课、学习，也使教师足不出户就了解了最先进的教学理念。

【政教与安全】 2016 年，进一步做好安全教育工作，切实加强对安全教育工作的领导。成立了以校长为组长，政教处、班主任为组员的学校安全工作领导组。本学期建立了定期检查和日常防范相结合的安全管理制度，以及学生管理、门卫值班、巡逻值班、防火防灾、食品卫生管理、防火安全管理、体育器材检查、健康体检等规章制度。并根据安全工作形势的发展，不断充实。严禁组织学生从事不符合国家有关规定的危险性工作，严禁教师个人利用假期（日）私自带学生外出。对涉及学校安全保卫的各项工作，都要做到有章可循，违章必究，不留盲点，不出漏洞。同时建立了学校安全意外事故处置预案、建立了事故处置领导小组，制定了意外事故处置预案。建立安全工作领导责任制和责任追究制。将安全工作列入各有关处室的目标考核内容，并进行严格考核，严格执行责任追究制度，对造成重大安全事故的，要严肃追究有关领导及直接责任人的责任。家校共管，部门联动。学校定期召开了家长会，成立了家长委员会，与学生家长签订了“安全责任书”“诚信协议”，明确了家长应做的工作和应负的责任。与门卫、各班主任、科任教师层层签订责任书，明确各自的责任。将安全教育工作作为对教职员工考核的重要内容，实行一票否决制度。做到人人管安全，人人有责任。为了进一步加强对学生思想品德、行为规范的教育，本学期，全校将县人民检察院，县公安局禁毒大队、县交警队、疾控中心、卫计局等单位确定为青少年素质教育基地。分别举办了“未成年人保护法”“珍爱生命，远离毒品”“交通安全知识”“传染病的预防与控制”“青春期健康教育”等知识讲座，对学生的健康成长起到积极的推进作用。充分利用班会、实践活动课、安全教育网络平台等多种渠道，对学生进行了生存教育、应急教育、自救互救教育，自我防身及其他有关安全常识的教育。“教室日记”的详细记载，加强了各科任教师对学生的管理。校园监控系统的全面覆盖，加强了课余时间的管理，学生的不文明行为得到了有效地遏制。“家访制度”的施行，使学校对一些贫困生、特殊学生的情况有了充分的了解，便于学校科学管理。

【校园文化】1. 2016年，学校积极响应县委、县政府“创建国家级卫生城市”的号召，投入大量资金、人力彻底改善了校园环境。认真开展爱国卫生、健康教育、病媒生物防治、控烟、等各项工作。

2. 文化建设出硕果。在全校师生不懈努力下，全校的文化建设硕果累累。筛选优秀学生作文、教师论文刊出了第44期《风华》。组织参加了第十二届全国青少年冰心文学大赛活动和第十三届中国青少年创造力大赛征稿活动。

3. 进一步美化校园，营造青春、健康的校园文化，通过校园宣传栏、板报、教学楼艺术长廊、教室、等文化建设，努力做到“墙壁地面会说话，花草树木也育人”，使校园面貌有大的改善，增强了师生的主人翁意识，展现了学校的精神风貌，张扬出学生的个性。

4. 实施多元评价，丰富校园文化生活。为了加强校园文化建设，学校在新年前精心组织开展了歌咏、体操、拔河、汉字听写、英语会话、中华魂演讲、百科知识竞赛等一系列丰富多彩的活动。全校组建的足球队，于7月13日代表偏关县到岢岚赛区参加了忻州市2016年度校园足球联赛，获得了优胜奖。

【扶贫工作】 2016年，为了认真贯彻落实中央、省、市、县关于精准扶贫工作的相关会议和文件精神，响应习总书记提出的“决战三年，摆脱贫困”的号召，配合习总书记把“精准扶贫”做到实处，我校对扶贫工作非常重视，进行再动员、再部署，专门派出以韩玉山书记为队长的扶贫驻村工作队，对扶贫工作真抓实干。工作队注重抓六个精准，即扶持对象精准、项目安排精准、资金使用精准、措施到户精准、因村派人精准、脱贫成效精准，确保各项政策好处落到扶贫对象身上。工作队队员们一年来急村民所急、想村民所想、盼村民所盼，采取结对帮扶；经常与农户交流、座谈等措施。还进行了“献爱心，送温暖”慰问活动，为农户送去衣服和大米，受到农户好评。

（李郁文）

偏关三中

【概述】 2016年，偏关三中在县委县政府和教育主管部门的领导下，全面落实各级教育部门工作要点，把创办大众化的教育作为宗旨，把提高学校的办学水平作为目标，把立德树人作为根本任务，把进一步提高教学质量作为重点，把转变工作作风作为重要保证，全面提升学校办学水平，加强教师队伍建设，同心同德、扎实工作、努力开创学校教育教学的新局面。

【教学现状】偏关三中办学历史比较短暂，1999年建校，从建校起一直在困境中奋争，尤其是优等生源上一直处于被动状态，即便这样，全校仍然取得可喜的成绩：2012年忻一中录取5人，2013年忻一中录取6人，2014年忻一中录取4人，2015年忻一中录取6人，但是2016年没有达忻一中录取线的学生。

【教学活动】 2016年，进一步改变领导班子工作作风；进一步完善、落实学校各项管理制度。今年新出台了《偏关三中关于在原<偏关三中教职工奖励性绩效工资考核办法>和<偏关三中教育教学目标责任奖发放办法>基础上的补充意见》；新出台的《修订意见》在考勤，工作纪律和师德师风等方面更加严格了要求；在总的管理制度下，进一步细化了各项配套制度。政教处出台实施了《偏关三中班主任常规工作考核办法》。教导处还将修订完善《偏关三中常规教学管理制度》，在“备、讲、辅、批、考”上创新完善，狠下功夫。试行大教研组校领导包组和毕业班校领导包班工作制度。使其深入一线，开展长期的学情分析，细化的优生培养，差生转化，整体的教风学风促进；进一步加强师资队伍管理和师德师风建设；进一步创新学生思想品德养成教育。让学生把做人放在做学问首位；开展丰富的校园文化活动，逐步进行全新的校园文化，优美的校园文化建设。周一的升国旗、国旗下的讲话已成为常态；各种读书活动，专题演讲不断开展；学校举行了丰富多彩的第二课堂活动，举行了跳绳、跳远、拔河、歌咏、体操比赛，组织学生积极参加各种征文活动；各教学班班风模式，学习园地很有创新意义。随着校园基建工程的完成，学校还将建设大型的校园文化墙，进一步改善校园的文化氛围；招生工作方面，在遵照上级主管部门文件精神的前提下，采取更加积极主动的招生方式；积极创建安全、和谐、诚信的校园。本学期学校结合本校实际，对校园内外安全进行隐患排查，加强对校园周边的整治力度。把安全的职责意识分解落实到各班主任和任课教师的工作中，让每一位老师树立安全的责任意识。学校定期出墙报、班级黑板报加大宣传力度。对交通、游泳、食品卫生、用电、防火等教育指导，教给学生进行自救、自护的基本常识。组织学生收看专题教育片和签名活动，开展遇到安全突发事件的紧急疏散演练等。进一步加强安全的教育工作，同时，学校在平时、假期都印发《偏关三中致学生家长的一封信》，借此提醒家长们配合学校做好安全防范工作；加强师生的法纪教育、加强学校综治安全，确保师生及学校财务财产的安全。

【党风廉政建设】 2016年，不断加强班子队伍建设，为党风廉政建设提供思想保障；切实提高全体教师的思想素质，把党风廉政建设推向纵深发展；进一步做好校务公开，充分挖掘党风廉政建设的深刻内涵。坚持推行校务公开制度，通过建立规范的校务公开栏，对教职工的评优选先、职称评聘以及教育经费的使用和管理等重大事项定期予以公布，自觉接受社会和师生的监督；通过召开校委会议、学校民主生活会、教师例会，对广大教职工关注的热点问题进行集体研究，民主决策，公开办理，自觉接受教职工的监督。

（高雪波）

偏关县实验小学

【概述】 偏关县实验小学地处县城内文昌庙街，其前身是明朝时的儋林书院，清朝乾隆八年更名为凤山书院，1987 年 3 月由城关完小更名为偏关县实验小学，是全省首批命名的示范小学之一。学校占地面积 8354 平方米，建筑面积 6121 平方米，学校共有 37 个教学班，2145 名学生，150 名教职工。

实验小学师资力量雄厚，全校现有省级骨干教师 4 名，省级模范班主任 4 名，省级教学能手 12 名，市级教学能手 24 名，教师大专以上学历 146 人，专任教师合格率 100%。实验小学教师素质过硬，敬业爱岗，连续多年被县委、县政府评为“先进单位”。

2016 年，遵照“办人民满意的教育”的办学思想，认真学习习近平总书记系列重要讲话精神，全面贯彻党的教育方针，全面推进素质教育，深化课程改革，与时俱进，不断探索，进一步完善学校可持续发展的新思路，从教育教学实际出发，开展校本系列活动，加强师资队伍建设和校园安全管理，不断提高学校的教育教学质量。

【政教工作】 2016 年，学校坚持育人为本、德育为先，把立德树人作为学校教育的根本任务，加强教师队伍建设和学生教育工作。紧紧围绕学校三年发展规划，不断改进工作方法，扎实开展德育工作。为了真正落实学校德育工作的首要地位，坚持正确的育人导向，学校构建立体式德育网络，充分调动师生的积极性，深入推进德育特色学校的内涵发展，提高德育工作的实效性。

【教学工作】 教学工作是学校的中心工作，教学质量是学校工作的生命线。 2016 年，学校在已有的基础上，进一步深化教改工作，完善样本系列活动，让教师真正成为教研活动的主人。学校教研活动采取集体活动与分散活动相结合的方式。分散活动的时间相对自由，由教研组长来组织，灵活多样，及时解决教学中存在的困惑。集体教研活动以年级组为单位，每学期每个年级组举行一次大规模的集体活动，教师讲课公开在同年级同科目范围内，有利于取长补短，更有助于本年级教师对教材教法的钻研，对教师的指导更具有现实意义。以年级组为单位，更能形成合力，打造一支又一支本领过硬、团结协作、谦虚好学的团队，团队精神的培养在潜移默化中得以进行。

学校努力提升教师教研教改理论修养，拓宽教师教学视野。继续推行走出去，请进来的方法，加强业务学习和经验交流。积极推荐教师参加上级组织的各种培训和学习，尽可能地为教师创造条件，加强与兄弟学校的业务往来，提高教师的专业知识、教学技能水平。

围绕提高教学质量这个中心，学校每学期都制定教学目标任务，各年级对目标任务向班级和学科教师进行分解，制定本学期教学计划。老师们向课堂要质量，大力进行教学改革，教师精心设计教案，合理安排教学的各个环节，利用好教材中所蕴含的思维发散点，充分展现学生的知识构建过程，培养学生乐思、善思的学习习惯，贯彻“先学后教，以学定教，自主学习，当堂训练”这一课堂教学模式。习题精选，题量适中，评讲及时，因材施教，重视学生的思想教育和学法指导，培养学生良好的学习习惯，关注学生的心理健康。

每个教学班利用课前二十分钟朗读、背诵《中华诵读读本》，汲取传统文化的丰富营养。良好的读书氛围，为学生终身发展奠定坚实基础。

实验小学在与时俱进中不断改革，不断创新，在改革中求生存，在创新中求发展。自 2011 年以来，立足学校的长远发展，开始试行了高低分段，公平编班。这项政策，为学生发展提供了更科学、更优化的教育环境，充分调动了教师的工作热情，提高了教育教学质量，体现了教育公平，赢得了社会的普遍赞誉。

【综治与安全】（1）成立了领导机构，做到机构健全，组织、制度、人员 “三落实”，职责明确，责任到人，工作规范。（2）认真落实责任书的各项工作任务和措施，严格考核，建立考核档案，学校结合实际对《责任书》进行分解量化，落实到班，年终进行考核总结。（3）加强宣传教育。按照学校制定的计划、制度，定时定期对教师进行师德师风教育和对学生进行安全教育、常规教育。学校认真做好会议记录，各类宣传资料齐全，学校将安全预防、学生应知应会安全防范做成专门的宣传展板，定期对学生展示，以加强学生安全常识的知晓率。（4）认真开展 “平安学校创建活动”。对学校重点部位落实人防、物防措施，定期对学校器材、房屋等进行检查，按时上报各种材料和报表；建立健全各类应急预案；各类安全设施、设备按规定设置，定期检查和维护，安全图示规范醒目，一年来，学校无火灾和交通事故、重大安全事故发生。（5）完善学生集合、活动等安全措施，确保会议、重大节日活动的安全，职责明确、分工到人，重点对上下楼防踩踏防滑工作做出详细规定，制定详细的措施。（6）重点防范，疏而不漏。学校采取的对策是：抓好大门的保卫工作；搞好实验室、办公室、图书室、体育室的设施、物品防范；建立昼夜值勤制度；把及时关闭门窗水电作为日常规范和班级管理的重要内容。

【党风廉政教育】 党风廉政建设的成效直接影响着学校的发展，深入扎实地开展学校党风廉政建设，是维护学校稳定、推动学校可持续发展的迫切需要。 2016 年，按照中央、省委、市委及县委的安排部署，以习近平总书记系列重要讲话精神为指导，全面贯彻党的教育方针，努力践行 “两学一做” 学习教育活动。在上级党委的领导下，结合学校工作实际，紧紧围绕学校工作中心，加强教师作风建设，加强学习和研讨，加强领导班子和领导作风建设，加强校务公开和廉政文化进校园工作，深入开展党风廉政建设的落实和监督工作，为全校教育教学的改革和发展奠定了坚实的基础，提供了强大的动力。

（王宽明）

偏关县教师进修校

【概述】 偏关县教师进修校 1977 年建校，现有教职工 41 人，其中编制内 38 人，借调人员 3 人，其中中职 25 人，初职及其他人员 16 人，办公室四间，会议室一间，内设机构为两个。

2016 年，在县委.政府的正确领导下，在县教育局的指导下，始终以党的十八大和十八届四中全会精神、邓小平理论和 “三个代表” 重要思想为指导，深入贯彻落实 “两学一做” 精神。全面贯彻党的教育方针，深化改革，加强管理，在全校教职工的共同努力下圆满地完成了各项工作。

【教研教学】 2016 年，学校组织一部分教师深入基层学校听课、送教下乡.搞教学调研。听课累计达 190 节，调研报告 30 多篇，通过听课评课、教学交流，使广大农村教师的教育教学水平有了很大提升，同时教师的业务能力也有了明显提升。有力地推动了偏关教育的发展。

【继续教育】 接受继续教育成为国家一项对

教师学习的终身制度，从2000年开始，每5年一个周期，到今年已进行到第四个周期，经过三个周期的运作，学校从机构设置、制度执行、档案资料管理、培训实施、考试组织等方面不断完善、日趋规范，形成了一套较为科学合理的运行机制。

【扶贫工作】 2016年，学校成立了以校长白先在为队长的下乡扶贫工作队，对水泉乡南海子，弓家贝两个村进行了帮扶，工作队全身心投入工作中去，认真走访、建立民情台账掌握实情，解决实际问题进一步统一思想，提高认识，采取有效措施，深入调研走访，全面把握村情民意，找准问题，分析原因，研究对策，理清思路，制定出切实可行的帮扶工作规划，为今后二年的驻村帮扶工作顺利、健康开展打下坚实基础。

（白先在）

科技工作

【概述】 偏关县委、县政府十分重视科技工作，于2015年12月出台了《关于加快推进科技创新的实施意见》，明确了“十三五”期间全县科技创新目标任务、工作措施，分解细化了部门责任，提出要建立完善“一把手抓第一生产力”的工作机制，为实现“十三五”期间全县科技创新工作提供了政策支持，营造了浓厚的科技创新氛围。2016年，全县科技工作继续围绕科技兴县战略，按照总体规划，进一步强化科技进步对经济社会发展的支撑和引领作用，积极发展现代农业，促进新农村建设；实施大项带动战略，促进经济又快又好发展；构建区域创新体系，提高自主创新能力；加快科技人才队伍建设，营造良好的创新创业环境；实施科技惠民工程，打造“民生科技”；加大科普宣传力度，提高全民科学文化素质；搭建公共服务平台，培育良好创新环境，各项工作取得明显成效。

【科技创新】 2016年，实施创新驱动发展，持续做好非煤产业创新发展，在新能源领域，抓住风电、光伏发电的示范应用，推进低碳环保技术推广应用。推动现代农业快速发展，扶持小杂粮、绿色无公害蔬菜、三关肉羊等特色产业开展创新研究，延伸农产品产业链条，发挥举龙头、带基地、连农户的作用。

【科技交流与合作】 2016年，针对企业发展过程中遇到的技术性问题，政府通过协调，为偏关县祥农饲料公司与山西农业大学建立合作关系，共同开展产品研发，该公司研发生产的分阶段饲料很受市场欢迎，实现了很好的生产效益，是公司与大专院校开展科研攻关联合的典范，助推了偏关县养羊业的发展。

【知识产权保护与转化】 2016年，鼓励、引导、帮助县域内单位与个人积极申报专利，在知识产权保护与转化方面大力支持。在专利申请方面，政府在政策上给予倾斜，为他们提供便利，专利申报资金由政府足额支持。益生元生物科技有限责任公司、晋电化有限公司、祥农饲料公司等企业在申报专利方面表现突出，较好地提升了企业的自主创新能力，不断扩大企业影响力，提升企业竞争力。鼓励、引导企业将专利尽快转化为生产力，专利成果转化率达到85%。

（尤永宽）

科协工作

【概述】 2016年，偏关县科协认真贯彻实施《科普法》《全民科学素质行动计划纲要》，围绕县委、县政府的中心工作，开展“树立科协新形象，开创科普工作新局面”为主题活动，团结动员全县科技工作者，与时俱进，开拓创新，为，提高全民科学素质，推进全县科技进步和科学普及，促进全县经济发展，做了应有的贡献，取得了新的成绩。

【基础建设】 认真实施《全民科学素质行动计划纲要》健全自上而下的科普工作机制。努力改善科普基础设施，2016 年在县财政资金非常困难的情况下，县委、县政府给县科协拨入 3 万元，建立农村科普信息栏 5 个，改善了偏关县科普基础设施滞后的现状，解决了偏远山区科普宣传不到位的情况。

【科普惠农】 2016 年，按照“积极发展，培养一个，带动一片”的工作方针，积极培养创建农村经济实体，带动全县农户应用新技术，推广新品种，为农民致富起到带头示范作用。培养创建了偏关县瑞丰圆养殖协会等 3 个农村专业技术协会、偏关县天峰谷子种植加工科普示范基地等 5 个农村科普示范基地。其中偏关县天峰谷子种植加工科普示范基地受到了中国科协和财政部的科普惠农行动计划奖励，奖励资金 20 万元。调动了全县广大农户种养殖的积极性，为农民增收致富起到了积极的示范带头作用。

【科普宣传】 2016 年，在县科技大集、农村传统庙会、全国科普日、全国科技周等，县科协组织全体工作人员以及部分协会的技术骨干进行了 10 余场大型科普宣传活动。开展了进社区、下农村、进校园等科普宣传，科普咨询。两年共投资资金 6 万元，出动大篷车 60 余次，发放各种资料 15000 余份，受益人数 20000 余人。

【科技培训】 2016 年，县科协会同县科技局、农业局、畜牧局先后在老营镇举办了设施农业技术培训班，在天峰坪镇举办了谷子栽培技术培训班。两年共举办各类培训班 20 余期。培训人数 1000 余人，购买发放实用技术书籍 2000 余册。在全县聘请了 80 余名大学生村官为农村科普员，并组织了专业培训，使之明确了工作职责，在各自岗位上向农民传播科普知识。

【科普教育】 2016 年，采取科普大篷车进校园，举办科普讲座、科普报告会、科技创新大赛等多种形式，开展了科普教育。开展“送科技进校园”活动，中国流动科技馆在偏关四中开展了体验科学—偏关县巡展，为期两个月，组织全县中小学生进行了体验参观，提高了中小学生的科学素养。创建科普示范学校，四中、第二小学被市科协、市教育局命名为“科普示范学校”。

【学（协）会活动】 2016 年，县农学会开展服务三农活动，深入乡镇农村，田间地头，给农民送去最新实用技术，在扩广农作物新品种新技术上下功夫，推广的张杂三号、十号谷子新品种在全县得到了农民的认可，仅此项技术给全县农民增收 500 万元。县医学会、护理学会积极开展学术交流活动，举办各种技能讲座、操作比武，并多次送医下乡，义务进行健康咨询、测血压等。

（陈秉珍）

气　象

【概述】 偏关县气象局始建于 1959 年，为正科级单位。现有正式人员 7 人，其中，参照公务员法管理事业编制 3 人，业务系统财政补助事业编制 4 人；编外人员 4 人。正式人员中，硕士研究生 1 人，大学本科 4 人，大专 1 人，中专 1 人；事业人员中有高工 1 人，工程师 2 人，助工 1 人。内设管理机构 2 个，即综合管理科（办公室）和防灾减灾科，为股级；直属事业单位 1 个，即偏关县气象台（偏关县气象观测站），副科级。气象局设局长 1 人，副局长 2 人，班子副职可兼任管理机构负责人。气象台（气象观测站）设副科级领导1人。

2016年，县气象局继续坚持以提高天气气候预测预报准确率和服务水平为中心，加强现代气象业务体系建设，拓展气象服务领域，全面提升公共气象服务能力，履行气象防灾减灾社会管理职能，通过广大干部职工的共同努力，各项工作稳步推进，取得了新的成绩。近年来多次荣获“服务地方经济建设优秀单位”，2014年到2016年连续3年荣获忻州市气象局目标考核优秀单位。

【综合业务】 2016年，不断提升综合气象业务能力，气象综合业务工作有了实质性的进展，基础业务质量保持稳定。将原来的测报业务、预报服务及防灾减灾工作综合起来，实施了气象业务综合一体化工作，重新合理配置人员，使整个工作更加科学、高效、合理。认真组织业务人员学习综合气象业务知识，积极参加省市组织的业务技能考试，培养一专多能的复合型人才。自动气象站、自动土壤水分站、GPS资料等观测数据传输及时率为100%，区域自动站数据传输及时率平均在99.9%以上。

【人工影响天气】 2016年，加强人影系统建设，积极开展人工影响天气工作。向山西省人降办争取了一套WR-9820A4 II型车载式全自动人工增雨火箭发射架，于5月上旬运抵本县，并安装调试正常，借县人武部车库一间存放。同时向县政府申请专项资金11万元，购置发射架专用拖车。密切监测天气变化，抓住有利时机，于5月13日进行了人工增雨作业，发射增雨火箭弹10发。

【公共气象服务】 2016年，坚持“以人为本、无微不至、无所不在”的气象服务理念，强化预报人员的能力建设，加强天气气候的监测，不断提高预测预报的准确率和精细化水平。充分调研、了解社会各界气象服务需求，针对不同的用户，制作有针对性的气象服务产品，即每日常规天气预报、旬月天气预测、冬季道路结冰预警、重要天气预报、春播期天气预报、植树期天气预报、清明森林防火天气专题预报、高考期天气专题预报、雨情专报、气候影响评价等，这些服务产品通过短信平台、手机、电话传真等方式及时送达服务对象手里。全年共发送各类纸质预报情报200余份，各类短信10万多条。发布暴雨、道路结冰、雷电、寒潮等预警47次，与县国土资源局联合发布地质灾害气象风险预警15次。以上各项气象服务内容为社会各界防灾减灾及领导决策起到了积极作用。

【预报系统运行】 2016年，加强设备维护，确保系统正常运行。电视天气预报制作系统自2015年7月正式运行以来，坚持每日制作传输，保证了全年365天同全县观众见面。分布于偏关县10个乡镇区域自动气象站运行正常，保证了县局能及时掌握各乡镇有关气象数据。2016年县降水异常偏多，达到了历史极值，汛期里，特别是重要天气过程来临时，气象局及时收集乡镇雨量，呈报到县有关领导手里，传递到有关部门，为各级领导防汛决策起到了重要作用。

【维护安全生产环境】 根据《中华人民共和国气象法》和国务院《防雷减灾管理办法》的有关要求，气象局认真履行在本级行政区划内的防雷安全监管职责。2016年上半年，与县安监局联合，对石油、烟花爆竹储存场所、建筑物、计算机信息网络系统等可能因雷电灾害而引发重大财产损失及人员伤亡的单位、场所开展了防雷安全检查，做到了监管到位、不留死角，对有关单位存在的事故隐患提出整改要求，为营造安全生产环境尽到了责任。

【气象科普及宣传】 （1）积极开展气象科普知识宣传。充分利用地方传统古会、农业科技大集以及“3.23”世界气象日等活动机会，组织职工向社会发放宣传资料，回答群众提出的问题，同时组织职工开展科技下乡活动；充分发挥县第二中学作为本局“气象科普教育基地”的作用，于3月24日二中学生150人，向他们宣传气象科普及防灾减灾知识，近距离感受气象科技的魅力。活动中，共发放气象服务宣传资料5000余份，气象防灾减灾宣传挂图600余份。（2）强化对外宣传报道工作。充分利用各种媒体，对外宣传气象工作，提高全社会对气象的关注程度。一年来，气象局职工积极投稿，其中在《中国气象报》发表1篇，在“中国气象局网站”发表2篇，在“气象客户端”发表1篇，在《忻州日报》发表5篇，《忻州晚报》发表3篇，在“万千气象”及“忻州在线”网站发表2篇。（3）积极撰写科技论文。高工彭爱国为第一作者在全国期刊《吉林农业》发表科技论文1篇。

【设施改善与扶贫工作】 2016年，县气象局争取到中央财政资金60万元，实施了机关的综合改造工作：接入了县城集中供暖；新建了水冲厕所、资料室及人工影响天气专用弹药库；改造了专用发电机房；维修改造了综合业务室及办公区；地面观测场实施了标准化改造。通过建设，使功能更加齐备，结构更加合理，工作、生活条件得到明显改善。同时，克服人员少、工作重的困难，认真完成县委、县政府交给的扶贫脱贫任务。派出一名同志担任碾子梁村第一书记，组成扶贫工作队到海子贝和李家山开展扶贫工作，完成了3个行政村、3个自然村的驻村摸底、建档立卡任务，为精准扶贫奠定了基础。

（彭爱国）

文　化

【概述】 偏关县文化广电体育局于2015年1月转变职能并更名为“偏关县文化局”。是承担全县文化、体育、文物、新闻出版和广播电影电视工作的政府组成局。内设综合办公室1个，下设文化市场综合执法队、文化馆、图书馆、博物馆和业余体校共5个单位及10个乡镇文化站。

2016年，文化局全体职工坚持以毛泽东思想、邓小平理论和“三个代表”重要思想为指导，认真贯彻落实党的十八大及十八届三中全会精神，按照县委、县政府和上级主管部门的要求，精诚团结、真抓实干、开拓进取，创造性地开展了各项工作，圆满地完成了全年工作任务，为构建和谐偏关营造了良好的文化环境。加强领导，深化组织保障，夯实工作责任，积极稳妥地推进文化系统各项工作向纵深发展。

【文化惠民】 2016年，文化局从繁荣城乡群众文化生活入手，全力实施基层公共文化服务提升工程，努力推动“文化惠民”活动在城乡的广泛开展。一是针对原文化馆活动大楼破烂不堪，存在较大安全隐患予以拆除的实际和县城至今没有一处室内健身场馆的现状，积极争取县政府划拨原汽车站搬迁后遗留空地给文化局，新建文化馆并全民健身中心。截至2016年底，文化馆并全民健身中心项目建设前期准备工作已全部完成（建设项目选址意见书、建设用地批准书、建设用地规划许可证、可研报告等），项目规划总用地面积5297.6平方米（合7.95亩），拟建设1栋3层文化馆及全民健身中心，框架结构，总建筑面积5254.1平方米，一层为全民健身中心，二、三层为文化馆。已完成项目申报工作，争取上级投资予以新建；二是重新垒砌了体育场北侧部分濒危围墙，清理了南侧破损围栏201米并重新进行了安装，亮化了2个篮球场地，同时针对部分紧临干线公路、人口规模较大的行政村健身器材破损且较为短缺的实际，采购45套健身器材进行了补充、更换；四是继续为农家书屋更新图书、订阅报刊，为行政村发放锣鼓大擦、表演服装，推动群众文化活动的开展；五是利用一年一度的“二月二”传统古会，组织各乡镇组队参加“二月二”街头文艺节目表演，工作人员不辞劳苦，认真负责，活动取得了圆满成功；六是组织了以“超越梦想”为主题的“唱响偏关”舞台艺术大赛及全民健身系列活动，与老体协、老干局共同组织举办了“九九重阳节”老年人娱乐健身系列活动，极大地调动了全县广大干部群众参与的积极性，活跃了群众的文化体育生活；七是“送戏、送电影下乡”活动，2016年度送戏下乡市级15场、县级75场，送电影下乡2988场、进校园117场，截至10月底已全部完成；八是开展了“倡导全民读书、共建书香偏关”读书活动，活动期间组织送图书下乡、进警营，丰富了活动内容；九是组织了10名农村文化志愿者分赴全县10个乡镇组建文化活动队伍并进行艺术指导，通过这些志愿者的不懈努力，目前全县各乡镇均已组建起人数不等的文化活动队伍并常年开展活动，部分乡镇的活动已辐射到周边行政村，这些文化服务的提供，既充实了农村文化娱乐生活，又激发了广大群众参与建设家乡的激情，并且发挥了引领示范作用。

【文物保护】 偏关县现有不可移动文物点433处，其中省级文物保护单位5处，市级文物保护单位8处，特别是县域内内外长城绵延252.6华里，拥有古堡29座，烽火台209座，不管是数量上还是价值上在全省都占有一定的位置。

偏关县委、县政府依托得天独厚的历史文化、自然资源，因地制宜、科学规划，下大力气挖掘地方特色文化，打造特色文化品牌。一是打造了西山护城楼景区，新建了万世德广场、长城碑林；二是以县域西边黄河峡谷为依托，打造了黄河风情游护宁寺景区；二是以北境、东境内外长城为载体，再现边塞军事文化特色，开发建设了红门口地下长城景区一期工程，同时谋划开通一条沿长城的旅游公路，现已立项备建。从保护历史文化遗存来说，一是继续推进长城寺沟段工程建设，积极上报国家文物局长城寺沟段修缮设计方案与预算文件，争取国家局予以投资修缮；二是隆岗寺修缮工程从上年9月份开工以来，2016年完成了正殿、台明修缮工程，天王殿、钟楼完成了木结构矫正、墙壁垒砌等基础性工作，工程进展顺利；三是针对偏关县南门城楼台基顶部排水槽空鼓、裂缝现象严重，加之8月份以来连续阴雨，西南角被雨水冲刷形成塌陷，亟待进行修缮的实际，及时组织进行了抢险性维修；四是推进“乡村文化记忆”工程，收集各类图片资料进行展出，目前已有5个乡镇文化站完成资料收集整理工作，其中万家寨镇、楼沟乡已开始展出；五是全力推进非物质文化遗产保护工作，完成了“踢鼓子秧歌”“炕围画”“三关泉醋”等五个非遗项目的资料收集、视频资料制作等工作，其中4个项目已获得市级非遗项目批复；六是完成了偏关境内所有长城资料汇编工作；七是募集社会资金23万元完成了护宁寺内54尊塑像工程；八是护城楼博物馆周末和节假日免费对外开放，开放期间吸引大量游客前来参观，截至2016年底累计接待参观人数达16000人次，弘扬了偏关的历史文化。

与此同时，不断丰富“中国文化遗产日、国际博物馆日”活动内容，积极开展了馆藏文物展、精品陈列展览等活动，最大限度发挥了文化遗产的文化价值。

大力推进本地历史文化研究整理工作，组织文史工作者投入大量时间、精力，深入研究，整理整合全县历史文化资源，出版了《偏头关历史文化》，为全县的文化建设找依据、建灵魂。

【产业发展】 偏关县文化市场中文化娱乐、互联网服务、图书报刊、音像制品、出版印刷等仍占较大的比例。加快推进文化市场准入和退出机制体制的改革，对丰富文化产品、繁荣文化市场有着积极作用。根据省、市、县政府关于行政审批制度改革的有关精神，县文化局对全局15项行政许可审批事项全部集中到县政务大厅，实行统一登记办理，简化和取消了一些繁杂过多的程序和不必要的附加条件，消除了文化市场准入阻碍壁垒，为市场准入和退出机制贯彻落实发挥了积极的作用。文化执法队伍建设常抓不懈，不断强化政治业务水平，先后组织、参加文化市场综合执法培训3次，停业、罚款处分一家互联网服务场所，为文明执法、规范执法与整顿文化市场秩序打下了坚实的基础。

县晋剧团和电影公司等单位改制后，妥善安置了所有在职及离退休职工，先后解决了38名农村电影放映员、11名乡镇文化站辅导员的工资待遇。在完善改革后续工作的同时，相继发展成立了“偏关县文化综合艺术团”“偏关县二人台艺术团”“九州影视文化传媒中心”等几个民营艺术团体，完善了法人治理结构。目前全县文艺演出企业公司化管理运行状况良好，并产生了良好的经济效益和社会效益。在转制工作的同时，我们积极探索新的发展思路，通过争取上级投资和对外招商引资，偏关县数字影院工程建设也在有条不紊地进行中。

【作风建设】 加强“两个责任”的落实，强化制度建设，规范干部的行为，做到依法行政。同时全力推进净化全县文化市场各专项行动，一手抓繁荣，一手抓整治，和市场管理、公安、消防等部门联合行动，在文化生产、文化交流、文化消费等各个领域和环节上重拳出击，打击各种违法违规行为，给人民群众创造了一个温馨、放心、健康、向上的文化环境。

（刘震伟）

【广播电视】 2016年，围绕中心、服务大局。在继续办好主档栏目《偏关新闻》的同时，抓好专题栏目的设置，充实和细化了栏目，及时宣传本县各行各业在加快推进转型跨越发展的鲜活事例，提振广大干部群众的发展信心。本着“美丽、纯朴、深厚、风情、发展、时代”十二字方针，紧紧围绕“自然风光、人文风情、经济发展和时代特征”的思路，大胆尝试栏目改版。办好《美丽中国》《法制中国》《娱乐30分》《纪实》《健康养生》五档栏目，让观众充分认识和理解变化中的中国，激发跨越山河、回荡天地的爱国之情，收到了良好的社会效益。

加强对外宣传，提高外宣质量。积极配合上级媒体做好对外宣传的同时，积极探索和研究新闻传播的规律，采取“走、转、改”的办法，深入基层、深入一线、深入群众，采取群众喜闻乐见的方式力求将身边发生的生动、鲜活的新闻事件，反映到新闻节目当中。新闻稿件在质量和数量上有了新突破。全年累计播出新闻稿件650多条，各类专题10部，建立训练有素的采编队伍，加大外宣力度、提升偏关知名度。强化管理，提供优质服务。制定了安全播出应急预案，成立应急分队坚持昼夜巡查，确保每一个光接点封闭严密、传输正常，全年未出现任何安全播出事故；加大公益广告的播出，全年累计达1200余条，为更好地服务全县经济和社会发展，实现广告经营形式多样化，提升广告附加值起到了积极作用；在农村地区实施直播卫星公共服务工程，全力做好维护工作，实现了广播电视由“村村通”到“户户通”；在全面完成中央广播电视节目无线数字化覆盖工程基础建设的基础上，稳步推进了无线发射塔整体建设，同时继续维护好丰台梁基站正常运行，确保了无线信号全覆盖。

（胡岩峰）

卫 生

卫生与计划生育

【概述】 2016年，偏关县卫生计生工作在县委、县政府和市卫生计生行政部门的坚强领导和指导下，按照保基本、强基层、建机制的要求，深化医药卫生体制改革，推进医疗卫生工作重心下移和资源下沉，推进基本公共卫生服务均等化，努力提升依法行政和依法治理能力，努力提升群众对卫生事业的满意度，为促进全县经济社会发展提供健康保障。

卫生计生机构改革和资源整合稳步推进。在2015年1月组建成立偏关县卫生和计划生育局的基础上，进行了相应改革。(1)优化配置了县、乡卫生计生服务机构和队伍，完成基层妇幼保健和计划生育技术服务资源整合。县妇幼保健机构与计生技术服务机构整合为“妇幼保健计划生育服务中心”；乡镇计生技术服务机构与乡镇卫生院整合，在卫生院加挂“妇幼保健计划生育服务站”牌子，接受县级卫生计生行政部门和乡镇政府双重管理。(2)健全和完善了乡级(县居民办事处)计划生育机构、队伍。乡（镇）和县居民办事处的计划生育管理工作仍由乡（镇）人政府和县居民办事处负责。保留乡（镇）、县居民办事处计划生育办公室。原乡镇计生服务站职能并入乡（镇）卫生院，编制并入乡（镇）农业综合服务中心，人员全部划归乡（镇）计生办。(3)村级计划生育服务室和卫生室同时保留，保留了计划生育专干。

全面推开县级公立医院综合改革工作。(1)加强组织领导，科学制定实施方案。县委、县政府于2016年8月，调整了偏关县深化医药卫生体制改革领导小组，由县长担任组长，政府办、卫计、发改、人社、财政部门领导任副组长，领导组办公室设在卫计局，局长兼任办公室主任。经县政府常务会议讨论研究，制定出台了《偏关县全面推开县级公立医院综合改革实施方案》，以卫计局、发改局、财政局牵头的相关配套文件已全部出台，从2015年11月1日开始，县级公立医院执行了药品零差率销售，诊疗、检验等收费按调整后的价格标准执行，县级公立医院完善药品集中招标采购制度，高值医用耗材通过省级采购平台网上交易。(2)认真测算，制定政府补偿机制。医改办组织专门人员，认真梳理三家公立医院近三年医疗收入和医疗支出情况进行了统计分析，县财政局出台了《县级公立医院改革补偿办法》，明确补偿范围，人员工资补助、公立医院大型设备投入等经常性补助。将医院补偿由服务收费、药品加成收入和政府补助三个渠道改为服务收费和政府补助两个渠道。取消药品加成政策后，县级公立医院销售药品的实际价格总水平要确保降低15%，实行零差率销售。医院由此减少的合理收入，通过调整医疗技术服务价格补偿40%，县财政增加投入补偿55%，医院加强核算、节约运行成本负担5%。继续推进县级公立医院药品(含高值医用耗材)“三统一”管理，基本药物使用比例不低于40%。人员工资保障由70%调整到80%。禁止县级公立医院举债建设，特别是集资购买大型医用设备。(3)科学调整医疗服务价格，建立公立医院运行新机制。按照“总量控制、结构调整、有升有降、逐步到位”的原则，合理调整医疗服务价格。医疗技术服务项目中的诊查费、治疗费、护理费、手术费价格上调13%，床位费上调 36%，新增加的费用全部纳入医保支付范围。医用设备检查、检验价格降低 10%。建立以成本和收入结构变化为基础的价格动态调整机制。（4）落实政府投入责任。县财政负责县级公立医院基本建设及大型设备购置、重点学科发展、人才培养、符合国家规定的离退休人员费用、政策性亏损补贴、承担公共卫生服务和救治、支农等公共服务的政府投入，规范诊疗行为和加强医院财务会计管理。在保障医疗必需的情况下，规范临床检查、诊断、治疗、使用药物、植（介）入类医疗器械和一次性医用耗材行为。根据省、市要求，结合实际制定年度控制指标。

进一步完善基本药物制度，做好常用药品保障工作。全县乡镇卫生院和村卫生室 2016 年 11 月底共采购国家基本药物目录和山西省增补药物约 494 万元，回款 334 万元，回款率 67.5%。县级医院共采购国家基本药物目录和山西省增补药物约 130 万元，回款率 100%。各定点医疗机构实行门诊、住院患者新农合直接报销，将一般诊疗费纳入报销范围。建立了规范性的基本药物采购机制，统一使用省级基本药物集中采购管理信息系统，统一实行网上招标，网上集中付款，集中供应配送。

【医疗服务】建立对口支援和县乡医疗单位合作关系，医疗服务质量管理持续改进。（1）认真实施对口支援工作。山大二院、阳泉市第一人民医院、西山煤电集团医院、忻州市人民医院对口支援偏关县人民医院，支援协议其已签订，中西山煤电集团医院、阳泉市第一人民医院下乡人员已到位，已在有关科室开展工作。县医院对口支援老营镇、万家寨镇、天峰坪镇、陈家营乡 4 所卫生院，抽调专业技术人员 12 名，分为 4 组实行对口支援，在与对口支援单位签订了支援协议的同时，各组专业人员都从 2016 年 4 月 20 日起分别进驻支援单位开展正常支援工作。（2）县人民医院、县中医院分别和 10 个乡镇卫生院签订了医疗联合体成员单位合作协议，形成业务协作、资源共享、技术下沉的医疗服务体系。完成 10 名乡镇卫生院院长、10 名乡镇卫生院业务骨干技能培训。按要求完成了全科医师转岗培训任务。（3）县人民医院全面启动实施临床路径工作。从 10 个专业筛选出 40 个病种作为临床路径管理运行对象，逐步推广至各个临床科室，40 个病种已全部实行纸质管理，2016 年 1 至 10 月共进入路径病例数 778 多例，注册进入中国临床路径网数据上报平台，及时上报数据。（4）县医院坚持“一切以病人为中心”积极开展优质护理活动。在原来内、外、妇、儿、感染性疾病科的基础上又开展了门诊科、急诊科，全院开展病房数达 100%，病人对护士满意度达 90%以上。（5）二级医院开展健教工作。采取集中培训，分科宣教，利用医护查房、科室集中学习等形式，将会议室、医师办公室、病房等场所形成讲堂，发放健康处方，充实医院宣教工作。

【公共卫生服务】 2016 年，卫生部门各相关单位协调配合，共同努力，全县公共卫生服务能力得到全面提升。

居民健康档案管理。截至 2016 年 11 月份，累计建立居民健康档案 110135 份，建档率达 95%以上。

免疫规划疫苗预防接种工作。2016 年，全县出生儿童 240 人，流动儿童 15 人，共计 255 人，建立预防接种卡 255 个，建卡建证率 100%，各类疫苗接种率以乡为单位达 98.93%。

孕产妇、儿童保健系统管理。3 岁以下儿童保健管理 9889 人，新生儿体检 2814 人，1-2 岁儿童体检3150人，3岁儿童体检3845人。孕产妇系统管理1194人，第一次产前随访1964人，第2-5次产前随访1919人，产后42天健康体检1956人。2016年为843名待孕妇女发放叶酸4995板；2016年底农村孕产妇住院分娩补助450人，补助率达100%。稳步实施农村妇女免费宫颈癌筛查工作。

重点人群规范化管理。65岁以上老年人规范化管理12902人，健康体检7941人；高血压患者健康管理8148人，随访7830人；糖尿病患者健康管理1596人，随访1504人；重性精神疾病患者健康管理475人，随访464人。

卫生监督协管工作。全年办理公共场所卫生许可证74个，其中住宿类34个，洗浴美容类17个，娱乐类8个，商店类11个，医院诊室4个。对28个中小学校开展了健康校园活动，完善了学校传染病防治等措施。发放健康培训合格证381个。对305家医疗机构进行了医疗监督，办理案件12期，罚款14500元，关停2家，限期整改7家。监督覆盖率100%，结案率100%。

传染病防治工作。加强地方病防治，认真落实了居民碘盐监测任务；加强艾滋病防治工作，对住院手术患者和产妇进行全面筛查，检测了所有羁押人员，未发现艾滋病感病毒染者和携带者；管理新涂阳结核病33例，有2例正在治疗。全年报告各类传染病82例，未发生传染病暴发流。

卫生应急工作。2016年，修订完善了《偏关县突发公共卫生事件应急预案》《偏关县突发公共卫生事件医疗救援应急预案》，并以政府文件形式印发，报市卫生局备案。7月份，在陈家营乡举行了一次突发火灾事故应急演练。县人民医院、疾控中心反应迅速、措施果断、相互配合、分工协作，加强了医疗卫生应急工作准备情况、应急响应、医疗救治、消毒隔离、流行病学调查、预检分诊等方面的处置能力。全年未发生突发公共卫生事件，全县传染病网络直报报告率100%，共报告传染病105例，无传染病死亡病例。

【爱国卫生】 2016年，紧紧围绕城乡环境卫生整洁行动、农村改厕、病媒生物防制、健康教育、卫生创建等中心内容，进一步建立健全新时期爱国卫生运动的长效机制，努力提高爱国卫生工作水平，切实改善城乡环境卫生面貌，有力推动了全县爱国卫生持续深入发展。

继续深入开展城乡环境卫生整治行动。县委、县政府站在全县经济社会持续发展的战略高度，提出了“主攻县城，辐射乡镇，带动村庄，城乡一体，全面推进”的城镇发展思路；把创建卫生城镇、改善人居环境、普及健康教育，以及城乡改水改厕作为和实施城乡爱国卫生清洁工程的工作之重；坚持“预防为主”方针，以健康教育为基础，以改善城乡环境卫生面貌、提升全民健康水平为目标，坚持政府领导、部门联动、全民参与、综合整治的工作原则，开展了“五大整治”的专项治理，县容县貌和城乡环境卫生有了明显改观。

全面推进农村改厕工作。结合创建卫生县城工作，同时加大改厕力度，围绕新农村建设城乡环境综合治理重点工作，按照因地制宜、整体推进的工作思路，积极推进全县农村无害化卫生厕所的建设。（1）制定了实施方案，落实分解了改厕任务。（2）进行了广泛宣传动员，让改厕工作做到家喻户晓，人人皆知，把干部职工的思想认识统一到改厕势在必行上来；（3）有效开展了农村改厕培训工作，保证管理和施工人员掌握技术、按规范施工，确保改厕达到预期效果，至2016年底，全县完成1754座农村无害化卫生厕所建设。

科学预防控制病媒生物。坚持以环境综合治理为主、化学消杀为辅的防制原则，采取突击消杀与长期治理相结合的办法，大力宣传发动广大群众全民参与，让群众了解“四害”的危害，掌握除“四害”的正确方法和科学的防治措施。确保病媒生物防治工作健康、有序、深入地开展并取得实效，有效降低了“四害”密度。

认真开展了第二十八个爱国卫生月活动。制定了活动实施方案，组织开展了以整治市容市貌、村容村貌为重点，以“灭蚊防病，健康你我”为主题的爱国卫生月活动。精心安排、广泛宣传，动员全县人民参与到此项活动中来，进一步加强了环境综合治理力度。

广泛开展健康和禁烟活动。县妇幼保健院积极以“健康教育进社区、进农村、进学校、进机关”为重点，采取组织展板、宣传咨询、发放传单、组织干部职工体检、开展了知识讲座等形式大力宣传健康教育课，加强了青少年的健康教育。印制了健康教育妇幼保健各类知识手册8200本，居民健康素养教育66条980本，卫生知识宣传折页1180本，各类防病知识传单14000份，卫生防病宣传光碟15套件，依托乡镇卫生院、村卫生室为全县农村家庭免费发放。并积极开展控烟宣传教育和无烟医院、无烟学校、无烟公共场所的创建活动。

切实保障城乡饮水安全。县疾控中心、卫生监督所结合全国农村饮水监测工作，不断健全农村饮水卫生监测网络，加大农村饮水卫生监测工作力度，要求供水单位应根据水点水源变化情况，及时调整卫生各项管理制度及操作规范，牢固树立生活饮水卫生安全职责意识，从而提高水源的末梢水的质量，保障了全县人民的生活饮用水的卫生安全。

【计划生育】 加强管理，科学发展，人口控制计划执行情况良好。截至2016年9月底，全县年度累计出生681人，人口出生率为5.82‰；政策内生育667人，符合政策生育率为97.94%；政策外多孩生育3人，政策外多孩生育率为0.44%。

免费孕前优生健康检查实现城乡全覆盖。截至2016年10月底，全县共有506对计划怀孕的夫妇完成了登记建档，有502对夫妇完成了健康检查及评估，完成任务数的100.4%。

计划生育奖励扶助及优先优惠政策得到落实。2016年，全县享受省四项奖励扶助的对象有1179人，享受农村部分计划生育家庭奖励扶助的对象有269人，享受特别奖励扶助的对象3人，奖励扶助资金累计达95万元。县卫生计生部门结合健康扶贫工作，积极协调新农合和县内各级医疗服务机构为计划生育特殊困难家庭开通了就医绿色通道，出台了一系列优先优惠政策。各相关部门相应制定出台了具体的计划生育优先优惠政策措施。

计划生育依法行政、依法管理全面推进。(1)按照省、市有关部门关于进一步加强党员干部计划生育工作的相关政策规定，进一步健全了党政干部再生育审批、公示、入档备案制度。同时，严格执行了违法生育的相关限制性措施。2015年10月份以来，全县共进行计划生育情况审核1066人次，有78人因违反计划生育政策规定，在“两代表一委员”推荐、干部选拔任用、先进个人评选和录(聘)用国家工作人员中受到“一票否决”。(2)依法规范社会抚养费征缴管理，认真开展了社会抚养费征收对象、征收金额、管理使用等情况的清理工作，进一步健全了社会抚养费征收管理等相关制度。截至2016年9月底，全县近二年社会抚养费征缴兑现率为59.54%。(3)改革计划生育服务管理，实行生育登记服务制度，推动生育服务证与母子健康手册、预防接种证等有机整合。改进特殊情形再生育管理，加强乡级再生育审批的督查和指导，全面推行网上办理、一站式服务和承诺制。（4）实现计划生育精准扶贫，维护群众计划生育合法权益。认真组织开展了计生家庭成员健康扶贫工程医疗救助保障对象的精准识别、摸底排查和建档立卡工作，全县共有独生子女户家庭数 670 户。开展了计生特殊家庭结对帮扶活动，并按要求落实了《山西省计划生育特殊困难扶助证》规定的就医、新农合报销等优惠内容实现精准帮扶。（5）全面实行政务公开、办事公开和村务公开，推动了阳光计生行动的深入开展。（6）认真组织开展了“关爱女孩行动”和打击“两非”专项查处活动，出生人口性别比偏高问题得到有效遏制。

大力推行流动人口服务与管理“一盘棋”工作机制。综治、公安、住建、民政、卫生计生等相关部门严格落实流动人口联席会议制度和联合开展督查制度，全年召开了二次联席会议，开展了 2 次联合督查活动。县流动人口计划生育管理站与周边及流向比较集中的 95 个县签订了流动人口双向管理协议书，加强流动人口区域协作和双向管理。各乡镇人口计生办借助全员人口信息管理系统网络平台，对全县 6720 名流动人口（流出人口 5156 人，流入人口 1564 人）的相关信息进行了互动交流和适时反馈，按要求完成了流动人口生育、节育等情况的动态监测任务。同时，增加财力投入，增强服务功能，扎实开展流动人口计划生育“三项工程”和“八免费”服务等活动，流动人口基本公共服务均等化水平得到明显提升，流动人口免费服务率达到 91%。

计划生育信息化建设和应用水平得到提高。（1）加大信息化建设投入力度。加强全员人口信息管理系统、计划生育考核评估上报平台、流动人口服务管理系统、利益导向信息系统、手机直报系统等业务系统建设，更新了硬件、配备了软件。同时，加强各级计划生育信息人员业务培训工作，提高了全员人口信息数据质量和相关信息协查反馈等业务交流及应用水平。（2）统筹卫生计生信息共享。加快推进了卫生计生系统内部信息融合互补，促进居民健康卡、家庭健康档案的数据对接应用，及时准确掌握孕期保健、住院分娩、儿童免疫、B 超、流引产、死亡等各项基本信息；加强了部门之间信息交流共享，增进与公安、民政、教育、人社、统计等相关部门的交流协作，进一步加强部门信息定期通报和共享机制，拓展部门信息共享领域和范围，完善人口基础信息共享平台建设，建立孕期保健、住院分娩、儿童免疫、户籍管理、婚姻登记、义务教育等多项信息共享机制，提升信息共享水平，切实减轻基层信息采集负担。（3）提高信息系统应用水平。加强信息化操作应用和统计分析培训，以建设促进应用，以应用促进发展。依托医疗卫生计生相关信息平台，突出加强孕情信息监测管理，健全孕情信息监测管理制度和服务流程，及时准确掌握育龄群众婚、孕、育信息，加强日常服务和管理。依托全员人口信息管理服务系统，加强分析和监测。依托计划生育基础信息共享平台，实现部门信息交流。依托流动人口信息交换平台，及时掌握跨区域流动信息和卫生计生基本公共服务信息。同时，严格落实计划生育信息实名登记，坚决查处漏登、错登和弄虚作假等行为，有效提高了计划生育信息的准确性和完整性。

健全完善了基层经常性工作机制。为全面贯彻落实《中共中央国务院关于实施全面两孩政策改革完善计划生育服务管理的决定》、新修订的《人口与计划生育法》《山西省人口和计划生育条例》，组织实施好全面两孩政策，深化计划生育服务管理改革，提高计划生育服务管理能力，县人口与计划生育领导组办公室出台了《偏关县计划生育基层基础发展年活动实施方案》，各级、各部门按照《实施方案》的要求组织开展了基层基础发展年活动。（1）加强宣传引导。充分利用广播、电视、报刊等大众传媒和乡村庙会、重大纪念日活动，组织制作通俗易懂的融政策、知识、服务信息为一体的计划生育宣传折页或小册子，因地制宜地开展进村入户的宣传工作等，广泛深入宣传和全面准确解读中央《决定》精神。同时，卫生计生部门加强舆情监测，主动回应社会关切，积极营造了良好的计生国策舆论环境。（2）加强技术服务。妇幼保健计划生育技术服务机构和从事计划生育技术服务的医疗机构大力开展了计划生育、优生优育、生殖健康服务，积极推进避孕方法知情选择，正确引导群众选择安全、适宜、长效为主的避孕节育措施。县妇幼保健计划生育服务中心全面实施免费孕前优生健康检查项目，认真开展出生缺陷综合防治，严格服务规程，确保服务质量，为努力提高出生人口素质提供了有效保障。（3）加强政策衔接。按照“新人新办法，老人老办法”的原则，继续严格落实了国家和省“4+2”计生家庭奖励扶助政策，实现民生普惠政策与计生政策的有效衔接。同时，积极创造条件，广泛深入开展创建幸福家庭活动和生育关怀行动，鼓励社会力量为计划生育家庭提供服务。（4）加强群众自治。继续深入开展了“计划生育基层群众自治示范县、示范乡、示范村联建联创活动”，2016年，全县共完成了省级示范村1个（水泉乡百草坪村），市级示范村2个（万家寨镇万家寨村、陈家乡陈家营村）；市级示范乡镇1个（天峰坪镇）；（5）开展了青春健康教育进校园活动。县计生协会深入全县4所初（高）中学校举办了青春期健康知识专题讲座，发放了青春健康图书手册3000余册，青春健康笔记本5000余册，并指导帮助各学校建立青春期健康图书角4个，为在校中学生正确认识青春期变化起到了很好的教育引导作用。

建立形成了计划生育综合治理体系。县、乡、村三级建立形成了“政府领导、部门指导、各方配合、群众参与”的综合治理体系，做到部门联动，齐抓共管，协调推进。夯实各级领导责任，坚持计划生育工作党政一把手亲自抓、负总责，一班人齐抓共管和一票否决的“三个一”领导机制；夯实相关部门责任，人口与计划生育领导小组及成员单位依法履行计划生育工作职责，发改、宣传、教育、公安、民政、财政、人社、编制、统计等部门主动与卫生计生部门进行联系和沟通，全面落实好部门计划生育工作任务，有效推动了各项计划生育工作任务的落实；夯实卫生计生部门责任，认真贯彻人口计生政策，扎实开展计生对象的摸底排查、出生人口的预测监测，严肃查处违法生育行为，深入调查研究，积极建议献策，主动协调指导，切实发挥了主攻手的作用。

【卫生扶贫】认真落实卫生扶贫政策，将因病致贫扶助人员纳入医疗服务重点管理对象，按照健康档案病种管理要求，开展有针对性的免费随访、指导康复等专项帮扶服务。（1）建立贫困户健康档案卡。根据病因、病情分类建卡、建档，使患病农民得到更好的医疗服务。（2）为贫困患者开通就医绿色通道，乡镇卫生院从2016年1月免除贫困患者门诊挂号费，县级医院从10月份执行。（3）乡镇卫生院和村卫生室医生与贫困人口或家庭已全部签订了服务协议。（4）认真实施县人民医院、县中医院对乡镇卫生院的稳定持续的组团式帮扶，提升优质医疗资源的下沉，着力在选派优秀管理人员、医务人员，加强对基层专科的帮扶和人才培养上下功夫，确保基层医疗卫生机构水平整体得到提升。

（胡新春）

偏关县人民医院

【概述】偏关县人民医院于1949年建院，位于偏关县城内龙华街，是全县唯一的一家政府公立二级综合医疗机构，担负着全县10个乡镇、11.6万人口的医疗、预防、保健和康复服务。五十余年来从小到大由弱变强，逐步发展成为现在较为先进的县级综合医院，1994年通过二级乙等医院的评审，2011年进入二级甲等医院行列。

医院占地面积12159平方米，建筑主要包括原住院楼一栋，面积3700平方米；医技楼一栋，面积3400平方米；门诊楼一栋，面积为2737平方米；住院综合楼一栋，面积为6878.92平方米；其他业务用房面积为607平方米；总建筑面积17323平方米。

医院共设置科室43个，其中临床科室18个，包括：内科（含心血管内科、神内内分泌组、呼吸消化组）、外科（含普外泌尿组、神外胸外组）、骨科、妇科、儿科、感染科、急诊科、门诊部、重症医学科、康复科、口腔科、体检站、精神科、眼科、耳鼻喉科、中医科、皮肤科、手术麻醉科。医技科室12个，包括：影像科（含放射和CT）、检验科、输血科、病理科、药械科、病案科、心电图室、超声室、内镜室、供应室、营养科、高压氧室。职能科室13个，包括：院办、人事科、医务科、护理部、院感科、信息科、防保科、档案室、财务科、保卫科、总务科、医保办、科教科。骨科和心血管内科为我院设置的重点专科。另设置院务委员会、医护质量管理委员会等专业委员会及领导组11个。

编制床位105张，现申报床位405张，实际开放床位135张。职工总数275人，其中正式在编178人，临时聘用97人。卫生技术人员221人，卫技人员占职工总数的80.3%，工勤及其他人员共54人。医师总人数74人，其中主任医师4人，副主任医师14人，中级职称27人，初级职称29人，各级医师比例为1∶3.50∶6.75∶7.25。护理人员总数110人，其中，主任护师1人，副主任护师10人，主管护师22人，初级职称人员77人，各级护理人员比例为1∶10∶22∶77。医师与护士之比为1∶ 1.49，床位与病房护士之比为1∶0.56。医技科室人员总数37人，其中，中级职称21人，初级职称16人。

主要设备有16匹德国进口螺旋式CT机、DR/X光摄像机、彩超、腹腔镜、C型臂、洗片机、B超、脑超、胃镜、多功能麻醉机、血球仪、全自动生化分析仪2台、过敏原免疫分析系统、电化学发光全自动免疫分析仪、酶标仪、血凝仪、衡温柜、救护车2辆以及按《医疗机构基本标准》配置的仪器设备，共计价值约1976余万元，能初步保证所开展项目的需求。

2016年，年门诊量52464人次，年急诊量9216人次；年出院病人4573余人；年手术病人662人次，年病床工作日274.6天，病床使用率75.02%；出院患者平均住院日为7.9天，病床周转33.9人次/年。年业务收入为2648万元。

【指标完成情况】(1)开放床位数135张；(2)病床使用率：74.92%；(3)门诊总人次：48046余人次；(4)住院人数：4187人；(5)出院患者平均住院日：7.9天；(6)全院实际占用床日数：33882天；(7)病历甲级率：98%；(8)处方合格率：96%；(9)入出院诊断符合率：98.5%；(10)手术前后诊断符合率：100%；(11)治愈率：60.4%；(12)好转率：36.1%；(13)病死率：0.6%；

(14)急危重症抢救成功率：91.3%；(15)无菌手术切口甲级愈合率：100%；(16)无菌手术切口感染率：1.35%；(17)病理诊断准确率：96%；(18)择期手术患者术前平均住院日：2天。

【急诊】 在2015年进一步规定急诊制度及管理制度的基础上，2016年完成了新急救中心的搬迁工作，使急诊急救工作进一步得到了规范，并进一步完善了急诊工作制度、值班人员职责、驾驶员10分钟内出车制度等，加强了急救操作技术的培训和急救知识的更新，同时加大了设备投入为临床抢救工作提供了良好的条件，今年1至11月份120出车600余次，急诊患者543人，抢救成功率92.3%，全年无一例“120”急救投诉举报，为广大人民群众提供了及时有效地医疗急救服务。

【药械】 2016年1至11月份，药品销售总额970万元，其中基本药物使用359万元，基本药物销售占药品销售总额的37%。

【后勤保障】 后勤保障人员增强了服务意识，提升了服务技能，克服了人少事多的诸多困难，2016年内先后完成了电源双回路供电的调试，污水处理的维修和运行，高压氧舱的水暖调试，旧住院楼的水暖改造，新住院楼的故障处理与试运营及搬迁工作。财务工作均按照国家有关方针政策规范进行，全年未出现失盗、失火、管漏、断电等意外事故，为临床一线提供了有力的保障。

【新农合】 2016年收住新农合患者2697人（不包括外伤患者）住院总费用966.5382万元，实际报销677.1558万元，报销比例达70.06%，住院分娩325人，降消补助补出9.7500万元。

【对口支援】 2016年，继续实施“万名医师支援农村卫生工程”项目，深入推进城市三级医院对口支援县级医院工作，山西医科大二院、西山煤电医院、阳泉市第一人民医院、忻州市人民医院各下派一名医师分别对医院的内科、普外科、骨科、妇产科、感染科、影像科进行了为期一年的对口支援；同时医院分别对新关、窑头、水泉、天峰坪、万家寨、老营、陈家营七个乡镇卫生院制定了医疗联合体工作，并严格按照既定实施方案完成了相关任务。

【医疗纠纷】 2016年全院医疗纠纷2起，投诉电话10余个，在此方面全院严格执行首诉负责制度，每接到投诉即首先和蔼接待，听取患者的投诉，安抚患者。及时向相关科室及医师沟通，了解事件经过，再给患者耐心解释。并事后督促相关科室、医师改进不足；并将结果上报院领导，做到投诉有接待，事后有总结，总结有改进，逐步改进工作，除较大的医疗纠纷外，均将问题解决在医务科。

【专业知识培训】 在全院专业技术人员的学习中，利用省、市公立医院对我院帮扶的大好时机，定期不定期进行专业知识理论讲课学习。并积极组织医院副主任以上职称的专家进行专业知识、传染病防治知识及心肺复苏等技术的培训。加强继续教育学分管理，2016年共有继续教育医通卡培训人员210余人，华医网络继续教育网学习卡185张，全院88%的专业技术人员完成当年学分。全年共派出进修人员3人，其中：省立医院骨干医师培训2人，市医院骨干医师培训1人，有力地提高了全院骨干医师技术力量。请进上级医院专家来我院举办学术讲座3次，并建立了网上CT诊断报告会诊平台，有效提高了全院的诊疗水平；共组织院内的业务培训和讲座共10余次，培训人员达210余人次；对进修结束回院的进修人员将学到的新知识、新技术很快应用到临床工作中，对提高全院的医疗技术水平起到较大作用。

【新住院楼搬迁及完善配套设施】2016年度内新住院综合大楼及急救中心完成了搬迁及配套设施的完善工作，使医院病床数由原来的105张提升到180张，极大地改善了医务人员的工作环境，缓解了患者看病难的问题，同时根据新住院楼的功能设置及2016年底各科室开展工作的需要配套了新的网络设备、高压氧舱、床、床头柜、层流手术室及部分医疗设备等，使医院的医疗服务能力有了质的改变。

【精准扶贫】根据山西省忻州市偏关县相继召开的脱贫攻坚大会总体精神和总体要求，从今年起至2019年的四年时间，对万家寨镇珍珠庄王村（含大元峁、小元峁、槐树庄王、阳坡上五个自然村）经过层层筛选的38户、107人贫困人口及破石槽村16户贫困户进行精准扶贫，根据县委扶贫工作领导组的统一部署，全院组织召开了专门动员会，认真学习党和国家及省、市、县精准扶贫工作的有关文件精神，深刻领会该项工作的重要性和必要性，由院领导班子成员带头并确定党员干部31人对54户贫困户进行一对一扶贫攻坚，责任到人，截至2016年底，31名党员干部已多次深入所帮扶的责任贫困户中了解情况、分析致贫原因，帮助制订脱贫计划等，底该项工作有序进行。

【医德医风建设】 2016年，在全院开展医德医风教育活动，工作中严把医德医风关，多次强调院领导和医务人员禁止收受患者礼金、红包，并要求全体党员、领导干部做出公开承诺。全年经自查落实，没有发现党员、领导干部收受礼金、红包现象。

（刘效龙）

偏关县中医院

【概述】偏关县中医院成立于1988年5月。医院占地面积约3000平方米，总建筑面积约2683平方米；单位性质：正科建制，财政补助事业单位。2016年单位编制人数：53人（管理人员4人，专业技术人员47人，工勤人员2人）。实际人数：43人（其中副院长2人，副书记1人）。

【新农合】县中医院新农合入院病人较多，我们做到及时为出院患者报销，尽可能满足人民群众的需求，为广大患者提供方便。

【队伍建设】县中医院与忻州市中医院签订了医疗联合体协议。并派出两名医务人员到忻州市中医院免费进修学习。

为提高农村卫生服务人员专业技术水平，加强乡镇卫生院服务能力建设，提高乡镇卫生人才和队伍素质，县中医院与水泉乡卫生院和尚峪乡卫生院签订了对口支援协议，组织有经验的医务人员到对口支援的乡镇卫生院，为当地群众义诊、体检，发放健康教育宣传资料，满足了广大人民群众健康体检的需求，受到人民群众的好评，也取得了较好的社会效益。

【精准扶贫】2016年，为楼沟乡柏杆寺村、韩家畔村的贫困户免费体检一次，并对柏杆寺村贫困户免费发放药品。在县委、县政府及乡政府的帮助下对两村的建档立卡的贫困户，每户给予羊五只、肥料30袋及危房改造等帮扶措施。免除建档立卡贫困人口在医院普通门诊挂号费，住院治疗费和床位费。

（郭强）

妇幼保健

【概述】偏关县妇幼保健站成立于1980年，1986年改名为偏关县妇幼保健院，开展妇幼保健工作和常规的妇科诊疗活动。按照卫生计生机构改革要求，2015年县妇幼保健院与县计划生育技术服务站整合为“偏关县妇幼保健计划生育服务中心”。县妇幼保健计划生育服务中心大楼位于县城龙华街与文华街交汇处东南面，北靠龙华街，南接居民区，东邻县疾控中心大楼，西至文华街。服务中心大楼始建于1986年，1987年7月正式投入使用，占地面积1800平方米，建筑面积1170平方米，业务用房面积850平方米。设置床位35张。

【健康检查】2016年度根据《母孕保健法》《托儿所幼儿园卫生保健管理办法》有关规定，我中心依法强化了幼儿园卫生保健工作。首先对县城10所幼儿园3-6岁2225名学生进行了健康检查，应检2270人，实检2225人，占应检人数的98%。2016年对10所幼儿园40名教师进行了健康体格检查，发放了健康合格证，同时，对托幼机构卫生保健状况进行了审查并发放了《托幼机构卫生评价书》。

【《出生医学证明》管理】2016年偏关县继续加大《出生医学证明》管理力度，实行领导把关，专人负责，证章分离，手续齐全，记录完整，规范发放，归档保存。根据省、市有关文件精神，全县实行了网络化管理，从源头上堵住了《出生医学证明》发放的漏洞。

【妇女保健】 按照“降消”项目有关要求，对全县孕产妇实行系统管理。2016年，全县共有产妇573人，建册358人，建册率63.93%，产检人数358人，产前检查率63.93%，产后访视人数403人，访视率72.35%。高危孕产妇159人，管理159人，高危孕产妇管理率100%，无孕产妇死亡。母婴阻断筛查：艾滋病、乙肝、梅毒筛查均为566例，结果为；乙肝表抗阳性8例，余均为阴性。

【儿童保健】 2016年，全县共有3岁以下儿童1648人，0-6岁儿童3946人，健康管理人数3461人，健康管理率87.7%。新生儿558人，新生儿访视232人，访视率41.6%。本地住院分娩557人，两病筛查544人，两病筛查率95.61%，听力筛查548人，筛查率96.13%。

【出生缺陷防治】根据偏关县2016年“出生缺陷防治”项目工作实施方案，今年偏关县发放叶酸片仍严格按照省“311”管理模式进行规范发放。2016年为835名农村待孕妇女和220名城镇待孕妇女发放了叶酸片，共计管理发放叶酸片人数1056人，发放叶酸片6346片，全年任务数1040人，发放率102%，完成了预定的工作任务。

【农村妇女宫颈癌检查】 2016年筛查了35-64岁妇女802人，上级预定任务数800人，完成任务总数的100.2%，圆满完成了预定的工作任务。此外，还对132名范围外农村妇女和城镇妇女进行了“宫颈癌”筛查。

【免费孕前优生健康检查】2016年，中心承担全县500对符合国家计划生育政策准备怀孕夫妇的孕前健康检查任务。截至2016年底，共完成孕前优生健康检查夫妇502对，完成任务数的104%。筛查情况：高危人群103人（其中男性51人，女性52人），占检查夫妇的20.6%。

【健康教育】按照省、市关于《中央补助地方健康素养促进行动》项目工作的要求，结合偏关县创建卫生县城的实际，制定了《2016年中央补助地方健康素养促进行动项目实施方案》，根据方案按规定时限逐项落实各项工作。2016年，充分利用传统古会和重点疾病的宣传日在广播和有线电视、学校、街道，广场等公共场所进行了妇幼保健知识、居民健康知识、传染病防治知识、慢病防治知识等一系列健康教育巡讲活动，并现场解答了现场群众提出的各种卫生保健、疾病防治等相关知识，期间配合相关单位发放了各类传单3万余份，宣传折页1000余份，全民健康教育手册5000余册。使广大群众的防病保健意识得到了很大的提高。此外，根据县创卫工作安排，在城区主街道和公共场所设立了健康宣传专栏30个，每两个月更换一次宣传内容，使全县群众对创卫工作有了新的认识。在控烟工作上，制定了偏关县健康教育控烟工作计划，成立了控烟领导组，完善了相关制度，督促各医疗卫生机构和各大公共场所，在办公场所和会议室都张贴了控烟标识，配合卫计局组织相关人员深入广场、学校、宾馆、车站等公共场所进行了控烟健康教育宣传活动，发放控烟健康教育宣传资料1.5万份，受教育群众1万多人。

（杨树堂）

疾病控制

【概述】 2016年，疾控中心认真贯彻党的十八大和十八届三中、四中、五中全会精神，深入学习习近平总书记系列重要讲话精神，紧紧围绕市、县工作总体思路和具体要求，各项工作齐头并进，取得了显著成绩。

【传染病防控】 2016年，全县各乡镇卫生院和卫生分院全部实现传染病网络直报，网络直报率达100%。至2016年底共报告传染病84例，无传染病死亡病例，报告发病率为71.7/10万。（全县总人口为117207人）。其中布病25例，肺结核7例，结胸1例，水痘1例，甲肝17例，乙肝18例，丙肝4例，梅毒10例，猩红热1例。

分别做了一、二、三季度的传染病疫情分析，并根据省市疾控文件精神完成了2016年传染病报告和质量管理（传染病漏报调查）调查工作。

未发生突发公共卫生事件，共报告11期突发公共卫生事件风险评估报告。

【艾滋病监测】 2016年1-11月份，VCT艾滋病HIV咨询检测者151份，对19名羁押人员进行了HIV抗体监测，结果全部为阴性；扩大筛查600人份，结果全部为阴性。高危人群干预50人，发放安全套250盒，发放宣传材料2500份。

【结核病监测】 2016年，应追踪结核病人26人，到位24人，到位率92.13%，其中涂阳3人，涂阴18人，未查痰5人，结核性胸膜炎5人。督导县医院3次、各乡镇卫生院2次。3月24日上午，在县城开展了3.24结核病防控知识宣传活动，并在主大街悬挂横幅，在文化广场设立咨询处、采取现场答疑等活动。本次活动共发放宣传材料6000份，悬挂宣传横幅2条，咨询群众达1000余人。

【鼠疫监测】 2016年，圆满完成了省市下达的2016年鼠疫监测任务。宿主监测，共布鼠夹1000夹次，捕鼠4只，其中子午沙鼠4只，平均鼠密度0.4%。媒介监测，共调查子午沙鼠155只，染蚤鼠14只，平均染蚤率0.9%；共获鼠体蚤22匹，最高蚤指数3匹，最低蚤指数0匹，平均蚤指数0.14匹。鼠巢蚤调查，挖有效鼠巢10个，其中1巢染蚤，获蚤2匹，染蚤率10%，平均染蚤指数0.2匹。血清学监测，完成鼠血清监测345份，其中子午沙鼠332份，大苍鼠4份，长尾仓鼠5份，鼠兔4份，血清化验结果全部为阴性。

【布病监测】 2016年，共接诊门诊病人328例，经实验室检查确诊阳性病人25例，其余303人为阴性。并在文化广场进行了健康安全宣传，发放传单5000余份，下农村发放干预包200份，筛查820人。

【碘盐监测】 2016年，在碘盐监测工作中，按上级方案要求，分别在5个乡镇20个行政村采取盐样，在每个行政村按东、西、南、北、中抽检15户居民用盐，全县共300户，每户采集居民用盐50-100克，采样时进行了半定量滴定。对上述300份盐样中，均按照国家GB26878标准，用直接滴定法测定碘离子含量（mg/kg），所检300份碘盐全部合格。

【综合卫生】 2016年，对全县居民的生活饮用水及重点工程的饮用水进行了监测检验，完成辖区生活饮用水74份，其中理化74份，全部合格；细菌74份，2份不合格。从业人员健康体检1027人，复检15人，查出谷丙转氨酶偏高7人，查出率为0.68%，合格率为99.32%。

对全县中小学校的结核病等传染病督导完成26所，并做出整改建议书。对负责传染病的校长、老师进行了传染病防控知识培训。

对城内10所中小学校的学生进行了健康体检，体检学生7510人，有力地促进了全县中小学生的身体健康。

【食品风险因素监测】 2016年，完成忻州市疾控中心食品风险因素监测工作计划任务，共完成各类食品采样、送样24份，食源性疾病监测完成146例，完成率分别达到109%和121%。

完成农村环境卫生监测5个乡镇20个行政村100个家庭的监测任务。并完成了20个点40份土样送样任务，其中土壤蛔虫卵检测阳性5份。

【免疫规划】 2016年，认真贯彻落实免疫规划策略和措施，继续做好适龄儿童各种疫苗的预防接种工作，进一步提高与巩固免疫规划接种率。

为加强对全县各级各类预防接种单位的管理、检查、督导和指导，继续保持我县无脊灰状态、无本地麻疹病例，偏关县卫计局、疾控中心分别与各乡镇卫生院、县城城区预防接种门诊签订了“2016年预防接种规范化管理责任书”，对全年的扩大免疫规划管理及预防接种工作进行了科学细化，做到“任务明确、责任到人”。

至11月底，全县共计出生612名新生儿童，建卡、建证率达100%。除乙首剂肝24小时及时接种率99.51%，其余疫苗报告接种率均为100%。

按照上级主管部门的要求，偏关县各乡镇级预防接种单位均能统一使用“中国免疫规划信息管理系统”平台进行免疫规划监测报告工作，并均能按时在平台上进行预防接种信息报告，未发现迟报、缺报现象。

【精神障碍患者信息】 截至2016年12月10日全县共报告严重精神障碍患者518例，其中在管患者448例，非在管患者11例，死亡41例，失访18例。通过对民政、残联、综治和公安部门的联系和信息沟通，到现在全县共有132名严重精神障碍患者在残联办理了残疾证。有13位患者通过社区、村委和民政部门配合，送至市荣军精神病医院进行了系统治疗，其民政部门和社会医保部门共救助和报销医药费51万元。并对严重精神障碍患者门诊治疗纳入了大病统筹范围。

【全民健康】 2016年，为响应国家卫生部提出的“全民健康生活方式”，推动我国全民健康生活方式行动工作，营造健康生活方式支持性环境，普及健康生活方式支持性环境建设。偏关县卫生和计划生育局于2016年11月15日下发了偏关县卫生和计划生育局关于全民健康生活方式行动健康支持性环境建设工作的通知（偏卫计函〔2016〕25号）文件。决定在新关镇卫生院建立健康小屋，确定偏关县第一中学为健康学校，山西省黄河万家寨水务集团有限公司教育培训中心为健康单位。

【全人群死因监测】 2016年，制定了偏关县死因监测工作，对本县各医疗机构和乡镇卫生院、分院进行了死因监测工作的培训和技术指导工作，2016年全县共报告死亡人数260例。

【下乡扶贫】 2016年，帮扶贫困户53户。

党员和中心领导干部带头，全中心职工共同参与，人人头上有责任。在中心主任杨海军同志的带领下，全中心职工多次到帮扶村，与帮扶对象对接，与贫困户座谈，谈党的扶贫政策，分析致贫原因，制订帮扶计划。中心主任杨海军同志亲自到韩昌沟慰问贫困户，给每户送去一袋面粉。在办公经费紧张的情况下，挤出资金为韩昌沟购买了一台磨面机和推米机，并与电力公司协商解决了米面加工用电问题，彻底解决了韩昌沟村民多年来本村没有粮食加工的困难。

【健康教育】 2016 年，利用“二月二”传统古会宣传艾滋病、结核病、碘缺乏病、布鲁氏菌病的防治知识，在各专项宣传日活动中发放各类传单、出动宣传车及利用广播电视宣传防治知识。在乡、村级防保人员、妇联人员中开展各项防治知识培训。

（杨海军）

社　会

民　政

【概述】 2016年，偏关县民政局认真贯彻党的十八大、十八届三中、四中、五中、六全会和习近平总书记系列重要讲话精神，牢固树立“以民为本、为民解困、为民服务”的理念，积极履行“解决民生、维护民利、落实民权”的职责，充分发挥“维护稳定、促进和谐、推进发展”的作用，上为县委县政府分忧，下为人民群众解愁，扎实做好社会救助、优抚安置、社会福利事业发展、社会组织管理、第二次全国地名排查等各项工作，取得了新的成效。

【社会救助】 不断完善社会救助体系，保障人民群众基本生活。

1.扎实做好救灾工作。2016年6月9日、7月4日和8月份，分别遭受风雹、洪涝等自然灾害的侵袭，造成农作物受灾面积11845万平方米，成灾面积10795万平方米，绝收面积3974万平方米。受灾人口23463人，造成农业直接经济损失9559.2万元。根据灾情，全县立即启动救灾三级响应，采取搭建临时帐篷，发放生活补助金投亲靠友等多种形式，将灾害损失降到最小，并及时下拨救灾款198万元，下发被褥1500套、下发毛毯2500条、棉衣裤2500套，确保了灾民的基本生活未出现非正常现象。同时立足长远，修订完善了县级自然灾害应急预案，切实提高了预案的科学性、针对性和可操作性。

2.城乡低保和补助水平提高。至2016年12月底，全县共有农村低保对象3931户，4904人，从2016年1月1日起，农村低保标准每人每月提标20元，由原每人每年2290元提高到每人每年2530元，提幅10.48%。从2016年12月1日起，保障标准提高到每人每年2855元，年终低保金全部发放到户。城乡低保支出1695.8万元，其中农村低保支出1089.24万元。

至2016年12月底，全县共有城市低保对象1891户，1920人，从2016年1月1日起，城市低保标准由原每人每月343元提高到每人每月363元，提幅5.8%，年终低保金如期发放。城市低保支出852.4万元。

3.城乡医疗救助工作力度加大。修订了《偏关县完善医疗救助制度全面开展重特大疾病医疗救助工作实施办法》，对城乡低保对象、特困供养人员、在乡不享受公费医疗待遇的重点优抚对象、符合条件的独生子女伤残死亡家庭以及建档立卡贫困户进行医疗救助，分资助救助对象“参保”“参合”、门诊救助、住院救助、大病关怀救助、重特大疾病病种救助等5中救助形式。2016年资助参保参合6844人次，资助资金63.79万元。其中参保2191人次，21.91万元；参合4653人次，41.88万元。重特大疾病共计救助1310人次，救助资金324.56万元。

4.临时救助。对具有本县城乡常住户口，因突发性、临时性事件造成家庭基本生活出现暂时困难的家庭，给予的资金或物质帮助，2016年由县局直接救助216人次，救助资金29.8万元，下拨乡镇救助资金76万元，由乡镇实施救助。

5.高龄老年人、失能老年人、残疾人享受补贴。对城乡低保家庭中80—99周岁的高龄老年人，每人每月给予高龄补贴30元，全县享受高龄补助的老人共计644人，全年发放补贴23.2万元，全部发放到户。100周岁以上老年人补贴由老龄委实施。对城乡低保家庭中60—99周岁的失能老年人，每人每月给予60元生活补贴，全县享受失能补贴的老人43人，全年发放补贴金3.1万元，全部发放到户。对城乡低保家庭中的残疾人，每人每月给予生活补贴50元。全县享受残疾人生活补贴951人，全年发放补贴57.06万元，如期全部落实到户。

6.孤残儿童享受补贴。孤儿是指父母双亡、查找不到生父母或一方死亡另一方失踪等事实上无人抚养的未满18周岁的未成年人。全县现有散居孤儿12人，每人每月补贴600元，按时足额发放。

【优抚安置】以全面落实优抚安置政策为基础，复退军人维稳工作有了新进展。

1.优抚政策落实到位。至2016年，全县有重点优抚对象486人，其中，退役伤残人员77人，在乡复员军人71人，带病回乡退伍军人178人，“三属”28人，两参人员14人。新中国成立前老党员36人，年满60周岁农村籍退役老兵91人，年满60周岁农村籍烈士子女27人。全年发放抚恤金495.9万元，义务兵优待金124万元，老党员生活补助金19.3万元。

2.“一访二查三服务”活动取得明显的效果。一访：组织专人进村入户，与优抚对象进行面对面交谈，了解他们的生产、生活和医疗保障情况，看他们对民政部门的工作方式、工作作风是否满意，有什么意见和好的建议，真正做到问情于民、问政于民、问需于民；二查：（1）检查各项优待政策是否落实到位，（2）检查伤残金、抚恤金、生活补助金等是否准确，是否能够及时发放到每个对象手中。进一步确保各项政策的落实和抚恤补助经费的规范化管理；三服务：重点为解决好优抚对象的“三难”（生活、医疗、住房）问题提供服务。

3.优抚医疗保障体系不断完善。为全县在乡重点优抚对象统一缴纳“新农合”参保金，并实行“一站式”医疗救助服务，救助金由医院先行支付按季到民政结算。优抚对象到医疗机构就医时凭证件优先挂号、优先就诊、优先取药、优先住院。同时，参保的优抚对象医疗费报销、卫生机构的优惠减免和政府的医疗补助一并进行，及时结清、同步落实，很大程度上解决了优抚对象住院报销难的问题。2016年享受大病医疗救助和“一站式”服务的对象累计达到150人次，救助医疗费27万元。为确保重点优抚对象的健康生活，一些疾病早发现早治疗，民政部门与县人民医院组成“送医药下乡”医疗队，为重点优抚对象进行健康检查，并现场按需发放了药品。

4.严格按照省厅标准，结合“双拥”工作要求，把义务兵家属优待金，全部列入财政预算，做到了按期足额兑现。切实解决了义务兵的后顾之忧，使他们能够安心服役，建功立业。从2016年新兵入伍开始义务兵家属优待金实行城乡一体化，每人每年给予2万元家庭优待金，西藏地区提高待遇。同时为立功人员和维和人员实行奖励，发放奖金近3000元。

5.符合安置条件的退役士兵全部安置，安置率100%。2015年度本县共接收符合安置条件的退役士兵11名，分别安置到县级财政全额拨款事业单位，现全部在岗。

6.圆满完成2016年度优抚对象数据核查工作。为实现优抚信息精细化、动态化管理，认真贯彻落实各项优抚政策，准确掌握优抚对象信息和自然减员情况。按照省厅、市局的通知要求，对全县10个乡镇、1个居民办全面开展优抚数据核查工作。为保障核查工作顺利开展，采取了多种方式进行核查。在规定时间内，通知每位核查对象到指定地点集中核查；对年老、伤残、行动不便的优抚对象上门到家中进行入户核查；对在外打工或其他长年外出者，采取视频或电话联系方式进行核查。

【社会福利和社会事务】 偏关县现有60周岁以上老年人10300人，其中五保对象875人。有敬老院2所，一所位于窑头乡罗汉坪，属县办敬老院，二层楼房，设计床位72支，实际供养56人，另一所位于天峰坪镇丰台梁，7孔窑洞，属镇办敬老院，实际供养7人。全县共计集中供养五保对象63人，集中供养率7.2%。

2012年，经忻州市发改局文件批复，在县城马家坡移民村新建偏关县社会福利服务中心，建筑面积4955.5平方米，设计床位150支，新建地上六层砖混结构楼房。经公开招标，该项目于2012年8月16日破土动工，拟于2013年11月底完成土建和装修，是一所集光荣院、敬老院、老年公寓于一体的养老服务设施。该项目预算投资994万元，经审计部门实际决算1069.5万元。到2016年，在按照设计标准完成土建和装修的基础上，招标、施工完成了加装烟感自动报警系统、自动喷淋系统和新建室外消防水池等工程，于6月份按照修订后新防火规范通过了消防验收，并通过政府招标采购程序购齐了厨房灶具、锅碗盆、餐桌凳、床、柜、热水器、电视等基本生活用品。经市编办批准成立“偏关县社会福利服务中心”，为全额事业机构，当年启动运行。

此外，老营等8个人口较多的村分别建成了8个老年人日间照料中心，可为在村居住的留守老人提供一顿午餐，只收取约5元成本费，实际全部运行。

【社会组织管理】 完成了全县9个社团、9个民办非企业单位的法人信用代码更换和年检工作，年检合格率100%，依托社会组织业务管理部门，加强了社会组织党的建设，新建党支部9个，覆盖15个社会组织，新发展党员6名，规范了社会组织党建工作。

【第二次全国地名普查】 国务院《关于开展第二次全国地名普查的通知》下发后，按照国家、省、市地名普查领导小组的统一安排部署，县人民政府于2014年9月成立了偏关县第二次全国地名普查领导小组，县政府分管民政工作的副县长任组长，县政府办副主任、县民政局局长任副组长，县民政局、县志办、县发改局等26个县级相关部门的负责同志为领导小组成员，全力以赴做好普查的各项准备工作。2016年6月15日在县财政资金十分困难的情况下，落实地名普查专项预算资金107万元。7月22日正式挂网，8月12日正式开标，山西迪奥普科技有限公司中标，8月24日签订服务合同，并开始普查。9月8日在县政府四楼会议室召开了本县第二次全国地名普查工作部署及业务培训会，9月10日至9月30日，协助中标公司完成了地名普查资料收集。10月18日确定全县普查目录共计3042条，相继完成了外业采集、和内业处理工作，年底前本县第二次全国地名普查任务基本完成。

（张再生）

人力资源和社会保障

【概述】 2016年，偏关县人力资源和社会保障局社局在县委、县政府的正确领导和市局的精心指导下，以“民生为本、人才优先”为工作主线，抓好以统筹城乡就业为重点，强势推进社会保险覆盖率，健全社会保障体系，发展和谐劳动关系，狠抓工作落实，各项工作取得明显成效。

【劳动就业】 紧紧抓住就业这个民生之本，以培训为抓手，以提高就业能力为前提，以转移就业为目的，逐步做大做实就业工作。（1）全面落实更加积极的就业政策。2016年城镇新增就业1553人，技能人才培养400人，新增高技能人才35人，城镇失业人员再就业培训500人，农民工职业技能提升培训1600人，新成长劳动力培训300人，农村劳动力转移1341人，上述7项指标均完成任务数的100%；城镇登记失业率控制在了4.2%。（2）健全完善促进就业创业体制机制。偏关县华源农贸市场创业孵化基地成功申报省级创业孵化基地极大地缓解了全县的就业压力和就业资金不足的状况，对今后全县的就业创业工作将起到积极的带动作用。

【社会保险】 认真贯彻落实《社会保险法》，按照广覆盖、保基本、多层次、可持续的原则，着力消除制度盲点，加快构建覆盖城乡居民的社会保障体系。2016年，全县企业养老保险参保人数5732人，完成任务数的100%，征缴保费3774万元，完成任务的125.8%。职工医疗保险参保人数19203人，完成任务数的100%，征缴保费2677万元，完成任务数的129%。生育保险参保人数8300人，完成任务数的100%，征缴保费141万元，完成任务数的174%。机关养老保险参保人数4611人，完成任务数的100%，征缴保费3088万元，完成任务数的280%。城乡居民养老保险参保人数4.96万人，完成任务数的100%，征缴保费483万元，完成任务数的106%。失业保险参保人数7407人，完成任务数的100%，征缴保费418万元，完成任务数的167%。工伤保险参保人数9200人，完成任务数的100%，征缴保费150.5万元，完成任务数的100%。

【人才队伍建设】 （1）构建科学配套、严格规范、公平公正、充满活力的人事人才管理体系。2016年，面向社会招录公务员14人、事业单位人员68人、“三支一扶” 志愿者4人，安置退役士官11人，做到了公开、公平、公正。（2）完成了全县机关事业单位工作人员增资工作。严格贯彻落实省厅有关增资文件精神，对全县各机关事业单位工作人员工资进行了调整、核算和发放，平均每人月增加300元。（3）完成了新农合和居民医疗保险整合工作。按照山西省人民政府办公厅《关于全省新型农村合作医疗机构整体移交人力资源社会保障部门的通知》精神，于2016年11月完成了对农村新型合作医疗保险机构的整体整合工作。

【构建和谐劳动关系】 2016年，全县企业劳动合同签订率98%，企业集体合同签订率89%，劳动用工备案率91%，劳动保障监察投诉举报案结案率100%，劳动人事争议仲裁结案率100%，县级农民工应急周转金200万元。在信访和维稳方面，人社局全年接待各类信访事项11件，对每件信访事项都本着对信访人高度负责的态度，由专人接待，责成所室部门寻找有关政策依据，及时给予解决答复，对一时无法处理的信访事项，接访人员向信访人耐心地做思想和解释工作。全年未发生越级上访和群体性上访事件。

【服务脱贫攻坚】 2016年，县人社局在抓好部门本职工作的同时，承担县陈家营乡常家窑、张家山两个贫困村和高家湾、陈家营两个非贫困村的脱贫攻坚任务，及时组建了由一名副局长任组长的3人下乡工作队，派出2名党员干部分别担任常家窑村和张家山村第一书记，同时还成立了由副科以上领导干部担任包村组长、各所室工作人员人人包户的下乡工作组，落实脱贫攻坚工作。针对贫困村和非贫困村的村情状况，与村干部认真研究制订了2016-2020年整体脱贫规划。对各村的贫困户认真分析了各自的致贫原因，制订帮扶措施，通过跑项目、要资金来实现贫困户真正意义上的脱贫。在做好全县精准扶贫工作中，认真落实新农合门诊慢性病特殊补偿、住院重大疾病特殊补偿、大病医疗商业保险等优惠政策。全年门诊慢性病报销补偿75户，涉及人口75人，补偿金额16.7万元；住院费用报销162户，涉及人口369人，报销费用26.9万元；孕产妇住院分娩19人，报销费用1.4万元；精神病患者7人，报销费用2.7万元；20种大病补偿2户，涉及2人，补偿金额3.6万元。完成了对458户“建档立卡贫困户”的技能培训任务。同时，节省本单位日常办公经费支出，对两个贫困村分别拿出2万元用于帮助脱贫。2017年元旦期间，通过全局人员捐款的形式对所包村的特困户进行了慰问。

（郑星）

残疾人工作

【概述】 2016年，偏关县残疾人联合会紧紧围绕全县工作大局，转变作风，凝心聚力，狠抓了党建工作，积极开展“两学一做”学习教育，一手抓精准扶贫工作，一手抓党和政府关于发展残疾人事业各项政策措施的落实，基本完成了年初确定的各项目标任务。

【残疾人康复】 2016年，为6名肢体残疾人安装了普及型大腿、小腿假肢，为4名听力残疾人配戴了助听器，为285名残疾人发放了辅助器具。至12月底，为2956名各类残疾人办理了第二代残疾人证。

【残疾人扶贫】 2016年，继续实施基层党组织助残扶贫工程。在各乡镇党委的配合下，县残联确定15名有脱贫基础和致富愿望的残疾人为助残扶贫对象，由所在村党支部实施结队帮扶。每位残疾人享受省市县残联投入的启动资金各1000元。着力推动助残扶贫对象以发展特色种植业和规模养殖业为脱贫突破口，把扶贫与扶志结合起来，把输血与造血结合起来，把短期脱贫与稳定脱贫结合起来，帮扶他们逐步实现同步小康。8月，为15名扶贫对象举办了农业实用技术培训，使其基本掌握了科学养殖、疫病防治等相关知识，为残疾户通过实施小型项目实现既定脱贫目标奠定了基础。

【残疾人服务调查】 2016年，为进一步做好残疾人基本服务工作，按照国务院和省市残工委的统一部署，全面开展了残疾人基本服务状况和需求专项调查。成立了分管副县长担任组长、13个相关部门负责人为成员的专项调查领导小组，制定了实施方案，确定了由各乡镇乡镇长和居民办事处主任为第一责任人、乡镇和居民办事处残联理事长为直接责任人、大学生村官参与的工作机制。县、乡、村层层签订了工作目标责任状和保密协议。在做好准备工作的基础上，于11月26日至27日承办了忻州市全国残疾人基本服务状况和需求专项调查偏关县调查员培训会，由接受过省级培训的市县两级6名调查员对全县90余名调查员进行了培训，并开展了现场模拟入户调查，使全体调查员基本熟练掌握了入户调查的程序、方法和技巧。然后开展进村入户调查，确保2017年6月底前完成全部工作。

【重度残疾人护理补贴发放】 2013年12月3日，省政府第31次常务会议决定，建立重度残疾人护理补贴制度，发放一级重度残疾人护理补贴。2016年把发放范围扩大到持有二级残疾人证的重度残疾人。按照省市要求，县残联在核清底数的基础上，与县财政、人社部门联合发文，做好了发放重度残疾人护理补贴的准备工作。经认真核查，截至2015年12月31日，已发放第二代残疾人证的、符合领取护理补贴标准的一级、二级残疾人共1065人。2016年12月，符合补贴标准的重度残疾人已经全部建档立卡，并通过银行卡把护理补贴发放到了重度贫困残疾人手中。

【宣传工作】 2016年，为凝聚力量，营造全社会扶残助残的良好氛围，县残联通过就业宣传月、全国助残日、残疾人文化周等活动，广泛宣传党和政府发展残疾人事业的一系列政策和措施。丰富多彩的宣传活动，使党和政府关于发展残疾人事业的政策措施基本家喻户晓，全社会关注残疾人，帮助残疾人蔚然成风，为逐步实现残疾人同步小康打下良好基础。

（王晓鹏）

老龄工作

【概述】2016年，偏关县老龄办立足部门实际，认真接受市老龄办的工作指导，积极学习贯彻习近平总书记推动老龄事业全面协调可持续发展的讲话精神，结合全县“两学一做”学习活动的逐步推进，老龄办转变作风、认真履职、加大宣传力度，为偏关的老龄工作尽心尽力。

【依法履职、优化服务】2016年，老龄办围绕县委政府工作大局，以开展“两学一做”为主线，依法履职、优化服务，加大与各涉老单位的联系力度，全面贯彻执行《老年法》，落实党和国家对老年人的惠民政策，热情接待老年人，认真开展了涉老政策、法律咨询活动。全年共接待老年人来访咨询老龄政策15人次。

【积极宣传】发挥老龄办协调联系作用，积极与政府办、人大、县新闻办、电视台协商沟通，为老龄工作做好宣传。（1）宣传《中华人民共和国老年人权益保障法》和新修订的山西省实施《老年法》办法，并在政府大楼电子屏、县电视台连续播放宣传。在新闻办网站上和微信上刊发《偏关县老龄委主动开展工作为老年人服务》的文章。（2）宣传尊老敬老、好人好事。今年以来，老龄办精心选用退休教师范荣、原县广播局退休职工郝建华为老龄工作义务宣传员，多次支持鼓励他二人深入社区、农村、家庭采访先进个人、为老服务的先进集体和孝亲敬老的模范个人以及老有所为的老年人。截至2016年底共有《退而不休真诚奉献的老干部张吉珍》《老革命燕俊岁月峥嵘著人生》《偏关组建阳光合唱团》等10余篇通信新闻刊登在山西新闻网、忻州老年杂志、生活晨报上。多年来，偏关从县城到乡下涌现出不少孝亲敬老的好同志，柴焕青、张贵平、王二转、崔爱琴等以实际行动做到了思想上尊敬老人，衣食起居上照顾老人，生活零用上宽待老人，生病就医上护理老人。在老龄办的主导下，对她们的模范行动进行了多方面的宣传报道，向全社会传递了正能量，倡导了尊老爱老的良好风尚。

【“敬老月”活动】为弘扬中华民族尊老敬老的传统美德，2016年，老龄办精心制定了切实可行的“敬老月”活动实施方案，并以文件形式下发全县各乡镇、各相关单位50余份，取得了他们的高度重视并积极组织实施。全县在活动期间开展了丰富多彩的全民健身展示活动，全县9支代表队参加了此项活动。

【银龄御险】 2016年，投保费增加到100元，老年人认可度低，单位出资没有政策依据等不利的情况下，老龄办积极联系有能力的单位和村民委员会为老年人投保，截至2016年底已有突破。陈家营乡八柳树村为全村60—80岁老年人共计29人投保2900元，城区居民在老龄办和人保的大力宣传下已有154人投保，投保额5260元。相应赔付了5804元，及时地为老年人的意外伤害起到了保障作用。

【办理老年优待证】2016年为全县老年人办理老年优待证252本，其中红本84本，绿本168本，截至2016年底，90%的老年人领取了老年优待证。据统计全县60—80岁老年人13453人，80—100岁老年人2330人，其中失能老年人 445人，半失能老年人524人。

（范慧娟）

乡（镇）概况

居民办事处

【概述】偏关县居民办事处于2004年经原城关镇居民委员会改制而成，主要承担县城内非农人口的服务管理工作，县城内现有常驻非农人口1.19万户、2.93万人，农业人口1.3万人。下设五个社区居委会（东门、南关、十字街、教场坪、新城），设有1个党工委，5个社区党支部。

偏关县居民办事处为参照公务员法管理的全额拨款事业单位，加挂了“偏关县城镇居民社会管理中心”牌子，机构规格为正科级。核定编制数18人，实有人数18人内设综合办公室、人口和计划生育办公室、民政办公室。主要职能为：宣传和执行党的路线、方针、政策和国家的法律法规，开展多种形式的社会主义精神文明建设活动，做好党的基层组织建设工作；做好城镇居民的管理和服务工作；做好居民的低保工作，拥军优属、社会救济等基层社会保障工作；落实人口计划指标，加强流动人口的计划生育管理工作，搞好计生工作；加强社会治安综合治理，做好外来人口管理、青少年教育和武装工作，维护社会安定团结，保护老人、妇女、儿童和残疾人的合法权益；做好社区教育、文化、体育活动的组织指导、协调工作；承办上级交办的其他工作。

2016年，居民办事处坚持以人为本，充分履行保稳定，促发展，服务群众的职责，做好对城镇居民的管理和服务工作，以带动5个社区各项工作全面发展为目的，加强居民办事处党工委和居民办事处、社区党支部和社区居委会队伍建设，进加强社区基础工作建设，不断提升社区服务功能。

【党建工作】党工委切实履行了换届工作职责，主导代表的产生，严格把关。成立了领导小组，研究制定了换届方案，精心组织实施。经过摸底、选区划分、选民登记、选民证发放、选举等工作，共选出出席新关镇第四届人民代表大会代表12名，拟出席偏关县第十六届人民代表大会代表候选人17名；通过召开党员大会，共选出拟出席中国共产党偏关县第十三次代表大会代表候选人12名。会同有关部门对同级代表初步人选进行了考察，广泛听取了广大党员群众，所在单位党组织，所在党派、团体和纪检、审计、综治、卫计、公安、检察、法院、信访等方面意见，对考察对象做出了结论性评价。以“两学一做”为契机，进一步强化纪律教育，严明换届纪律。组织广大党员干部、换届相关人员集中观看警示教育片，强化警示教育作用。从严落实中央和省、市、县委关于换届纪律的各项规定，确保换届纪律严明、风清气正。

及时召开党工委会议，学习传达全省“两学一做”学习教育视频会议的讲话精神，学习全县“两学一做”学习教育工作实施方案，研究部署居民办事处“两学一做”学习教育工作，成立学习教育领导小组，制定了实施方案。召开了干部职工大会，对“两学一做”学习教育进行全面动员部署。学习教育开展以来，办事处党工委和5个社区党支部认真贯彻上级文件要求，坚持做到有方案、有规划、有重点、有特色、有氛围，推进“两学一做”学习教育深入开展。2016年累计组织集中学习53次，把“两学一做”学习教育活动和社区的党建、民政、综治、计生等工作相结合，用重点工作促进学习教育任务的落实，用学习教育成果保证各项重点工作任务的完成，真正做到两不误、两促进。

居民办事处党工委根据上级要求和各社区工作实际，制定实施方案，经过社区党组织自评、党员群众测评和居民办党工委初评后，推荐东门社区党支部为五星级社区党组织，新城社区党支部为四星级社区党组织。

积极开展驻区单位党组织和在职党员进社区“双报到、双服务”活动，2016年共开展活动41次。每周组织党员开展便民利民服务，并在社区公示栏公开，同时明确任务，落实包办领导、包办社区干部责任，为居民办实事、做好事、解难事，力求群众满意。教育引导党员积极参加居住地社区党组织开展的各项活动，依托网格化管理平台参与社区服务和社区建设，确保社区网格化管理服务工作取得成效。根据形势发展需要，不断创新工作思路和举措，有效应对工作中出现的新情况、新问题，提升社区工作满意度。抓好居民办党工委自身建设，扩大组织覆盖，狠抓标准化党支部建设、党务公开、党员教育等工作。加强对无职党员和外出打工的党员的学习教育工作，继续开展送党课、讲党章活动。使党员在社区亮身份、展形象，扩大党员组织的覆盖。

落实好支部(支委会)大会、开好党小组会、坚持党课制度，落实党课教育。办事处党工委各社区党支部严格执行“三会一课”制度，结合当前的政治形势、工作实际、思想实际，有效地解决了思想问题，促进了实际工作的开展。同时，领导重视、组织严密、制度落实、联系实际地落实好“三会一课”，做到确保时间、人员、内容和效果四到位。时间到位：每月至少安排一次党日活动，召开支部大会、开展党小组活动；支委会、党课每季度最少安排一次半天时间，遇到紧急情况，随时召开支委会或组织党课教育。

【民政】2016年，完成了对全县2000多户城市低保户的动态管理工作；对身患重病且家庭经济困难的城镇居民给予了救助，做好了城镇居民的大病医疗救助工作。2016年全年为家庭经济困难的城镇居民办理医疗救助申请128人次，并按规定进行了初审、公示、上报；对社区困难家庭给予了救助，对社区内的重度残疾人进行了生活状况调查，为二级以上的重度残疾人建立档案并进行了上报；做好了优抚对象的相关工作。为社区内的困难家庭发放社会临时救助金38700元；发放低保户救助款67000元。对社区内的三无人员进行了调查，并已上报了25人；针对社区内的重度残疾人进行了生活状况调查；对社区内的持证残疾人的基本服务状况和需求进行专项调查；对社区内的老年人进行了摸底统计，统计出户籍登记老年人60周岁以上的为2929人，80周岁以上的422人；常住老年人60周岁以上的为2865人，80周岁以上的401人；失能老人31人，半失能老人29人；低保救助老年人76人，贫困老人466人。

【计生】2016年，居民办事处的计生总人口26120人，出生150人，人口出生率为5.74‰，死亡50人，自增100人，人口自然增长率为3.82‰，符合政策生育146人，符合政策生育率为97.3%，政策外二孩占二孩出生的比例为7.69%，政策外多孩率为0，出生人口性别比为115∶100；落实长效节育措施86例，已婚育龄妇女长效节育率和综合节育率分别为84.33%和88.21%。完成121对已婚育龄夫妇免费孕前优生健康检查，并全部建立孕前优生检查档案，有效地降低了出生人口缺陷风险。2016年以来为107户社区居民办理了生育服务证，为1户居民办理了再生育服务证。给84户社区居民办理了独生子女父母光荣证，为5户家庭办理了流动人口婚育证。

【综治维稳、安全生产】2016年，共调解社区居民纠纷31起。完善了各社区网格的社会服务管理工作。将社区内社会服务管理方面遇到的问题通过网格管理员在“山西省社会服务管理网”系统进行了上报。组织了各社区网格内的巡逻队开展宣传和巡逻工作，杜绝黄、赌、毒现象，大力加强社区治安防范，预防和减少各类治安事件的发生，推进“平安社区”建设，给社区居民创造了安居乐业的生活环境。按照县政府第二十八次常务会议纪要关于安全责任的划分，对各社区的楼房小区的沿街门店进行了安全生产属地监管的摸底登记、落实监管责任、挂牌等工作。对各社区居委会所监管的155家生产经营单位认真开展了安全生产大检查等日常工作，坚持每月在社区内开展安全宣传教育，引导居民安全用电、防火、防盗，对社区居民进行了防灾减灾知识、食品安全等方面的宣传教育。告知居民发现安全隐患问题，要及时上报。同时，配合相关部门做好安全生产工作。开展了安全生产大检查工作，将各社区所监管的生产经营单位做到了安全监管不留盲区、无一遗漏。制定了监管办法，健全了安全档案，落实了各社区的安全监管责任人。编制完善了生产安全事故应急预案，建立健全了“党政同责、一岗双责、齐抓共管”的安全生产责任体系；切实加强组织领导，精心安排部署，为各社区居委会专门制作了安全生产检查表，按照有关工作要求，认真完成了安全生产大检查工作。

【城乡居民社会养老保险】进行了城乡居民社会养老保险工作的宣传动员、办理、缴费等工作。2016年，为1520名16至59周岁的参保对象办理了城乡居民社会养老保险，对已享受55元养老金的60周岁以上的参保对象中的死亡人员及时给予了上报取消，截至目前，60周岁以上每月享受55元养老金的参保人数为235名。

（李扣小）

新关镇

【概述】 新关镇为偏关县第一重镇，是县人民政府所在地。全镇土地总面积163平方千米，辖47个行政村，60个自然村，共7872户21180口人；现有党支部41个，其中农村支部37个，共有党员725名；全镇退耕后有耕地2686.68万平方米，农民人均1333.34平方米，城区范围内现在人均耕地不足666.67平方米。

2016年，新关镇党委、镇政府认真落实党的十八大、十八届三中、四中、五中、六中全会和习近平总书记系列重要讲话精神，带领全镇广大干部群众创新发展理念，破解发展难题，创优发展环境，创建民心工程，努力推进各项重点工作，全镇出现了良好的势头。

【“两学一做”学习教育】 （1）强化领导，提前部署。镇党委及时召开了全镇机关党员干部、镇辖各机关主要负责人、各村党支部书记参加的“两学一做”学习教育活动动员会，保证了学习教育活动的针对性和实效性。（2）创新模式，夯实“学”的基础。高点定位，发挥领导干部的“带动力”，做到先学先知、先悟先行，为其他党员开展学习教育做出表率，并坚持“四个结合”，即坚持个人自学与集体学习相结合，坚持理论学习与研讨交流相结合，坚持学习教育与党性锤炼相结合，坚持典型引领和警示教育相结合，引导广大党员自觉加强学习，不断增强宗旨意识，树立工作标杆，增强纪律自觉，严守党规党纪，争做党员先锋。（3）精心组织，突出“做”的实效。为了使“两学一做”学习教育活动贴近民生、贴近实际，有利于党员干部改进工作作风、提高工作效率，镇干部走村入户、走访调研，把问题发现在“农家”，把问题解决在“地头”，使“两学一做”学习教育活动真正见到了实效。

【脱贫攻坚】全镇共有2161个贫困家庭，5454名贫困人口，贫困发生率25.8%。2016年，通过产业到户、雨露计划、技术培训、易地扶贫搬迁、危房改造、基础设施建设等措施帮扶，6个贫困村整体脱贫，1300余名贫困人口实现脱贫目标，如期完成年度脱贫攻坚任务。（1）发展农业带动脱贫，投资33万元，在孤家沟、木家埝等村配置了中型农机具，投资36万元，在杨家山、孤家沟等村实施了测土配肥项目，通过改善土壤结构，达到农户增产增收目的；（2）帮助“一代人”受教育，关注贫困户的下一代成长，对于贫困家庭的孩子，政府将利用扶贫助学贷款、阳光雨露计划政策等方法给予扶助，保证孩子上得起学。2016年共有16名高考二本以上大学生享受了雨露计划的帮扶，让他们感受到党和政府的温暖，50余名大、中专在校学生雨露计划的审核工作正在紧张进行中；（3）发展畜牧业带动农民致富，投资6.4万元在大红沟村实施了肉猪养殖项目，投资4.4万元，在木家埝村实施了肉鸡养殖项目，投资25万元在深埝、桑林坡实施了养羊项目，通过养殖猪、羊、鸡，使一部分贫困户稳定脱贫；（4）用好“一批政策”，通过异地扶贫搬迁政策，一部分贫困家庭改善了住房条件，当年共有27户贫困户办理了易地移民搬迁手续，购置了移民房；（5）实施好“一批项目”，在路、水、电、文化、卫生等方面争取项目，改善了贫困家庭的生产生活条件。投资200多万元，在贺家山、营盘梁、高家上石会三村新建了300千瓦光伏项目，年终时村级集体电站建设工作已近尾声；（6）进行了农民技能培训工作，投资12万元，在孤家沟、营盘梁等村进行了新型职业农民培训。

【乡镇换届】（1）领导重视起点高。按照县委对乡镇换届的工作安排，成立了由党委书记任组长的换届工作领导组，制定了具有较强针对性、指导性和操作性的工作方案，及时召开了由各村党支部书记、村委主任、机关全体人员参加的动员大会。（2）严格程序进度快。县换届选举工作动员会后，认真组织学习、研究上级各类文件及会议精神，确保了换届选举的每个环节、每项工作都有法可依、有章可循，确保选举程序和选举结果的有效性。全镇严格实行领导包片、机关干部包村制度，层层落实责任，形成了齐抓共管的工作格局，及时推进换届选举的各项工作。（3）严肃纪律风气清。组织全镇党员干部认真学习“9个严禁、9个一律”换届纪律要求，真正使广大干部群众清楚地了解了换届的纪律要求，始终绷紧纪律这根弦，在全镇上下营造出了风清气正的换届环境。对代表人选，广泛听取了广大党员、基层党组织和纪检、审计、综治、卫计、公安、检察、法院、信访等方面的意见，坚决防止了“带病提拔”，严格执行“十种”人不得当选为代表，通过严格组织把关，防止了换届违规违纪行为的发生。（4）齐心协力效果好。通过换届，一些德才兼备的优秀年轻干部和基层工作经验丰富的同志充实到了党政班子中，进一步优化了班子结构，增强了领导班子的凝聚力和战斗力。

【特色种植和养殖】优化特色种植业，在农业结构调整上有了新进展。2016年初，全面落实各项强农惠农政策，全镇发放粮食直补资金270.67万元，发放特色种植补贴37.4万元，发放地膜3.5万千克，发放张杂谷3号种子1000余袋，发放肥料1500余袋，在阳塔、王家上石会、高家上石会、深埝、木家埝、贾家埝等村集中连片地膜覆盖玉米、谷子333.34万平方米；引调优质粮种25000千克；积极引导农民调整种植结构，推广种植优质新品种，配方施肥2666.68万平方米，占总播种面积85%；加大中低产田改造力度，加厚耕作层133.33余万平方米；为木家埝整理土地 28.67 余万平方米；加强科技示范作用，在上尧王坪、高家上石会等产粮区重点培育了 20 村 100 户农业科技示范户，每户无偿提供张杂 3 号谷籽和地膜。

优化生态畜牧业，在舍饲养殖上有新成果。紧紧围绕县委政府确立的“生态优先、以畜为重、立草为业、舍饲养殖”的发展战略，在红庙、庙儿梁、舍身崖、大深埝、木家埝 5 村新发展规模养殖 260 户，同时做好动物重大疫病防治工作，为全镇养殖户养殖的羊、猪等打疫苗 20000 余针，使动物未发生重大疫情。组织动员机关干部从资金、技术、信息等方面大力扶持了沈家村农牧专业合作社、青畜旺养殖有限公司、偏关县宏达牧业专业合作社、占先畜牧养殖场、新华牧业专业合作社，并把红庙、庙儿梁、阳塔、大深埝、木家埝等十村作为养羊重点村，发展养羊 40000 余只。在全镇重点培养建成 500 户标准化舍饲养殖户，实现典型引路，以点带面，规模化，集约化经营，促进生态畜牧业的可持续发展，使全镇养羊发展到 13.8 万只，全镇农民养羊人均达 6 只。

【基础设施建设】 2016 年，以改善民生条件为抓手，加强水利、道路、居住、文化等基础设施建设。投资 150 余万元，在刘家湾实施了抗旱应急水源工程；投资 6.8 万元，在上尧王坪村实施了提水配套工程；投资 19.7 万元，在桃卜村实施了集中集雨供水工程；投资 10 万元，在路铺村实施了集中集雨供水工程；投资 60 余万元，在九崖头村新建水库一座，并配套了管道；投资 5 万元，维修了马道村深井；投资 61 万元维修了磁窑沟、闫贵家咀等 29 个村的通村公路；在白海沟、红庙、庙儿梁实施了窄路加宽工程；对全镇 110 户困难群众的危房进行了改造；投资 545 万元，在孤家沟村实施的道路工程建设和街巷硬化工程已全面开工建设；投资 61 万元，在白龙殿、木家埝等村硬化的文化活动广场正在建设中；投资 60 万元，在木家埝、孤家沟等村新修、维修的文化活动室、卫生室已快完工；投资 264 万元，在木家埝、营盘梁、贺家山等村实施的人畜饮水工程正在建设中，投资 33 万元在白龙殿村新建的停车场、游客接待中心也已开工建设。

（杨文斌）

老营镇

【概述】 老营镇位于偏关县东部，全镇总面积 211.72 平方千米。辖 21 个行政村，47 个自然村，总人口 8234 人。

2016 年，老营镇党委、镇政府在县委、县政府的坚强领导下，深入贯彻落实党的十八大、十八届三中、四中、五中、六中全会精神和习近平总书记系列重要讲话精神，团结带领全镇干部群众按照县委、县政府“1551”发展战略，以脱贫攻坚为总抓手，大力实施以日光节能温室为主的设施农业，积极推进以舍饲养殖为主的生态畜牧业，扩展以小杂粮种植为主的传统农业，始终保持安全稳定常抓不懈的强劲态势，全面落实各项强农惠农政策，不断巩固和深化农村各项改革，切实转变政府职能，提升管理服务能力和水平，凝心聚力、攻坚克难、狠抓落实，较好地完成了全年各项工作任务，并且取得了显著成效。

【脱贫攻坚】 2016 年，老营镇按照县委、县政府、县脱贫指挥部的工作部署，坚持把脱贫攻坚作为全镇工作的重中之重，按照精准扶贫、精准脱贫的要求，坚持“一村一策、一户一法”扶贫方针，深入贫困村户走访调研，落实帮扶责任人，制定帮扶措施，狠抓工作落实，扎实推进扶贫部门 43 大项 71 小项帮扶项目的实施，确保了各项工作的顺利开展、有序推进。（1）加强领导，落实责任。镇党委、镇政府严格落实脱贫攻坚主体责任，成立了由镇党委书记任第一组长、镇长任组长，分管副镇长任常务副组长、其他党镇领导任副组长的镇脱贫攻坚领导小组和镇党委书记任总政委、镇长任总指挥，分管副镇长任常务副总指挥的镇脱贫攻坚总指挥部；组建了脱贫攻坚工作站，站长由分管副镇长担任。同时，镇政府主要领导与21个行政村村委主任、10个驻村第一书记、各村驻村工作队队长签订了《脱贫攻坚主体责任书》，10名驻村第一书记和各驻村工作队也都签订了《帮扶责任书》。全镇自上而下严格制定作战计划，逐级签订责任书、立下军令状，把脱贫工作任务细化分解到人，形成层层负责、层层落实的工作局面。（2）因户施策，精准扶贫。在脱贫攻坚过程中，严格按照《偏关县脱贫攻坚“4433”工作法》相关要求，全面推进实施“建档立卡”“两包三到”“挂图作战”“五个一批”等工作，有效解决了“扶持谁”“谁来扶”“怎么扶”“怎么退”的问题。大力拓展专项扶贫、行业扶贫、社会扶贫、干部扶贫“四位一体”扶贫模式，构建大扶贫格局。坚持因地制宜、因户而异、因人而谋，按贫困户致贫原因和类型分类施策，科学制定帮扶措施，一户一策，对症下药，准确核算贫困户的收入，避免“数字脱贫”现象，实现精准扶贫、精准脱贫。（3）强化宣传，技术培训。为了在全镇形成人人关注扶贫、人人参与扶贫的工作格局，通过广播、微信、宣传资料、公告栏等多种方式对扶贫政策进行不间断宣传，在辖区主要交通干道悬挂脱贫横幅、标语30余条，发放宣传资料1000余册。在县委、县政府统一组织下，镇党委书记、镇长、分管副职和信息员赴岢岚县就脱贫攻坚建档立卡工作先进经验和做法进行了全面学习。同时，县太原理工大学、山西农业大学等单位，先后对本镇10名“第一书记”、镇扶贫工作站长、21名农村“领头雁”进行了培训，增强了扶贫工作人员履职 能力。（4）多措并举，实现增收。易地搬迁扶贫方面，围绕城镇体系建设，当年重点对200口以下的自然村有搬迁意愿的贫困户进行搬迁，本镇有3户13人享受了此项扶贫政策，从根本上处理了贫困户居住问题，给贫困户提供舒适安全的居住环境。产业扶贫方面，为老营村投资60万元购买了6套大型农机具为贫困户免费耕作；为岩头寺村购买了1套大型农机具以及为每口贫困人口补贴500元的种羊补贴资金；为方城村购买了2套大型农机具以及每口贫困人口400元的肥料补贴；为史家圪台、武家庄窝、段家沟3个贫困村投资27.9万元进行了测土配方施肥项目，并发放了肥料，为贫困户改变了种植结构；为13户贫困户发放了3.54万元贷款补贴；为贫困户发放特色农业种植补贴46.5万元。在基础设施建设，投资632.39万元，对史家圪台、武家庄窝、段家沟3村的道路、广场、厕所、街巷、墙体及活动室、卫生室等基础设施进行了改造完善。劳动力培训方面，为了加强农民科学种田技术，对武家庄窝、史家圪台、段家沟3个贫困村贫困人口及沿河非贫困村贫困人口进行了新型职业农民培训，通过技术培训，保证贫困户家庭至少有一名劳力掌握1—2门实用技术，提高了贫困农民自我发展的本领。在教育扶贫方面，全面推行贫困户子女学前和高中免学费教育，资助了二本以上大学生12名，入学当年一次性补助5000元。在社会保障方面，对特殊无劳动能力等人员实行精准兜底保障；为93户贫困户办理了最低生活保障；免收全镇建档立卡贫困户合作医疗费；为全镇重度残疾人每人每月发放50元的护理补贴。

【中心工作】（1）农村土地确权基本完成。

在2015年对8个行政村进行土地确权的基础上，2016年又完成11个行政村、27个自然村的土地确权任务，共计确权2466.68多万平方米。剩余2个行政村2017年完成。（2）“四类人员”的危房改造数据已列入全县规划。经统计，本镇贫困户、五保户、低保户和残疾人中存在危房需要改造的户共计580户，已如期上报有关部门，并列入了全县“十三五”危房改造规划范畴。（3）地膜覆盖高产示范集中连片。2016年，为全镇21个行政村共计发放地膜3.5万千克，并在岩头寺村继续实施地膜覆盖集中连片9.03万平方米。（4）护林防火、退耕还林工作稳中求进。全镇上下通过静态蹲点与动态巡山相结合的方式，特别是在护林防火特险期，在重点路段设卡检查、重点区域派人蹲守、重点人员随时管控，全年未发生一起森林火灾事故。同时，在原有32名护林员的基础上，2016年又从贫困户中新选拔生态护林员34名，既增加了贫困户的脱贫措施，又强化了对护林防火的覆盖与监管。对老营、银子咀、孟家咀、段家沟、武家庄窝等5村实施退耕还林，共计完成退耕还林304.67余万平方米。（5）冬季供煤补贴工作顺利完成。认真细致核实户口，当年全镇共为2984人发放“爱心煤”补贴68.632万元，并全部按时发放到村到户，按期供煤。（6）新农保、新农合工作稳步推进。经过宣传发动，全镇的参保对象较上年有所增加，收缴农保资金约47.2万元，60周岁以上老人领取养老金人数为1108人。（7）国家卫生镇创建成果得到进一步巩固。工作中重点做到五个“加强”，即加强对各村委、各有关单位、建成区大街小巷的环境卫生整治、综合评比、监督检查；加强“四害”的预防、监控、消杀；加强各村委、驻镇单位、社区、学校的健康教育与传染病防治；加强对商店、饭店、理发店、学校餐厅及各类小作坊公共（食品）卫生的监督检查；加强对农村无害化卫生厕所的建设改造。2016年在老营、大河湾、教儿埝、冯家窑、木瓜贝等5村继续实施农村无害化卫生厕所建设改造220座，累计达到462座。（8）乡村清洁工程成效显著。以巩固国家卫生镇成果为契机，重点加强对沿河村环境面貌的整治，两山村村容村貌的改善，共计清理垃圾4.25万千克，整治及粉刷墙体1000余平方米。9个试验村的清洁工程达到了初验。（9）省级美丽宜居示范村创建项目圆满完成。老营村是本年度全县确定的唯一的一个“省级美丽宜居示范村”创建村，该项目为省级美丽宜居示范村以奖促治项目，按照全省关于实施美丽宜居示范村创建的总体要求，结合老营创建国家卫生镇的创建基础和悠久的古堡民俗文化特点，着力打造“规划科学布局美、村容整洁环境美、脱贫增收生活美、村风文明素质美”的“四美”村庄，创建项目于当年8月底完工，并经县有关部门验收通过。（10）安全生产工作常抓不懈。按照安全“4438”工作机制，严格落实党政安全监管责任“全覆盖”，切实加强安全检查监管工作，全镇全年共发现隐患31条，整改率达100%。全年未发生任何安全事故。（11）根据上访群众的不同情况，采取对症下药和大事化小、小事化了相结合的办法，认真做好信访维稳工作，既从根本上解决了群众的实际困难问题，又使上访人员得到了就地稳控。（12）为60对新婚夫妇进行了免费孕前检查，完成率达100%。（13）征兵任务3个，实际完成4个。

（关强）

万家寨镇

【概述】万家寨镇位于县境西北部，晋蒙相交之地，为黄河入晋第一镇，更是惠及三晋的引黄工程输水通道的起始之处，距偏关县城30千米，平(鲁)万(家寨)公路过境。万家寨因明代兵部右侍郎、蓟辽总督万世德远祖——万杰在此建立兵寨抵御外虏而得名。当时是边关重地，现仍存诸多或完整或破败的长城、烽燧以及兵堡。同时万里长城在这里与黄河相交，可谓是边塞文化与黄河文化的交汇之所。全镇总面积 221.4 平方千米，耕地面积 2161.88 万平方米，有林地 7333.37 万平方米，宜林地 3311.48 万平方米，草地 4000.02 万平方米。辖 20 个行政村，65 个自然村，现有农户 2826 户，农业人口 8298 人。全镇以小杂粮种植业、舍饲养殖业、干果经济林业、劳务输出业、旅游服务业等五大产业为主导产业。2016 年，镇党委、镇政府以党的十八大、十八届三中、四中、五中、六中全会精神为指针，认真贯彻落实习近平总书记系列重要讲话精神，紧紧围绕县委 “双五”工作的总基调，按照“党建固镇、产业富镇、旅游活镇、和谐塑镇”的工作思路，压实责任、狠抓落实，较好地完成了各项任务，有力地推动了全镇经济的发展和社会和谐稳定。2016 年底，全镇农村经济总收入达 7929 万元，粮食总产量突破 650 万千克，养羊发展到 38000 只，农民人均纯收入达 4778 元。

【党风廉政建设】 (1)坚持理论武装头脑。深入开展“两学一做”学习教育，进一步健全和完善党委理论中心组学习制度，定期组织党政班子成员、站所长、村“两委”进行理论学习，开展专题研讨，通过理论武装增强党员干部的政治意识、大局意识、核心意识、看齐意识，推动全面从严治党向基层延伸。(2)严格落实“两个责任。”镇党委将主体责任始终牢牢扛在肩上，细化镇党委班子、党委第一责任人及班子成员在党风廉政建设和反腐败工作中的具体职责，设立权力清单，建立完善工作程序和保障机制，落实“一岗双责”，不断提高党委履行主体责任的能力，明确提出党委每半年研究一次党风廉政建设工作；对年度党风廉政建设目标任务，逐项分解到单位、到人头，明确包抓人和责任人，确保目标任务圆满完成；对镇纪委的工作职能进行清理规范，明确镇纪委书记除本职工作外不再分管其他工作，使其集中精力抓好执纪、监督、问责本职工作，实现纪委职能的“三转”；建立党风廉政建设工作长效机制，使不敢腐、不能腐、不想腐形成制度；坚持把践行“三严三实”体现到推动工作上，始终做到严字当头，实处着力，做好表率，做好标杆。镇纪委强化监督责任，加大执纪问责工作力度，加大对党的路线、方针、政策执行情况的监督检查，使其得到不折不扣的贯彻执行；加强对惠农政策执行和惠农资金兑现情况的监督检查，确保群众的利益不受侵犯，使其真正得到实惠；建立完善信访举报民情直通车制度，拓宽群众维权的渠道，及时查处和纠正了群众反映强烈的低保评审和移民搬迁资金兑付等信访案件，确保了政策执行的公平公正；严格审查规范农村转移支付的开支、使用，严格执行“一评两监督”“四议两公开”工作法，实行阳光农廉。同时加强对农村“三资”人员管理的培训、考核与监督，把好“出口关”；除配合上级纪委查办案件的同时，加大自办案件查处的力度，对发生在群众身边的腐败问题，坚持零容忍，发现一期查处一期，绝不手软。全年未发生违法违纪案件。

【综治平安建设】 2016 年，把平安建设暨社会治安综合治理工作纳入党委、政府工作重要议事日程，多次召开专题会议，研究部署综治平安建设工作，及时协调解决政法综治工作中存在的困难和问题。年初，镇政府与所辖 20 村签订综治平安建设责任状，把综治平安建设责任层层落到实处，明确了各村一把手负责制，把维护社会稳定作为改革发展的前提捆在一把手的身上；严格实行治安问责制，对于治安状况混乱的单位，实行综治一票否决制，限期整改。此外，注重调整充实村级综治组织，全镇20个村均成立了综治工作领导小组和社会管理服务中心，做到了一级抓一级，层层抓落实。

【脱贫攻坚与新农村建设】 2016年，围绕脱贫攻坚主线，经过广大干部群众努力，完成了3个贫困村整村退出的任务。全年共实施危房改造110户，发放爱心煤2826户。同时全力配合做好了内蒙古西至天津1000千伏特高压交流输电线路工程。在陡咀村硬化广场300平方米，建设宣传围墙6米、文化墙20米、花栏墙66米，新建卫生室61平方米，新修30立方米水窖70座、集雨面350平方米、净水设备70套，维修学校3间，街巷硬化12厘米厚混凝土路面1658平方米，16厘米厚混凝土路面630平方米。在泉子湾村硬化广场1190平方米，新建卫生室60 平方米，新修30 立方米水窖1座、50 立方米水窖2座、100 立方米水窖2座、集雨面1100 平方米，维修文化室120 平方米，硬化广场590平方米，街巷硬化12厘米米厚混凝土路面15000平方米、16厘米厚混凝土路面10850平方米，维修幼儿园4间。在岳家窑村新修挡土墙17.3米、围墙93.8米，新建卫生室60平方米，新建50米3水窖1座、100 立方米水窖1座、集雨面525平方米，新建厕所一座，街巷硬化12厘米厚混凝土路面10250平方米、16厘米厚混凝土路面5250平方米，广场硬化300平方米，维修文化室3间。20个农村支部普遍进位争先，都依靠自身优势，挖掘培育了经济增长点，做到了村村有亮点，村村有特色。

（任伟）

天峰坪镇

【概述】 天峰坪镇地处偏关县西部，总面积65.3平方千米。辖16个行政村。2016截至2016年底，总人口9174人。2016年，在县委、县政府的坚强领导下，镇党委、镇政府团结带领全镇广大党员干部和群众，全面贯彻党的十八大和十八届历次全会精神，牢固树立和认真落实科学发展观，大力进取，顽强拼搏，坚持民生优先，求真务实，全镇社会稳定、经济发展、扶贫开发、民生保障、党的建设等各方面工作都取得了一定成绩。呈现出发展稳，大局稳，社会各项事业齐步迈进的良好局面。

【基层组织和党风廉政建设】 （1）加强党政班子建设，增强执政能力。镇党委坚持中心组理论学习制度，深入、有效地开展学习党的十八大和十八届历次全会精神，提高领导干部的政治理论素质和驾驭经济社会发展的能力，树立党委和政府在人民群众中的威望。（2）加强基层党组织建设，做好“固本强基”工作。按照县委的部署和要求，认真做好“双考双评”工作，积极开展“争先创优”活动，在全镇范围内形成“你追我赶、积极向上、充满活力”的氛围，为基层党建注入了动力。（3）坚持吐故纳新，壮大党、团组织队伍。注重培养农村先进青年、致富带头人和教育战线的先进教师、青年学生加入党、团组织。同时，党群部门不间断对各个村委深入调研两委班子及干部队伍状况，根据存在问题进行整改规范，为下年的村“两委”选举奠定基础。（4）强化制度管理，规范行政行为。始终坚持党管农村，加大建设农村党支部力度，在党的作风建设上，坚持“从严治党、防腐倡廉”，做好村务公开信息平台建设，进一步推行村务、政务公开制度，健全和完善“党员活动”“外出党员管理”等党内法规。重点公开村政务收入、计生工作、土地承包、农民负担及群众反映的热点问题。（5）落实党风廉政建设责任制，推进反腐倡廉工作进程。贯彻落实党风廉政建设责任制，制定镇党委、镇政府领导落实执行岗位职责，以身作则，切实做到廉洁自律，坚决杜绝腐化堕落等歪风邪气生长蔓延的土壤，认真学习和严格执行上级有关反腐倡廉的文件规定，以良好的党风促政风带民风，推进反腐败工作的新进程。

【脱贫攻坚】（1）成立了以镇长为总指挥，分管扶贫工作的副职为副指挥的脱贫攻坚指挥部，设立了脱贫攻坚办公室，形成了党政“一把手”负总责，分管领导专门抓，扶贫专干具体抓的工作机制。（2）充分发挥第一书记、驻村工作队、帮扶单位、包村干部、村干部五支力量的作用。全镇扶贫帮扶单位有7个，选配的第一书记14人，所有涉及的党员干部都要进村入户和贫困户对接，全面掌握贫困户的家庭情况和致贫原因，建立帮扶档案，结合教育扶贫、民政扶贫、健康扶贫、残疾人帮扶等帮扶政策措施，给精准扶贫户量身定制了脱贫计划，实现“一户一人、帮扶到户”的精准扶贫。（3）制定脱贫规划，打赢脱贫攻坚战。本镇拟定2018年所有贫困村退出、贫困户全部脱贫，2014、2015年脱贫258户409人；2016年贫困村脱贫退出2个，4个非贫困村整村脱贫，共脱贫237户652人，其中教育脱贫4户17人，社会兜底脱贫97户218人，生态补偿脱贫20户62人，异地搬迁脱贫1户5人，发展生产脱贫115户350人；计划2017年2个贫困村退出，脱贫人口320户880人。2018年剩余2个贫困村退出，贫困人口全部脱贫。（4）脱贫攻坚帮扶政策全部落实到村到户到人到位。帮扶手册、明白卡、帮扶政策牌都送到了贫困户家中。教育扶贫、健康扶贫、民政扶贫、残疾人帮扶政策4类102项政策、省委支持忻州脱贫的5项政策都宣传落实到了贫困户，符合享受政策条件的均已享受。光伏产业、贫困户就业培训、危房改造、解决贫困人口饮水安全和参与水保建设、贫困户种植特惠补贴、生态补偿、民营企业“千企帮千村”扶贫行动、“百社万户”精准扶贫行动、小额扶贫信贷、保险扶贫到户到人、省属企业产业扶贫项目精准对接贫困户、贫困户参与以工代赈项目获得劳务报酬等12项帮扶政策措施均已落实。（5）全力推进产业扶贫工作。杨家岭、小蒜沟2个贫困村2016年脱贫退出，确定在这两个村发展养鸡产业和光伏发电项目，确保村集体有稳定的脱贫主导产业和村集体收入，当年两个鸡场的主体工程已经完成，配套设施正在配置，光伏发电项目也在建设当中，两个项目投产以后，村集体收入在6万元以上，同时鸡场吸收贫困户参与入股分红收益，并在贫困户中实施了土地提质增效项目，保证了贫困户的人均年收入在3026元以上。小蒜沟村修建了综合性文化活动室和文化广场，维修加固硬化了通村水泥路，对变压器进行了增压改造，维修了学校及幼儿园。杨家岭村维修硬化了通村水泥路，对变压器进行了增压改造，年内两村均已实现了贫困村退出的14指标。天气湾、欧梨咀、寺沟、紫金山4个整村脱贫的贫困户中实施了土壤提质增效项目，每人每年享受400元，连续3年可每人享受1200元，通过改良土地和精准扶贫户的一系列帮扶政策使得这些贫困户人均纯收入都达到了3026元以上，实现了贫困户不愁吃、不愁穿，住房有保障、医疗有保障、教育有保障“两不愁、三保障”及贫困户脱贫的7项指标。

【社会事业】教育事业发展势头良好。2016年，全面实现九年义务教育，教育战线坚持以德育为先、教学为主、育人为本的办学原则，认真抓好防流控辍工作，并充分调动教师和学生积极性，努力建设良好校风、教风和学风，促进了素质教育不断深入，教育教学质量不断提高。文化事业有新起色。以丰富群众文娱生活、增强全民身体健康为目标，繁荣天峰坪镇文化事业，着力抓好镇综合文化站、文化广场等文化设施建设。完善村委文化设施配套，开展多姿多彩的群众性文娱体育活动，丰富了人民群众的文化生活。卫生、防疫、计生工作进一步加强。中心卫生院改进服务流程，加强医院管理，贯彻“预防为主”方针和“治病救人”的宗旨，做好妇幼保健和防疫工作，全年未发生疫情和公共医疗卫生事件。各级干部始终保持清醒的头脑，深刻认识全面加强人口和计划生育工作的重要性和紧迫性，坚持计划生育基本国策和稳定现行生育政策，计划生育工作保持良好发展态势。

【综治维稳】 投入大量人力、物力对镇综治中心进行全面的配置和完善，以此为平台，全力打造“平安天峰坪”，创建人民群众安居乐业的良好环境。全镇建有纠纷调解中心 17 个，调解员 23 名，平安志愿者 36 名，形成了一个上下联动、信息互通、资源共享、优势互补的调解网格。2016 年镇村两级调解中心共受理各类纠纷 87 件，调解 87 件，成功 82 件，调解率和成功率分别为 100% 和 94.25%。有效地化解了农村不稳定因素，构建了基层稳定的第一道防线。

【安全生产】 2016 年，按照“安全第一，预防为主，综合治理”的方针，将落实“安全生产年”工作纳入全年工作的重点任务，制定了实施方案和措施办法，定目标、定任务，责任落实到岗、到人，全镇安全生产工作顺利实施。深化道路交通安全，危险化学品及易燃易爆品、人员密集场所消防、学校、幼儿园、电力设施、工业企业、建筑施工等行业和领域的安全生产专项整治；群策群力，齐抓共管，深入开展“三合一”场所火灾隐患排查整治，确保不发生事故。

【其他工作】 2016 年，武装工作较好完成了当年的征兵任务；土地确权工作正在稳中推进；圆满完成了乡镇级换届工作；妇联部门抓好维权工作，统筹兼顾促进妇女工作发展，立足家庭，推进社会和谐；共青团积极开展有益青年身心健康的活动，以学校为阵地，做好团的“固本强基”工作，取得以党建带团建的显著效果。总之，全镇各部门、站所、单位各司其职，开拓进取，配合镇党委政府的中心工作，加强自身建设，明确职责，加强管理，做好配套服务，创造了一定的经济效益和社会效益。

（李晓瑞）

窑头乡

【概述】 窑头乡位于偏关县城东部，总面积 149.49 平方千米，辖 32 个行政村，39 个自然村，总户数 5897 户，总人口 12926 人。2016 年，乡党委、乡政府认真贯彻落实党的十八届三中、四中、五中、六中全会精神及中央、省、市、县重要决策部署，以习近平总书记系列重要讲话为指导，深入开展“两学一做”学习教育活动，紧紧围绕县委、县政府提出的工作总思路，攻坚克难、真抓实干、务实进取，圆满完成了各项目标任务。全乡全年实现社会总产值 7682 万元，同比增长 3.9%，其中农业种植收入 1201 万元，畜牧收入 4121 万元，第三产业及务工收入 2360 万元。农民人均纯收入 5679 元，同比增长 3.8%。

【项目建设】 2016 年，窑头乡全力以赴支持服务抓好重点工程项目建设，圆满完成 209 国道改建项目征地拆迁任务，既保证了重点项目的顺利实施，又维护了老百姓的切身利益。继续服务准朔铁路、国新能源500万千克煤炭集运站等项目的建设。随着这些项目开工建设及竣工投产，将进一步增强我乡发展后劲。

【“三农”工作】 围绕“促进农业增效、农民增收、农村发展”的主体思路，重点抓好支柱产业，积极改善农民生产生活条件，不断深化农村改革。（1）稳定粮食生产。认真落实强农惠农政策，充分调动农民的种粮积极性，全年全乡粮食种植面积2638.89万平方米，其中玉米974.88万平方米，杂粮（谷子）1191.87万平方米，薯类（马铃薯）472.14万平方米。大力推广农作物旱作技术，实施地膜覆盖粮食种植359.34万平方米，其中：玉米126.80万平方米，谷子232.53万平方米。继续推广农业科学种植技术，发展农业科技示范村24个，科技示范户120户，科技示范培训人数达1000人次。辐射周边农户600户2000多人。加强病虫害防控工作，做到预防为主，防控结合。全乡发放各种宣传资料100多份，农药、除草剂的使用推广率明显高于往年。（2）壮大畜牧产业。积极推广规模化、标准化养殖，新发展100只以上规模养殖户42户，截至12月，各类牲畜存栏总量达5.56万头，其中牛存栏96头，猪存栏178头，羊存栏45001只，鸡存栏10317只；进一步完善村级防疫体系，采取竞聘上岗配备了12名村级防疫员，并对防疫员进行了专业技术培训，在春秋两季防疫工作中，领取禽流感疫苗42瓶、牛羊口蹄疫苗660瓶、猪瘟疫苗38瓶、猪蓝耳病疫苗35瓶、小反刍疫苗120瓶，牲畜免疫率达到了92%以上。（3）巩固生态林建设。以保护天然林、发展经济林、绿化高速沿线、推进新一轮退耕还林为重点，走出既增收又增绿的林业发展新路子。在清明节火险高发期，全乡41名护林员及全体机关工作人员和应急队伍24小时值守，在重点林区、路段设卡登记，发放宣传单1300份，张贴标语、公告260处，横幅16条，做好森林防火宣传工作，全乡未发生一起森林火灾；仁用杏经济林栽植达到212.46万平方米，并对经济林的管护、抚育等一系列技术进行了专门培训，确保农民尽快受益；坚持“自愿、有偿，谁退耕、谁管护、谁受益”的方针，在5个村实施了退耕还林，退耕面积179.33万平方米，受益农户320户。（4）夯实农业发展基础，改善乡村人居环境。认真实施水利水保工程，完善修建了岳家村的自来水吃水工程；完善农村基础设施，完成了闫家洼、何家沟2村的深井配套工程以及宋家畔、干树梁2村的天然集雨供水工程，彻底解决了4个村1000多人7000多头牲畜饮水困难。霍家沟的饮水配套工程全面完工，彻底解决了村民的饮水问题。同时由沙圪旦引进王家坪的自来水工程全面竣工，彻底解决沿河村落的饮水问题；维护好全乡72千米的乡村公路，全年未发生一起交通安全事故；农村危房改造2个村106户；扎实推进乡村清洁工程，着力改善农村人居环境，33个行政村村全部聘用了卫生保洁员，配备了清洁工具，并设专人不定期对卫生打扫情况进行检查，发现问题及时督促整改，确保乡村环境卫生干净整洁。（5）严格按照要求和时间进度开展了24个村的农村土地承包经营权确权发证工作，完善了农村“三资”管理使用制度，规范了农村经济健康规范运转。

【脱贫攻坚】 2016年，紧紧围绕“五个一批”“六个精准”的精准脱贫要求，全面贯彻落实“4433”工作法，通过产业发展、异地搬迁、公共服务等多种手段，实现精准扶贫、精准脱贫。乡党委、乡政府成立了由党委书记任总政委、乡长任总指挥、两名副乡长任常务副指挥的脱贫攻坚指挥部，实行挂图作战、责任规章上墙；先后召开乡村干部、第一书记、驻村工作队会议，制定了《窑头乡脱贫攻坚“十三五”规划》《贫困村脱贫规划》《贫困户脱贫计划》，与各村签订了目标责任书，明确了脱贫攻坚任务目标；对2016年脱贫攻坚工作进行了任务分解，制定了详细的脱贫计划，明确了帮扶责任人，发放了贫困户脱贫明白卡1049份，填写了贫困户精准脱贫四项清单1049份。

1.扎实开展“再回头看”工作，做到精准对象识别精准、精准措施帮扶精准。按照《山西省扶贫开发建档立卡“再回头看”实施方案》要求，组织全乡干部职工、包村单位人员、驻村帮扶工作队、第一书记、村两委班子成员进村入户开展精准扶贫建档立卡“四要、五看”的“再回头看”工作，通过这次“再回头看”工作，全乡核查出263户736人。确保扶贫资源和政策措施精准落实到扶贫对象身上，确保2018年贫困人口如期脱贫。

2.深入细致制定脱贫规划和帮扶措施，做到一村一规划、一户一措施。按照中央“四个全面”布局和“十三五”期间脱贫攻坚“两不愁、三保障”的总目标，结合市委“1661”发展战略、“3659”攻坚策略和县委“12895”脱贫攻坚策略的指导，制定了《窑头乡脱贫攻坚“十三五”规划》、12个贫困村、21个非贫困村的脱贫攻坚规划以及所有贫困户的脱贫计划。精心组织、全面摸底；精心谋划、精准规划；精心把关、严格审核。坚持因村制宜、因户施策、一人一法的原则，编制规划通过坚持科学性和客观性的原则，切实发挥规划的统筹性、纲领性作用，为打赢脱贫攻坚战指明方向。

3.加强基层组织建设助推脱贫攻坚，做到党建带扶贫，扶贫促党建。把夯实农村基层党组织同脱贫攻坚有机结合起来，高度重视农村基层党组织和党员队伍建设，真正使其成为精准脱贫的组织者、实施者和推动者。本乡12个贫困村，其中3个村没有活动场所，4个村活动室破烂不堪需要维修，从2016年开始，利用3年时间，整合村级转移支付资金，规范建设7个贫困村的村级组织活动场所，改善办公条件，着力解决联系服务群众“最后一千米”问题。2016年，已经在大石洼村原乡政府的旧址上维修了8间活动室，在韩昌沟村购买窑洞3间，在表干坡村维修了3间。

4.建好脱贫台账，做到脱贫有记录，攻坚留印记。脱贫攻坚工作以精准识别为基础，以精准脱贫为根本，加强贫困人口的动态化、信息化管理，按照脱贫攻坚“一卡一图两表两单三册”台账体系，确保识别精准、信息精准、施策精准、管理精准。2016年，“一表一档一卡两单五簿三册”台账通过以点带面、试点推进，在全乡全面推开，12个贫困村、21个非贫困村全部完成台账信息录入。

5.严格落实“两包三到”联动帮扶机制，做到帮扶队伍帮扶到位，政策扶持到位。全乡9名二本以上贫困大学生享受了每人每年5000元的教育扶贫资金，33名学生享受每人每年2000元的“雨露计划”扶贫资金，两项扶贫资金共计11.1万元，解决了贫困家庭上学难的问题。23户农户申请办理了金融扶贫小额贷款，贷款金额163.3万元，享受贴息24095元，年内已全部到位。通过整村搬迁、教育扶贫、金融扶贫、发展生产、基础设施建设等多项措施，全乡已完成619户1664人贫困人口的脱贫。

【民生保障】 继续扩大新农保、新农合的覆盖面。2016年，全乡城乡居民养老保险收缴总额986700元，完成参保人数6784人，参保率89%，新农合医疗筹资工作，参合人数参合率达到了90%

以上，有效解决了群众看病难、看病贵的问题。社会救助全面落实。严格按照低保发放程序和要求，对全乡低保户按时足额发放低保金1055564元；全年办理医疗救助120多人，审批通过并发放医疗救助金132100元；全年发放优抚款461728.5元，老党员生活补贴17000元，五保生活费及安葬费207250元，抗日战士一次性生活补贴15000元，孤儿生活费14400元，义务兵优待金156000元，低保救助金42200元，临时救助84500元。所有低保金、五保金、农村大病医疗救助金以及优抚资金等全部足额按时发放到位，保证了救助对象及时得到救助。

【社会事业】 文化事业快速发展。2016年，设立了文体办公室，配套了电脑、图书、文化宣传等配套软硬件设施，制定了相关制度。组建了农民合唱队、广场舞、秧歌队。在15个村配备了乐器、秧歌服装、鼓、钗器材、扇子，沿河村成立了4支秧歌队，参与人数186人，极大地丰富了群众的文化生活；党员干部送戏下乡为百姓演出5场，受到省、市多家媒体的报道；窑头、堡子湾、岳家村、响水四村成立了33人的农民合唱队，在2016年度“唱响偏关”舞台艺术大赛上取得优异成绩，秧歌队在县城“二月二”传统古会街头文艺宣传中得到文体局领导的认可和群众的好评。

严格执行人口控制计划，稳定低生育水平。全乡全年出生人口94人，出生率6.7‰，同比上升了2.1个千分点，死亡人口78人，同比增8人，人口死亡率5.6‰，人口自然增长率1.14‰；计划外出生1人，计划生育率97.87%，政策外二孩占二孩的比率为2.94 %；当年社会抚养费征收兑现率为100%，近二年社会抚养费征收兑现率为71.96%。

【群团和信访工作】 妇联工作：2016年，完成33个村的妇代会改建工作，乡妇联聘请一名专职副主席，4名兼职副主席，15名执委委员，配备健全了妇联班子，对全乡的困境儿童进行了大摸底，全面掌握他们的需求。人武工作：（1）调整优化民兵组织布局。乡人武部根据本乡地理位置和交通状况组建9个民兵连部，择优从思想政治好、身体健康、年轻有文化、热爱民兵工作的村两委干部和退伍军人中选拔了民兵，重新任命9名民兵连长，并给予民兵连长每人每年1000元的津贴。（2）圆满完成新兵征集工作。在身体、学历、政治上严格把关，对全体参检人员进行初审，为部队输送了6名优质兵源。信访工作：通过变上访为下访、定期召开信访联席会议、变治标为治本等方式，积极化解信访问题，实实在在解决群众反映的强烈、突出问题，2016年信访案件由去年的30多件下降为11件，全年未发生一起市级以上越级集体访事件，全乡稳定形势继续向好的方向发展。

【安全生产】 （1）坚持把安全工作放在重要议事日程，作为各项工作的重中之重来抓。坚持“安全第一、预防为主、综合治理”的方针，充分利用板报、标语等方式，大力开展安全宣传教育，扎实开展安全文化建设活动。（2）完善安全生产各项制度，落实“党政同责、一岗双责、齐抓共管”和“443”安全生产责任体系，明确监管责任，建立企业安全生产档案、全乡发放监管责任牌70份，明确危险源预控管理、岗位责任体系监管责任，不断提高安全管理水平。（3）针对今年的雨量暴增，深入开展地质灾害隐患排查、监测、防治工作，对各隐患点及时发放“防灾明白卡”“避险明白卡”、立警示牌等，同时制定了应急预案，防止地质灾害事故发生。组织了一次地质灾害发生避险现场演练活动，让百姓深知在危险时刻如何避险，对全乡的5座骨干坝进行了全时段的监控，特别是对存在安全隐患的史家畔一号坝进行了维修加固，确保了坝体的绝对安全。（4）深入开展安全生产大检查，经常性地开展安全隐患排查整治，对25个中心村建立了山洪预警机制，签订安全合同，责任到人，定期开展隐患排查，检查水保工程运行情况，确立乡、村有专人负责气象灾害天气预警信息，保证气象信息及时传递、气象灾害及时上报，确保人民群众的生命财产安全。

【党建工作】 严格落实党建工作责任制，建立党建工作齐抓共管机制。2016年初，乡党委与33个农村党支部、4个机关党支部签订党建工作责任状，明确了党建目标任务，形成党建考核责任体系，把党建工作放在心上，扛在肩上。建立班子成员包村抓党建工作制度。班子成员及包村干部每月驻村蹲点2次，访民意、察民情，理清工作思路，制定党建工作计划，切实解决“薄弱村”“信访村”的突出问题。抓党委班子自身建设，充分发挥党委班子的龙头作用。坚持中心组学习制度，深入开展“两学一做”学习教育，全面开展了“四讲四有”专题研讨，通过查找不足、增强自我的新要求，增强了班子凝聚力。

不断加强基层组织建设。配齐配强农村第一书记和充分发挥大学生村官的作用。紧紧围绕脱贫攻坚的目标，全乡选派14名第一书记，其中12名结对帮扶12个贫困村；4名大学生村官有1名担任了村支部书记、1名担任了村支部副书记、其余2名新选配的村干部全部针对贫困村进行包村帮扶，为村两委注入了新鲜血液。开展了农村“领头雁”培训工作。邀请县纪委、农业局业务骨干、三资中心负责人，对全乡33个村的“两委”主干、大学生村官进行培训。对涉及征地拆迁村的“两委”主干和乡、村征地拆迁组成员进行培训，把政策、规矩挺在前面。狠抓后进支部转化，对33个行政村进行了摸排、梳理归类，对确定的严家洼、火头、抢风梁3个后进村进行了软弱涣散整顿转化，取得了显著成效，在2016年的星级管理中所属农村支部全部晋位升级，评选出五星级支部1个，四星级支部2个，三星级支部25个，二星级支部5个。高质量、严要求培养发展党员。坚持原则，严把党员入口关，共发展党员6名，培养积极分子12名。加大投入建设村级组织活动阵地。年初，乡党委会研究决定，从转移支付中拿出资金对部分村支部、村文化活动室进行维修，用于农村党建工作经费。年内，堡子湾等村的支部办公室、文化活动室完成了房屋整修，室内外墙面粉刷、图版上墙。村级活动场所的议事决策、教育培训、文化娱乐的综合性功能得到了真正发挥。

【廉政建设】 全面贯彻落实“两个责任”，切实加强党风廉政建设。积极开展专项整治工作。2016年，乡党委、乡政府深入开展了党员领导干部拒绝收受礼金红包、拒绝兴办公司企业、拒绝大操大办婚丧嫁娶、认真学习《准则》和《条例》使广大党员干部提高了思想认识，认清了形势，做到了自觉抵制歪风邪气，确保了自身清正廉洁，切实解决农民群众身边的“四风”和腐败问题。坚定不移贯彻落实“八项规定”。2016年，全年召开会议12次，同期相比减少了30.7%；发文49件，同期相比减少了22.6%；一般性费用和公务接待费用支出较往年明显减少；机关作风得到明显改进；按照民主决策、民主管理和民主监督原则，制定了窑头乡农村“三资”管理使用制度，加强了村“四议两公开”“一事一议”、村务公开、党务公开、财务管理、公章管理等各项制度建设，各项工作逐步实现制度化、规范化。

（贾田夫）

陈家营乡

【概述】 陈家营乡位于偏关县的中心腹地，总面积169.93平方千米。辖22个行政村，含37个自然村，总户数2976户，总人口7819人。2016年，在县委、县政府的领导下，陈家营乡党委、乡政府全面贯彻党的十八大、十八届三中、四中、五中全会和习近平总书记系列重要讲话精神，按照年初的工作部署，围绕脱贫攻坚这一中心工作，进一步统一思想，转变工作作风，大力抓好农村经济发展，进一步加快脱贫致富步伐，推进基层组织政治建设，各项工作取得新的成效。

【产业结构调整】 长期以来，陈家营乡以种植蔬菜、玉米、谷子、糜黍、山药等小杂粮为主，以养羊、养猪为辅，矿产资源贫乏。为拓宽农民增收渠道，大力调整农业产业结构，围绕做优做强“杂粮之乡”品牌，大胆尝试玉米、谷子、藜麦、SH“363”葵花等优质品种的种植，坚持向产品要市场，向市场要质量。进一步打破传统种植模式。（1）推广农技促发展。我们在资金不足的情况下，全面完成了乡农技培训中心200平方米办公场所及配套设施维护工作，有效地促进了农技推广培训工作的顺利开展；当年发放各类农作物地膜4万千克，推广地膜覆盖1300.00万平方米；实施了14个示范村、70个示范户的SH363葵花示范种植工程，户均增收600元。为全乡的科学种田提供了学习借鉴样板，起到了示范带动作用。把农业现代化建设全部纳入“一村一品”中进行综合建设，为常家窑等9村购置农机俱40台（件），发展了3个农民专业合作社，有效地促进了乡村传统经济的产业化发展。（2）开发土地奠基础。已落实测土配方施肥。实施了寺儿沟、薛家嘴、杜家沟、前虎头四个村的旧村复垦造地工程，新增耕地28.00万平方米；完成了石沟子、高家湾两个村的土地整理工程，新增耕地面积21.33万平方米；借住县财政局农业综合开发项目之机，常家窑村整理土地23.33万平方米，土地开发4.33万平方米；张家山村“一事一议”项目，回填洪沟造地3000立方米土。为提高农民生产积极性和稳步增收打下了坚实的基础。（3）规模养殖增效益。配合乡畜牧站防疫员完成羊传染病的防疫工作，全乡羊接种病毒疫苗达到4.2万只，实现100%全覆盖目标；在无项目、缺资金的情况下，完成高家湾和天洼村两个养羊户共计3个标准化养殖场建设，其中高家湾养殖场规模达到2400平方米，在全县农村发展规模舍饲养殖中起到了良好的示范带头作用，全乡养羊大户达到310户，高效规模畜牧业发展稳步推进。

【脱贫攻坚】 1.组织保障。面对2016年艰巨的脱贫工作任务，乡党委、乡政府强化了脱贫攻坚领导责任。成立了乡党政主要负责人为脱贫攻坚第一责任人，各片长、包村干部、包村第一书记、村支书、村主任、包村扶贫单位一把手为直接责任人的脱贫指挥部。指挥部下设工作站，具体负责脱贫攻坚的各项日常工作。各村成立相应组织，制定具体工作办法，乡、村、第一书记、包村单位层层签订脱贫攻坚责任状，确保脱贫攻坚任务完成。

2.精准识别。（1）农户申请，村内评议。在广泛宣传动员的基础上，由农户自愿提出书面贫困户申请，综合考虑每一户群众的具体情况，全面摸底排序，提出贫困户、脱贫户和出列户备选名单。（2）村民复议，入户调查。对村内提出的贫困户、脱贫户和出列户备选名单，由村民代表会议进行复议，确定贫困户、脱贫户和出列户拟选名单，再由乡村干部和帮扶工作队员，采取“一问一看一算账”的办法，即：问收入状况、看家庭情况，算账分析，进一步核查。（3）村级议决，乡镇审核。对拟选的贫困户、脱贫户和出列户，村两委会从是否有漏选错选、是否符合政策界限、是否有家族势力干扰、是否有干部优亲厚友等方面把关，把形成的初选名单，第一次公示后报乡政府审核。（4）两次公示，一次公告。对选出的贫困户、脱贫户和出列户名单，先在村公示，再由乡镇公示，两次公示时间均不少于7天，公示后报县精准扶贫指挥部备案。（5）实名建档，动态管理。对确定的贫困户和脱贫户进行建档立卡，填写贫困户基本信息卡和精准扶贫计划表，经乡、村、第一书记、帮扶工作队、贫困户“五级签字”确认后，录入贫困户信息管理系统，实名制管理。以常家窑、黑山和闫家贝3个贫困村为主战场，对全乡建档立卡的699户1860个贫困对象进行统一识别标准、统一数据口径，动态掌握基本信息，做到底数清、问题清、任务清、对策清、责任清，数据准确、管理规范。

3.精准帮扶。为了帮扶的精准到位，通过各支帮扶力量的深入调研，按照一户一策、因村实策的原则，对造成贫困的主要问题进行了集中解决。（1）完善基础设施。改造村容村貌街道，修建排水及引水沟3000米，街巷硬化1.4千米，新建3.5米宽街道等，加快推进断头路、瓶颈路、年久失修路改造，完善农村公路安全生命防护工程；在闫家贝村新建长150米高3米的护岸，检修和更换店湾村机井的配套设施和抽水线路，黑山等4村新建集雨面户均50平方米，提高了水质达标率和自来水入户率。当年完成自来水新入户85户，健全完善了农村饮水工程运行保障体系；进一步加大危房改造力度，2016实施危房改造90户，全乡有安全稳固住房贫困户比重达到95%，农村贫困户危房基本消除；加快贫困村宽带网络建设步伐，到2016年底实现贫困村宽带信息网络全覆盖，农村通信普及率达到95%，为提供优质信息服务打好基础；完善易地扶贫搬迁规划及后续管理，加快农村人居环境改善步伐，共有2户7人已享受国家异地搬迁帮扶资金。（2）壮大富民产业。重视发展劳务经济。抓住准朔铁路和同煤集团、博泰工贸有限公司新建煤炭铁路专用线项目的大好机遇，引导群众积极发展餐饮、汽配、运输等服务业，千方百计增加群众收入。鼓励能人带动务工，完善职业培训、就业服务、劳动维权“三位一体”的工作机制。建立新型职业农民教育培训和政策扶持机制，2016年开展电工、剪纸和新型职业农民等培训700余人次。到2020年将实现技能提升培训全覆盖。（3）发展社会事业。教育扶贫：对建档立卡中因学致贫的100户，实施贫困户子女入学救助，认真落实国家、省、市农村贫困家庭子女学前教育、义务教育、高中教育、职业教育和大学教育的资助补助政策，对贫困家庭中高职在校生，除享受国家职业教育资助政策外，已实施“雨露计划”项目帮扶21人，每生每年给予2000元扶贫助学补助；对贫困家庭在校大学生，通过实施农村贫困家庭大学生助学项目，帮助2人完成其学业，每生每年给予5000元的助学资金。卫生扶贫：加强贫困村卫生室建设，在常家窑、黑山两村修建标准化村卫生所2个，180平方米，配套有办公设施。到2018年将实现全乡贫困村标准化卫生室全覆盖。2016年村级新型农村合作医疗参合率达到95%以上。对全乡699户1860人贫困对象参加新农合的个人缴费部分全部减免。55周岁以上参保新农合的455贫困人口，都已享受国家人寿保险政策每人18元的补贴。文化扶贫：加大贫困村文化设施建设力度，推进贫困村集宣传文化、党员教育、体育健身等为一体的综合性公共文化服务中心建设，2016年，在常家窑、黑山等4村实施了综合性文化广场活动室和文化广场项目，共新建11间文化室，600平方米文化广场，配套文化器材，健全了贫困村文化体育设施，支持贫困乡村发展民间文化艺术发展。

4、精准退出。对经过精准扶贫脱贫的，按照“有进有出、动态管理”的原则，实行“脱贫销号、返贫挂号”，实现扶贫对象科学化动态管理。严格按照贫困户和贫困村退出的标准和程序开展工作，通过民主评议、入户调查、摸底核算、村内核实等工作流程，做到“两公示一公告”，广泛接受社会监督。2016年，全乡有3个贫困村脱贫在望，137户408口人已实现脱贫。

【综治工作】 （1）安全生产方面，各项安全工作有方案、有措施、有人员、有物资，认真落实目标责任全覆盖工作，各项安全责任落实到人，工作做到实处，全乡未发生一起安全生产责任事故。（2）信访维稳工作，坚持实行领导信访接待日和领导干部信访包案责任制，及时排查和化解各类社会矛盾，全乡没有发生一起集体越级上访事件。全年先后及时到北京接访2趟4人次、太原接访3趟3人次、忻州接访5趟5人次，按时完成了接访任务，14件信访化解任务，完成12件，完成率85.7%，同时在上访对象的稳控上，我们竭尽所能，及时全力安抚，有效地确保了全乡社会大局稳定。（3）社会综治治理，层层签订《综治责任状》，建立和完善了乡级社会管理网格化平台，完成2个村级网点建设，充分发挥“两会一队”的职能作用，维护全乡治安秩序，推进基层平安建设，全乡社会风气、社会治安持续稳定好转。（4）舆论宣传方面，充分运用普法宣传、悬挂横幅、建立橱窗等手段，广泛宣传社会治安综合治理工作的重要意义、工作进展和成效，动员社会各界和广大党员干部群众积极参与，形成良好的舆论氛围。以综治宣传月活动为契机，宣传打击黑恶势力犯罪、严重暴力犯罪以及严重影响人民群众安全感的多发性犯罪活动所取得的阶段性成果;宣传开展平安创建活动中涌现出的先进集体(群体)和先进个人的先进事迹。利用各种途径开展宣传法制教育，弘扬法治精神，不断增强人民群众法制意识和自我保护意识，努力形成自觉学法用法守法的社会氛围。

【基层组织和干部队伍建设】 （1）加强基层组织建设。乡党委认真贯彻落实省市县基层党建工作相关部署要求，紧扣“两学一做”主题，坚持把“抓基层、打基础、强服务、严管理”作为党建工作思路，牢固树立党建主业意识和最大政绩理念，通过强班子、强队伍、强制度、强保障、强服务等措施，统筹兼顾，积极作为，把党要管党、从严治党的责任落到实处，不断加强党的基层组织建设，促进了全乡基层组织建设的全面进步。（2）强化党风廉政建设。落实主体责任，健全“一把手负总责，分管领导各负其责，班子成员齐抓共管，纪委加强监督检查”的领导体制和工作机制。年初，确定了14项工作任务并分解到班子成员。乡党委与各村签订党风廉政建设责任状，把5项村级反腐倡廉工作任务下达到村，明确考核细则。全年共查处各类违纪案件7件，8名党员受到党纪处分。1名村干部因工作不力被诫勉谈话。村监督委员会监督村级重大事项8项，化解矛盾纠纷6起，审核村委财务12次，纠正不合理村级事务1起。（3）圆满完成党政班子换届工作。精心筹备，严肃纪律，规范程序，于2016年5月26日和27日分别召开党委、政府换届选举大会，选举产生了中共陈家营乡委员会第十届委员会，陈家营乡第十七届人民代表大会主席团及政府组成人员，纪律检查委员会委员和出席县第十三次党代会代表，圆满完成了各项议程，县委提名候选人全部满票当选，组织意图得到充分体现。通过这次换届，乡党委、政府班子结构进一步优化，干部素质进一步提高，妇女干部、优秀年轻干部比例进一步提高。

（王耀文）

水泉乡

【概述】 水泉乡位于偏关县城东北部，全乡总面积129.5平方千米。辖11个行政村，43个自然村，总人口5300人。有耕地2413.34万平方米，主要以种植玉米、糜、谷、黍、土豆、荞麦等小杂粮为主。2016年，乡党委、乡政府以党的十八大和十八届三中、四中、五中、六中全会精神为指导，紧紧围绕全面建成小康社会宏伟目标，以脱贫攻坚统揽全局，按照“一个指引，两手硬”的思路，全面落实市委“1661”、县委“1551”发展战略，以“民生为重、发展为主、稳定为上、党建为本”为主题，进一步转变观念、创新思路、转型跨越、狠抓落实，经济社会得到长足发展。全乡粮食总产494.18万千克，油料总产30.37万千克，农民人均纯收入5500元。

【重点工程建设】 2016年，全力支持服务重点工程建设。大唐偏关水泉5万千瓦风力发电项目，施工涉及7个行政村，20个自然村，43千米施工道路、升压站、12座风机位、130座基线塔、35千米输电线路的占地协调工作全部完成，共征用耕地14.20万平方米、林地3.87万平方米，当年正常发电；蒙西—天津南1000千伏特高压交流输变电工程在本乡过境15千米，基线塔50座，占地协议已签订48座。积极配合做好施工期间的协调服务工作，保证工程的顺利实施。

积极抓好当地项目开发。（1）继续推进红门口“地下长城”景区开发。红门口地下长城景区，是偏关县边塞军事历史风情游的主要内容，由长城红门口、古堡、战备地道三部分组成。2013年8月，在县委、县政府的领导下开始建设。2016年，主要是修复古道、城楼、新建停车场、改造旧街道，战备地道改造完善适合开放的有1650米。入口广场和三眼井出口广场、历史文化展、水泉地区民俗展和广场雕塑已基本建成，南门城楼、城墙正在恢复建设中，游客接待中心正在建设中。(2)建成宏钜大磨坊有限公司，总投资3000万元，年加工1亿千克谷子暨3000万千克副产品饲料，可加工周边1.93万平方米耕地所产谷子，仅此一项，可使农民增收170万元，进一步繁荣了粮油购销集贸市场。

【产业结构调整】 2016年，大力发展小杂粮种植、加工、销售。优良品种使用率达98%以上。近年因谷子市场销售价格持续看好，谷子种植面积达到播种面积的60%多。经过30多年的发展壮大，本乡建成了业务覆盖长城内外、全县最大的小杂粮集贸市场，年销量500万千克以上的购销大户有3户。水泉购销市场购销小杂粮占全县60%以上，并在清水河、河曲县设立购销点，将本地及周边3000万千克以上的小杂粮销往全国各地，同时推动了全乡、劳务、修配等服务行业的蓬勃发展，为300多名农村剩余劳动力找到了就业门路，实现纯收入400多万元。

积极发展舍饲养殖。利用本乡地广人稀、牧草丰富的优势，在上级有关部门的大力支持下，实施达连庄窝整村推进项目，补助规模养殖户30户，到2016年累计建设标准羊舍870座，规模养殖小区13座，50只以上规模养殖户达287户，养羊发展到66300只，实现人均牧业收入2100元，占人均纯收入的38%。

大力发展经济林。2011年种植的20.00万平方米白水杏已挂果，2013年种植166.67万平方米仁用杏，人均种植半亩以上经济林。进入盛果期后将成为农民增收的新的支柱产业。在水泉、达连庄窝村实施退耕还林30.36万平方米，在209国道沿线，发展建成绿化苗木基地20.00万平方米，定植优质云杉、油松等10多种苗木，拓宽了农民增收的渠道。

注重劳务输出，拓宽农民致富渠道。抓住“千村万人”技术培训，集中在水泉村举办实用技术培训班，不断提高职业技能，积极扶持农民外地就业、异地输出，使劳务输出成为主导产业。

【脱贫攻坚】（1）完成农村困难家庭危房改造任务，2016年60周岁以上老人共计80户危房全部列入改造范围，累计全乡完成危房改造491户。（2）做好集中移民搬迁和易地搬迁工作，通过广泛宣传动员，全乡已有110户462口人报名申请搬迁，已有34户购买移民房搬迁，其他农户正在办理购房搬迁手续。（3）乡村清洁工程有序推进。探索和完善清洁清运管理办法，配备清洁工22人，修建1座简易垃圾填埋场、新建垃圾池10个、粉刷墙壁4000平方米，倾倒垃圾500立方米，维修残垣断壁65处，乡村环境卫生、村容村貌得到改善。（4）认真完成扶贫开发建档立卡“回头看”工作，按照要求共计确定648户1570人的贫困人口，相关资料已全部完成，并通过各种措施于年底脱贫1166人，剩余404口贫困人口通过乡村干部、扶贫工作队制定了一对一的帮扶措施，确保2020年全部脱贫。

【社会事业】（1）不断改善农村的交通条件，加强村级道路的保养与维护，排查和维修水毁路段14处，新修排水2100米，确保村级道路的安全畅通，进一步改善人居环境。（2）不断提高群众的健康水平。“一村一井”工程2016年在新庄窝、甄家沟、西沟三眼深井已完工，并配套供水设施加强群众的饮水安全；提高乡村卫生室的服务能力，确保人民群众的饮食和用药安全；实施“阳光计生”“零距离”服务主题实践活动，提高人口计生精细化管理服务能力。（3）完善教育基础设施、实施教育扶贫。水泉寄宿制学校22套教师周转房建设全部完工，可以投入使用。教育基础设施面貌焕然一新，确保全乡没有一名适龄儿童失学，对考取二本以上的7名大学生共计补助3.5万元，“雨露计划”共有59名中职院校学生申请补助，乡审核已结束，县、市级正在审核中。（4）不断丰富群众的精神文化生活。各村都建起了农家书屋，建起了文化广场，安装了健身器材。积极支持送电影、送戏、送书刊到农村活动，组织开展各类群众性文娱活动，丰富群众的精神文化生活。（5）落实党的各项惠民政策。2016年1981户低收入农户冬季取暖货币化补助全部发放到户；种植、养殖贷款扶贫贴息35户70002元；新农保、新农合参合率达到95%以上，206户困难家庭享受低保，64位孤寡老人享受五保，30名优抚对象生活补助，各类救济物资、粮食直补、退耕还林补助、计划生育奖扶资金、养老金和医疗保险补偿金等各项惠农资金及时足额发放。（6）努力营造安全和谐稳定的社会环境。认真落实安全管理“四项”监管责任，全力抓好群众来信来访处置工作，全力推进“三级平台”建设和社区网格化服务等工作，运用市级平安乡镇成果，积极探索社会管理创新，采取各种方法化解矛盾纠纷，全年排查化解各类矛盾175起，为全乡人民提供安居乐业的社会环境。

【基层党建】 2016年，水泉乡党委认真落实省市县组织工作要点，以开展“两学一做”为主线，以创建基层服务型党组织为统领，落实“两个责任”，突出服务重点，抓好工作落实，不断提升党建工作整体水平，进一步增强了基层组织的号召力和凝聚力。

加强班子建设，发挥战斗堡垒作用。（1）加强“两委”思想教育。特别是加强村支书、村委主任的教育管理，使其进一步增强当好“领头雁”的责任意识。（2）强化村级民主监督。每村选举产生3名村务监督委员会成员，在村级事务决策、财务开支、各类惠民项目实施中全程参与、全面把关和监督。（3）延伸“领头雁”培训。17名村支书、主任参加县委举办的“领头雁”培训的同时，乡党委对全乡45名村两委成员和34名骨干党员进行了培训。对达连庄窝村开展软弱涣散村级党组织整顿，通过选派第一书记，并培养2名有双带能力的养殖专业户入党，增添生机活力。（4）实行基层党组织星级化管理。根据《考核评定细则》，按照“六有”标准，本乡2016年评定四星级党支部1个，三星级党支部6个，充分发挥星级评定的激励作用和导向作用，努力使每个党组织的管理服务功能年年都有新提升。

抓好党员队伍建设，发挥党员模范带动作用。（1）抓好党员干部教育培养工作。在干部日常教育中充分运用“147模式”，提高乡村干部自身素能。落实《发展党员工作细则》，发展6名致富能手为入党重点培养对象。（2）集中开展农村党员排查整顿。从6个方面对11个支部的256名党员进行逐个排查，5名党员已给予党纪处分，1名党员由乡纪委正在立案办理中。对45名流动党员进行重点管理，并利用QQ、微信等方式使他们参加党的组织生活。

创建服务型基层党组织。（1）持续推进“三式化”递进服务，提高为民服务效能。建立民情电子台账，实现台账式动态化管理，切实解决群众实际困难；延伸乡便民服务中心功能，组织站所人员每月定期轮流到村现场办公，发挥“干群联系卡”作用，实行“双向代理代办”服务，开展预约式、承诺式服务，从根本上解决群众办事不方便的问题；实行网格化管理，分片包户服务，细化亲情式关怀制度，密切党群干群关系。（2）推行“全员四诺”，全体乡村干部结合岗位职责确定办实事项目做出承诺，并进行公示；多方式、多途径、按时段、按标准抓好落实，办好承诺事项；全员双向公开述职评诺，形成干部工作干得好不好，党员群众说了算。（3）推行“一评两监督”，规范“四议两公开”工作法。在救灾物资发放、低保审核、工程施工等村级事务中运用。

开展“三个一批”工作。本乡作为试点，制定了实施方案，全体领导班子成员认真学习上级文件精神，并认真填写了《个人有关事项报告表》。（1）认真开展“五查”甄别一批干部。建立乡管干部动态管理台账，包括干部个人信息台账、民主测评台账、征求意见梳理汇总台账、谈心谈话记录等，掌握干部的问题线索，对重点对象经乡纪委、派出所进行违纪违规违法调查。（2）加强管理发现一批敢担当、善作为的好干部，依据日常考核、年终考核情况、民意调查情况，了解干部日常工作、学习、生活等情况，近距离了解到的干部乡语口碑情况，向上级组织部门民主推荐敢担当、善作为的好干部。（3）强化大学生村官和“第一书记”的管理。近年来本乡大学生村官流出率达70%，现有3名在职，其中2名当选村支书、主任。探索制定了第一书记管理办法，建立考勤、工作日志、工作周总结等系列制度，要求4名第一书记广泛联系走访群众，带领村党组织和党员干部增强服务意识，帮助群众解决实际困难。

（贾文亮）

南堡子乡

【概述】 南堡子乡位于偏关县东南部，总面积 136.7 平方千米，耕地面积 4200.02 万平方米。辖 17 个行政村，18 个自然村，总户数 1889 户，总人口 4286 人；在村常住户数 556 户，人口 1106 人。2016 年，乡党委、县政府认真组织开展“两学一做”学习教育，全面贯彻落实党和政府关于农村经济发展的一系列政策措施，各项工作取得了新的成效。

【脱贫攻坚】 按照精准扶贫的要求，多措并举。(1)精准识别。全乡有 6 个贫困村(南场、北场、教子沟、大庄窝、小庄窝、张家庄)，建档立卡“回头看”共识别贫困户 546 户 1440 人，其中一般贫困户 443 户 1204 人，低保贫困户 88 户 220 人，五保贫困户 15 户 16 人，贫困发生率 29.5%。2014 年、2015 年共计实现脱贫 262 户 658 人。还有 284 户 782 人没有脱贫，其中一般贫困户 248 户 687 人，低保贫困户 34 户 93 人，五保贫困户 2 户 2 人。经过“再回头看”全乡共计出列了 27 户 67 人，新增贫困户 1 户 3 人，整户减少 8 户(包括死亡)，共计减少 17 人，单户增人 9 人，2016 年贫困规模 512 户 1368 人，当年脱贫 66 户 215 人。（2）结对帮扶。全乡有 7 个县科级包扶单位（组织部、市场和质量监督管理局、财政局、文化局、收费局、团委、烟草），各村共计驻村工作队员 34 人，结对帮扶的党员、干部数 90 人，结对贫困村所有建档立卡贫困户 219 户，非贫困村结建档立卡贫困户 59 户。剩余 268 户非贫困村贫困户全部由乡、村两级党员干部结对帮扶。对 6 个贫困村和 1 个软弱涣散村（泉儿上村）全部配备了第一书记。（3）移民搬迁。2016 年完成了地椒峁村 7 户 21 人的整村搬迁任务。完成 150 口人以下的村：黑家庄、车道坡、上纸房 3 个村的易地搬迁摸底调查工作，并上报县扶贫办。（4）教育扶贫。完成了 4 名贫困本科大学生的扶贫资助工作，资金全部到户；完成了 32 名大中专学生“雨露计划”摸底登记申报任务。

【“三农”工作】 （1）抓好农业产业。突出中药材和新品种作物示范种植，在北场村示种柴胡、党参 13.33 万平方米，教子沟村示范种植黄芪、党参、柴胡 8.67 万平方米，大庄窝推广种植藜麦 15.33 万平方米；年初狠抓春耕备种工作，将 2 万千克地膜、2000 千克胡麻种子及时分发到户。全乡种植莜麦 880.00 万平方米、土豆 289.60 万平方米、油料 486.67 万平方米、玉米 171.33 万平方米、杂粮 813.34 万平方米，年底喜获丰收；完成了南堡子村、大庄窝村村 200.00 万平方米连片土地整理项目在大庄窝、小庄窝、南场、地椒峁共退耕 164.00 万平方米。完成了泉儿上和上纸房两个村土地确权的摸底、登记、测绘、确认、公示等工作；完善了黑家庄和车道坡两个村的“一村一品”项目工程，已于 8 月中旬经县验收组验收合格。（2）加强农村基础设施改善。完成了精准贫困户危房改造 80 户；在南场村投资 17 万元，完成了 670 米的街巷硬化工程；在教子沟村共投资 117 万元，完成了农村危房改造 23 户，完成了街巷维修及广场硬化、人畜饮水集雨面硬化和综合性文化活动室建设，同时对贫困户在测土配方、种子、肥料和养殖等个人帮扶项目上投资 18 万元（其中包括村集体购买农机具）；在北场村共投资 142 万元，完成了建设用地整理，新建文化活动室、村卫生室、农家乐、停车场及广场硬化和安全饮水工程建设，同时对贫困户在测土配方、种子、肥料和养殖等个人帮扶项目上投资 2.075 万元；争取上级投资 64 万元，完成了南堡子村供水改造工程和道路硬化、文化广场硬化等。（3）发展壮大村集体经济。立足本乡村小民穷的实际，确立了 2016 年“1234”工作思路，即明确一大目标，壮大二大产业（种植业、养殖业），突出三项重点（突出民生改善、突出社会和谐、突出精准扶贫），抓好四项工作（脱贫攻坚、药材种植、基础设施建设、党的建设），着力壮产业、夯基础、惠民生、促和谐，努力实现十三五的良好开局。到年底实现了南沟、大虫岭、教子沟、北场、黑家庄、泉儿上、南堡子、上井坪、双寨9个村集体收入“破零”。

【社会事业】 社会保障方面，全面完成了全乡享受低保人员情况的摸底、与新增76户低保户的复核工作。对特殊家庭户进行低保救助，共计699132元；对45名二级残疾人进行摸底、审核，于2016年1月开始享受每月50元的生活补贴；对本乡的全体优抚对象进行逐户家访，对特殊人员进行优抚救助，解决了三难问题；对当年的大灾大难户及时进行了救灾救助，共计158000元。文化事业方面，组建文艺宣传队参加了二月二街头文艺活动；组织人员参加了全县举办的2016年度“全民健身”和“唱响偏关”活动；为南堡子、大庄窝、大虫岭、黑家庄、上井坪、南堡子、小庄窝7个村和乡文化站分别配置了3000元的图书。卫生计生工作方面，创办了大虫岭、黑家庄2个卫生村，完成无害化卫生厕所改造101座；加快计生系统数据录入进度，完善了计生信息系统，免费孕前优生检查21对，开展计生教育知识宣传5次，发放宣传书籍200多册。

【安全生产】 （1）做好护林防火工作。新选聘生态护林员25名。在春季森林防火中，专门成立了乡长任组长的领导小组，召开了再动员大会，进行了安排部署，做到了“三个落实”：（1）责任落实。明确各村森林防火主体责任，并在年度工作考核办法中对驻村干部、村干部责任予以明确。（2）人员落实。针对本乡地域广、防控难度大的特点，与每名森林防火队员签订《森林防火责任书》，真正做到权责分明。（3）措施落实。加大宣传教育力度，共发放森林防火资料1500多份，悬挂宣传横幅30余条，出动宣传车100多台次；加强火源管控力度，进行了专坟专人管护；把好上山路口，在森林防火戒严期内，护林员、各村干部在主要地段、路口巡逻查问，禁止火源上山。当年未发生森林火灾。（2）强化安全。全年排查社会治安隐患11次，排查公共场所安全隐患10次；完善应急物资储备，在陈家营参加了县政府开展的应急救援演练1次；加强交通安全管理，对全乡50千米乡村道路进行了隐患排查，共排查出存在道路隐患13处，当年修复了6处，共计投资3.5万元，其他7处正在修复实施中，投资24万元。同时完成了全乡机动车（包括小车、大型车、农用车、摩托车等）摸底、登记、建档等工作，在黑家庄设立了农村道路交通安全劝导站；地质灾害全面排查，对辖区涉及的6个地质灾害村均按照上级要求开展了日常排查工作，在6处地质灾害隐患点均明确了监测责任人和监测人，做到专人、定位、及时进行巡查和监测，并设置了警示牌，切实加强了“两卡”的填制、发放工作，向地质隐患点群众发放两卡28份，全乡无险情发生。

【基层组织建设】 （1）深入开展“两学一做”学习教育。组织全乡党员和乡村干部认真学习了习近平总书记系列重要讲话、党章、党的十八大和十八届四中、五中、六中全会精神，开展了“四讲四有”专题研讨，重温了入党誓词，使党员干部牢固树立了“四个意识”。（2）扎实推进领头雁培训工作。乡党委于2016年3月31日至4月2日对全乡各村“两委”班子成员、第一书记、大学生村官和骨干党员以及农民专业合作社负责同志共160余人进行了有针对性的教育培训，使基层“主干”和两委成员的思想认识得到进一步提高，思想观念得到进一步更新，加强和推动农村经济发展的理念得到进一步转变。(3)扎实推进第一书记、一带三创工作。2015年8月县委为本乡7个农村选派了“第一书记”。乡党委围绕“第一书记”主要任务、工作职责，本着促进农村经济社会发展，具体落实了“五个一”工作目标，即建强一个班子，发展一批党员，培育一批亮点，引进一个项目，确保一方稳定。2017年两节期间，组织部、财政局等7个单位对南堡子乡贫困村及贫困户帮扶92100元，慰问121600元。开展一带三创工作，明确了总体要求、主要职责、目标任务、创建标准，各村支部积极争创先进，形成工作合力，农村基层党组织建设水平全面提高。(4)认真做好建档立卡贫困村党支部书记摸底和调整充实工作。对所属贫困村党支部书记进行摸底，对现任贫困村党支部书记逐村逐人进行考核评定,奖励干成事的、激励想干事的，鞭策不会干事的村党支部书记，对不称职的党支部书记进行诫勉谈话。(5)加强党风廉政建设。2016年年初，乡党委与各村、乡直各单位分别签订了党风廉政建设责任书，把落实党风廉政建设作为年终绩效考核一项重要内容。严格要求党员领导干部带头遵守各项纪律制度，能自觉坚持民主集中制，加强了自身的廉政勤政建设。

（李东）

尚峪乡

【概述】 尚峪乡位于偏关县东南部，总面积157平方千米。辖16个行政村，36个自然村，总户数2138户，总人口4762人。2016年，尚峪乡党委、政府以党的十八大和十八届三中、四中、五中、六中全会精神为指针，认真贯彻落实县委、县政府的工作部署，团结带领全乡干部群众，大力发展经济，夯实基层组织，严格遵纪执法，全面开展工作，实现了经济社会的持续快速稳定发展，取得了良好成绩。

【“三农”工作】 2016年，乡党委、乡政府紧扣农业增效、农民增收、农村发展，以优质特色农产品为突破口，切实抓好种养两大产业。立足本乡地理优势，抓好以张杂谷子、脱毒种薯、舍饲养羊为主的三大产业。继续鼓励以家庭为单位的农业经营模式向农业种粮大户、家庭农场、农民专业合作社发展，扩大规模，不断延伸产业链条，引进新品种，推广新技术。全乡共培养科技示范村10个，科技示范户100户，带动户200户；巩固发展脱毒马铃薯原原种繁殖基地3个(大泉上、百草坪、西尚峪)，百亩高产科技示范园1个；举办各类讲座30余期；培养新型职业农民100余户，农产品经纪人30余名，种粮大户279户，家庭农场20个，为农民技术讲座每村平均10次，印发各种新品种、新技术资料10000余份，继续鼓励农户实施联片规模种植，政策上及时给予发放农业生产资料。继续加大农民培训力度，不断增强农业机械化作业，为他们在实际耕作中解决了技术难题，起到了增产、增收的显著效果。

积极应对不利气候因素，初步建立农业保障机制。年内，尚峪乡遭受严重的雨涝冰雹灾害，给农户庄稼收成造成较大的损失。乡党政部门及时组织下乡干部进行灾情摸底统计并及时上报，积极诸多与县民政部门和保险公司联系，对受灾的农户给予救助和合理理赔，补偿了经济损失。下乡干部和部分乡土农业经纪人及时公布粮油购销信息，农户能了解市场行情，掌握粮油购销价格，做出购销决定。

继续对舍饲养羊给予政策倾斜，除认真落实“三补一贴”政策，面对养羊业市场疲软的情形，由政府出面和乡信用社协调，给养羊大户提供小额贷款，鼓励他们坚持到底，渡过难关。安儿上村实施整村推进舍饲养羊项目，按照购买母羊补贴，修建规模羊舍补贴，购买农机补贴和购买化肥补贴等系列配套政策，给予农户项目帮扶。项目总投资65万元（其中财政拨款50万元，农户自筹15万元），建成后每户可稳定增收4000多元。

【脱贫攻坚】 坚持“先易后难、示范突破、全面发力、整体推进”的工作思路，2015年，利用整村推进项目，实现了安儿上村贫困户整体脱贫。2016年，自加压力，对照“六个精准”，提出了全乡整体脱贫的目标任务。在对户措施的精准上，实行“一户一策一干部”，按照“一算、二问、三找、四落实、五跟踪”的方法严格操作。在产业发展上，推行“一二三”连片种植工程和三个“三五”增收方略，即人均666.67平方米葵花、1333.34平方米谷子、2000.01平方米马铃薯，实行连片种植；建立一个信息共享平台，让农民在多收“三五斗”的同时，通过推行科学种植、完善服务体系节约成本“三五百”，通过畅通信息渠道，由分散销售变集中销售，多卖“三五百”。在农业增收项目上，新建674立方米20万千克马铃薯储藏窖7座，1011立方米30万千克马铃薯储藏窖1座，投入资金321.1万元；改良土壤改善种植条件，实施测土配方施肥，改良土地254.40万平方米，投入资金152.64万元，建设高标准农田13.33万平方米，投入资金32.35万元。在基础设施建设上，建设标准化村级卫生室14间448平方米，并配套卫生设施，投入资金57.03万元；建设综合性文化广场2946平方米，建设文化活动室17间，约544平方米，并配套体育文化器材6套，投入资金98.93万元；街巷维修硬化，整修排洪区，硬化通村公路3.33千米，改善村容村貌，投入资金390.39万元；人畜饮水安全项目，修建200立方米水窖2座、100立方米水窖1座并配套2250平方米集雨面和集中供水点5处，投入资金75.55万元，改建厕所127座，投入资金34.29万元，危房改造72间，投入资金76.6万元。

【重点工作】（1）完成县乡换届工作。乡党委、乡政府认真学习、领会、把握换届政策，在认真履行好“两代表一委员”在提名、推荐、考察、协商等各个环节的主体责任，积极配合完成好县级换届工作的同时，全力抓好本乡领导班子换届工作，严格按照“五好”干部标准，把好选人用人政治关、作风关、能力关、廉洁关，坚持把纪律和规矩挺在前面，把各项纪律要求落实到人选的提名、推荐、考察、选举等各个环节。加强正面宣传，及时应对舆情，凝聚换届正能量，营造良好舆论氛围；及时了解情况，加强思想引导，教育引导广大干部讲政治、顾大局、守规矩，正确对待个人进退留转，自觉服从组织安排，确保了换届的风清气正，选举出了新一届乡党政领导班子。（2）加强村组织活动场所建设。按上级精神和村级实际以及我们依托扶贫开发贫困村脱贫摘帽的有利时机，对安儿上、瑞家沟、大泉上、碾儿沟、长安镇、赵家沟6个贫困村党支部活动室进行新建或维修改建，同时对需要及时维修的东尚峪、甘沟、庄王、豆儿沟、百草坪等5个非贫困村进行规划上报，申请上级给予维修支持。在组织活动场所管理上，对本乡部分村级组织活动场所进行了随机抽查，对聘用的村级活动室的管理人员进行了督查和审核，对配备齐全且需维修的村级组织活动室进行了维修，对缺乏管理维护和正常使用活动室规章制度的村委会进行了批评教育并帮助其快速建立健全了相关配套制度措施，使村级组织活动场所在基层组织建设中发挥作用，真正成为党员之家。（3）是针对性开展各项培训工作。一年来，开展“农技”培训、“领头雁”培训共计5次600余人。逐步提升了农村干部的能力素质和服务水平，提高了种养大户的专业技能，进一步强化基层组织建设、廉政建设，将科学种植和农业机械化作业渗透到农户生产中。（4）严格开展精准扶贫“再回头看”工作。乡政府成立了精准扶贫“再回头看”工作领导小组，在第一书记、下乡驻村工作队帮助和各村委党员干部的努力下，分组分片进行走访调查，反复审核，精准识别，通过村民互相监督检举，村委会深入调查，乡政府督促，通过多次筛选、核查，对上级审查和群众自查出的问题及时进行了修正，确保了“再回头看”工作的公开、公平、公正和扶贫工作的精准。（5）严格抓好“护林防火”工作。扩大宣传、定岗定责、重点监管、专人看管等多措并举，严防死守，防患未然，确保不发生火情，借精准扶贫工作，对本乡的林地进行了重新划分，并在精准扶贫户中选出26户60周岁以下、身体健康、常在村居住的贫困户户主担任生态护林员，既为全乡护林防火工作增添了力量，又为部分贫困户增加了收入。（6）继续贯彻落实惠农政策，积极做好社保工作。完成低收入农户爱心煤货币化补贴发放，全乡16个行政村共发放1880户、补贴432400元；完成了新农保和新农合缴费参保工作；严格按贫困条件和审批流程按时发放了低保、五保金和救助救济款物；（7）完成了夏季征兵工作。经乡武装部宣传动员和精心组织，高质量选送新兵。

【社会事业】 文化、教育、卫生、体育工作全面推进。2016年，在抓好日常文体活动的基础上，组织干部职工积极参与本年度全县开展的“唱响偏关”活动；为6个贫困村建设了文化广场、文化室，安装了健身器材，发放了图书，极大地充实了村民的农闲文化生活项目，丰富了群众文体生活。认真抓好“乡村清洁”工作。当年全乡共有8个村参与清洁工程工作，乡政府成立了以乡包片领导为组长、下乡干部、村支书、村主任为成员的尚峪乡清洁卫生工程工作领导及验收小组和以分管领导为组长、包片领导为组员的乡卫生督查组，严格执行各项奖惩规定，加强对各村的督促检查。年底经乡验收，各村环境卫生都达到了上级要求，村级人居环境得到很大改善。圆满完成了乡计生站和乡卫生院的整合工作，计划生育工作进一步加强。

【社会综治】 （1）强化信访维稳理念，促进乡镇和谐发展。实施矛盾化解工程，实行领导下访、包案接访制。在征地拆迁、土地纠纷、劳动争议等方面进行矛调处理，力争将信访案件在基层和萌芽处理掉，集中化解部分老上访，纠缠上访问题，对宣教、阻访、劝访等工作实行专人负责制，对特殊时段重点人员实行24小时轮流值班监控，极力做好个别上访人员思想稳控工作。（2）深化创建平安尚峪，为全乡经济发展营造良好的社会环境。以《平安偏关建设5年规划（2013-2017年）》为指导方针，全力配合县综治委“三级平台，四级网络”建设工作，加强乡镇网格化建设，整合壮大基层平安建设力量，深入开展“七五”普法宣传活动。将反邪教和禁毒工作作为重点来抓，乡村两级不定期排查，掌握最新动态，及时上报县综治委。（3）强化安全理念，狠抓安全生产。全面做好包括安全生产、护林防火、骨干坝防汛、地质灾害、交通出行、食品药品安全、危险爆炸品管理等系列安全工作，与护林、护坝、护路、清洁、食品安全协管的相关人员签订安全责任状，明确职责，形成联防联动联控机制，安全问题早发现，早消除，早解决。

【基层党建】 （1）深入开展“两学一做”学

习教育。乡党委制定了学习方案，做出了学习计划，组织乡村两级领导干部通过认真学习，深入剖析，明确努力方向和改进措施，逐步将学习教育融入工作和生活中；积极推动“六权治本”工作，按照依法确定权力、科学配置权力、制度约束权力、阳光行使权力、合力监督权力、严惩滥用权力的‘六权治本’思路，坚持突出重点，强化制度，统筹推进，抓好清权、服务、监督三个环节，努力实现上下衔接有序、权力边界清晰、服务效率更高的目标；认真开展“四讲四有”、七一讲党课活动，基层党员干部的政治意识、大局意识、核心意识、看齐意识进一步增强。(2)认真落实党风廉政建设“两个责任”。严格落实党委在党风廉政建设工作中的主体责任，党委、政府的主要负责人亲自过问并带头执行党风廉政建设各项规定，班子成员抓好各自分管工作的同时，健全了有关作风转变，公务接待等方面的制度。乡纪委认真履行监督责任，全力执纪、问责，推进了廉政各项工作的落实。(3)积极开展基层服务型党组织活动。乡党委抽调精干力量成立服务队伍，创建领导小组，以乡便民服务中心和村服务站为载体，服务网络辐射到全乡18个党支部，达到一村一名联系人，一事一名负责人，一点一名乡干部，严格按“四登记”“五公开”“八告知”程序办事，将服务延伸到党务、民政、医疗、涉农、综治、信访等重点领域，惠民利民便民。(4)集中开展软弱涣散村组织专项整顿。分别对草场、瑞家沟两个村党支部进行集中整顿。培养农村致富能手、高学历有上进心的年轻人成为入党积极分子；针对村委班子工作能力弱，服务群众效果差的问题，乡政府对村委班子成员进行了集中强化培训，通过学习教育，提高了村支部书记及村委班子成员的认识，帮助他们改进了自身缺点和不足，强化了工作态度和工作水平，进一步增强两委班子的凝聚力和战斗力。(5)全面推进基层党组织星级管理。通过制定分类定级、动态管理考评方案，按照党支部准备材料、考评申请、群众测评、乡党委调研等工作流程，在巩固去年五星级党支部赵家沟、甘草咀；四星级党支部曹家沟、东尚峪；三星级党支部长安镇、豆儿沟等11个村的基础上，2016年又评选出五星级服务型农村党组织1个（百草坪村），一星级服务型农村党组织1个（庄王村）。所有行政村党支部都参与了星级创建，争先创优的党组织建设氛围在全乡形成。

（李立申）

楼沟乡

【概述】 楼沟乡位于偏关县城南部，总面积280平方千米。辖45个行政村，含66个自然村。总户数4268户，总人口9672人。2016年，乡党委、县政府紧紧围绕县委“1551”发展战略，紧扣县扶贫“12895”总思路，以基层组织建设和精准扶贫这两大块工作为重要抓手，辐射带动其他各项工作的全面推进，呈现出组织工作逐步扎实、脱贫攻坚初见成效，重点项目整体推进，“三农”工作稳步发展，经济社会运行平稳，人民生活和谐幸福的良好局面。

【基层组织建设】 1.深入开展“两学一做”。“学”的方面：楼沟乡乡村两级党员干部自觉践行学习要求，一年来认真学习党章党规，系统学习党的十八大、十八届三中、四中、五中、六中全会精神，学习习近平总书记系列重要讲话精神，通过传统学习和创新方式方法学习，多渠道增加了党的理论知识，提升了政治素养。“做”方面：带着“党课”下基层，寻找“问题”返乡镇，乡党员干部全部下基层讲党课，他们扮演着党课的“演讲者”，政策的“解读人”，扶贫的“宣讲员”多重角色，通过讲党课的方式渗透讲政策讲扶贫，达到基层组织建设和扶贫攻坚工作“两线合一”双促双带的效果，逐步夯实基层组织建设，坚定脱贫信心，激发脱贫斗志，助推脱贫工作见成效。通过深入基层，贴近群众，将了解的问题带回乡镇，提到党政联席会议上，直面矛盾，群策群力，共同解决。这样做，既锻炼了乡干部工作能力，又抓好了基层工作，还进一步融洽了党群干群关系。

2.重点抓好党代会、人代会的换届工作。2016年，楼沟乡圆满召开第九次党代会和第十七届人代会，乡党委、政府严密组织、统筹协调，充分发扬民主，严格换届纪律和换届程序，确保换届期间各项工作得到落实，经过层层把关，选举产生了楼沟乡新一届党委领导班子、政府领导班子和纪委领导班子，新一届领导班子成员年轻化、能力强、干劲足，有创新意识和担当责任，为全乡未来的经济发展和各项社会事业的进步奠定了良好基础，提供了有力的组织保证。

3.加强农村“三基”建设。（1）加强基层组织建设。按照县委组织部门要求，着力抓好基层支部班子建设，一方面建强一批先进党组织，推行农村基层党组织“星级化”管理，全乡有5个村被评为“四星级”党支部，在村党支部当中起到先进带头模范作用。另一方面整顿一批后进党支部，集中开展软弱涣散党组织整顿工作，全年共集中整改4个村党支部，彻底解决党组织服务脱贫工作能力不强的问题；整合并发挥好县扶贫工作队、乡党员干部、农村第一书记、村两委干部四支队伍的扶贫力量，对17个贫困村党支部实行“四个一”专项整顿，即一村一套整顿方案、一名包联领导、一名带队干部、一支驻村工作队，建立贫困村村级组织整顿专项档案，实行一月一通报，通过动态管理，达到立抓立改效果。（2）打牢基础工作。乡党委和村党支部书记签订党建责任书，出台村级党建考核细则，夯实村支部抓党建职责；围绕“双报道双服务”的开展，提升党员干部服务群众能力；通过无职党员设岗定责，强化村级党员服务意识；通过“一评两监督”规范农村“四议两公开”和“一事一议”等议事机制，集中开展党员“六个一”活动，严格执行“三会一课”、党员“四诺”、党建例会、村干部述职述廉、党建调研等工作制度；进一步加强党员信息库建设，建立健全流动党员和困难党员台账。对村干部、第一书记、大学生村官实行考核考评管理制，分别在履职尽责、遵纪守法、会议考勤、请销假等方面，乡党建办综合考核；在发展生产、工作实绩、实际贡献等方面，村民年度评议；两项考核结果与年度绩效工资和评先评优挂钩。进一步完善保障机制，按时足额发放在职村干部工资福利，2016年度再次为村干部增加1000元左右岗位补贴，激发他们工作的激情和热情。（3）提升基本能力。年内组织农村“领头雁”培训一次，达80人次；乡村两级党员干部分别利用山西干部在线学院和农村远程教育平台这两个网络培训学习平台，结合自身工作和业务需求适时有选择地学习；通过创建党建QQ群，党员微信群，及时向农村党员发送党建亮点、党建知识、学习动态等信息，充分发挥党建宣传平台的教育服务作用。继续推行党员“三维培养”模式，建立“楼沟乡农村经纪人和乡土人才信息库”，逐步培养他们进入党员队伍加入两委班子，使之成为农村党员后备力量的生力军。从严落实党员发展“5+1”工作制度，2016年度共发展入党积极分子40余人，发展预备党员10人。

【脱贫攻坚】 2016年，乡党委、乡政府紧密结合本乡实际，制定贫困户帮扶“一对一”、措施“5+N”、成效“四个好”工作机制，大胆创新脱贫攻坚新思路新办法，分别在基础产业发展上、基础设施改造上、基本项目实施上、社会事业保障上为精准扶贫户一路绿灯通行，集全乡人力、财力、物力用于精准扶贫，保障精准脱贫，形成了人人参与脱贫、时时关注脱贫、事事关乎脱贫的扶贫工作新格局。

1.围绕精准扶贫，发展两大产业。立足本乡地理优势，抓好以张杂谷子、脱毒种薯为龙头的种植业和以舍饲养羊为龙头的养殖业的全面发展。（1）鼓励贫困户向种粮大户、家庭农场、合作社靠拢，做大做强传统产业，抱团抵御市场风险。经统计，2016年全乡有种粮大户 286户，家庭农场32个，乡土人才60余名，农民专业合作社 51个（其中农牧合作社43个，林业合作社5个，农机合作社3个）。（2）鼓励贫困户实施联片规模种植，继续做大“一乡一业”。在政策上给予适当倾斜，如给予贫困村实行测土配方施肥，优先投放县农委提供的地膜等农业生产资料到联片种植区，在种植区实施良种推广示范工程、集中地膜覆盖工程等。经统计，5个贫困村全部实施测土施肥，改良土地305.80万平方米，共投入资金68.8万元；11个贫困村联片试种植良种葵花363约66.67多万平方米，全乡种植地膜谷子达2666.68多万平方米，增产增收效益明显。（3）加大贫困户科技培训力度。年内县乡农业技术人员共提供贫困户技术讲座达600人次，印发宣传科普资料达1万余份，基本达到科普知识全覆盖。（4）增强贫困户农业机械化作业程度。2016年度全乡共完成机耕地2666.68万平方米，机播地2000.01万平方米，机收马铃薯533.34万平方米，机收玉米400万平方米，农业机械化作业程度有所提高。（5）实施“一村一品”项目。张家坪等4个村实施了“一村一品”项目，农户平均收入达5000元，促进全村整体脱贫。（6）建立农业防御保障机制。面对夏季多数村遭受严重的雨涝冰雹灾害，乡政府成立自然灾害应急组，及时组织人员下乡摸底灾情统计，快速准确上报县民政部门和保险公司，对受灾的农户给予救助和合理理赔，补偿自然灾害带来的经济损失。（7）农业信息服务。通过手机微信、互联网等网络平台，及时给农户提供最新农业市场信息，保障农户市场价销售粮油产品。（8）生态畜牧业发展。在养羊产业上，认真落实县“三补一贴”政策，将补贴款及时发放到规模养殖户手中。5个贫困村实施舍饲养羊项目，总投资64.25万元，贫困户户均5只繁母羊，贫困户户均增收600元。（9）落实强农惠农政策。包括暖心煤款发放、购买农机补贴、小额贴息贷款等惠农政策，帮助有意愿发展种养产业的贫困户贴息贷款，使他们早日脱贫。

2.围绕精准扶贫，加强基础设施建设。（1）危房改造。张家坪等5个整村脱贫的贫困村148户实施了危房改造工程，当年全部完工。（2）异地搬迁。2016年共搬迁11户51人。（3）水利建设。年内维修险坝6座，排查安全隐患20余处。柏杆寺村实施整村推进人饮解困工程；圪坨村新建100立方米水窖2座，配齐管线供水点，投资53.5万元；张家坪村新建50立方米水窖2座，配齐管线供水点，投资46.6万元。（4）道路建设。5个贫困村新建通村路2.65千米，排水沟800米，边沟400米，投资93.5万元，维护20个行政村约15千米出地路。（5）村容村貌。5个贫困村硬化文化广场约1500平方米，不同程度地修建挡土墙、花栏墙、宣传栏等，投资49.62万元。（6）文化卫生室建设。5个贫困村修建文化室，卫生室约480平方米，投资84.8万元。

3.围绕精准扶贫，强化人员管理。各贫困村下乡干部、第一书记结合岗位实际，坚持到岗履职，和村干部一同研究制定全村发展规划，协调解决发展中遇到的困难和问题。扶贫工作队全面建立工作台账和民情日志，制定工作日程和帮扶计划，坚持深入基层走访调研，切实做到情况清、底数明。乡党委对乡干部、第一书记、村干部进行严格考核考评。

4. 围绕精准扶贫，实施项目规划。5个贫困村全部实施项目规划，编制出贫困村“十三五”规划方案，重点围绕发展经济、稳定脱贫、基础设施、种养产业、医疗卫生、社会保障等方面制订规划措施，通过规划项目的实施，达到基础设施明显改善、社会事业同步发展、民主管理不断完善、乡风文明不断提升、主导产业规模发展的目标，贫困村贫困人口年人均纯收达5000元，实现稳步脱贫。

5. 围绕精准扶贫，发展林业项目。在全乡贫困户中，选拔出36名贫困人员加入生态护林员队伍，成为护林防火主力军；2016年年底，配合县林业部门，对王家山等8个村233.89万平方米坡耕地实施退耕还林还草项目，通过此项目的实施，进一步助推精准扶贫。

6. 围绕精准扶贫，做好社会保障。按县民政局要求，严格审批程序，将71户重危病户和精准贫困户纳入低保户范围，实施低保享受政策；对5个贫困村37户91人进行政策兜底，拨付资金2.559万元；政府财政给予全乡2459名贫困人补贴缴纳新农合款，确保他们病有所医。

【社会事业】 全力抓好维稳创建，社会事业全面发展。

1. 强化信访维稳工作。抓好“便民服务中心”和“信访接待中心”建设，更好服务群众。实施矛盾化解工程，实行领导下访、包案接访制。在征地拆迁、土地纠纷、劳动争议等方面进行矛调处理，力争将信访案件在基层和萌芽状态处理解决，我们集中化解部分老上访，疑难上访案件，对宣教、阻访、劝访等工作实行专人负责制，对特殊时段重点人员实行24小时轮流值班监控，尽力做好个别上访人员思想稳控工作。

2. 深化平安乡镇创建。按照《平安偏关建设5年规划》，全力配合县综治委“三级平台，四级网络”建设，加强乡镇网格化建设，整合壮大基层平安建设力量，深入开展“七五”普法宣传活动。将反邪教和禁毒工作作为重点来抓，乡村两级不定期排查，掌握最新动态，及时上报县综治委。

3. 狠抓安全生产。全面做好包括安全生产、护林防火、骨干坝防汛、地质灾害、交通出行、食品药品、危险爆炸品管理等系列安全工作，与护林、护坝、护路、劝导、清洁、食安协管的相关人员签订安全责任书，明确职责，形成联防联动联控机制，对于安全隐患及早发现，及早解决。

4. 民政、武装、计生、社保工作有序开展。严格按贫困条件和审批流程发放低保、五保、残疾人补助金，发放救助款和救灾物资；乡武装部全面宣传征兵工作，鼓励广大青年踊跃参军，全乡共上站体检20人，实征3人；积极开展民兵基层建设，组建应急防火队，成为护林防火生力军。继续做好新农保和新农合缴费参保工作，参保率达到90%以上。

5. 文、教、卫、体工作全面推进。乡文化中心给16个贫困村发放了图书5600余册，丰富了群众文体生活。2016年9月份，乡文化中心首创举办了楼沟乡历史图片记忆展和书画艺术作品展，拓宽了群众的文化视野，受到了县委宣传部的高度好评；大力开展教育扶贫，救助本科大学生7人，实施雨露计划46人；认真抓好“乡村清洁”工作，成立乡卫生督查组，不定期对全乡环境卫生进行巡查，按制度实行奖惩，督促清洁员做好环境卫生清洁工作。

【党风廉政建设】 （1）认真落实党风廉政建设“两个责任”。领导班子成员严格履行“一岗双责”，从严落实党委在党风廉政建设工作中的主体责任，坚持把中心工作和党风廉政建设工作一起研究，一起部署，一起检查，一起落实。严格执行民主集中制原则，实行集体协商。党委书记、乡长、纪检书记带头执行党风廉政建设，班子成员抓好各自分管工作的同时，要对分管范围的党风廉政建设负总责。乡纪委班子转作风、转职能，全力执纪，监督、问责，推动廉政各项工作落实。2016年度，共立案9起，结案9起，其中警告3人，严重警告5人，开除党籍1人。（2）严格执行廉洁自律各项规定。要求党员干部认真学习、严格执行《党章》《党政机关廉政准则》，树立正确的人生观、利益观、荣辱观、道德观，追求积极向上的生活情趣，始终保持清醒头脑，守得住清贫，耐得住寂寞，抗得起诱惑，经得起考验，时刻做到自重、自省、自警、自励，坚决做到违规的事不做、违规的话不说、违规的活动不参加，自觉遵守党的纪律，遵守中央八项规定，抵制不正之风侵蚀，自觉接受党组织和人民群众的监督，以实际行动做好表率。（3）切实转变工作作风。教育全乡党员干部牢固树立本立党为公、执政为民的理念，践行“三严三实”，深入基层，深入群众，深入一线调查研究，听取群众的意见，本着群众利益无小事的原则，把群众需求作为工作的根本，把群众满意作为工作的标尺，强化群众观点，建立联系群众机制，畅通服务群众渠道，健全服务群众体系，以高度的责任感和使命感做好农村各项工作。乡党委对作风不端正，办事效率低下，损害群众利益的问题，严肃对待，从严处理，通过正风肃纪促进作风转变，推进全乡各项工作。

（刘贵平）